OEUVRES COMPLETES
DE
A. F. OZANAM
AVEC

UNE PRÉFACE PAR M. AMPÈRE
de l'Académie française

TROISIÈME ÉDITION

TOME CINQUIÈME

LES POËTES FRANCISCAINS EN ITALIE AU XIII° SIÈCLE

PARIS. — IMP. SIMON RAÇON ET COMP., RUE D'ERFURTH, 1.

LES
POËTES FRANCISCAINS
EN ITALIE
AU TREIZIÈME SIÈCLE

AVEC

UN CHOIX DES PETITES FLEURS DE SAINT FRANÇOIS
TRADUITES DE L'ITALIEN

SUIVIS DE RECHERCHES NOUVELLES SUR LES SOURCES POÉTIQUES DE LA DIVINE COMÉDIE

PAR

A. F. OZANAM

PROFESSEUR DE LITTÉRATURE ÉTRANGÈRE A LA FACULTÉ DES LETTRES DE PARIS

QUATRIÈME ÉDITION

PARIS
LIBRAIRIE JACQUES LECOFFRE
ANCIENNE MAISON PERISSE FRÈRES DE PARIS
LECOFFRE FILS ET Cⁱᵉ, SUCCESSEURS
90, RUE BONAPARTE, 90
—
1870

PRÉFACE

Ce petit livre n'est point un livre de science. En 1847, je revenais d'une mission littéraire en Italie, assez heureux pour rapporter des documents inédits qui intéressaient l'histoire des temps barbares. Mais, avec ces rares épis, glanés dans le champ où Muratori et ses successeurs ont si bien moissonné, j'avais cueilli quelques fleurs de poésie, comme le liseron mêlé au blé mûr. C'étaient des vers détachés d'un manuscrit du treizième siècle, des chants qui, après avoir passé par les lèvres de plusieurs générations, sont tombés dans un injuste oubli. C'étaient des recueils de légendes que le voyageur lettré dédaigne d'acheter aux foires, mais qui édifient les veillées des paysans. J'avais encore présentes à ma mémoire plusieurs de ces basiliques italiennes, où le moyen âge est tout vivant, préservées du vandalisme moderne par la vénération des peuples, ou par la pauvreté même des religieux qui les desservent. Une pensée commune animait pour moi ces images du passé : en considérant de près le moyen âge italien, j'y croyais reconnaître, plus visible qu'ailleurs, le lien qui unit la foi et le génie, et par quelles inspirations les saints suscitèrent les grands artistes. Je voyais le saint le plus populaire de cette époque, saint François, en devenir aussi l'inspirateur, composer lui-même des cantiques admirables, et laisser après lui toute une école de poëtes, d'architectes, de peintres, qui se formèrent au tombeau d'Assise pour se répandre jusqu'aux Alpes et jusqu'à la baie de Naples. J'ai donc voulu raconter les commencements de la poésie religieuse chez les Franciscains italiens, en rattachant à ce sujet mes souvenirs et mes impressions, avec la complaisance qu'on pardonne aux voyageurs pour les lieux qui les ont charmés.

Les écrivains ecclésiastiques ont mis en lumière la mission providentielle de saint François, quand il vint, avec saint Dominique, soutenir les murailles chancelantes de l'Église. Les historiens commencent à comprendre le rôle politique des Frères Mineurs, de cette milice contemporaine des républiques italiennes, alliée naturelle des faibles, ennemie des oppresseurs, dont elle n'avait ni peur ni besoin. Les savants avouent ce que l'esprit humain doit aux docteurs de l'école franciscaine, à saint Bonaventure, le Platon du moyen âge ; à Roger Bacon, dont les pressentiments devancèrent nos découvertes. Je me borne à considérer les services que les premiers Franciscains rendirent aux lettres italiennes. D'abord, je parcours d'une vue rapide les siècles qui précédèrent le treizième, et, depuis les catacombes jusqu'aux basiliques de Venise et de Pise, je cherche dans les monuments, dans les inscriptions, les premiers élans d'une poésie populaire et religieuse, encore prisonnière sous les formes latines, mais prête à prendre l'essor quand un idiome nouveau lui aura prêté des ailes. Saint François paraît, et il faut l'étudier comme poëte, en recueillant toutes les circonstances qui contribuèrent à l'éducation de cet esprit extraordinaire ; il faut discuter l'authenticité des compositions qu'on lui attribue, en retrouver la place entre ses extases, où il ravissait le feu du ciel, et ses prédications, où il le communiquait aux hommes. Le génie du saint fondateur passe aux premiers disciples qui lui succèdent : saint Bonaventure, qui porte le souffle lyrique sous la robe de l'école; frère Pacifique, qu'on appelait le roi des vers; Jacomino de Vérone, auteur de deux poëmes longtemps oubliés, auxquels Dante n'a peut-être pas dédaigné de prendre quelques traits de son Enfer et de son Paradis. Enfin vient le plus grand de ces poëtes, le bienheureux Jacopone de Todi, méprisé comme un insensé, puni comme un malfaiteur, et, du fond de sa prison, foudroyant de ses satires les désordres du clergé et du peuple. En même temps, il ne craint pas de traiter en vers les points les plus difficiles de la théologie chrétienne ; et, arrivé aux dernières profondeurs du mysticisme, il a déjà l'accent de sainte Thérèse et de saint Jean de la Croix. A mesure qu'on descend ainsi le premier siècle de l'ordre de Saint-François, comment ne pas s'arrêter devant les monuments contemporains qui bordent son cours, où la même poésie éclate sous les lignes de l'architecture, sous la couleur des fresques? Mon pèlerinage a des stations marquées au tombeau d'Assise, à Saint-Antoine de Padoue, à Sainte-Croix de Florence. C'est vers Florence que se tournent les préférences de l'art naissant, et c'est là que je trouve la belle légende des *Fioretti di san Francesco,* qu'on peut regarder comme une petite épopée résumant les traditions héroïques de l'ordre de Saint-François, ou plutôt comme un reliquaire dont les émaux représentent avec naïveté les miracles du saint et les figures de ses compagnons. De ces figures, plusieurs n'ont que le mérite de la couleur, qu'elles perdraient en passant par une traduction. Les autres ont la grâce du dessin, le mouvement, la vie, qui s'évanouiraient dans une analyse. Une main plus délicate que la mienne a choisi et mis en français les plus pieux, les plus touchants, les plus aimables récits des *Fioretti,* en s'efforçant de serrer de près le tour simple et vif du vieux narrateur.

Plusieurs s'étonneront de tant d'admiration pour un mysticisme dont notre siècle ne comprend plus le langage, de tant de complaisance pour des traditions qui ne sont pas de foi. Aussi je ne propose rien à la foi des lecteurs : si je ne fais pas un livre de science, je n'écris pas non plus un livre de religion. Je ne confonds point ces chants, ces traditions, avec le dogme infaillible, pas plus que je ne confonds les gouttes de la rosée avec les feux de l'aurore qu'elles accompagnent. Je les recueille comme les émanations d'une terre fécondée par le christianisme. Si je ne puis toucher sans émotion à cette poésie des vieux âges, c'est que j'ai vécu tout un jour le contemporain des événements et des hommes qui l'inspirèrent. J'ai passé un jour trop court pour moi dans la vieille cité d'Assise. J'y ai trouvé la mémoire du saint aussi présente que s'il venait de mourir hier, et de laisser à sa patrie la bénédiction qu'on lit encore sur la porte de la ville. On m'a montré le lieu de sa naissance, et la chapelle où son cœur disputé se rendit à Dieu. On m'a fait voir le buisson d'épines qui se couvrit de roses quand François s'y précipita dans l'ardeur de sa pénitence. J'y ai reconnu l'image de cette langue italienne encore tout inculte et tout épineuse, qui n'eut besoin que d'être touchée par l'ascétisme catholique pour germer et fleurir. Enfin, je me suis agenouillé au saint tombeau, sous cette voûte d'azur étoilée d'or qui le couronne, et qui fut le premier ciel où la peinture renaissante essaya son vol. C'est là qu'acheva de se préciser la pensée de ce petit livre. Tout mon dessein se déroulait dans les réflexions suivantes, qui m'accompagnaient au sortir d'Assise, à mesure que je voyais fuir les blanches murailles du Sagro Convento, la ville qui dort sous sa garde, et le coteau qu'elle domine, doré des derniers rayons du soleil.

Si l'on considère l'Italie au moyen âge, on y remarque un espace comprenant la Toscane, l'Ombrie et le nord du patrimoine de saint Pierre : c'est là que rayonna pendant trois cents ans le plus vif éclat de la sainteté chrétienne. A Florence, c'est Jean Gualbert, le père des solitaires de Vallombreuse, et en même temps le véritable fondateur des libertés publiques, par les combats qu'il livra aux évêques simoniaques. C'est saint Philippe de Benizzi et ses compagnons, déposant l'épée dans un siècle de sang, pour instituer la charitable compagnie des Servites ; un peu plus tard, le bienheureux Giovanni delle Celle, et sainte Madeleine de Pazzi, dont les lettres sont des trésors de sagesse et d'éloquence. A Pise, on voit saint Reynier revenant du pèlerinage de Jérusalem, et jetant son peuple dans l'héroïque délire des croisades. A Sienne, on trouve sainte Catherine et saint Bernardin, et un nombre infini de saints qui firent nommer leur ville l'Antichambre du Paradis. Entrons dans ces cités guelfes et gibelines, hérissées de tours, frémissantes de passions politiques. Nous apercevrons sur leurs autels l'image de quelque pauvre servante, de quelque pécheresse repentie, devenue la patronne du lieu : sainte Zite à Lucques, sainte Marguerite à Cortone. Je ne parle plus d'Assise et de ce grand nombre d'âmes qui, à la suite de saint François et de sainte Claire, prirent leur essor vers le ciel. Mais je ne puis oublier ni saint Bonaventure, sorti de la bourgade de Bagnorea pour devenir le flambeau de l'École et de l'Église ; ni sainte Rose de Viterbe, qui, à neuf ans, parcourait les rues en prêchant la pénitence, et qui soulevait ses concitoyens contre la tyrannie de Frédéric II.

Assurément il est beau de voir dans un espace si restreint, et en des temps si mauvais, tant de courage, tant de charité, tant de dévouement pour le service des vérités éternelles. Mais il se trouve de plus que cette terre classique de la sainteté devient celle de l'art chrétien. Les tombeaux des serviteurs de Dieu sont autant de semences qui perceront le sol, et en feront sortir des monuments. La foi, qui transporte les montagnes, élève ces cathédrales, ces montagnes de marbre, toutes ciselées, toutes peintes, toutes retentissantes du chant des hymnes. Il suffit qu'un lieu soit marqué de quelque grand souvenir religieux, pour qu'une basilique s'y ouvre comme un atelier sanctifié par la prière; où les ouvriers se formeront dans le silence, dans l'oubli des applaudissements de la foule, dans l'habitude de considérer l'art comme un culte, et de le traiter avec respect. Nous savons déjà quelle génération de peintres et d'architectes croissait sous les portiques sacrés d'Assise. Vers le même temps, un prêtre de Bolsena ayant eu le malheur de douter de la présence réelle tandis qu'il célébrait, l'hostie saigna entre ses mains, les linges ensanglantés furent recueillis avec terreur. On décida que ce miraculeux dépôt serait conservé dans une église qui n'aurait pas de rivale. Vers 1280, commença la construction du dôme d'Orvieto ; elle occupa, durant trois cents ans, la piété des peuples, à qui rien ne coûtait pour réparer le doute de leur prêtre, et pour honorer le mystère outragé de l'amour. Plus de deux cents artistes s'y succédèrent, depuis Jean de Pise et ses élèves, qui sculptèrent la façade, jusqu'à Luca Signorelli, qui peignit l'Antechrist, le Jugement, l'Enfer, dans une suite de fresques dignes d'inspirer Michel-Ange. Un siècle plus tôt, en 1186, l'archevêque de Pise Ubaldo Lanfranchi avait conçu la pensée de donner à ses concitoyens une sépulture glorieuse. Il rapporta sur ses vaisseaux la poussière de Jérusalem et de Bethléem. Il la déposa dans le sol creusé auprès de sa cathédrale, pour en faire le cimetière national des Pisans. Mais, comme on ne pouvait rendre trop d'honneur à la terre foulée par les pieds du Sauveur, on voulut qu'un portique superbe fût élevé alentour ; que les murs fussent couverts d'images qui consolassent de la mort par le spectacle de l'immortalité; et pendant deux cents ans les plus grands maîtres de la Toscane ne crurent pas leur gloire complète s'ils n'avaient pas une fresque au Campo Santo. Si l'on appela Sienne l'Antichambre du Paradis à cause du grand nombre de ses saints, elle mérita le même nom par la splendeur de ses édifices, par sa cathédrale aérienne, par son palais public tout peuplé d'images héroïques et religieuses, par son école de peinture si chaste, si naïve, si injustement négligée. Florence, la plus riche en souvenirs, sera la plus féconde en œuvres. Ne vous effrayez pas de ces murs cyclopéens, de ces façades austères, de ces créneaux menaçants; franchissez le seuil des églises et des palais : vous trouverez que le pinceau les a peuplés de visions célestes, de figures rayonnantes de jeunesse, d'innocence et de douceur; et vous vous demanderez, quand tout était plein de combats, où les artistes toscans allaient chercher ces visages d'anges, de vierges et de jeunes saints. Ils ne les cherchaient pas loin, ils les trouvaient près d'eux, dans les couvents à la porte desquels venait mourir le bruit des guerres civiles, dans les vieilles familles dont Villani et Ricobaldo décrivent les mœurs patriarcales. « Là on vivait sobrement, les hommes vêtus de peaux de mouton non foulées, les femmes parées d'une robe étroite de drap écarlarte, avec une ceinture de cuir à l'antique. Le mari et la femme soupaient sur la même assiette, buvaient au même verre ; et, s'il était nuit, un serviteur tenait devant eux une torche de résine. Mais ceux qui vivaient de la sorte étaient loyaux entre eux, fidèles à leur commune, et, avec ces mœurs rudes et pauvres, ils faisaient de plus grandes choses que les générations délicates et polies qui les suivirent. » C'est ainsi qu'il faut se représenter l'Italie du treizième siècle. Ainsi devait se faire peu à peu, si je puis le dire, le nid d'où devaient prendre leur essor ces trois aigles de la poésie chrétienne : Dante, Pétrarque et le Tasse.

A Dieu ne plaise cependant que j'aie voulu réduire les saints à n'être que les précurseurs des grands poëtes ! Mais je reconnais en eux les serviteurs de cette Providence souverainement économe qui emploie chacun de ses ouvrages à plusieurs fins. Si elle compte les grains de sable et se souvient des gouttes d'eau de l'Océan, elle pourrait du fond de son éternité pourvoir aux développements de l'art, comme un gouvernement sage pourvoit au jeux publics, quand l'art ne serait que la consolation et le plaisir légitime des peuples. Mais n'est-il pas juste qu'elle en tienne compte dans ses conseils, si l'art est un moyen de faire l'éducation de l'homme, de civiliser les sociétés, et d'honorer Celui qui est parfaitement beau, comme il est bon et vrai?

LES POËTES FRANCISCAINS
EN ITALIE
AU TREIZIÈME SIÈCLE

CHAPITRE PREMIER

DE LA POÉSIE POPULAIRE EN ITALIE AVANT ET APRÈS SAINT FRANÇOIS

Avant d'étudier l'école franciscaine, il convient de lui marquer sa place dans l'histoire de la poésie italienne. Il faut reconnaître le caractère principal de cette poésie, le voir poindre à travers l'obscurité des premiers temps ; puis, fixé par l'exemple de saint François et de ses disciples, se communiquer à des écoles moins religieuses et se perpétuer dans des siècles moins naïfs. Mais le caractère du génie italien qui me touche surtout, c'est qu'en devenant savant ce génie se conserva populaire ; c'est qu'à tous les âges de cette littérature on trouve une poésie du peuple : la poésie cultivée y a ses racines, et, après avoir fleuri, elle y retombe comme dans un fonds inépuisable qu'elle enrichit de sa poussière. Je voudrais sonder ce fonds, et creuser jusqu'aux premières sources de sa fécondité.

Le peuple italien commence aux catacombes. C'est là qu'il faut descendre pour trouver les origines de tout ce qui doit devenir grand. J'y vois déjà le peuple dans le sens moderne qu'on donne à ce mot, en y comprenant les femmes, les enfants, les faibles et les petits, ce que les historiens anciens méprisaient, ce dont ils ne tenaient point de compte. J'y vois un peuple nouveau, mêlé d'étrangers, d'esclaves, d'affranchis, de barbares, animé d'un esprit qui n'est plus celui de l'antiquité. Cette société a donc une pensée qu'elle veut produire, mais une pensée trop abondante, trop émue, trop neuve, pour que la parole lui suffise : il y faut le concours de tous les arts. Dans ce premier état, la poésie n'est pas encore distincte, précise, revêtue de la forme qu'elle cherche. Mais elle est partout, dans l'architecture, dans la peinture, dans la sculpture, dans les inscriptions, puisqu'il y a partout symbolisme, langage figuré, effort pour faire reluire la pensée sous l'image, et l'idéal sous le réel.

Il faut se représenter les catacombes comme de longues galeries souterraines dont le réseau s'étend au loin sous les faubourgs et sous la campagne de Rome. Gardons-nous de les confondre avec les spacieuses carrières ouvertes pour bâtir la ville païenne :

les chrétiens seuls ont creusé les étroits corridors qui devaient cacher les mystères de leur foi et le repos de leurs tombes. Ces labyrinthes comptent quelquefois jusqu'à trois et quatre étages ; ils s'enfoncent à quatre-vingts, cent pieds sous terre : souvent un seul homme y trouve à peine son passage en baissant la tête : à droite et à gauche, plusieurs rangs de fosses pratiquées dans le mur, basses, larges et profondes, où les corps grands et petits prenaient place les uns à côté des autres, et qu'un peu de chaux fermait ensuite pour toujours. Le souterrain fait mille détours, comme afin de tromper les poursuites des païens ; et à mesure qu'on en suit les sinuosités, il semble qu'on sente les approches des persécuteurs, qu'on entende le bruit de leurs pas, et que ce soit pour ce motif que la galerie se détourne, monte, s'abaisse, et cherche à se cacher dans les dernières profondeurs de la terre. Jusqu'ici on ne voit que l'ouvrage de la terreur et de la nécessité ; mais c'est en même temps un ouvrage éloquent. Aucun édifice sorti de la main des hommes ne donne de plus grandes leçons. En pénétrant dans ces voies ténébreuses, on apprenait à se séparer de tout ce qui est visible, et de la lumière même par laquelle tout est visible. Le cimetière y enveloppait tout le reste, comme l'éternité enveloppe le temps ; et les oratoires pratiqués de distance en distance pour la célébration des saints mystères étaient comme autant de jours ouverts sur l'immortalité, pour consoler les âmes de la nuit d'ici-bas (1).

Ces oratoires sont couverts de peintures d'une exécution souvent grossière, qui trahissent des mains inhabiles : c'est tout ce que pouvaient des ouvriers ignorants, travaillant à la hâte, à la lueur de la lampe, dans la crainte et sous la menace de la mort. Mais souvent aussi, à mesure qu'on promène le flambeau sur les saintes murailles, on y voit des images dont le dessin, la pose et le mouvement rappellent les meilleures traditions de l'art antique. En même temps, sous ces traditions perce déjà le principe qui les ranime et qui les transformera. Toute la foi des martyrs est dans le regard de ces figures que l'artiste mit en prières les yeux levés au ciel et les mains étendues. Mais partout la nouveauté de l'art chrétien se reconnaît à la pensée même, à l'inspiration qui a choisi les sujets de ces peintures, qui en a fixé l'ordre et proposé les types. Dans ces lieux désolés, où l'on s'attend à trouver les images d'une société proscrite, poursuivie, traquée sans

(1) Les catacombes, où déjà Bosio, d'Agincourt, Boltari avaient porté la lumière, vont sortir de terre, par les admirables travaux du P. Marchi et de M. Louis Perret. En attendant ces deux grands ouvrages, on peut consulter le savant *Tableau des Catacombes* de M. Raoul-Rochette, et les *Trois Romes* de M. l'abbé Gaume. Mais, si l'on veut recueillir surtout la poésie sainte, le symbolisme théologique, les souvenirs tout divins qui animent ces cimetières, il faut prendre pour guide M. l'abbé Gerbet: *Esquisses de Rome chrétienne*, t. I, p. 144 ; t. II, p. 104. — Depuis la mort d'Ozanam ont paru les admirables travaux de M. de Rossi dont la science et les découvertes n'ont rien de comparable : de Rossi, *Inscriptiones latinæ urbis Romæ*, t. I, in-f°, 1861. — *Bulletino di archeologia cristiana*, 1863 et ann. suiv. — *Roma sotterranea*, 2 vol. in-f°.

relâche, on ne découvre rien de pareil. A la clef de voûte paraît le Bon Pasteur portant sur ses épaules tantôt la brebis, tantôt le chevreau, pour enseigner qu'il sauve à la fois l'innocence et le repentir. Puis, dans quatre compartiments dessinés par des guirlandes de fleurs et de fruits, des compositions tirées de l'Ancien et du Nouveau Testament, et opposées d'ordinaire deux à deux, comme la figure et la réalité, la prophétie et l'histoire. C'est Noé dans l'arche, Moïse frappant le rocher, Job sur le fumier, le miracle de Cana, la multiplication des pains, Lazare sortant du tombeau. C'est surtout Daniel dans la fosse aux lions, Jonas rejeté par la baleine, les trois enfants dans la fournaise, symboles du martyre, du martyre par les bêtes, par l'eau, par le feu; mais du martyre triomphant, tel qu'il le fallait peindre pour soutenir le courage et consoler la douleur. Jamais aucune trace des persécutions contemporaines, aucune représentation des bûchers des chrétiens; rien de sanglant, rien qui pût réveiller la haine et la vengeance, rien que des images de pardon, d'espérance et d'amour (1).

(1) Les peintures des catacombes représentent quelquefois le Bon Pasteur chargé, non d'une brebis, mais d'un chevreau. Les archéologues considèrent cette image comme une imitation servile de l'art païen, qui peignit Apollon en habit de berger, gardant les troupeaux d'Admète et chargeant un chevreau sur ses épaules. On peut donner à ce symbole un sens plus théologique et plus vrai en se reportant aux controverses contemporaines. Lorsqu'au second siècle la secte des Montanistes refusait à l'Église le droit de remettre les péchés commis après le baptême, les catholiques leur opposaient l'exemple du Bon Pasteur rapportant la brebis égarée. Mais Tertul-

Si les chrétiens des catacombes trouvaient le temps de peindre leurs chapelles, ils ne pouvaient abandonner les tombeaux de leurs morts sans y laisser au moins quelque signe de reconnaissance, quelque trace de leur deuil et de leur piété. La sculpture chrétienne y commence par des hiéroglyphes, par des figures ébauchées, sans proportion, sans grâce, sans autre valeur que la pensée qu'elles représentent. Une feuille exprime la fragilité de la vie ; une barque à la voile, la rapidité de nos jours ; la colombe portant le rameau annonce les approches d'un monde meilleur ; le poisson rappelle les eaux baptismales, en même temps que le mot grec qui le désigne rassemble dans une anagramme mystérieuse les titres augustes du Fils de Dieu sauveur. Sur une sépulture où l'on ne lit point de nom, on voit un poisson et les cinq pains de la multiplication miraculeuse : on comprend qu'ici repose un homme qui a cru dans le Christ, que le baptême a régénéré, et qui a pris part au banquet eucharistique (1). A mesure que le paganisme se retire, le

---

lien, qui venait de mettre sa fougueuse parole au service de l'hérésie, reprochait aux catholiques de profaner cette parabole, de la peindre jusque sur les coupes de leurs banquets. « Le Christ, disait-il, ne sauve que les brebis ; il est sans pitié pour les boucs. » (*De Pudicit.*, cap. VII, X, XIII.) L'Église répondit à cette doctrine désespérante en mettant un chevreau sur les épaules du Pasteur éternel. Pour que personne ne s'y méprenne, S. Eucher, au cinquième siècle, déclare que les brebis figurent les justes, et les chevreaux les pécheurs. (*Liber formularum spiritualis intelligentiæ.*)

(1) Ces explications n'ont rien d'arbitraire, elles sont empruntées de l'antiquité chrétienne. Cf. Clément d'Alexandrie, *Pædagog.*, III;

ciseau chrétien devient plus libre et plus fécond. Au lieu de ces timides emblèmes qu'il esquissait sur la brique, il fouille hardiment le marbre, il en fait jaillir les bas-reliefs de ces sarcophages qui décorent les musées de Rome et les églises de Ravenne. On y retrouve les sujets bibliques déjà traités aux catacombes ; mais d'autres scènes s'y ajoutent ; le symbolisme plus riche et plus transparent annonce que le temps des persécutions est fini, et que la discipline du secret ne voile plus les saints mystères. Les tombeaux de Ravenne ne parlent pas de la mort : tout y rappelle l'immortalité que l'Eucharistie donne aux chrétiens : ce sont des vignes becquetées par des oiseaux, des colombes qui s'abreuvent dans un calice, de beaux agneaux qui se nourrissent des fruits d'un palmier.

Mais le dessin, désespérant de rendre la pensée tout entière, avait appelé la parole à son secours, et d'abord elle prit peu de place. Les premières inscriptions sont d'une brièveté qui a aussi son éloquence : Τόπος Φιλήμονις : « C'est la place de Philémon. » Quelques-unes multiplient les expressions tendres et consolantes, comme celle-ci : *Florentius, felix agneglus* (sic) *Dei* : « Florentius, heureux petit agneau de Dieu. » Ou bien encore : « Vous êtes tombée trop tôt, Constantia, miracle de beauté

Constitut. apost., V, cap. vii ; S. Augustin, *Epist.* 48 ; id., *De civ. Dei*, xviii, 23 ; Optatus Milevit., *Contra Parmen.*, iii, 2 ; S. Eucher, *Liber formularum spiritualis intelligentiæ.*

et de sagesse : *Nimium cito decidisti, Constantia, mirum pulchritudinis atque idonitati* (sic). » Cependant Constance était morte martyre, et la fiole teinte de sang désignait sa tombe à la vénération des fidèles. Mais la jeune sainte n'avait que dix-huit ans, et l'Église pardonna le cri des entrailles paternelles. Quelquefois on sent dans ce peu de mots toute la terreur des jugements divins ; comme dans la prière suivante que le chrétien Benirosus avait tracée sur la tombe de son père : « Seigneur, ne venez pas nous surprendre, quand notre esprit est couvert de ténèbres : *Domine, ne quando adumbretur spiritus, veneris.* » D'autres fois, la pensée de la résurrection éclate au milieu du deuil et des pleurs : la famille du chrétien Severianus invoque pour lui Celui qui fait revivre les semences enfouies dans le sillon :

>   Vivere qui præstat morientia semina terræ,
>   Solvere qui potuit lethalia vincula mortis !

Nous arrivons à la seule poésie vraiment digne de ce nom, à celle qui s'exprime par la parole, qui s'exprime en vers : elle ne se taira plus, et le moment approche où le poëte Prudence célébrera les catacombes et leurs martyrs dans les mètres de Virgile et d'Horace. Mais jusqu'ici tout est resté populaire, tout est barbare, et je m'en réjouis. Dans ces inscriptions latines écrites en lettres grecques, hérissées de fautes d'orthographe, de fautes de langue et de prosodie, je prends pour ainsi dire sur le fait les ignorants qui les ont tracées, et je reconnais les mères plébéiennes, les pères esclaves, gravant furtivement leur douleur et leur espérance sur la pierre devant laquelle ils reviendront s'agenouiller. Les persécuteurs, les vrais Romains, quand ils descendaient dans ces cimetières, devaient dédaigneusement sourire et hausser les épaules, à la lecture des épitaphes de ces misérables qui ne savaient pas écrire et qui prétendaient instruire le monde. Et voici cependant ce qui se préparait. L'antique civilisation romaine touchait à sa ruine; et en même temps Rome allait voir sortir de ces souterrains dont elle était minée, de cette société chrétienne qu'elle avait traitée en ennemie, toute une civilisation, par conséquent toute une poésie nouvelle.

Pendant que les murailles de la ville éternelle s'ébranlent sous les béliers, et que les Goths et les Vandales entrent par la brèche: pendant que les barbares enlèvent jusqu'aux toitures de plomb et jusqu'aux portes d'airain; au moment où il semble que tout soit perdu, les sépultures sacrées des catacombes soulèvent pour ainsi dire le sol, et produisent ces admirables basiliques de Saint-Paul, de Sainte-Marie-Majeure, et tant d'autres qui, du quatrième au treizième siècle, recueillirent, réunirent et sauvèrent tous les arts. Au lieu de la poésie des écoles, il y eut une poésie des monuments.

On ne sait pas assez ce qu'était une basilique chrétienne des temps barbares, quand il n'y avait plus de civilisation qu'entre ses murailles. Premièrement, puisque la société ancienne périssait, il fallait que la basilique fût pour ainsi dire le moule d'une société nouvelle ; il fallait que le seul lieu où une pensée morale rassemblait encore les hommes les accoutumât à l'ordre et à la règle, qu'ils en sortissent obéissants et disciplinés. C'est pourquoi l'église avait ses deux cours qui la séparaient du tumulte extérieur, sa fontaine qui purifiait les mains souillées ; enfin, ses divisions correspondant aux degrés de la hiérarchie catholique, depuis le vestibule où pleuraient les pénitents, jusqu'aux nefs partagées entre les hommes et les femmes, jusqu'à l'abside où le banc des prêtres s'arrondissait autour de l'évêque assis sur sa chaire de marbre. Bientôt l'église deviendra féconde, et de ses flancs sortiront, pour se ranger près d'elle, le baptistère, le cimetière et le clocher : elle embrassera dans son enceinte agrandie tout ce qui fait la vie spirituelle d'un peuple. Voyez Pise et cet admirable coin de terre qui réunit la cathédrale, le campanile, le baptistère et le Campo Santo. Toute la patrie était là, il ne fallait rien de plus pour naître, vivre et mourir. On comprend que les basiliques aient enfanté des cités.

En second lieu, la lumière des sciences et des arts menaçait de s'éteindre ; il fallait donc que là basilique conservât dans ses pierres mêmes un enseignement populaire, capable d'éclairer les esprits et d'émouvoir les imaginations. Il fallait que les hommes en sortissent instruits et charmés, qu'ils y revinssent avec amour, comme en un lieu où ils trouvaient le vrai et le beau. Pour réaliser l'idéal de ce temps, une église devait contenir toute une théologie et tout un poëme sacré. Ainsi l'entendaient ceux qui couvrirent de mosaïques, non-seulement les églises de Rome et de Ravenne, mais celles de Milan, de Venise, de Capoue, de Palerme, non-seulement l'abside de ces édifices, mais souvent les nefs, le vestibule et la façade. Là se déploie l'histoire de l'un et de l'autre Testament, continuée par les légendes des saints et couronnée par les visions de l'Apocalypse. Ordinairement l'image de la gloire céleste remplit l'hémicycle du sanctuaire. Rien ne peut égaler l'effet de cette grande figure du Christ, qui se détache sur un fond d'or, debout au milieu d'un ciel embrasé, ayant à sa droite et à sa gauche des saints qui lui présentent leurs couronnes. Au-dessous, on voit l'agneau reposant sur la montagne d'où s'échappent les quatre fleuves, emblèmes des quatre évangiles. Douze brebis sortent des deux villes de Jérusalem et de Bethléem, pour figurer le troupeau chrétien se recrutant dans la synagogue et dans la gentilité. Enfin, parmi les accessoires qui ornent ces riches compositions, reparaissent les cerfs et les colombes, les lis et les palmiers, tous les signes symboliques de l'antiquité chrétienne conservés, interprétés par une tradition qui ne s'interrompit jamais. Et, pour montrer d'une manière éclatante qu'il ne s'agissait point d'un enseignement secret, réservé aux initiés ; pour donner à tous la clef de ces représentations instructives, on les accompagnait d'inscriptions. Au-dessous de chaque mosaïque, se lisaient des vers qui en expliquaient le sens, qui en tiraient une leçon, qui cherchaient à toucher le spectateur, à lui arracher une larme ou une prière. Ces grandes et sévères murailles des églises romanes devenaient comme autant de pages où l'on célébrait les miracles du saint, les princes fondateurs de la basilique, les morts célèbres endormis sous ses voûtes.

Ainsi se forma un genre de poésie que les critiques n'ont pas assez étudié ; si je puis la nommer ainsi, une poésie murale qui anima les églises du moyen âge italien, comme autrefois un art sacré avait chargé de peintures et d'hiéroglyphes les temples de l'Égypte. A Saint-Jean de Latran, le portail, l'abside et jusqu'au siége papal étaient ornés de vers ; un langage simple mais énergique y résumait les droits de la chaire apostolique et de l'Église mère des églises. A Saint-Pierre, les épitaphes des pontifes faisaient à elles seules toute l'histoire de la papauté. Le sixième et le septième siècle surtout y avaient gravé en distiques latins les noms, les dates, les bienfaits des papes contemporains. L'abondance et la facilité de ces petits poëmes prouvent la perpétuité des études littéraires à une époque où l'on a coutume de représenter Rome comme la prostituée de Babylone, enivrée d'ignorance et de corruption. Le dôme de Pise élevait fièrement son fronton sillonné d'inscriptions triomphales : elles racontaient les premières croisades des Pisans, leurs armes arrachant aux infidèles la Sardaigne et les Baléares, surtout leur victorieuse expédition contre les Sarrasins de Palerme, en mémoire de laquelle, et du butin qu'ils en rapportèrent, ces pieux écumeurs des mers avaient bâti leur cathédrale. Mais nulle part l'épopée monumentale ne s'est conservée plus complète qu'à Saint-Marc de Venise. Je ne parle pas de ses coupoles, de son imposante façade chargée d'or et de sculptures. J'entre sous ces voûtes dorées, et j'essaye de reconstruire le cycle de mosaïques et d'inscriptions qui s'y déroule.

Le vestibule convenait aux scènes de l'Ancien Testament, figuratives du Testament Nouveau. J'y trouve en effet l'histoire du peuple de Dieu, commençant avec la Genèse, et aboutissant d'un côté à Moïse, qui baptise les Hébreux dans la mer Rouge, et de l'autre à Jean, qui baptise dans le Jourdain. Ces images sont d'une époque ignorante, et toutefois on y saisit des inspirations dont l'art moderne n'a pas surpassé la grâce et la grandeur. Ainsi

Dieu crée la lumière : au lieu d'un vieillard irrité gourmandant le chaos, le mosaïste a représenté le Verbe créateur, jeune d'une jeunesse éternelle, vêtu de deux couleurs royales, de blanc et de pourpre, parfaitement calme, étendant sur les éléments une main sûre d'être obéie. Devant lui sont deux globes, l'un obscur, l'autre lumineux. Entre les deux globes, un ange, symbole du premier jour, étend les bras et prend son vol. Mais ces peintures du monde naissant ne forment que l'avant-scène du spectacle qu'on découvre en pénétrant dans l'intérieur de la basilique. Le Christ rédempteur y remplit tout de sa présence, à commencer par la coupole du sanctuaire, où il figure entouré des prophètes, comme le Désiré des nations. Sa vie, ses miracles, sa passion se développent dans le chœur, les travées et la grande nef, jusqu'au jugement dernier, dont la menaçante image plane au-dessus de la porte principale. Les nefs latérales sont occupées par l'histoire de la sainte Vierge, des apôtres et des deux patrons du lieu, saint Marc et saint Clément, sans compter les innombrables saints dont les figures, se détachant sur des fonds d'or, peuplent l'église, et en font comme un paradis visible, comme une Jérusalem céleste, descendue d'en haut, et retenue sur la terre par le génie et la piété des hommes. Pour commenter ces mosaïques, il a fallu un poëme de deux cents vers. Tantôt c'est le récit d'un prodige, tantôt c'est l'interprétation d'un symbole, quelquefois une sentence ou une prière. Sans doute ces hexamètres barbares outragent souvent la syntaxe et la prosodie ; mais l'enthousiasme religieux y respire, on y sent le patriotisme héroïque, le génie sacerdotal et guerrier du siècle qui osa asseoir sur des pilotis, au milieu de la mer, ces coupoles rivales de Sainte-Sophie. Autour de la grande arcade du chœur, on lit cette invocation au patron de la cité : « Marc, vous « couvrez de votre doctrine l'Italie, l'Afrique de « votre tombeau, Venise de votre présence, et, « comme un lion, vous les protégez de vos rugis- « sements. »

Italiam, Libyam, Venetos, sicut leo, Marce,
Doctrina, tumulo, requie (1), fremituque tueris.

D'autres fois le poëte a voulu que les murailles saintes eussent des avertissements pour les grands de la terre. Quand le doge, descendant de son palais, entrait à l'église, en passant devant l'autel de Saint-Clément, il pouvait y lire ces paroles, gravées en lettres d'or sur un marbre moins corruptible que le cœur de ses courtisans : « Aime la justice, « rends à tous ce qui leur est dû. O doge ! que le « pauvre et la veuve, le pupille et l'orphelin, espè-

(1) Ces deux vers résument l'histoire de saint Marc, disciple de saint Pierre, chargé d'abord par le chef des apôtres d'évangéliser le nord de l'Italie ; puis évêque d'Alexandrie, où il eut son tombeau, et d'où les Vénitiens enlevèrent les reliques pour leur donner un repos glorieux au bord des lagunes.

« rent trouver en toi leur défenseur ! Que ni la
« crainte, ni la haine, ni l'amour, ni l'or, ne te
« fassent fléchir ! O doge ! tu tomberas comme la
« fleur, tu deviendras cendre, et selon tes œuvres,
« après ta mort tu recevras. »

> Ut flos casurus, dux, es cineresque futurus.
> Et, velut acturus, post mortem sic habiturus.

Enfin, les petits et les ignorants ne sont pas oubliés : c'était pour eux surtout qu'on avait joint le récit au tableau ; et, de peur que, retenu par l'éclat des peintures, le commun des esprits négligeât de remonter aux réalités invisibles, au-dessous d'une figure du Sauveur on avait écrit ces mots : « C'est Dieu qu'enseigne l'image, mais l'i-
« mage n'est pas Dieu : considère-la, mais adore
« par la pensée celui que tu reconnais en elle. »

> Nam Deus est quod imago docet : sed non est Deus ipsa.
> Hanc videas, sed mente colas quod noscis in ipsa.

Ainsi l'art chrétien répudiait les séductions que le paganisme avait voulu exercer sur les yeux de la foule. Mais, après ces réserves d'une scrupuleuse orthodoxie, on comprend que, ravi de son œuvre, ébloui de tant d'or, de tant de riches couleurs, le peuple qui avait bâti Saint-Marc se soit rendu le témoignage que son temple serait le roi des édifices chrétiens.

> Historiis, auro, forma, specie tabularum,
> Hoc templum Marci fore (sic) decus ecclesiarum.

Le temps et l'espace ne me permettent pas de prolonger ces citations. Mais, quand les inscriptions se multiplient ainsi, qu'elles s'enchaînent entre elles, qu'elles se lient à un ensemble de tableaux, de bas-reliefs, de dispositions architecturales destinées à saisir l'imagination des hommes, on peut dire, sans abus de langage, qu'une cathédrale est un livre, un poëme, et que le christianisme, tenant sa promesse, a tiré de la pierre des cris et des chants : « *Lapides clamabunt.* »

Cette poésie des monuments s'écrivait en latin. Toutefois, ne croyons pas que les inscriptions latines fussent composées par les savants et pour les savants ; qu'elles s'adressassent aux classes lettrées, c'est-à-dire au petit nombre. Tout y est populaire : les sentiments qu'elles expriment, la forme incorrecte qu'elles préfèrent, la rime qu'elles cherchent. Au onzième siècle, au douzième, jusqu'au treizième, la langue latine n'avait pas cessé d'être comprise en Italie, non des lettrés seulement, mais de tous. C'était en latin qu'on prêchait le peuple, en latin qu'on le haranguait, en latin qu'on lui composait des chants de guerre. En 934, les gens de Modène veillaient sur leurs murailles, menacées par l'irruption des Hongrois. Ces artisans et ces bourgeois, armés à la hâte pour la défense de leurs foyers, et qui voyaient déjà brûler les villages voisins, s'animaient en répétant un hymne guerrier que nous avons encore, et qui conserve, avec la

rime moderne, une latinité exacte et toutes les réminiscences de l'épopée classique : « O toi qui pro-
« téges de tes armes ces murailles! garde-toi de
« dormir, je t'en donne l'avis ; mais veille ! Tant
« que le vigilant Hector vécut dans Troie, elle
« échappa aux ruses des Grecs. »

> O tu qui servas armis ista mœnia,
> Noli dormire, quæso : sed vigila !
> Dum Hector vigil extitit in Troja,
> Non eam cepit fraudulenta Græcia.

Il y avait donc une poésie chantée, vivante sur les lèvres du peuple, non-seulement dans les églises, où retentissaient les hymnes de saint Ambroise et de saint Grégoire, mais dans les camps, sur les places publiques, et jusque sous le balcon de plus d'une noble dame, charmée d'entendre ses louanges dans la langue d'Horace et de Virgile. Je pourrais multiplier les exemples, citer des chansons de table et des satires politiques. Je m'arrête à un poëme de quelque étendue : je crois y saisir, plus reconnaissable qu'ailleurs, le génie italien avec ses habitudes, avec ses faiblesses. La flotte pisane vient de porter la guerre sur les côtes d'Afrique en 1088. Elle rentre, chargée des dépouilles sarrasines. Un poëte inconnu a voulu célébrer cette action dans un chant qui ne peut rien avoir que de populaire : les vers rimés ne gardent plus de traces de la prosodie classique ; et cependant tout y est plein des traditions de l'antiquité. Si vous prenez à la lettre les premières paroles de l'auteur, il vous fera croire que Pise allait ranimer la vieille querelle de Rome et de Carthage :

> Nam extendit modo Pisa laudem admirabilem,
> Quam olim recepit Roma vincendo Carthaginem.

Il s'agit pourtant d'une guerre sainte. Le Christ lui-même pousse les galères ; et quand les chrétiens descendent sur la plage d'Afrique, l'apôtre saint Pierre les conduit, et saint Michel sonne la trompette devant eux. Le poëte décrit les vicissitudes du combat : il compte les morts, il pleure le jeune Hugues Visconti, dont le sang a payé la victoire des Pisans, le plus vaillant de leurs chefs et le plus beau. Et, pour honorer ce héros, il le compare à Codrus, « à ce roi fameux qui chercha la mort pour « assurer la victoire des siens. » Il est vrai qu'il ajoute aussitôt d'autres paroles où nous retrouvons toute la foi du moyen âge. « Ainsi l'enfer est dé-
« pouillé et l'empire de Satan détruit, quand Jésus
« le rédempteur meurt volontairement. C'est pour
« son amour, pour son service, que tu meurs, ô
« bien-aimé ! et qu'au dernier jugement nous te
« verrons rayonnant comme un beau martyr ! »

> Pro cujus amore, care, et cujus servitio,
> Martyr pulcher rutilabis venturo judicio.

On reconnaît ici, avant la fin du onzième siècle, cette confusion du sacré et du profane qu'on a tant reprochée à Dante, au Tasse, à tous les poëtes italiens. Ce n'est pourtant pas le pédantisme de l'écrivain qu'il faut accuser, ce n'est pas le paganisme de la renaissance : c'est l'Italie même qui ne veut rien perdre de ses traditions, toujours jalouse de ses gloires classiques et de ses gloires chrétiennes. Il n'y a presque pas une de ces vieilles cités italiennes qui ne prétende avoir dans ses fondements les ossements d'un saint et ceux d'un héros ou d'un poëte. Naples montre la sépulture de saint Janvier et celle de Virgile. Padoue avait élevé un monument incomparable à saint Antoine, mais elle conservait avec vénération la pierre qui passait pour le tombeau d'Anténor. Sienne, la ville des saints, gardait fièrement son titre de colonie romaine, et sur le parvis de sa cathédrale une colonne portait l'image de la louve et des deux jumeaux. Ce culte du passé eut ses excès, mais le principe en était respectable ; les hommes du moyen âge croyaient que la source des grandes actions est dans les grands souvenirs.

Cependant toute la poésie des souvenirs, toute celle des chants guerriers et des monuments religieux, n'était encore qu'un souffle qui n'avait pas trouvé son instrument, tant qu'il lui fallut s'emprisonner dans cette langue latine, comprise, mais vieillie, mais impuissante à rendre la variété des sentiments nouveaux. La Fable raconte que Mercure enfant, jouant au bord de la mer, ramassa dans le sable une écaille de tortue dont il fit la première lyre. Ainsi le génie italien, jeune encore et populaire, devait prendre, pour ainsi dire, à ses pieds et dans la poussière, l'humble idiome dont il allait faire un instrument immortel.

Depuis longtemps déjà chaque province, chaque cité avait son dialecte : la ligue lombarde confédéra les cités, les provinces se communiquèrent, et des dialectes rapprochés se dégagea un idiome qui fut celui des cours, des solennités, des fêtes publiques, et qui devint national. C'est l'ouvrage de la seconde moitié du douzième siècle. Au commencement du treizième, saint François paraît, et cet homme, passionné pour les pauvres, ne veut chanter que dans l'idiome du peuple; il improvise en italien son Cantique du Soleil. Ce premier cri réveilla des échos qui ne devaient plus se taire. Un moine franciscain de Vérone, Fra Giacomino, écrivit en dialecte vénitien deux petits poëmes, l'un de l'Enfer, l'autre du Paradis, frayant à l'auteur de la Divine Comédie les chemins de l'éternité. Un autre religieux, Giacopone de Todi, errait dans les montagnes de l'Ombrie, composant dans l'idiome inculte du pays, non plus seulement de naïfs cantiques, mais des chants de longue haleine, où il faisait passer toute la théologie mystique de saint Bonaventure, toute la sévérité d'une satire vengeresse, qui ne pardonnait ni aux désordres du peuple, ni aux faiblesses du clergé. Cet homme hardi avait osé autant que Dante; il le devançait, on peut croire qu'il l'inspira.

Dante trouvait derrière lui ces exemples. Il y trouvait aussi les innombrables visions du monde invisible qui remplissaient les légendes italiennes, et dont j'ai eu lieu de dérouler ailleurs le tableau (1). Il eut l'heureuse témérité de traiter ce sujet populaire, et de le traiter dans la langue populaire. Il en eut le mérite, car la tentation contraire ne lui manqua pas. Ravi des beautés de l'Énéide, qu'il savait par cœur, il s'était proposé d'écrire son poëme dans la langue et dans le mètre de Virgile, et il commença en ces termes :

Ultima regna canam fluido contermina mundo.

Mais à mesure qu'il avançait dans son œuvre et dans la vie, il fut saisi d'un profond mépris pour les lettrés de son temps, qui se vendaient aux princes, et qui n'avaient des lyres, dit-il, qu'afin de les donner à loyer. Il refusa d'écrire pour eux, et se déclara en faveur de la langue vulgaire, puisqu'il lui devait deux naissances, l'une temporelle, l'autre spirituelle ; « car c'est elle, continue-t-il, qui rapprocha mes parents, c'est elle qui m'introduisit à l'étude du latin, et par là au reste des connaissances humaines. » « A la honte éternelle de ceux

---

(1) *Recherches sur les Sources poétiques de la Divine Comédie*, à la fin de ce volume, comme introduction au volume suivant : *Dante et la philosophie catholique au treizième siècle.*

qui déprécient leur idiome et vantent celui d'autrui, » Dante célèbre avec amour, avec passion, la langue italienne, « à cause de la douceur de ses syllabes, de la propriété de ses constructions, de la facilité avec laquelle elle exprime presque aussi parfaitement que le latin les pensées les plus hautes et les plus neuves : de sorte qu'en y regardant de près on y trouve une très-douce et très-aimable beauté. » Voilà le sentiment qu'il professe dans son livre du *Convito ;* et c'est peut-être le trait le plus frappant de son génie, d'avoir pris parti pour un idiome méprisé, abandonné aux ignorants et aux pauvres ; non de l'avoir créé, comme on l'a dit, mais de l'avoir fixé par un monument éternel, malgré l'indifférence, malgré le mauvais vouloir des savants contemporains.

Un professeur de l'université de Bologne, Giovanni del Virgilio, lui adressait de longues épîtres latines, l'exhortant à choisir des sujets plus dignes de sa muse, les fables grecques, et, par exemple, l'enlèvement de Ganymède. Il lui reprochait d'écrire pour le méprisable vulgaire, de négliger les savants, ces hommes doctes qui pâlissaient sur les livres antiques, mais qui se gardaient bien d'ouvrir la Divine Comédie, de peur de gâter leur latin.

> Tanta quid heu semper jactabis seria vulgo ?...
> Et nos pallentes nihil ex te vate legemus !

Dante lui répond ; il répond en vers latins, en vers

assez surchargés d'allusions, d'allégories et de figures pour établir qu'en fait de pédantisme et d'obscurité il est en mesure de rivaliser au besoin avec les plus doctes de son temps. Mais il confesse que toute son ambition est d'achever l'œuvre populaire qui lui a coûté tant de veilles, et d'aller ensuite, son livre à la main, frapper aux portes de sa patrie. Il espère qu'elles s'ouvriront, et qu'il lui sera donné, comme il le dit ailleurs, de prendre la couronne poétique sur les fonts sacrés de son baptême :

> Ritornerò poeta; e in sul fonte.
> Del mio battesmo, prenderò 'l capello!

Il rentra, en effet, dans cette ingrate Florence ; mais il y rentra après sa mort, couronné, non du laurier qui se flétrit, mais de la couronne d'épines de l'exil et de l'auréole de l'immortalité. Les artisans chantèrent ses vers ; Boccace les expliqua, comme on expliquait Virgile, dans une chaire fondée par la république florentine. Le peintre Michelino fut chargé de peindre l'image du poëte dans l'admirable cathédrale de Santa-Maria del Fiore : Dante y paraît en habit de docteur, montrant les trois royaumes invisibles qui s'ouvrent devant lui. Par un de ces défauts de perspective si communs dans l'ancienne peinture, et qui avaient quelquefois leur sens et leur intention, on a représenté sa ville natale toute petite à ses pieds : il en domine les clochers et les tours.

Mais pendant que la poésie sacrée renaissait avec les hymnes de saint François et de ses disciples, la poésie chevaleresque avait aussi son avénement. Au treizième siècle, les villes d'Italie, dans le premier orgueil de la victoire et de la liberté, veulent tenir des cours plénières, comme les empereurs qu'elles ont vaincus; Padoue, Trévise, Venise, Gênes, Florence, donnent des fêtes solennelles. On y voit accourir tous ceux qui font profession de gai savoir, musiciens, jongleurs, improvisateurs. Ils récitent sur les places publiques ces chansons de geste qui ont fait le tour de l'Europe, ces romanesques histoires de la Table ronde et des preux de Charlemagne. On sait, par le témoignage d'Albertino Mussato, que, vers l'an 1320, les histrions chantaient sur les théâtres les exploits de Roland et d'Olivier. Ces deux paladins étaient si populaires, qu'ils figurent sculptés à droite et à gauche du portail de la cathédrale de Vérone, debout, l'épée à la main; et, pour qu'on ne s'y trompe pas, l'artiste a gravé sur l'épée de Roland le nom de *Durindana* : c'est bien la fameuse lame qui a fait dans les Pyrénées une brèche éternelle. Vers le même temps, les historiens italiens commencent à citer les *Reali di Francia*, c'est-à-dire le cycle épique de la maison de France, où l'on voyait comment Constantin eut pour fils Clovis, et plus tard, pour héritier légitime, Charlemagne; où se lisaient les prouesses de Beuves d'Antone et de Gisbert au fier visage. C'est à cette source que puiseront les poëtes des deux siècles suivants, l'Altissimo, Pulci, Boiardo, par lesquels on arrive à l'Arioste et au Tasse. Ces deux grands hommes sont assurément des poëtes savants; ils fréquentent l'antiquité, mais pour lui demander des inspirations, et non des chaînes. Quand les Grecs échappés au désastre de Constantinople venaient de relever avec tant d'éclat les autels classiques, au milieu de ce paganisme littéraire qui séduisit tant de grands esprits ; quand on poussait le mépris de la langue vulgaire jusqu'à rougir de ses noms de baptême, jusqu'à les échanger contre des noms romains, l'Arioste et le Tasse eurent la sagesse de s'attacher à l'exemple de Dante, d'écrire dans la langue des femmes, des gens de guerre, dans celle du peuple, non pour être lus seulement, mais pour être chantés. Aussi ce peuple, à qui ils avaient prodigué leur génie, leur prodigua la gloire. Il se montra reconnaissant, non-seulement le jour où une bande de brigands tomba aux genoux de l'Arioste, ou quand une multitude immense accompagna dans les rues de Rome la dépouille du Tasse, couronnée d'un laurier tardif : il leur conserva un souvenir qui dure encore, mêlé de respect et d'amour. A Naples, le chanteur du môle continue de psalmodier chaque jour les stances du *Roland Furieux* devant les gens du port qui l'écoutent en cassant leurs noix, et qui n'auront probablement pas d'autre dîner. Aux environs de Pise, il y a des villages où, chaque année, la fête patronale est célébrée par une représentation dramatique de la *Jérusalem délivrée*, comme on mettait en scène l'*Iliade* sur le théâtre d'Athènes. Les paysans s'entendent, et se partagent les rôles. L'un chante, par exemple, les paroles de Tancrède ; l'autre, celles d'Argant, pendant qu'un troisième déclame le récit qui les lie. Il y a plus de ressources qu'on ne pense chez un peuple capable de ces plaisirs d'esprit ; il y a une gloire plus solide qu'on ne croit à faire, comme ces poëtes, l'éducation, non d'un petit nombre, mais des pâtres et des artisans ; à entretenir parmi eux des traditions héroïques, le sentiment du beau, qui élève les imaginations, et l'admiration du bien, qui échauffe les cœurs.

C'est ainsi que la poésie retourne au peuple, de qui elle est venue. Ces Italiens savent se passer de vêtements et de pain ; ils ne savent pas se passer de chants. Dans la campagne de Sienne, il y a des misérables qui n'apprendront jamais à lire, et qui improvisent en vers, et qui trouvent des beautés où les poëtes d'académie n'atteindront jamais. Là, comme dans quelques hameaux de la Corse et de la Sicile, il n'est pas de noces, pas de baptême, pas de funérailles qui puissent s'achever sans que les paroles de l'improvisateur aient consacré la joie ou la douleur de la famille. A Rome même, les hommes des faubourgs tiennent à leurs traditions et à leurs passe-temps poétiques. Les gens du Trastevere se disent fils des Troyens ; ils se font raconter dans les cabarets l'histoire de la belle Tarpeia qui trahit sa patrie pour des bracelets, et qui fut étouffée sous des boucliers. Ouvrez ces petits livres étalés aux marchés et aux foires, et que les villageois achètent avec les bijoux d'argent qu'ils rapporteront à leurs femmes, avec les rubans rouges dont ils orneront les cornes de leurs bœufs : vous n'y trouverez point l'abrégé prosaïque d'anciennes épopées perdues, comme nos histoires de Robert le Diable et des quatre fils Aymon. Ce ne sont pas non plus de simples romances, comme nos cantiques de saint Hubert ou de Geneviève de Brabant. Ce sont de petites épopées, des chansons de geste, comme on disait au moyen âge, divisées en octaves, composées dans le mètre épique du Tasse et de l'Arioste. Elles comptent de cinq cents à deux mille vers, beaucoup trop pour être retenues par toutes les mémoires ; elles ne peuvent être apprises que par des gens qui en font métier, qui font le métier de rapsodes, comme on le faisait en Grèce au temps d'Homère. Elles ne sauraient être récitées d'un bout à l'autre qu'aux jours de loisir, aux jours chômés ; c'est une de ces récréations sérieuses, qui plaisent surtout au peuple de la campagne romaine, et qui le tiennent assemblé durant de longues heures sur les places publiques. Les compositions de ce genre que j'ai pu recueillir sont nombreuses.

Les unes forment tout un cycle de poésie sacrée, qui commence par la chute des anges et la création, où figurent Joseph, Samson, Judith, les plus touchants mystères du Nouveau Testament, les légendes des saints : Néron et le martyre des saints apôtres, Constantin, Attila et saint Léon le Grand. L'histoire y est traitée avec une liberté toute populaire, et qui va jusqu'à faire de saint Jean Chrysostome un chef de brigands converti. Les autres poëmes forment un cycle romanesque qui s'ouvre par des fables grecques, touche à l'antiquité romaine, et finit par les récits préférés du moyen âge : on y trouve l'histoire d'Orphée, celle de Pyrame et Thisbé, l'aventure des Horaces et des Curiaces, la vie de la reine Olive, Florinde et Chiara-Stella, le géant Morant, et la déroute de Roncevaux. J'essayerai de faire connaître par une rapide analyse un de ces petits poëmes, je veux dire l'histoire du pape Alexandre III (*Istoria di papa Alessandro Terzo*, Todi, 1812). Nulle part on ne peut mieux prendre sur le fait ce travail des esprits qui s'empare des traditions, qui les transforme, et qui fait naître les épopées. Ici tout le fond est historique ; seulement le génie populaire remanie, pour ainsi dire, l'histoire, afin de lui donner un tour plus pathétique et plus merveilleux.

Le poëme commence par l'invocation, pour obéir non pas aux règles classiques, mais aux coutumes d'un peuple chrétien, chez qui la prière doit consacrer toutes les actions et purifier tous les plaisirs. D'ailleurs, jamais sujet ne fut plus digne d'être touché avec respect : il s'agit de célébrer, en la personne d'Alexandre et de Frédéric Barberousse, la lutte du sacerdoce et de l'empire. Le poëte tient pour le pape, mais il n'a garde d'avilir le personnage de l'empereur. Il le relève au contraire par une fiction hardie, qui explique l'erreur du héros en lui prêtant l'excuse de la fatalité. Barberousse a fait vœu de délivrer le tombeau du Christ ; mais avant de conduire les bataillons chrétiens en Palestine, sur une terre qui les dévore, il s'y est rendu seul, travesti en pèlerin, pour tromper la vigilance du soudan et connaître les forces des infidèles. Un cardinal que l'auteur ne nomme point, et qu'il crée pour en faire le mauvais génie du poëme, avertit le soudan par une lettre scellée du sceau papal. Frédéric est découvert et jeté dans les chaînes. Mais il se rachète au prix de son pesant d'or, s'embarque, et reparaît en Italie, jurant la perte du pontife, auquel il attribue injustement la ruine de ses desseins.

Aux approches de l'armée impériale, Alexandre quitte Rome : toutes les portes se ferment devant l'auguste fugitif. Réduit à cacher sa dignité sous l'habit d'un pauvre prêtre, un bâton à la main, il arrive à Venise ; il y entre la nuit, et va s'asseoir sur les marches de l'église de Saint-Sauveur en attendant le jour. Aux premières lueurs de l'aurore, le gardien de l'église ouvrant la porte trouve cet étranger, et lui indique un monastère où l'on est en quête d'un chapelain. Alexandre y offre ses services et y trouve l'hospitalité. C'est là qu'il vécut dans la sainte pauvreté, portant un manteau percé, oublié du monde, et content de son sort.

Le poëte prolonge durant quatorze ans la retraite d'Alexandre III. Au bout de ce temps, il arrive qu'un étranger passant à Venise s'agenouille dans l'église où Alexandre, ignoré de tous, disait la messe; il reconnaît le prétendu chapelain; il va déclarer au doge Sébastien Ziani, et au grand conseil, assemblé quel hôte illustre leur ville a reçu. Ici la narration prend un tour bien noble et tout à fait épique. Alors le doge ordonne de tailler aussitôt un manteau papal. La seigneurie et le clergé sont convoqués; le doge, à leur tête, monte en barque, et se rend en pompe au couvent; il ordonne que les religieux défilent un à un devant lui. Les moines, troublés d'une telle visite, descendent et passent en tremblant. Alexandre vient le dernier de tous; et voilà que le doge, la seigneurie et le clergé tombent à genoux devant lui, le revêtent du manteau papal et demandent sa bénédiction. On le conduit processionnellement à Saint-Marc; puis, montant l'escalier de marbre du palais, il va prendre place au festin, et termine la fête en bénissant le peuple.

Mais Venise a pour le pontife proscrit autre chose que des hommages ; elle envoie une ambassade à l'empereur, qui rejette toute proposition. Il veut qu'on lui livre Alexandre pieds et poings liés, et ordonne à Otton, son fils, de porter la sommation à la tête de soixante et quinze galères. Les Vénitiens arment de leur côté : ils ne comptent que trente-cinq navires, mais montés par des hommes d'élite accoutumés à la mer : s'ils ont contre eux le nombre, ils ont pour eux le bon droit.

La bataille est terrible et la victoire décisive. Le doge rentre dans Venise, ramenant le jeune prince prisonnier. L'empereur cède enfin. Au jour convenu, le pape fait dresser sa chaire sur la place de Saint-Marc et devant la porte de la basilique. En même temps paraît l'empereur, entouré de son cortége ; il s'agenouille, baise les pieds du pontife, et reçoit de lui l'absolution de son péché. C'est à cette lutte glorieuse que le poëte, d'accord avec la tradition, fait remonter les priviléges de Venise et les fiançailles du doge avec l'Adriatique. Au moment où Sébastien Ziani revenait du combat, traînant à sa suite les débris de la flotte impériale, le pape était allé au-devant de lui jusqu'au Lido, et là, tirant de son doigt un bel anneau, il dit au doge : « Je veux qu'il soit établi par décret que le prince « de Venise s'appelle le prince de la mer, lui et ses « successeurs à l'infini. » Puis il remit la bague au prince, qui la jeta dans les eaux, et la mer fut épousée :

> E poi l'annello al principe ebbe dato,
> Che lo diè all' acque ; e 'l mar fu sposato.

Cette chute est belle, et je pourrais citer d'autres vers où l'on trouverait de la verve et de la naïveté. Mais ce qui me frappe surtout, c'est que la guerre d'Alexandre III et de Frédéric Barberousse, par conséquent la querelle des Guelfes et des Gibelins, du sacerdoce et de l'empire, ait laissé un souvenir si durable, non chez les lettrés, mais dans la foule, dans le peuple, qui n'est pas toujours ingrat. Tandis que les légistes et le plus grand nombre des historiens méconnaissaient ces grands papes défenseurs des libertés de l'Église et de l'Italie, tandis qu'on les dénonçait comme des prêtres ambitieux, ennemis du repos des rois, le peuple ne les avait pas oubliés. La république de Sienne prenait à ses gages le peintre Spinello Aretino, pour lui faire exécuter au palais public les belles fresques où se déroule toute l'histoire d'Alexandre III. Venise fit représenter le même sujet dans la salle du Grand Conseil, d'abord par Jean Bellini, et ensuite par Tintoret, quand l'incendie eut détruit l'œuvre à jamais regrettable du vieux maître. En même temps, la tradition populaire passait de bouche en bouche avec les chants qui l'avaient célébrée, jusqu'à cette histoire épique imprimée à Todi il y a quelques années, et répétée encore de nos jours dans les montagnes de l'Ombrie et de la Sabine.

Plusieurs trouveront que j'ai donné trop d'attention aux derniers accents de la poésie populaire, comme à ses premiers bégayements. Toutefois, je ne dissimule ni la barbarie des inscriptions par lesquelles j'ai commencé, ni la sécheresse des petites épopées par où je finis. La poésie est dans le peuple, mais comme le pain est dans le sillon : il faut l'en faire sortir à force d'art et de travail. Si la poésie ne se dégage pas du peuple, elle devient triviale : ces chants sans auteur comme sans originalité, que chacun a le droit de mutiler et de refaire, s'en vont s'altérant toujours, perdant à chaque siècle quelques strophes et quelques épisodes, jusqu'à ce qu'enfin les mendiants et les nourrices se lassent de les répéter. Au contraire, quand une volonté laborieuse s'est emparée de ses éléments périssables ; quand un poëte ou une suite de poëtes y a mis le choix, l'ordre et le lien, alors naissent des ouvrages qui durent ; mais trop souvent l'empreinte savante y efface la naïveté des temps primitifs. Les poésies des premiers franciscains nous montrent ce moment instructif et charmant où l'art commence à saisir l'inspiration populaire : s'il ne réussit pas toujours à la régler, il ne risque pas encore de la flétrir.

CHAPITRE II

SAINT FRANÇOIS (1)

La poésie italienne, comme toute poésie, descend de deux sources, l'une sensuelle, l'autre religieuse, qui mêlent quelquefois leurs eaux, mais dont on peut suivre les deux courants distincts depuis les premiers temps jusqu'à nous.

C'est à la fin du douzième siècle et en Sicile, au milieu des enchantements de cette brûlante contrée; c'est chez un peuple mêlé de sang grec et arabe, ingénieux, sans frein dans ses plaisirs comme dans ses vengeances, qu'on trouve les premiers vers italiens. Cet art nouveau fleurit à la cour de Frédéric II, grand et mauvais prince, dont le génie et l'impiété firent pendant cinquante ans l'étonne-

---

(1) Les sources consultées pour ce travail sont premièrement les écrits de saint François, *Opera sancti Francisci*; secondement les trois biographies du saint : celle qui fut écrite deux ans après sa mort par Thomas de Celano; celle des trois disciples qui furent chargés de compléter cette première rédaction; enfin celle que saint Bonaventure composa un peu plus tard avec les traditions encore vivantes et des documents plus nombreux. Voyez aussi Wadding, *Annales Minorum*, tome I; Chavin de Malan, *Histoire de saint François d'Assise*. Gœrres a écrit des pages savantes et ingénieuses sur *saint François d'Assise troubadour*.

ment de l'Europe et la terreur de l'Église, capable de toutes les affaires et de toutes les voluptés, et qui partageait ses loisirs entre un sérail de belles captives et une académie de savants mahométans, de troubadours et de jongleurs. Lui-même n'avait pas dédaigné de composer dans l'harmonieux idiome de ses sujets. Son chancelier Pierre des Vignes, ses fils Enzo et Menfred, l'imitèrent; et bientôt, de Palerme à Messine, on n'entendit plus que les accents d'une poésie dangereuse, où la galanterie des Provençaux se mêlait aux passions ardentes de l'Orient. Là commence la veine trop féconde qu'on voit ruisseler dans les condamnables récits de Boccace, dans les comédies et les drames pastoraux du vieux théâtre italien. De là cette littérature molle et voluptueuse, qui finit par énerver les caractères en même temps que les esprits, et qui habitua la jeunesse italienne à passer sa vie aux genoux des femmes, dans l'oubli de la patrie et de la liberté.

Mais, heureusement pour l'Italie, nous y voyons aussi la poésie chrétienne couler à pleins bords, depuis la *Divine Comédie* jusqu'à la *Jérusalem délivrée*, jusqu'aux hymnes de Manzoni. Cependant on ne sait peut-être pas assez de quelles hauteurs ce large fleuve est descendu. Sans doute on connaît les noms d'un petit nombre de Toscans que Dante rappelle avec honneur, qu'il avoue pour ses devanciers et pour ses maîtres; mais ni la science de

Brunetto Latini et de Guido Cavalcanti, ni le sentiment platonique de Guido Guinicelli, ni la piété de Guittone d'Arezzo, ne suffit pour expliquer la soudaine abondance de cette verve chrétienne qui jaillit dans les quinze mille vers de l'*Enfer*, du *Purga-toire* et du *Paradis*. Il faut remonter plus haut, et chercher sur un autre point de l'Italie quelque chose de pareil à ce qu'on vit en Sicile, une autre réunion d'hommes inspirés sous un maître puissant, et enfin ce concours de grandes causes, sans lequel il n'y a pas de grands effets.

Quand on a quitté Rome, en se dirigeant vers le nord, après avoir traversé l'admirable désert de la campagne romaine, et passé le Tibre un peu au delà de Cività-Castellana, on s'engage dans un pays montueux qui va s'élevant comme en amphithéâtre, des bords du Tibre jusqu'aux crêtes de l'Apennin. Cette contrée retirée, pittoresque, salubre, se nomme l'Ombrie. Elle a les agrestes beautés des Alpes, les cimes sourcilleuses, les forêts, les ravins où se précipitent les cascades retentissantes, mais avec un climat qui ne souffre point de neiges éternelles, avec toute la richesse d'une végétation méridionale qui mêle au chêne et au sapin l'olivier et la vigne. La nature y paraît aussi douce qu'elle est grande; elle n'inspire qu'une admiration sans terreur; et si tout y fait sentir la puissance du Créateur, tout y parle de sa bonté. La main de l'homme n'a point gâté ces tableaux. De vieilles villes comme Narni, Terni, Amelia, Spoleto, se suspendent aux rochers ou se reposent dans les vallons, encore toutes crénelées, toutes pleines de souvenirs classiques et religieux, fières de quelque saint dont elles conservent les restes, de quelque grand artiste chrétien dont elles gardent les ouvrages. Il y a bien peu de sommets, si âpres et si nus, qui n'aient leur ermitage, leur sanctuaire visité des pèlerins. Au cœur du pays s'ouvre une vallée plus large que les autres ; l'horizon y a plus d'étendue ; les montagnes environnantes dessinent des courbes plus harmonieuses ; des eaux abondantes sillonnent une terre savamment cultivée. Les deux entrées de ce paradis terrestre sont gardées par les deux villes de Pérouse au nord et de Foligno au midi. Du côté de l'occident est la petite cité de Bevagna, où naquit Properce, le poëte des voluptés délicates ; à l'Orient, et sur un coteau qui domine tout le paysage, s'élève Assise, où devait naître le chantre d'un meilleur amour.

Ce n'est pas assez qu'une contrée soit belle et féconde, il faut qu'elle ait été profondément remuée par les événements, pour produire de grands hommes. Cette préparation ne manquait pas à l'Italie au moment où finissait le douzième siècle. Elle venait de terminer glorieusement, sous la conduite d'Alexandre III, la seconde lutte du sacerdoce et de l'empire. Elle y avait gagné la liberté, la puissance, la gloire, tout ce qui touche les peuples, ce qui les inspire, ce qui leur donne le droit et le besoin de s'éterniser par des monuments. Tous les arts s'éveillaient. Les idées religieuses et politiques qui avaient mené pendant cent ans les Italiens sur les champs de bataille devaient être servies par la parole comme elles l'avaient été par les armes : maîtresses des intelligences, il fallait qu'elles s'exprimassent, non dans l'idiome des savants, mais dans le langage de tous, et qu'après avoir fait une nation, elles fondassent une littérature. L'exemple était donné. La France avait déjà une poésie dont les chants passaient les Alpes, circulaient dans les salles des châteaux et sur les places publiques (1). Si tout n'était pas irréprochable dans ces modèles, si les fabliaux des trouvères et les sirventes irrévérencieux de plusieurs troubadours s'adressaient aux esprits déréglés, il y avait des chants pieux, comme ceux de Rambaud de Vaqueiras, d'héroïques récits, comme les batailles de Charlemagne et la mort de Roland, bien capables d'échauffer les imaginations chrétiennes. Sans doute l'activité politique et les

---

(1) Dès le commencement du douzième siècle, Donizo, qui écrivit en vers l'histoire de la comtesse Mathilde, connaissait les romans épiques français :

Francorum prosa sunt edita bella sonora.

Sur les voyages des troubadours provençaux en Italie, voyez l'*Histoire de la poésie provençale*, par M. Fauriel, t. II, et trois articles publiés par le même savant dans la *Bibliothèque de l'École des Chartes*, t. III et IV.

communications littéraires se faisaient mieux sentir dans les villes lombardes, qui avaient soutenu le principal effort de la guerre et recueilli les premiers fruits de la paix. Cependant les cités de l'Ombrie n'avaient pas été les dernières à se rallier sous le drapeau de la papauté et de la liberté. Elles se hâtaient d'user de la victoire en faisant acte de souveraineté, en se fermant de murs, en levant des troupes. Assise avait ses chevaliers, ses milices, qu'elle envoyait guerroyer contre Pérouse. Elle avait aussi ses marchands, qui trafiquaient au delà des Alpes, qui en rapportaient de gros bénéfices et quelques lumières. C'est ainsi qu'un vendeur de draps appelé Pierre Bernardone, ayant visité la France en 1182, et trouvant à son retour que sa femme lui avait donné un fils, le nomma François, en mémoire du beau pays où il venait de s'enrichir. L'obscur marchand était loin de penser que ce nom, de son invention, serait invoqué par l'Église et porté par des rois (1).

Le jeune François, confié de bonne heure aux prêtres de l'église de Saint-Georges, avait reçu d'eux les premiers éléments des sciences humaines. On l'a trop souvent représenté, tel qu'il se dépeignait lui-même, comme un homme sans culture et

(1) *Vita a tribus sociis*, cap. i, 4 : « Quodam tempore, guerra inter Perusium et Assisium exeunte, captus est Franciscus cum multis suis concivibus. » — *Ibid*, ii : « Johannes prius vocatus est a matre ; a patre vero tunc redeunte a Francia, in cujus absentia natus erat, Franciscus postmodum nominatus. »

sans savoir. Il lui resta de ses courtes études assez de latin pour entendre facilement les livres saints, et un singulier respect pour les lettres. Ce sentiment ne fut pas de ceux qu'il abjura en se convertissant. Il le portait si loin, que, s'il rencontrait sur son chemin quelque lambeau d'écriture, il le relevait avec soin, de peur de fouler aux pieds le nom du Seigneur, ou quelque passage qui traitât des choses divines. Et comme un de ses disciples lui demandait pourquoi il recueillait avec le même scrupule les écrits des païens : « Mon fils, répondit-il, c'est parce que j'y trouve les lettres dont se compose le glorieux nom de Dieu. » Et, complétant sa pensée, il ajouta : « Ce qu'il y a de bien dans ces écrits n'appartient pas au paganisme ni à l'humanité, mais à Dieu seul, qui est l'auteur de tout le bien (1). » Et, en effet, toutes les littératures sacrées et profanes, que sont-elles autre chose que les caractères avec lesquels Dieu écrit son nom dans l'esprit humain, comme il l'écrit dans le ciel avec les étoiles?

Toutefois l'éducation littéraire de saint François se fit moins par les études classiques, auxquelles il donna peu de temps, que par la langue française, déjà considérée en Italie « comme la plus délec-

---

(1) Thomas de Celano, x : « Fili, litteræ sunt ex quibus componitur gloriosissimum Dei nomen. Bonum quoque quod ibi est, non pertinet ad paganos, neque ad aliquos homines, sed ad solum Deum, cujus est bonum. »

table de toutes, » et la gardienne des traditions chevaleresques qui polissaient la rudesse du moyen âge. Il avait un secret penchant pour ce pays de France, auquel il devait son nom ; il en aimait la langue ; bien qu'il s'y exprimât avec difficulté, il la parlait avec ses frères. Il faisait retentir de cantiques français les forêts voisines ; on le voit, dans les premiers temps de sa pénitence, mendiant en français sur l'escalier de Saint-Pierre de Rome, ou, tandis qu'il travaillait à la reconstruction de l'église de Saint-Damien, s'adressant en français aux habitants et aux passants, pour les inviter à relever la maison de Dieu. S'il empruntait l'idiome de nos pères, s'il se nourrissait de leur poésie, il y trouvait des sentiments de courtoisie, de générosité, qui passaient dans son cœur et dans sa conduite. Il était l'âme de ces compagnies joyeuses qui se formaient alors, sous le nom de *corti*, dans la cité d'Assise comme dans toute l'Italie, et qui popularisaient le gai-savoir, les habitudes romanesques, les plaisirs délicats des Provençaux. Souvent ses compagnons, émerveillés de sa bonne mine et de la noblesse de ses manières, le choisirent pour leur chef, et, comme ils disaient, pour le *seigneur* de leurs banquets. En le voyant passer richement vêtu, le bâton de commandement à la main, au milieu de ses amis qui parcouraient les rues chaque soir avec des flambeaux et des chansons, la foule l'admirait, et le proclamait « la fleur des jeunes gens(1). »

Lui-même prenait au mot les bruits flatteurs murmurés sur son passage. Ce fils de marchand, qui désolait son père par ses largesses, ne désespérait pas de devenir un grand prince. Les livres de chevalerie n'avaient pas d'aventures qu'il ne rêvât. Il conçut d'abord la pensée de conquérir sa principauté la lance au poing, en s'engageant à la suite de Gauthier de Brienne, qui allait revendiquer contre Frédéric II le beau royaume de Sicile. Ce fut alors qu'il eut un songe mystérieux : il se vit au milieu d'un palais superbe; les salles paraissaient remplies d'armes et de riches harnais, des boucliers resplendissants étaient suspendus aux murailles; et sur ce qu'il demandait à qui appartenaient ce château et ces armures, il lui fut répondu que tout cela serait à lui et à ses chevaliers. Il ne faut pas croire que dans la suite le serviteur

(1) *Vita a tribus sociis*, 1, 10 : « Stans in gradibus ecclesiæ cum aliis pauperibus, eleemosynam gallice postulabat, quia libenter lingua gallica loquebatur, licet ea recte loqui nesciret. » — 11 : « Vir sanctus alta et clara voce laudes Domini gallice cantans. » Cf. *Vita a sancto Bonaventura*, cap. 11: Thomas de Celano, cap. 111. — *Vita a tribus sociis*, cap. 1 : « Liberalior et hilarior, datus jocis, et cantibus, civitatem Assisii die noctuque circumiens... ut filius magni principis videretur. A sociis suis eligitur in Dominum, ut secundum voluntatem suam faceret expensas. Fecit ergo sumptuosam comestionem parari, sicut multotiens fecerat. Cumque refecti de domo exissent, sociique simul eum præcederent, euntes per civitatem cantando, ipse, portans in manu baculum quasi dominus, parum retroibat post illos. » Wadding, *Annale Minorum*, I : « Cives Assisiates eum vocabant juvenum florem. »

de Dieu oublia ce rêve, ou n'y vit plus qu'une illusion du mauvais esprit : il y reconnut un avertissement du ciel ; il crut l'interpréter en fondant cette vie religieuse des Frères Mineurs, qui était à ses yeux comme une chevalerie errante, instituée, aussi bien que l'autre, pour le redressement des torts et la défense des faibles. Cette comparaison lui plaisait ; et quand il voulait louer ceux de ses disciples qu'il préférait à cause de leur zèle et de leur sainteté : « Ce sont là, disait-il, mes paladins de la Table Ronde. » Comme tout bon chevalier, il devait se rendre à l'appel des croisades. En 1220, il passa la mer, rejoignit l'armée des chrétiens devant Damiette : plus hardi que tous ces preux bardés de fer, il pénétra jusqu'auprès du soudan d'Égypte, prêcha publiquement la foi, et défia les prêtres de Mahomet à l'épreuve du feu. Enfin, congédié avec respect par les infidèles, il laissa dans les saints lieux une colonie de ses disciples, qui s'y perpétuèrent sous le nom de Pères de Terre Sainte, et qui y sont encore, gardiens du saint Sépulcre et de l'épée de Godefroi. Après cela, on n'est plus surpris quand les biographes de saint François lui décernent tous les titres de la gloire militaire, et quand saint Bonaventure, près d'achever le récit de la vie et des combats de son maître, s'écrie : « Et maintenant donc, valeureux chevalier du Christ, portez les armes de ce chef invincible qui mettra en fuite vos ennemis. Arborez la bannière de ce Roi très-haut ; à sa vue, tous les combattants de l'armée divine ranimeront leurs courages. Elle est désormais accomplie la vision prophétique selon laquelle, capitaine de la chevalerie du Christ, vous deviez revêtir une céleste armure (1). »

Mais, comme il n'y avait pas de vrai chevalier sans service de dame, il avait fallu que François se choisît la sienne. En effet, peu de jours avant sa conversion, ses amis le trouvant pensif et lui demandant s'il songeait à se donner une épouse : « Vous l'avez dit, répliqua-t-il ; car je songe à me donner une dame, la plus noble, la plus riche, la plus belle qui fut jamais. » Il désignait ainsi celle qui était devenue pour lui l'idéal de toute perfection, le type de toute beauté morale, c'est-à-dire la Pauvreté. Il aimait à personnifier cette vertu, selon le génie symbolique de son temps ; il se la figurait comme une fille du ciel, qu'il appelait tour à tour la dame de ses pensées, sa fiancée, son épouse. Il

---

(1) *Vita a tribus sociis*, II : « Scio me magnum principem futurum. » Thomas de Celano : « Videbatur ei namque domum totam habere plenam militaribus armis, sellis scilicet, clypeis, lanceis et cæteris apparatibus... responsum ei hæc arma sua fore militumque suorum. » — Cf. *Vita a tribus sociis*, I. — *Vita a sancto Bonaventura*, I. — *Opera sancti Francisci*. — S. Bonaventur., XIII : — « Eia nunc, strenuissime miles Christi, ipsius fer arma invictissimi ducis... impleta est prima visio quam vidisti, videlicet quod, dux in militia Christi futurus, armis deberes cœlestibus signoque crucis insignibus decorari. » Ces pensées sont si familières aux disciples de saint François, qu'en 1687 un franciscain espagnol, Gabriel de Mata, imprimait un poëme sous ce titre : *El cavallero Asisio, en el vocimiento, vida e muerte del serafico padre san Francisco, en octava rima*. V. Chavin de Malan, p. 16 du supplément.

lui prêtait tout le pouvoir que les troubadours attribuaient aux nobles femmes célébrées dans leurs vers : le pouvoir d'arracher les âmes éprises d'elle aux pensées et aux penchants terrestres, de les élever jusqu'à la conversation des anges. Mais pendant que chez les troubadours ces amours platoniques n'étaient guère que des jeux d'esprit, l'invisible beauté qui avait ravi saint François lui arrachait les cris les plus passionnés. Ouvrez tous les poëtes du moyen âge, vous n'y trouverez pas de chant plus hardi, de paroles plus enflammées que cette prière du pénitent d'Assise :

« Seigneur, ayez pitié de moi et de madame la
« Pauvreté. Et voici qu'elle est assise sur le fumier,
« elle qui est la reine des vertus; elle se plaint de
« ce que ses amis l'ont dédaignée et se sont rendus
« ses ennemis... Souvenez-vous, Seigneur, que
« vous êtes venu du séjour des anges, afin de la
« prendre pour épouse, et d'en avoir un grand
« nombre de fils qui fussent parfaits...
« C'est elle qui vous reçut dans l'étable et dans
« la crèche, et qui, vous accompagnant tout le long
« de la vie, prit soin que vous n'eussiez pas où reposer la tête. Quand vous commençâtes la guerre
« de notre Rédemption, la Pauvreté vint s'attacher
« à vous comme un écuyer fidèle ; elle se tint à vos
« côtés pendant le combat, elle ne se retira point
« quand les disciples prenaient la fuite.

« Enfin, tandis que votre mère, qui du moins
« vous suivit jusqu'au bout et prit sa part de toutes
« vos douleurs, tandis qu'une telle mère, à cause
« de la hauteur de la croix, ne pouvait plus attein-
« dre jusqu'à vous; en ce moment madame la Pau-
« vreté vous embrassa de plus près que jamais.
« Elle ne voulut point que votre croix fût travail-
« lée avec soin, ni que les clous fussent en nombre
« suffisant, aiguisés et polis; mais elle n'en pré-
« para que trois, elle les fit durs et grossiers pour
« mieux servir les intentions de votre supplice. Et
« pendant que vous mouriez de soif, elle eut soin
« qu'on vous refusât un peu d'eau; en sorte que ce
« fut dans les étroits embrassements de cette épouse
« que vous rendîtes l'âme. Oh! qui donc n'aime-
« rait pas madame la Pauvreté par-dessus toutes
« choses (1)? »

S'il était bienséant de porter les couleurs d'une
noble dame et glorieux de se faire tuer pour elle,
il n'y avait guère moins d'honneur à savoir la chanter. Rien ne manquait plus à l'éducation chevale-

---

(1) *Vita a tribus sociis*, I : « Forsan uxorem accipere cogitasti ?
— Verum dixistis, quia nobiliorem, et ditiorem, et pulchriorem
sponsam quam unquam videritis, accipere cogitavi. — Et derise-
runt eum. » Cf. Thomas de Celano, I. — Saint Bonaventure, VII :
« In privilegio Paupertatis, quam modo matrem, modo sponsam,
modo dominam nominare solebat. » — Éloge de la Pauvreté, *Fioretti di san Francesco*, cap. XIII. — Prière de saint François pour
madame la Pauvreté, *Opera sancti Francisci*.

resque d'un jeune seigneur quand il s'évertuait à composer des vers, à les répéter en s'accompagnant du luth ou de la rote. François n'était point resté étranger à des passe-temps si doux. Il aimait la musique, et ses biographes louent la beauté de sa voix suave et forte, claire et flexible. Au temps de sa jeunesse, il avait rempli les rues d'Assise de ses gais refrains. Après sa conversion, il faisait répéter des hymnes aux échos du désert. Un soir qu'il était touché jusqu'aux larmes par le chant d'un rossignol, il se sentit inspiré de lui répondre, et jusque bien avant dans la nuit il chanta alternativement avec lui les louanges de Dieu. La légende ajoute que François se trouva épuisé le premier, et loua l'oiseau qui l'avait vaincu. Jamais, dans ses plus vifs retours sur ce qu'il appelait les égarements de sa première vie, dans ses plus amers dédains pour les voluptés du monde, il n'eut la pensée de condamner cet art mélodieux, qu'il mettait au nombre des plaisirs du ciel. On raconte que vers la fin de sa carrière, et dans un temps où il pliait déjà sous les fatigues et les austérités, cet homme, détaché de toutes les consolations terrestres, souhaita d'entendre un peu de musique, pour réveiller, disait-il, la joie de son esprit. Et, comme la règle ne permettait pas que le saint homme se donnât ce passe-temps par les moyens ordinaires, plutôt que de l'en voir privé, les anges voulurent servir ses désirs. La nuit suivante, comme il veillait et méditait, il entendit tout à coup le son d'un luth d'une merveilleuse harmonie et d'une mélodie très-douce. On ne voyait personne; mais aux nuances du son qui s'éloignait ou se rapprochait, on croyait reconnaître la marche d'un musicien allant et venant sous les fenêtres. Le saint ravi en Dieu fut si pénétré de la douceur de ces accords, qu'il crut un moment avoir passé à une meilleure vie (1).

Le fils du marchand d'Assise avait donc reçu toute la culture qui formait les poëtes de son temps; car les poëtes de cette époque orageuse ne grandissaient pas à l'ombre de l'école : la muse les visitait dans les hasards d'une vie militante, dans les tournois et les batailles. Souvent même, comme Wolfram d'Eschenbach, ces hommes éloquents ne savaient pas lire. Ils s'inspiraient des romans qu'ils se faisaient réciter, des chants qu'ils avaient entendus, mais surtout des enseignements secrets de l'amour, qu'ils avouaient pour leur seul maître. Ce signe décisif ne devait pas manquer à la vocation poétique de saint François. Il faut s'assurer qu'il y eut chez lui autre chose que l'ardeur d'une imagination échauffée par des souvenirs et des lectures ; il faut voir quel amour posséda son cœur.

(1) Thomas de Celano, ix : « Vox ejus vox vehemens, vox dulcis vox clara, voxque sonora. » — Saint Bonaventure, v : « Repente insonuit cithara quædam harmoniæ mirabilis et suavissimæ melodiæ. Non videbatur aliquis; sed transitum et reditum citharœdi, ipsa hinc inde auditus volubilitas innuebat. » Voyez aussi les *Fioretti di S. Francesco*.

François achevait à peine sa vingt-quatrième année, livré aux plaisirs avec tout l'emportement de son âge et de son tempérament, quand tout à coup il fut saisi d'une longue maladie. Or, comme il se rétablissait lentement, et qu'un jour, pour reprendre quelques forces, il était sorti appuyé sur un bâton, il se mit à considérer du haut des terrasses d'Assise les riantes campagnes qu'elles dominent ; mais la beauté des champs, l'agrément du paysage, et tout ce qui plaît aux yeux, n'avaient plus de prise sur son âme. Il s'étonnait d'un tel changement, et, dès ce jour, il devint méprisable à ses propres yeux, et commença à prendre en dédain tout ce qu'il avait admiré parmi les hommes (1). Il éprouvait cet inexplicable ennui qui précède l'éclat des grandes passions. Vainement le jeune homme s'efforçait d'y échapper en se réfugiant dans la société bruyante de ses amis, dans ses projets de guerres et d'aventures. Les songes de ses nuits l'appelaient à un autre genre de vie qu'il ne comprenait pas ; un instinct puissant le poussait dans la solitude. Souvent il prenait le chemin d'une caverne voisine, et, laissant ses compagnons à l'entrée, il y pénétrait seul sous prétexte d'y chercher

---

(1) Thomas de Celano, 1 : « Cumque jam paululum respirasset, et, baculo sustentatus, causâ recuperandæ sanitatis, cœpisset huc' atque illuc per domicilium ambulare, die quodam foras exivit et circa adjacentem planitiem cœpit curiosius intueri ; sed pulchritudo agrorum, amœnitas, et quidquid visu pulchrum est in valle, non potuit eum delectare. »

un trésor. Là, il passait de longues heures dans une agonie d'esprit qu'il ne pouvait exprimer, troublé de pensées tumultueuses, de craintes et de remords. Son cœur sentait qu'il ne trouverait pas de repos avant d'avoir accompli quelque chose d'inconnu, mais de plus qu'humain. Alors il priait Dieu de lui montrer la voie, et il sortait de cette prière si brisé de fatigue, que ses compagnons, en le revoyant, l'eussent pris pour un autre homme. Or, un jour qu'il persévérait ainsi dans l'oraison, il crut voir devant lui la croix du Calvaire et le Sauveur attaché au bois; et à cette vue, dit l'historien de sa vie, son âme sembla se fondre en lui, et la Passion du Christ s'imprimer si profondément dans ses entrailles et dans la moelle de ses os, qu'il ne pouvait plus y arrêter sa pensée sans être inondé de douleur. On le rencontrait errant dans la campagne, donnant un libre cours à ses larmes et à ses sanglots; et quand on lui demandait s'il souffrait quelque mal : « Ah ! s'écriait-il, je pleure la Passion de Jésus-Christ, mon Maître, pour laquelle je ne devrais pas avoir honte d'aller pleurant par tout le monde (1). » Voilà l'amour qui remplit la vie de saint François, l'étincelle que son génie attendait. Plusieurs douteront peut-être qu'un tel amour, bon pour former des solitaires et remplir des couvents,

---

(1) *Vita a tribus sociis*, 1 : « Plango Passionem Domini mei Jesu Christi, pro quo non deberem verecundari alta voce ire plangendo per totum mundum. » Cf. saint Bonaventure, ix.

ait la puissance de susciter des poëtes. Il est vrai que l'antiquité païenne ne connut rien de pareil. L'antiquité put connaître Dieu : elle ne l'a jamais aimé. Mais regardez les temps chrétiens, et vous verrez que cet amour y devient le maître du monde. C'est lui qui a vaincu le paganisme dans les amphithéâtres et sur les bûchers ; c'est lui qui a civilisé les peuples nouveaux, qui les a menés aux croisades, et qui a fait des héros plus grands que toutes les épopées. C'est le flambeau des écoles où les lettres revécurent pendant les siècles barbares : et qui peut douter de son pouvoir sur les esprits, s'il inspira tout ce qu'il y eut d'hommes éloquents depuis saint Paul et saint Augustin jusqu'à Bossuet; s'il a dicté les Psaumes de David et les hymnes de l'Église, c'est-à-dire les chants les plus sublimes qui aient consolé l'ennui de la terre?

En même temps que le pénitent d'Assise, dans la contemplation de la croix, apprenait à aimer Dieu, il commençait à aimer aussi l'humanité, l'humanité crucifiée, dénuée, souffrante; et c'est pourquoi il se sentait poussé vers les lépreux, vers les misérables, vers tous ceux que le monde repousse. Dès lors il n'eut plus de paix jusqu'au jour où, en présence de son évêque, il se dépouilla publiquement des habits de sa condition pour prendre un manteau de mendiant. Les premiers qui le virent passer demi-nu, déchaussé, sur les places de cette ville dont il avait été l'ornement et l'orgueil, le réputaient pour un insensé, et lui jetaient de la boue et des pierres. Et cependant, en se faisant pauvre, en fondant un Ordre nouveau de pauvres comme lui, il honorait la pauvreté, c'est-à-dire la plus méprisée et la plus générale des conditions humaines. Il montrait qu'on y pouvait trouver la paix, la dignité, le bonheur. Il calmait ainsi les ressentiments des classes indigentes, il les réconciliait avec les riches, qu'elles apprenaient à ne plus envier. Il apaisait cette vieille guerre de ceux qui ne possèdent pas contre ceux qui possèdent, et raffermissait les liens déjà relâchés de la société chrétienne. En sorte qu'il n'y eut pas de politique plus profonde que celle de cet insensé, et qu'il avait eu raison de prédire qu'il deviendrait un grand prince : car, tandis que Platon ne trouva jamais cinquante familles pour réaliser sa république idéale, le serviteur de Dieu, au bout de onze ans, comptait un peuple de cinq mille hommes, engagés à sa suite dans une vie d'héroïsme et de combats. Mais cette vie, la plus dure qu'on pût concevoir, était aussi la plus libre et par conséquent la plus poétique. En effet, une seule chose enchaîne la liberté humaine : c'est la crainte, et toute crainte se réduisant à celle de souffrir, rien n'arrêtait plus celui qui s'était fait de la souffrance une joie et une gloire. Affranchi de toutes les servitudes, de toutes les préoccupations triviales, François vivait dans la contemplation des idées éternelles, dans l'habitude du dévouement qui exalte toutes les facultés, dans un commerce familier avec la création, qui a des charmes plus vifs pour les simples et les petits. Il errait, il mendiait, il mangeait le pain d'autrui, comme Homère, comme Dante, comme le Tasse et Camoëns, comme tous ces pauvres glorieux à qui Dieu n'a donné ni toit ni repos dans ce monde, et qu'il a voulu garder à son service, errants et voyageurs, pour visiter les peuples, les délasser, et souvent les instruire (1).

Le dernier trait de ressemblance, et pour ainsi dire de parenté, entre saint François et ces grands esprits, c'était sa passion pour la nature. L'amour de la nature est le lien commun de toutes les poésies. Il n'y a pas de troubadour qui ne célèbre de son mieux le joli mois de mai, le retour des fleurs, les doux concerts des oiseaux, et le murmure des ruisseaux dans les bois. Mais à voir revenir les mêmes images dans le même ordre et les mêmes termes, on reconnaît trop souvent qu'il s'agit moins d'exprimer un sentiment que de satisfaire une convenance littéraire. C'est qu'il n'est pas si commun, si facile qu'on le pense d'aimer la nature, c'est-à-dire de sortir de soi, de considérer le monde extérieur avec désintéressement et respect, d'y chercher non des plaisirs, mais des leçons. Aussi le christianisme, si souvent accusé de fouler aux pieds la na-

(1) Saint Bonaventure, vii, viii.

ture, a-t-il seul appris à l'homme à la respecter, à l'aimer véritablement, en faisant paraître le plan divin qui la soutient, l'éclaire et la sanctifie. C'était à cette clarté que François considérait la création ; il en parcourait tous les degrés pour y chercher les vestiges de son Dieu ; il retrouvait celui qui est souverainement beau dans les créatures belles ; il ne dédaignait pas les plus petites, les plus méprisées, et, se souvenant de leur commune origine, il les nommait ses frères et ses sœurs. En paix avec toutes choses, et revenu en quelque sorte à la primitive innocence, son cœur débordait d'amour non-seulement pour les hommes, mais pour tous les animaux qui broutent, qui volent et qui rampent ; il aimait les rochers et les forêts, les moissons et les vignes, la beauté des champs, la fraîcheur des fontaines, la verdure des jardins, et la terre et le feu, et l'air et les vents, et il les exhortait à rester purs, à honorer Dieu, à le servir. Là où d'autres yeux n'apercevaient que des beautés périssables, il découvrait comme d'une seconde vue les rapports éternels qui lient l'ordre physique avec l'ordre moral, et les mystères de la nature avec ceux de la foi. C'est ainsi qu'il ne se lassait pas d'admirer la grâce des fleurs et de respirer leurs parfums en songeant à la fleur mystique qui sortit de la tige de Jessé ; et quand il en trouvait beaucoup ensemble, il les prêchait comme si elles eussent été douées de raison. Ses heures se passaient quelquefois à louer l'industrie des abeilles; et lui, qui manquait de tout, leur faisait donner en hiver du miel et du vin, afin qu'elles ne périssent pas de froid. Il proposait pour modèle à ses disciples la diligence des alouettes, l'innocence des tourterelles. Mais rien n'égalait sa tendresse pour les agneaux, qui lui rappelaient l'humilité du Sauveur et sa mansuétude. La légende rapporte que, voyageant en compagnie d'un Frère dans la Marche d'Ancône, il rencontra un homme qui portait sur son épaule, suspendus à une corde, deux petits agneaux. Et comme le bienheureux François entendit leurs bêlements, ses entrailles furent émues; et, s'approchant, il dit à l'homme : « Pourquoi tourmentes-tu mes frères les agneaux en les portant ainsi liés et suspendus? » L'autre répondit qu'étant pressé d'argent, il les portait au marché voisin pour les vendre aux bouchers, qui les tueraient. « A Dieu ne plaise ! s'écria le saint; mais prends plutôt le manteau que je porte, et fais-moi présent de ces agneaux. » L'autre, ne demandant pas mieux, les donna, et prit en retour le manteau, qui était d'un bien plus grand prix, et qu'un chrétien fidèle avait prêté au saint le matin même, à cause du froid. Or François tenait les agneaux dans ses bras ne sachant qu'en faire ; et, après en avoir délibéré avec son compagnon, il les rendit à leur premier maître, lui faisant une obligation de ne jamais les vendre et de ne leur causer aucun mal; mais de les conserver, de les nourrir et d'en prendre grand soin. Tout est charmant dans ce récit, et l'on ne sait qu'y admirer le plus, ou de la tendre faiblesse du saint pour les petits agneaux, ou de sa candide confiance en leur maître (1).

Si François, par son innocence et sa simplicité, était revenu pour ainsi dire à la condition d'Adam, lorsque ce premier père voyait toutes les créatures dans une lumière divine et les aimait d'une fraternelle charité; les créatures, à leur tour, lui rendaient la même obéissance qu'au premier homme, et rentraient pour lui dans l'ordre détruit par le péché. C'est un trait remarqué chez plusieurs saints, que ces âmes régénérées avaient ressaisi l'ancien empire de l'homme sur la nature. Les Pères de la Thébaïde étaient servis par les corbeaux et les lions; saint Gall commandait aux ours des Alpes; quand saint Colomban traversait la forêt de Luxeuil, les oiseaux qu'il appelait venaient se jouer avec lui, et les écureuils descendaient des arbres pour se poser sur

---

(1) Thomas de Celano, IX ; saint Bonaventure, VIII : « Consideratione quoque primæ originis, omnium abundantiori pietate repletus, creaturas quantumlibet parvas, fratris vel sororis appellabat nominibus. » *Id.*, IX : « Exultabat in cunctis operibus manuum Domini, et per jucunditatis specula in vivificam consurgebat rationem et causam. Contemplabatur in pulchris pulcherrimum, et per impressa rebus vestigia prosequebatur ubique dilectum, de omnibus sib scalam faciens in eum qui est desiderabilis totus... Pietas... quæ ipsum per devotionem sursum agebat in Deum, per compassionem transformabat in Christum, per condescensionem inclinabat ad proximum, et per universalem conciliationem ad singula refigurabat ad innocentiæ statum. »

sa main. La vie de saint François est pleine de semblables faits attestés par témoins oculaires, et qu'il faut bien admettre, soit qu'on les explique par cette puissance de l'amour qui tôt ou tard commande et obtient l'amour, soit plutôt qu'en présence des serviteurs de Dieu ; les animaux n'éprouvent plus cette horreur instinctive que notre corruption et notre dureté leur inspirent. Lorsque le pénitent d'Assise, tout abîmé de jeûnes et de veilles, quittait sa cellule et se montrait dans les campagnes de l'Ombrie, il semble que sur cette figure amaigrie, où il n'y avait presque plus rien de terrestre, les animaux ne voyaient plus que l'empreinte divine, et ils entouraient le saint pour l'admirer et le servir. Les lièvres et les faisans se réfugiaient dans les plis de sa robe. S'il passait près d'un pâturage, et que, suivant sa coutume, il saluât les brebis du nom de sœurs, on dit qu'elles levaient la tête et couraient après lui, laissant les bergers stupéfaits. Lui-même, sevré depuis si longtemps des jouissances des hommes, prenait un doux plaisir à ces fêtes que lui faisaient les bêtes des champs. Un jour qu'il était monté au mont Alvernia pour y prier, un grand nombre d'oiseaux l'environnèrent avec des cris joyeux, et battant des ailes comme pour le féliciter de sa venue. Alors le saint dit à son compagnon : « Je vois qu'il est de la volonté divine que nous séjournions ici quelque peu, tant nos frères les petits oiseaux semblent consolés de notre présence. » Je ne finirais pas, si je voulais répéter d'un bout à l'autre les naïfs récits des contemporains ; mais je ne puis me défendre de citer un dernier exemple, où éclate particulièrement cette faculté poétique qu'avait saint François d'animer, de transfigurer toutes choses, et de les mettre en scène. Comme il commençait le cours de ses prédications, il arriva qu'en traversant la vallée de Spolète, non loin de Bevagna, il passa par un lieu où il y avait une grande multitude d'oiseaux, et surtout de moineaux, de corneilles et de colombes. Ce qu'ayant vu le bienheureux serviteur de Dieu, à cause de l'amour qu'il portait même aux créatures dépourvues de raison, il courut à cet endroit, laissant pour un moment ses compagnons sur le chemin. Or, à mesure qu'il s'approchait, il vit que les oiseaux l'attendaient, et il les salua selon son usage. Mais, admirant qu'ils ne se fussent point enfuis à sa vue, il fut rempli de joie, et les pria humblement d'écouter la parole de Dieu. Et il leur dit : « Mes frères les petits oiseaux, vous devez singulièrement louer votre Créateur et l'aimer toujours ; car il vous a donné des plumes pour vous couvrir, des ailes pour voler, et tout ce qui vous est nécessaire. Il vous a faits nobles entre tous les ouvrages de ses mains, et vous a choisi une demeure dans la pure région de l'air. Et sans que vous ayez besoin de semer ni de moissonner, sans vous laisser aucune sollicitude, il vous nourrit et vous gouverne. » A ces mots, selon ce qu'il rapporta lui-même et ce qu'affirmèrent ses compagnons, les oiseaux, se redressant à leur manière, commencèrent à battre des ailes. Mais lui, passant au milieu d'eux, allait et venait, et les effleurait du bord de sa robe. Enfin il les bénit, et, faisant sur eux le signe de la croix, il leur permit de s'envoler. Après quoi le bienheureux Père s'en alla avec ses disciples, pénétré de consolation. Mais, comme il était parfaitement simple, par l'effet, non de la nature mais de la grâce, il commença à s'accuser de négligence pour n'avoir pas prêché aux oiseaux jusqu'à ce jour, puisqu'ils écoutaient la parole de Dieu avec tant de respect (1).

Il ne faut pas trop mépriser ce qu'on peut trouver de puéril dans cette amitié de saint François pour les agneaux et les colombes : on y reconnaît la même passion qui le portait vers tout ce qui était pauvre, faible et petit. D'ailleurs cet excès d'amour avait son utilité, dans un pays où l'on ne sut pas assez aimer, dans cette Italie du moyen âge qui pécha, qui se perdit par l'excès, par l'opiniâtreté des haines, par la guerre de tous contre tous. Rien n'était d'un plus grand exemple que cette horreur de la destruction, poussée jusqu'à écarter les vers du

---

(1) Saint Bonaventure, vii, viii, ix, xii; Thomas de Celano, vii : « Cum esset autem simplex gratia, non natura, cœpit se negligentiæ incusare, quod olim non prædicaverit avibus, postquam audierunt tanta reverentia verbum Dei. » Cf. *Vita sancti Galli*, *Vita sancti Columbani*, auctore Jona Bobbiensi, apud Pertz, *Monumenta Germaniæ historica*, tom. II.

chemin, jusqu'à sauver les brebis de la boucherie, dans un temps qui supportait les cruautés de Frédéric II et de son lieutenant Eccelin le Féroce, qui devait voir le supplice d'Ugolin et les Vêpres siciliennes. Cet homme, assez simple pour prêcher aux fleurs et aux oiseaux, évangélisait aussi les villes guelfes et gibelines; il convoquait les citoyens sur les places publiques de Padoue, de Brescia, de Crémone, de Bologne, et commençait son discours en leur souhaitant la paix. Puis il les exhortait à éteindre les inimitiés, à conclure des traités de réconciliation. Et, selon le témoignage des chroniques du temps, beaucoup de ceux qui avaient eu la paix en horreur s'embrassaient en détestant le sang versé. C'est ainsi que saint François d'Assise paraît comme l'Orphée du moyen âge, domptant la férocité des bêtes et la dureté des hommes; et je ne m'étonne pas que sa voix ait touché les loups de l'Apennin, si elle désarma les vengeances italiennes, qui ne pardonnèrent jamais.

Un cœur si passionné ne se déchargeait pas assez par la prédication. La prédication ne sort pas de la prose, et la prose, si éloquente qu'elle devienne, n'est, après tout, que le langage de la raison. Quand la raison a produit sous une forme exacte et lumineuse la vérité qu'elle conçoit, elle demeure satisfaite; mais l'amour ne se contente pas si facilement : il faut qu'il reproduise les beautés dont il est touché, dans un langage qui émeuve et qui ravisse. L'amour est inquiet : rien ne le satisfait ; mais aussi rien ne lui coûte. Il ajoute à la parole, il lui donne l'essor poétique, il lui prête le rhythme et le chant, comme deux ailes. Saint François voyait la poésie honorée par l'Église, qui lui donne la première place dans son culte, dans le chœur même de ses basiliques et au pied de l'autel, tandis que l'éloquence reste dans la chaire, plus près de la porte et de la foule. Lui-même éprouvait l'impuissance de la parole ordinaire pour rendre tout ce qui remuait son âme. Quand le nom du Sauveur Jésus venait sur ses lèvres, il ne pouvait passer outre, et sa voix s'altérait, selon l'admirable expression de saint Bonaventure, comme s'il eût entendu une mélodie intérieure dont il aurait voulu ressaisir les notes. Il fallait cependant que cette mélodie dont il était poursuivi finît par éclater dans un chant nouveau, et voici en effet ce que rapportent les historiens :

En la dix-huitième année de sa pénitence, le serviteur de Dieu, ayant passé quarante nuits dans les veilles, eut une extase, à la suite de laquelle il ordonna à Frère Léonard de prendre une plume et d'écrire. Alors il entonna le Cantique du Soleil. Et, après qu'il l'eut improvisé, il chargea le Frère Pacifique, qui dans le siècle avait été poëte, de réduire les paroles à un rhythme plus exact, et il ordonna que les Frères les apprissent par cœur pour les réciter chaque jour (1). Les paroles du cantique étaient celles-ci :

« Très-haut, tout-puissant et bon Seigneur, à
« vous appartiennent les louanges, la gloire et toute
« bénédiction. On ne les doit qu'à vous, et nul
« homme n'est digne de vous nommer.

« Loué soit Dieu, mon Seigneur, à cause de tou-
« tes les créatures, et singulièrement pour notre
« frère messire le soleil, qui nous donne le jour et
« la lumière! Il est beau et rayonnant d'une grande
« splendeur, et il rend témoignage de vous, ô mon
« Dieu !

« Loué soyez-vous, mon Seigneur, pour notre
« sœur la lune et pour les étoiles ! Vous les avez
« formées dans les cieux, claires et belles.

« Loué soyez-vous, mon Seigneur, pour mon
« frère le vent, pour l'air et le nuage, et la séré-
« nité et tous les temps, quels qu'ils soient! car
« c'est par eux que vous soutenez toutes les créa-
« tures.

« Loué soit mon Seigneur, pour notre sœur
« l'eau, qui est très-utile, humble, précieuse et
« chaste !

« Loué soyez-vous, mon Seigneur, pour notre

---

(1) Wadding, *Annales*, ad annum 1224 ; Bartholomæus Pisanus, *Liber conformitatum*, pars 2, fol. II ; édition de Milan, 1510. Il y a sur l'authenticité des poésies de saint François une dissertation du P. Affo, citée par Tiraboschi, mais qu'il m'a été impossible d consulter.

« frère le feu ! Par lui vous illuminez la nuit ; il
« est beau et agréable à voir, indomptable et fort.

« Loué soit mon Seigneur, pour notre mère la
« terre, qui nous soutient, nous nourrit, et qui
« produit toute sorte de fruits, les fleurs diaprées
« et les herbes ! »

Peu de jours après, une grande dispute s'éleva
entre l'évêque d'Assise et les magistrats de la cité.
L'évêque fulmina l'interdit, les magistrats mirent
le prélat hors la loi, et défendirent tout commerce
avec lui et les siens. Le saint, affligé d'une telle
discorde, se plaignait de ne voir personne qui s'entremît pour rétablir la paix. Il ajouta donc à son
cantique le verset suivant :

« Loué soyez-vous, mon Seigneur, à cause de
« ceux qui pardonnent pour l'amour de vous, et
« qui soutiennent patiemment l'infirmité et la tri-
« bulation ! Heureux ceux qui persévéreront dans
« la paix ! car c'est le Très-Haut qui les couron-
« nera. »

Puis il ordonna que ses disciples iraient hardiment trouver les principaux de la ville, qu'ils les
prieraient de se rendre devant l'évêque, et qu'arrivés là, ils chanteraient à deux chœurs le verset nouveau. Les disciples obéirent, et au chant de ses paroles, auxquelles Dieu semblait prêter une vertu

secrète; les adversaires s'embrassèrent avec repentir, et se demandèrent pardon.

Ensuite, ayant été conduit à Foligno pour y rétablir par le changement d'air sa santé altérée, il éprouva quelque adoucissement de ses douleurs. Mais bientôt il apprit par révélation qu'il souffrirait encore deux ans, après quoi il entrerait en possession du repos éternel; et, ravi de joie, il composa le verset suivant, par lequel il termina le cantique :

« Soyez loué, mon Seigneur, à cause de notre
« sœur la mort corporelle, à qui nul homme vivant
« ne peut échapper! Malheur à celui qui meurt en
« péché mortel! Heureux ceux qui à l'heure de la
« mort se trouvent conformes à vos très-saintes
« volontés! car la seconde mort ne pourra leur
« nuire.

« Louez et bénissez mon Seigneur, rendez-lui
« grâces, et servez-le avec une grande humi-
« lité (1). »

Le Cantique du Soleil est cité pour la première fois par Barthélemy de Pise, dans un livre écrit

---

(1) Le texte du poëme présente une sorte de prose rimée qu'on peut écrire ainsi :

>Altissimo, omnipotente, bon Signore :
>Tue son le làude, la gloria, lo honore;
>E ogni benedictione...
>Laudato sia mio Signore per suora luna, e per le s'elle,
>Il quale in cielo le hai formate chiare e belle...

en 1385, cent soixante ans après la mort du saint, et cependant on ne peut en contester l'authenticité. Cette façon de composer peu à peu, selon l'inspiration du cœur et le besoin du moment, rappelle tout à fait la manière des grands poëtes, comme Dante, comme Camoëns, portant dans leurs voyages et leurs exils l'œuvre qu'ils avaient conçue, et y ajoutant au jour le jour l'expression toute brûlante de leurs douleurs ou de leurs espérances. Le poëme de saint François est bien court, et cependant on y trouve toute son âme : sa fraternelle amitié pour les créatures ; la charité qui poussait cet homme humble et timide à travers les querelles publiques ; cet amour infini qui, après avoir cherché Dieu dans la nature et l'avoir servi dans l'humanité souffrante, n'aspirait plus qu'à le trouver dans la mort. On y sent comme un souffle de ce paradis terrestre de l'Ombrie, où le ciel est si doré et la terre si chargée de fleurs. Le langage a toute la naïveté d'un idiome naissant ; le rhythme, toute l'inexpérience d'une poésie peu exercée, et qui contente à peu de frais des oreilles encore indulgentes. Quelquefois la rime est remplacée par l'assonance, quelquefois elle ne se montre qu'au milieu et à la fin du verset. Les délicats auront quelque peine à y reconnaître les conditions régulières d'une composition lyrique. Ce n'est qu'un cri ; mais c'est le premier cri d'une poésie naissante, qui grandira et qui saura se faire entendre de toute la terre.

Tel n'est plus le caractère d'un autre poëme cité par saint Bernardin de Sienne, et qu'il attribue à saint François. Bernardin, postérieur d'un siècle au saint fondateur, mais enrôlé dès sa jeunesse dans la famille franciscaine, peut être reçu comme un fidèle interprète des traditions qu'elle avait conservées. Cet ouvrage, divisé en dix strophes de sept vers chacune, d'une construction très-simple, avec un nombre régulier de syllabes et de rimes généralement correctes, trahit bien le travail d'une main habile, peut-être d'un disciple chargé de retoucher l'improvisation du maître. Mais au fond on y retrouve encore toute la hardiesse du génie de saint François, toute la précision de son langage, enfin toute l'impression du grand événement qui marqua sa personne du sceau miraculeux. Je veux parler de cette extase où le serviteur de Dieu, en prières sur le mont Alvernia, vit venir à lui du haut du ciel une figure ailée de six ailes et attachée à une croix. Et, comme dans cette contemplation il ressentait une consolation inexprimable, mêlée d'une douleur extrême, il se trouva que ses mains et ses pieds étaient percés de clous, dont on touchait la tête ronde et noire et la pointe recourbée. Ceux qui n'admettent rien de surnaturel dans l'histoire peuvent nier ce fait; ils ne peuvent effacer les dépositions des témoins innombrables qui l'attestèrent juridiquement, ni briser les tableaux de Giotto qui en conservent le souvenir, ni déchirer le poëme qu'on va lire, et qui semble écrit dans le feu des ravissements divins (1).

« L'amour m'a mis dans la fournaise, l'amour
« m'a mis dans la fournaise; il m'a mis dans une
« fournaise d'amour.

« Mon nouvel époux, l'amoureux Agneau, m'a
« remis l'anneau nuptial; puis, m'ayant jeté en
« prison, il m'a frappé d'une lame, il m'a fendu
« tout le cœur.

« Il m'a fendu le cœur, et mon corps est tombé
« à terre. Ces flèches que décoche l'arbalète de l'a-
« mour m'ont frappé en m'embrasant. De la paix
« il a fait la guerre; je me meurs de douceur.

« Je me meurs de douceur. Ne vous en étonnez
« pas. Ces coups me sont portés par une lance
« amoureuse. Le fer est long et large de cent bras-
« ses, sachez-le : il m'a traversé de part en part.

« Puis les traits pleuvaient si serrés, que j'en
« étais tout agonisant. Alors je pris un bouclier ;
« mais les coups se pressèrent si bien, qu'il ne me
« protégea plus; ils me brisèrent tout le corps, si
« fort était le bras qui les dardait.

« Il les dardait si fortement, que je désespérai
« de les parer; et pour échapper à la mort je criai
« de toute ma force : « Tu forfais aux lois du champ

---

(1) Saint Bernardin, *Opera*, t. IV, sermon 4. Cf. Bolland, t. II, oct., p. 1003.

« clos. » Mais lui, dressa une machine de guerre
« qui m'accabla de nouveaux coups.

« Les traits qu'il lançait étaient des pierres gar-
« nies de plomb, dont chacune pesait bien mille
« livres ; il les lançait en grêle si épaisse, que je ne
« pouvais les compter. Aucune d'elles ne me man-
« quait.

« Jamais il ne m'eût manqué, tant il savait tirer
« juste. J'étais couché à terre, sans pouvoir m'ai-
« der de mes membres. J'avais le corps tout rompu,
« et sans plus de sentiment qu'un homme trépassé.

« Trépassé, non par mort véritable, mais par
« excès de joie. Puis, reprenant possession de mon
« corps, je me sentis si fort, que je pus suivre les
« guides qui me conduisaient à la cour du ciel.

« Après être revenu à moi, aussitôt je m'armai ;
« je fis la guerre au Christ ; je chevauchai sur son
« terrain, et, l'ayant rencontré, j'en vins aux mains
« sans retard, et je me vengeai de lui.

« Quand je fus vengé, je fis avec lui un pacte ;
« car dès le commencement le Christ m'avait aimé
« d'un amour véritable. Maintenant mon cœur est
« devenu capable des consolations du Christ.

« L'amour m'a mis dans la fournaise, l'amour
« m'a mis dans la fournaise ; il m'a mis dans la
« fournaise d'amour (1). »

(1)   In foco l'amor mi mise.
On trouve ce poëme parmi les œuvres de Jacopone de Todi (lib. VII,
c. VI) ; mais je ne vois pas, dans le texte même, de motifs suffi-
sants pour contredire la tradition qui l'attribue à saint François.

Assurément, ce qui se passa entre Dieu et saint François sur le mont Alvernia ne pouvait pas se traduire dans le langage des hommes. Mais quand le saint, descendant de ce nouveau Sinaï, laissait éclater ses transports dans un chant lyrique, il ne faut pas s'étonner d'y revoir le tour habituel de son esprit et les riches couleurs de son imagination. On reconnaît l'aventureux jeune homme d'Assise, celui qui renonça au service de Gauthier de Brienne pour devenir le chevalier errant de l'amour divin; on le reconnaît bien quand il représente son extase comme un assaut d'armes, et ses élans vers le ciel comme une chevauchée sur la terre du Christ.

Saint Bernardin de Sienne cite un dernier cantique bien plus considérable, et composé de trois cent soixante-deux vers, mais qui se divise en strophes de dix vers chacune, avec des rimes industrieusement combinées. Ce sont déjà les indices d'une origine plus moderne, et je trouve, en effet, le même poëme attribué au bienheureux Jacopone de Todi, mort en 1306, au moment où la poésie italienne, échauffée au soleil du treizième siècle, avait déjà des fruits mûrs. D'ailleurs, je ne remarque plus ici la brièveté et la simplicité qui font le cachet des œuvres de saint François. Seulement, pour concilier toutes les traditions, on peut admettre que le bienheureux pénitent de Todi paraphrasa, avec son abondance naturelle et avec la subtilité de son temps, une pensée simple et grande qu'il empruntait à quelque vieux cantique de saint François, comme les disciples d'un musicien reproduisent dans une suite de variations le motif donné par le maître. En poussant plus loin cette conjecture, on pourrait retrouver le thème primitif dans le dialogue suivant, que je détache du poëme (1).

L'Ame ou François :

« Que nul donc ne me reprenne, si l'amour me
« fait aller semblable à un fou! Il n'y a plus de
« cœur qui se défende, qui échappe à un tel amour...
« Car le ciel et la terre me crient et me répètent
« hautement, et tous les êtres que je dois aimer me
« disent : Aime l'amour, qui nous a faits pour t'at-
« tirer à lui... »

Le Christ :

« Mets l'ordre dans ton amour, si tu m'aimes.
« La vertu ne réside que dans l'ordre, et toutes les
« choses que j'ai créées sont faites avec nombre et
« mesure, toutes sont ordonnées à leur fin der-
« nière... Comment donc par trop d'ardeur es-tu

---

(1) Saint Bernardin, *Opera*, t. IV, sermon 16. Jacopone, l. VI, c. xvi. Il s'agit du cantique qui commence en ces termes :

> Amor de caritate,
> Perchè m' hai si ferito?
> Lo cor tutto partito,
> E arde per amore.

« tombée en démence, âme chrétienne? Tu es sor-
« tie de l'ordre, et ta ferveur ne connaît pas de
« frein. »

L'Ame ou François :

« O Christ! tu m'as dérobé le cœur, et tu me dis
« de mettre l'ordre dans mon âme!... Toi-même
« tu n'as pas su te défendre de l'amour. L'amour
« t'a fait venir du ciel en terre; tu es descendu jus-
« qu'à cette bassesse d'aller par le monde comme
« un homme méprisé. Tu n'as voulu ni maison ni
« terre, mais la pauvreté seule pour nous enrichir.
« Dans la vie comme dans la mort, tu n'as montré
« qu'un amour sans mesure qui te dévorait le cœur.

« Souvent tu cheminas sur la terre comme un
« homme enivré; l'amour te menait comme un
« homme vendu. En toutes choses tu ne montras
« qu'amour, ne te souvenant jamais de toi... Et je
« sais bien que, si tu ne parlas point, si tu ne t'ex-
« cusas pas devant Pilate, ce fut pour conclure le
« marché de notre salut sur la croix dressée par l'a-
« mour. »

Quand les trois poëmes qui viennent d'être cités
appartiendraient entièrement à saint François, on
pourrait encore trouver qu'une œuvre si courte répond mal à une si longue préparation, et que c'est
bien peu pour une telle vie d'aboutir à un recueil

d'environ cinq cents vers. Cependant, si le serviteur de Dieu attendit jusqu'à la dix-huitième année de sa conversion pour laisser déborder son âme et pour dicter ses chants, on ne doit plus être surpris de leur petit nombre. Saint François ne vécut plus que deux ans; il les vécut abandonné à des ravissements d'esprit et à des souffrances de corps qui n'avaient plus d'expression dans les langues humaines. Enfin, le 4 octobre de l'année 1226, il entra en agonie, et, après s'être fait chanter encore une fois le Cantique du Soleil, il rendit le dernier soupir. Mais c'est le privilége des saints et des poëtes, que la mort ouvre pour eux, même sur la terre, une nouvelle vie. Pendant qu'on les pleure, ces morts glorieux commencent à agiter le monde : leurs paroles et leurs exemples vont de siècle en siècle leur susciter des disciples, des interprètes et des imitateurs; de sorte que, pour être juste avec eux, il faut leur compter, non-seulement les œuvres qu'ils laissèrent, mais celles qu'ils ont inspirées.

La mission poétique de saint François, cachée pour ainsi dire par les autres soins de sa vie, n'eut jamais plus d'éclat que dans le siècle qui suivit sa mort. Lui-même s'était choisi sa sépulture sur une colline à l'orient d'Assise, où se faisaient les exécutions criminelles, et qu'on nommait la colline de l'Enfer. Mais à peine l'eut-on déposé dans le tombeau, qu'on y sentit je ne sais quoi de puissant qui remuait pour ainsi dire la terre et qui sollicitait les esprits. Le pape Grégoire IX mit le mort au nombre des saints, et décida que le lieu de son repos s'appellerait la colline du Paradis. Dès lors il n'y eut plus d'honneurs trop grands pour ce pauvre ; les peuples se souvinrent de son amour, et voulurent lui rendre plus qu'il n'avait quitté pour eux. Et, comme il n'avait eu ni toit ni serviteur, il fallut qu'on lui bâtît une demeure magnifique comme le palais qu'il avait rêvé dans sa jeunesse, qu'il vît entrer à son service tout ce qu'il y avait d'ouvriers excellents dans les arts chrétiens. Ordinairement, le Catholicisme pense avoir assez fait pour ses saints en plaçant leur châsse sur un autel, dans une église qui prend leur nom. Pour le pauvre d'Assise, on dut premièrement creuser le roc à des profondeurs inusitées, afin de dérober le corps au péril de ces vols de reliques si fréquents au moyen âge. Sur la tombe on dut ériger une première basilique pour recevoir la foule des pèlerins, et au-dessus de celle-ci en construire une seconde qui portât la prière plus près du ciel. Un architecte du Nord, Jacques l'Allemand, vint élever ce double édifice; il y mit toutes les ressources de l'art gothique, toutes les traditions du symbolisme chrétien. Il fit de la basilique inférieure une nef solide, mais sans ornement, avec des arcades surbaissées et des ouvertures qui n'admettent qu'un jour douteux, comme pour rappeler la vie pénitente de saint François sur la terre. Il fit l'église supérieure avec des murs légers, des voûtes hardies, de longues fenêtres inondées de lumière, pour représenter la vie glorieuse de saint François dans le ciel. Le plan du monument rappelait la croix du Sauveur; les murs étaient de marbre blanc, en mémoire de la Vierge très-pure, et flanqués de douze tourelles de marbre rouge, en souvenir du martyre des apôtres. Le clocher portait une flèche audacieuse qui inquiéta la timidité des générations suivantes. On l'abattit ; mais le nom de Jacques l'Allemand resta célèbre ; la postérité l'honora comme le maître de ce grand Arnolfo qui devait bâtir les plus beaux édifices de Florence, et ouvrir une nouvelle époque dans l'histoire de l'architecture (1).

Mais les hommes du moyen âge ne pensaient pas avoir achevé un monument pour avoir élevé pierre sur pierre : il fallait que ces pierres parlassent, qu'elles parlassent le langage de la peinture, qui est entendu des ignorants et des petits ; que le Ciel s'y rendît visible, et que les anges et les saints y demeurassent présents par leurs images, afin de consoler et de prêcher les peuples. Les voûtes des deux basiliques d'Assise furent couvertes d'un champ d'azur semé d'étoiles d'or. Sur les parois se déroulèrent les mystères des deux Testaments, et la vie de saint François y fit suite au livre des révé-

(1) Vasari, *Vita d'Arnolfo.* Petrus Rodulphus, *Historia seraphicæ religionis,* lib. II, p. 247. *Descrizione del santuario d'Assisi;* Assisi, 1835.

lations divines. Mais, comme s'il eût été impossible d'approcher impunément du tombeau miraculeux, les peintres appelés à l'orner de leurs fresques se sentirent agités d'un esprit nouveau : ils commencèrent à concevoir un idéal plus pur, plus animé que les vieux types byzantins, qui avaient eu leur grandeur, mais qui, depuis huit cents ans, allaient se dégradant toujours. La basilique d'Assise devint le berceau d'une renaissance dont elle vit tous les progrès. C'est là que Guido de Sienne et Giunta de Pise se détachèrent peu à peu des maîtres grecs, dont ils adoucirent la sécheresse et secouèrent l'immobilité. Cimabuë vint ensuite. Il représenta toute l'histoire sainte dans une série de peintures qui décoraient l'église supérieure, et que le temps a mutilées. Mais six cents ans n'ont pas terni la splendeur des têtes du Christ, de la Vierge et de saint Jean, qu'il peignit au sommet des voûtes, ni les images des quatre grands docteurs, où la majesté byzantine s'allie déjà avec un air de vie et de jeunesse immortelle. Enfin Giotto parut, et l'un de ses ouvrages fut le Triomphe de saint François, peint en quatre compartiments sous la voûte qui couronne l'autel de l'église inférieure. Rien n'est plus célèbre que ces belles fresques; mais je n'en connais pas de plus touchante que celle où sont figurées les fiançailles du serviteur de Dieu avec la sainte Pauvreté, la Pauvreté sous les traits d'une femme parfaitement belle, mais le visage amaigri, les vêtements déchirés : un chien aboie contre elle, deux enfants lui jettent des pierres et mettent des épines sur son chemin. Elle cependant, calme et joyeuse, tend la main à François : le Christ lui-même unit les deux époux ; et au milieu des nues paraît l'Éternel, accompagné des anges, comme si ce n'était pas trop du ciel et de la terre pour assister aux noces de ces deux mendiants. Ici rien ne rappelle les procédés de la peinture grecque : tout y est nouveau, libre, inspiré. Le progrès ne s'arrête plus parmi les disciples de Giotto appelés à continuer son œuvre : Cavallini, Taddeo Gaddi, Puccio, Capanna. Au milieu de la variété de leurs compositions on reconnaît l'unité de la foi, qui rayonne dans leurs œuvres. Quand on s'arrête devant ces chastes représentations de la Vierge, de l'Annonciation, de la Nativité, devant ces images du Christ crucifié, avec des anges si tristes pleurant autour de la croix, ou recueillant dans des coupes le sang divin, il faudrait avoir le cœur bien dur pour ne pas sentir les larmes venir aux yeux, pour ne pas s'agenouiller, en se frappant la poitrine, avec les pâtres et les pauvres femmes qui prient au pied de ces images. Alors seulement on s'aperçoit que saint François est le véritable maître de l'école d'Assise ; on sent ce qu'il lui communiqua de chaleur et de puissance. On comprend enfin comment Giotto sortit de là, capable de commencer cet apostolat trop peu connu qui en fit un si grand homme, qui le conduisit à Pise, à Padoue, à Naples, à Avignon, laissant sur son passage dans chaque ville, non-seulement des ouvrages admirables, mais des disciples par centaines pour les étudier, les dépasser, et jeter ainsi l'Italie entière dans cette vocation nouvelle où elle devait trouver sa dernière gloire (1).

L'inspiration qui avait eu le pouvoir de former cette féconde école de peinture et d'architecture devait susciter d'autres efforts. Si j'ai insisté sur cette renaissance des arts, c'est que j'y aperçois les signes avant-coureurs d'une grande période littéraire. Quand je vois un peuple tirer la pierre des carrières, l'entasser en colonnades, en ogives ou en flèches, couvrir les murs de ses édifices de tableaux et de mosaïques, et n'y pas laisser un coin qui ne porte quelque figure ou quelque emblème, j'ai lieu de croire que ce peuple est travaillé d'une pensée qui perce déjà sous le symbolisme architectural, qui se traduit plus clairement par les contours du dessin, et qui trouvera bientôt dans la parole une expression exacte et harmonieuse. A la suite des grands artistes dont le cortége vient de passer devant nous, nous verrons descendre de la colline d'Assise toute une génération de poëtes.

---

(1) Vasari, *Vita di Cimabue*, *Vita di Giotto*, etc. *Descrizione del santuario d'Assisi*. Il ne faut pas oublier Buffalmacco, Giottino, Simon Memmi, qui travaillèrent dans les chapelles latérales de l'église inférieure.

CHAPITRE III

LES PREMIERS DISCIPLES DE SAINT FRANÇOIS.

FRÈRE PACIFIQUE. — SAINT BONAVENTURE. — JACOMINO DE VÉRONE.

L'inspiration poétique peut naître dans le silence de la cellule et jusque sur les rochers déserts où saint François cachait ses ravissements; mais elle ne se propage que par le rapprochement des hommes, par l'enthousiasme bruyant de la foule, par l'éclat des fêtes qui émeuvent tout un peuple, et l'arrachent pour un moment aux habitudes triviales de la vie. L'Italie du moyen âge connaissait les plaisirs publics qui entretenaient, en des temps réputés si barbares, la culture et la politesse des esprits. Dès le onzième et le douzième siècle, les empereurs venus pour recevoir la couronne des mains des papes, les rois de Sicile, les marquis d'Este et de Montferrat, avaient donné à leur cour tous les spectacles chevaleresques, tournois, carrousels, chevaux ferrés d'argent, fontaines d'où jaillissait le vin, salles richement décorées, retentissant du son des luths, encombrées de chanteurs, de mimes, d'improvisateurs en vers qui se retiraient chargés de présents (1). Plus tard, quand les villes lombardes eurent obtenu par le traité de Constance toutes les prérogatives de la souveraineté, quand elles battirent monnaie, levèrent des armées, rendirent la justice, elles prétendirent aussi tenir leurs cours plénières comme les empereurs et les princes qu'elles avaient vaincus. En 1214, Trévise célébra des fêtes où l'on éleva un château artificiel tendu de pourpre et d'hermine : on y enferma quantité de dames et de demoiselles, chargées de le défendre sans le secours d'aucun homme. Le siége était fait par des jeunes gens armés de fleurs, de fruits, de muscades, et de petites ampoules pleines de parfums. Les députations des cités voisines assistaient au combat, chacune sous sa bannière. Vers le même temps, Venise, Padoue, Gênes tinrent aussi des cours où nobles et plébéiens, unis comme des frères, passaient les jours dans les banquets et les concerts, sur ces mêmes places publiques tant de fois ensanglantées de leurs querelles. Les Toscans imitèrent ces réjouissances ; ils y portèrent toute la

(1) Muratori, *Antiquitates Italicæ*, t. II, dissert. 29; *de Spectaculis et ludis medii ævi*. Donizo, *de Vita comitissæ Mathildis* :

Tympana cum cytharis, stivisque, lyrisque sonant hic,
Ac dedit insignis dux præmia maxima mimis.

Francesco da Buti, dans son *Commentaire* inédit sur la *Divine Comédie*, rend ce témoignage du roi de Sicile Guillaume II : « Guglielmo fue un uomo giusto e ragionevole... In essa corte si trovava di ogni perfezione gente; quivi erano li buoni dicitori in rima d'ogni conditione; e quivi erano gli excellentissimi cantatori, quivi erano persone d' ogni solazzo che si può pensare vertudioso e onesto. »

vivacité de leur génie et toute la délicatesse de leur goût. Florence n'épargnait rien pour fêter royalement son patron saint Jean-Baptiste. Des compagnies de mille personnes, toutes vêtues de blanc, parcouraient les rues avec des trompettes, et sous la conduite d'un chef qu'on appelait le Seigneur d'amour. Dames et chevaliers formaient des cercles joyeux autour des jongleurs, dont on écoutait les récits et les chants. On apprenait d'eux les règles du gai savoir, on s'exerçait à discuter des questions de galanterie, à rendre des arrêts d'amour, à exécuter des représentations allégoriques où ne manquait point de figurer le petit dieu malin avec son arc et ses flèches. Plus tard, Rome elle-même, la vieille ville papale, sortait de son calme et de son recueillement pour célébrer le passage de Charles d'Anjou et de Conradin par des jeux équestres, par des marches triomphales, entremêlées de groupes de chevaliers en armes et de chœurs de femmes qui dansaient en s'accompagnant avec des chants, des flûtes et des tambourins (1). Ainsi la musique, le

(1) Muratori, *dissert.* 20. Rolandinus, ab ann. 1208, ad ann. 1214 : « Factum est enim ludicrum quoddam castrum, in quo positæ sunt dominæ cum virginibus sive domicellabus et servitricibus earumdem, quæ sine alicujus viri auxilio castrum prudentissime defenderunt. Expugnatum fuit hujusmodi telis et instrumentis : pomis, dactylis et muscatis, tortellis, pyris et cotanis, rosis, liliis et violis, similiter et ampullis balsami. » — Ricordano Malispini, cap. ccxix ; G. Villani, lib. VII, cap. lxxxix : « Una compagnia o brigata di mille uomini o più, tutti vestiti di robe bianche, con un signore detto d'Amore. » — Francesco da Barberino, *del Reggimento e costume delle donne*, parte V, parte XIX.

chant, par conséquent la poésie, étaient de toutes les fêtes : on les voit représentés par une classe d'hommes appelés jongleurs, histrions, *uomini di corte*, devenus si nombreux que les magistrats s'en inquiètent, que la théologie s'en occupe, et que saint Thomas d'Aquin décide que leur profession n'est point illicite, s'ils ne la gâtent par impureté de paroles ou d'action. Ces hommes, qui viennent de Lombardie, de Toscane, de Sicile, qui font métier d'aller de cour en cour, d'y réciter leurs vers et ceux d'autrui, ont affaire à des auditeurs accourus comme eux de l'Italie entière. Et c'est dans ces réunions qui mettent en présence des Italiens de toutes les provinces et de tous les dialectes, c'est là que se forme cette langue distincte des idiomes provinciaux, noble et délicate comme les plaisirs où elle est née, cette langue poétique que Dante adoptera, qu'il nommera *illustre, aulica, cortigiana*, la langue des cours, ou, pour traduire plus exactement, la langue des fêtes (1).

Mais l'Italie avait des solennités bien différentes; une autre puissance non moins populaire que les républiques y tenait aussi ses cours plénières. Le

---

(1) Statut de Bologne en 1288 : « Ut cantatores Francigenarum in plateis communis ad cantandum morari non possint. » — Saint Thomas, *secunda secundæ*, quæst. 168, art. 3 : « Histrionum officium non esse secundum se illicitum, dummodo moderate ludo utantur, id est non utendo aliquibus illicitis verbis vel factis ad ludum. » — Dante, *de Vulgari Eloquentia*, I, cap. XVI : « Dicimus illustre, cardinale, aulicum et curiale vulgare in Latio, quod omnis Latiæ civitatis est, et nullius esse videtur. »

26 mai de l'an 1219 et le jour de la Pentecôte, dans cette riante vallée que dominent les terrasses d'Assise, cinq mille hommes étaient campés sous des nattes ou des abris de feuillage. Ils avaient la terre pour lit, une pierre pour chevet, un sac pour vêtement ; on les voyait réunis par groupes de quarante, de quatre-vingts, s'entretenant de Dieu, priant, psalmodiant, mais tout rayonnants de joie. Leur émotion gagnait la foule du peuple et des gentilshommes venus des villes voisines pour admirer un spectacle si nouveau. « Vraiment, disaient-ils, c'est ici le camp de Dieu et le rendez-vous de ses chevaliers. » C'était en effet le chapitre général des Frères Mineurs, tenu par saint François. Les chants n'y manquaient pas. Nous savons d'ailleurs quel rayon de poésie échauffait le saint homme qui avait convoqué l'assemblée, qui en était l'âme, qui n'avait qu'à souffler sur elle pour l'embraser de son feu. Les chapitres généraux se renouvelèrent d'abord chaque année, plus tard tous les trois ans ; et, quand saint François eut passé à une vie meilleure, son esprit continua de présider à ces fêtes de la pauvreté, à ces cours de l'amour divin, où il trouvait une foule émue, des imaginations libres des soucis de la terre, en un mot tout ce dont l'inspiration poétique a besoin pour s'étendre et se propager (1).

(1) S. Bonaventure. *Legenda S. Francisci*, cap. IV. Wadding, *Annal.*, ad ann. 1219. *Fioretti di S. Francesco*, cap. XVIII : « Del

Voyez en effet les premiers temps de l'Ordre : le génie du pénitent d'Assise y éclate partout. Tout ce qu'il y avait de chevaleresque dans ses habitudes d'esprit et de langage a passé dans les traditions de ses disciples. Les allusions, les métaphores des ses discours sont devenues les devises de sa famille spirituelle. Les litanies composées en son honneur le saluent de tous les noms qu'il aimait : « le Che- « valier du Crucifié, le Gonfalonier du Christ, le Con- « nétable de l'Armée sainte. » Dès lors les Frères Mineurs ne cessent plus de se considérer comme une chevalerie destinée à relever sur le champ de bataille de la foi les milices fatiguées du Temple et de l'Hôpital. Le zèle des croisades les pousse par centaines, les uns en terre sainte, les autres chez les Maures d'Afrique, où ils vont chercher le martyre ; et quand les bandes sarrasines, à la solde de l'empereur Frédéric II, viennent mettre le siége devant les murs d'Assise, c'est encore l'intrépide fille de saint François, sainte Claire, qui sort, tenant l'Eucharistie dans ses mains, et qui met en fuite les infidèles. L'Ordre est pauvre, mais il a reçu l'héritage de ce triple amour que son fondateur portait à Dieu, à l'humanité, à la nature. Il y a bien peu de cellules si misérables qui ne soient illuminées par les visions du ciel. Les Frères s'en vont à la poursuite des lépreux, qu'ils rapportent sur leurs

maraviglioso capitolo che tenne S. Francesco a S. Maria degli Angeli, dove furono oltre cinque mila frati. »

épaules, et des voleurs qu'ils convertissent. Ils vivent dans une douce familiarité avec les plus humbles créatures, ils les honorent comme autant de sœurs, ils en reçoivent les services et les respects. La légende cite un bon religieux de Soffiano, si aimé des petits oiseaux, que durant sa prière ils venaient se poser sur sa tête et sur ses bras. On dit que Frère Egidio, en disputant sur la virginité de Marie, prit la terre à témoin, et, la frappant trois fois de son bâton, en fit sortir trois lis. Saint Antoine de Padoue, voyant que les hérétiques de Rimini refusaient de l'entendre, s'approchait du bord de la mer, et prêchait aux poissons (1). Dans ces temps héroïques de l'ordre franciscain, on peut dire que la poésie est partout. Il fallait cependant qu'elle prît corps, pour ainsi dire, et qu'elle produisît des poëtes. On en peut remarquer trois dès la première moitié du treizième siècle.

Le premier est un déserteur de la littérature profane. On ignore quel nom il portait dans le siècle; on sait seulement qu'il est appelé le Roi des Vers, parce qu'on le considérait comme le prince des poëtes contemporains, et qu'il excellait dans ces chants voluptueux que l'Italie a toujours trop

(1) *Fioretti di S. Francesco*, cap. XL et XLVII. *Vita B. Ægidii* apud Bolland. *Acta SS.*, 25 april. *Vita S. Antonii, ibid.*, 13 junii. *Litanies de S. François* (Chavin de Malan, *Histoire de S. François d'Assise*, notes, p. 210) : « S. Francisce, vexillifer Jesu Christi, — eques Crucifixi, auriga militiæ nostræ. »

aimés. On ajoute que l'empereur, renouvelant pour lui l'ancienne coutume romaine, lui avait décerné la couronne poétique, celle qui plus tard devait ceindre le front de Pétrarque et du Tasse. Cet homme n'avait plus rien à attendre de la gloire humaine, lorsqu'un jour il entra dans une église du bourg de San Severino, où François prêchait. Perdu dans la foule, il considérait ce mendiant, dont il avait entendu railler la folie, et dont l'éloquence le ravissait ; il crut le voir traversé de deux épées en croix : la première descendait de la tête aux pieds, la seconde allait de l'une à l'autre main. En même temps, dit la légende, il se sentait percé lui-même du glaive de la parole divine ; et, renonçant aux pompes du siècle, il alla se jeter aux pieds du bienheureux Père, qui lui donna l'habit et le nom de Frère Pacifique, parce qu'il le voyait « con-« verti de l'inquiétude du monde à la paix du « Christ. » Mais, en faisant quitter à Frère Pacifique les livrées du siècle, saint François n'avait point exigé de lui l'oubli de sa première profession. Lui qui avait toujours des chants sur les lèvres, et à qui les anges venaient donner des concerts, comment aurait-il pensé à bannir les poëtes de sa république ? Quand il improvisait ses cantiques, il chargeait le nouveau converti de les réduire à un rhythme plus exact, donnant ainsi un grand exemple de respect pour ces règles de l'art, dont les bons esprits ne se dispensent jamais. De son côté, l'ancien troubadour apprenait de lui à chercher les véritables sources de la poésie ailleurs que dans les lieux communs du gai-savoir provençal, ailleurs que dans les réminiscences de la mythologie classique, mais au vif du cœur humain, dans ce fond inépuisable de la conscience remuée par la foi et par le repentir. Frère Pacifique devint plus tard Ministre provincial en France. Mais au milieu des plus austères devoirs on reconnaît le poëte, ne fût-ce qu'à l'éclat des visions qui le poursuivaient. Ce fut lui qui vit un jour le ciel ouvert, et au milieu un siége vide; et une voix lui dit que ce siége avait été celui d'un ange tombé, mais que Dieu le réservait au pauvre d'Assise. Si donc il ne nous reste rien sous son nom, n'en accusons point les rigueurs du cloître. Sans doute l'ancien Roi des Vers voulut expier sa gloire, et cacha son génie dans quelques-uns de ces cantiques anonymes si communs au moyen âge, comme il avait caché son front couronné sous le capuchon de saint François (1).

Pacifique, en quittant la terre, laissa à ses Frères un poëte plus grand que lui dans la personne de

---

(1) S. Bonaventure, *Legenda S. Francisci*, cap. IV. Tiraboschi a reconnu la première source de ce récit dans la *Vie de saint François*, écrite pour la seconde fois par Thomas de Celano, et restée inédite parmi les manuscrits des Mineurs conventuels d'Assise : « Erat in Marchia Anconitana secularis quidam sui oblitus et Dei nescius, qui se totum prostituerat vanitati. Vocabatur nomen ejus Rex Versuum, eo quod princeps foret lasciva cantantium et inventor secularium cantionum... » Cf. Wadding. ad ann. 1212 et 1225.

saint Bonaventure. Rien n'est plus incontesté que le mérite théologique de ce docteur, regardé par Gerson comme le plus excellent maître qui eût paru dans l'Université de Paris. Mais on ne sait pas assez que ce beau génie, qui s'enfonça avec tant de courage dans la poussière des luttes scolastiques, n'y perdit rien de sa grâce et de son éclat. Si la philosophie de saint Thomas d'Aquin, façonnée aux procédés logiques d'Aristote, réduite à un dogmatisme exact, était faite pour l'Ordre de saint Dominique, qui s'adressait particulièrement aux classes lettrées ; de même la philosophie de saint Bonaventure, toute pénétrée des traditions de Platon, toute brûlante de mysticisme, convenait à l'Ordre de saint François, chargé de remuer, non pas le petit nombre des savants, mais la foule, moins par la raison que par la charité. Comme saint Augustin, comme Boëce, comme les docteurs de l'école de Saint-Victor, saint Bonaventure avait reconnu par quelles lumières le dogme chrétien du Verbe corrige et complète la doctrine platonicienne des idées. Appuyé d'une main sur l'Évangile de saint Jean, de l'autre sur le Timée, il en tire une métaphysique admirable, dont il faut donner l'ébauche, puisqu'elle est le principe non-seulement de tout ce qu'il écrivit, mais de tout ce qu'il y eut de plus grand dans le premier siècle de la littérature franciscaine (1).

(1) Saint Bonaventure prend parti pour Platon contre Aristote,

« Toute science, dit le saint docteur, se réduit à deux livres : l'un écrit au dedans, et c'est l'ensemble des idées divines, antérieures à tous les êtres dont elles sont les types ; l'autre livre, écrit au dehors, est le monde, où les pensées de Dieu se retracent en caractères imparfaits et périssables. L'ange lit dans le premier, la bête dans le second. Pour la perfection de l'univers, il fallait une créature qui pût lire dans les deux livres à la fois, et qui interprétât l'un par l'autre. C'est la destinée de l'homme ; et la philosophie n'a pas d'autre emploi que de le conduire à Dieu par tous les degrés de la création : elle y parvient de trois manières. En effet, l'homme saisit les objets extérieurs par la perception ; il s'y arrête par le plaisir ; il les connaît par le jugement. Et d'abord nous percevons, non pas la substance des choses sensibles, mais les phénomènes, c'est-à-dire les images qui frappent nos sens. Or, ces images rappellent le Verbe divin, image du Père, et par qui seul le Père est connu. En second lieu, nous ne trouvons de plaisir que dans la beauté, et la beauté n'est que la proportion dans le nombre. Mais, comme toutes les créatures sont belles en quelque manière, le nombre se trouve partout, et le nombre, le calcul, étant le signe principal de l'intelligence, il faut partout reconnaître la marque d'un

---

In Magistrum Sentent., lib. II, dist. 1, pars I, quæst. 1, et sermon. 13. *In Hexœmer.* : « Aristoteles incidit in multos errores... execratus et ideas Platonis, et perperam. »

ouvrier souverain. Enfin il n'y a de jugement que par l'abstraction, qui néglige les phénomènes passagers, qui écarte les conditions de temps, de lieu, de changement, pour s'attacher aux qualités permanentes, à l'immuable, à l'absolu. Or, si Dieu seul est absolu et immuable, il s'ensuit qu'en lui réside la règle de nos connaissances, comme le principe des existences, et qu'il y a un art divin qui produit toutes les beautés créées, et à la clarté duquel nous les jugeons. » Une telle doctrine, au lieu de tout réduire au raisonnement, donne l'essor aux deux facultés qui font les poëtes, et que les philosophes ont trop souvent méprisées ; je veux dire l'imagination et l'amour. D'un côté, en considérant toutes les créatures comme les signes, comme la traduction de la pensée divine, on arrive à justifier l'imagination de l'homme, qui agit comme Dieu, qui traduit aussi la pensée par des figures, qui remue pour ainsi dire le ciel et la terre, hasarde tous les rapprochements, toutes les comparaisons, pour rendre moins imparfaitement l'idée qu'elle a conçue, et qu'elle désespère de reproduire dans toute sa pureté et toute sa splendeur. De là ce symbolisme dont le moyen âge trouvait l'exemple dans les saintes Écritures, et qui avait passé dans les livres des docteurs, dans les chants de l'Église, dans tous les détails de l'architecture et de la peinture sacrées. Là chaque ornement est un emblème, chaque personnage historique soutient en même temps un rôle allégorique ; le palmier, par exemple, désigne la vie éternelle, et le sacrifice d'Isaac celui de Jésus-Christ. Personne ne parle ce langage avec plus de hardiesse que saint Bonaventure, dans ses opuscules trop peu connus, dont les titres conviendraient à des hymnes et à des dithyrambes : « les Six Ailes des Séraphins, les Sept Chemins de l'Éternité, l'Itinéraire de l'Ame à Dieu. » D'un autre côté, pour reconnaître derrière le voile de la nature la beauté éternelle qui se cache, pour écarter ce qui la dérobe, pour la poursuivre, il faut plus que l'intelligence ; il faut l'amour. L'amour est le commencement de cette sagesse qui se confie moins dans le syllogisme que dans la prière. Il en est aussi la fin ; car ne croyez pas que le saint docteur se satisfasse d'une connaissance stérile du Créateur et de ses attributs. Arrivé au terme où la raison s'arrête, il brûle de s'enfoncer plus loin ; il veut, dit-il, abandonner pour un temps les opérations de l'entendement, et tourner tout l'essor de la volonté vers Dieu, jusqu'à ce qu'elle se transfigure en lui. Que si vous demandez comment cela se peut faire, interrogez la grâce et non la science, le désir et non la pensée, le gémissement de la prière et non l'étude des livres, l'époux et non le maître, Dieu et non l'homme. « Mourons donc à nous-mêmes, reprend-il ; entrons dans les ténèbres mystérieuses ; imposons silence aux sollicitudes, aux concupiscences, aux fantômes des sens, et, à la suite du Christ crucifié, passons de ce monde à notre Père (1). »

Un esprit qui portait tant de passion dans la philosophie ne devait pas s'y contenir. Il fallait qu'il échappât à ces habitudes d'école, à ces formes d'enseignement et de discussion, trop rigides pour sa charité, trop étroites pour sa verve. Après avoir lu et commenté durant sept ans, dans la chaire de Paris, les Sentences de Pierre Lombard, il se reposait en écrivant un livre auquel il ne manque guère que la versification pour l'appeler un poëme : je veux dire la *Légende de saint François*. Et je m'y arrête encore, puisque rien ne devait plus contribuer à former la tradition poétique des Franciscains que la légende de leur patriarche écrite par une main si vénérée. La préface annonce une composition sévère, un récit qui ne recueillera

(1) S. Bonaventure, *Breviloquium*, lib. II, cap. xxii : « Et secundum hoc duplex est liber, unus scilicet scriptus intus, qui est Dei æterna ars et sapientia, et alius scriptus foris, scilicet mundus sensibilis... » etc. *Itinerarium mentis in Deum*, cap. ii : « Cum omnia sint pulchra et quodammodo delectabilia... omnes creaturæ istius sensibilis mundi animum contemplantis et sapientis ducunt in Deum æternum, pro eo quod illius primi principii... illius, inquam, artis efficientis, exemplantis et ordinantis, sunt umbræ, resonantiæ et picturæ, sunt vestigia, et simulacra, et spectacula. » Cap. vii : « Oportet quod relinquantur omnes intellectuales operationes, et apex affectus totus transferatur et transformetur in Deum... Si autem quæris quomodo hæc fiant, interroga gratiam, non doctrinam, desiderium, non intellectum, gemitum orationis, non studium lectionis, sponsum, non magistrum, Deum, non hominem... Moriamur ergo, et ingrediamur in caliginem ; imponamus silentium sollicitudinibus, concupiscentiis et phantasmatibus ; transeamus cum Christo crucifixo ex hoc mundo ad Patrem. »

que des témoignages authentiques et des faits canoniquement constatés. Saint Bonaventure y a mis la main par déférence pour les prières du chapitre général de l'Ordre, par gratitude pour le saint à l'intercession de qui, tout enfant, il avait dû la santé et la vie. Il a visité les lieux aimés du serviteur de Dieu, interrogé les amis et les disciples qui lui survécurent; il a tout sacrifié, assure-t-il, même l'ornement du style, à l'amour de la vérité. Mais, s'il aime trop la vérité pour l'altérer par des fictions, elle l'émeut assez pour que son langage s'en échauffe, se colore, et prenne dès le début tout l'éclat de la poésie. On n'est encore qu'à la première page, et saint François paraît déjà comme l'étoile du matin, comme l'arc-en-ciel de la paix, comme un autre Élie. C'est trop peu : saint Jean dans l'Apocalypse a vu un ange montant du côté du soleil levant, tenant à la main le sceau de Dieu ; saint Bonaventure y reconnaît le pénitent d'Assise, « ce messager du Christ, vivant de la vie des anges, venu pour appeler les hommes aux larmes, au sac et à la cendre, et pour marquer du signe de la pénitence ceux qui pleurent leurs péchés. » Lorsqu'il s'engage dans la narration, il y porte d'abord cette sobriété qui est le cachet des bons historiens; mais, au récit de tant d'actions saintes, l'attendrissement le gagne, lui arrache des cris d'admiration et de joie. Il se trahit surtout par cette complaisance charmante qu'il met à raconter le respect

de son maître pour tous les ouvrages de Dieu, et
« comment toutes les créatures lui donnaient des
consolations. » Au lieu de dissimuler ce qu'il y a
d'enfantine simplicité dans cette amitié du bienheureux pour les oiseaux du ciel et les bêtes de la
terre, il la partage, il la relève par les considéra-
tions les plus hautes. « Car, dit-il, aux yeux du
serviteur de Dieu, tous les êtres créés étaient comme
autant d'écoulements de cette source de bonté infinie où il eût voulu s'abreuver ; et leurs vertus diverses lui paraissaient former un céleste concert
dont son âme entendait l'accord. » Enfin, quand il
est arrivé au terme de cette vie tout illuminée, pour
ainsi dire, d'apparitions divines, d'extases et de
prodiges ; quand le miracle des stigmates vient de
lui faire épuiser les dernières ressources de l'éloquence chrétienne, il rapporte la mort du saint ;
et, avec ce tact parfait des vrais poëtes, il termine
par un trait, le plus simple de tous, mais le plus
gracieux : « Les alouettes, dit-il, ces oiseaux qui
aiment la lumière et qui ont horreur de l'obscurité,
bien que le crépuscule eût commencé au moment
où le saint homme rendit le dernier soupir, vinrent en grande multitude se poser sur le toit de la
maison, et longtemps encore elles continuèrent de
tourbillonner joyeusement comme pour rendre au
bienheureux, qui les avait si souvent conviées à
chanter les louanges divines, un témoignage aussi
éclatant qu'aimable. » C'est l'union de la naïveté

avec la grandeur qui a donné une si juste popularité à la légende écrite par saint Bonaventure ; c'est là que Giotto et ses successeurs ont trouvé le premier original de cette figure de saint François qu'ils ne se lassent pas de reproduire, comme les peuples ne se lassent pas de l'aimer (1).

Mais, quand la poésie s'est emparée d'une âme qui lui convient, elle ne lui laisse pas de relâche qu'elle n'en ait tiré des chants. Il fallait que le docteur, l'historien, le ministre général de l'Ordre de Saint-François en vînt aussi à cette faiblesse de tous les cœurs passionnés, et qu'il composât des vers. Lui aussi, comme son maître, il s'était choisi une dame de ses pensées : c'était encore la Pauvreté qu'il célébrait en la personne de la Vierge souverainement pauvre, mère du Dieu né dans un étable. La Vierge Marie, dont le culte eut tant de prise sur les mœurs violentes du moyen âge, qui

(1) S. Bonaventure, *Legenda S. Francisci*, prologus, cap. v : « De austeritate vitæ ejus, et quomodo creaturæ præbebant ei solatium. » Cap. vIII : « De pietatis adfectu, et quomodo ratione carentia videbantur adfici ad ipsum. » Cap. xiv : « Alaudæ, aves lucis amicæ et crepusculorum tenebras horrentes, hora transitus sancti viri, cum jam esset noctis seculuræ crepusculum, venerunt in multitudine magna super tectum domus, et diu, cum insolita quadam jubilatione rotantes, gloriæ sancti, qui eas ad divinas laudes invitare solitus erat, tam jucundum quam evidens testimonium perhibebant. » — Si je ne parle point ici des *Méditations sur la vie du Sauveur*, où j'aurais à relever tant de traits de la plus naïve poésie, ce n'est point que j'oublie ce pieux et charmant écrit, c'est parce que la critique moderne n'y reconnaît pas la main de saint Bonaventure. Wadding, *Scriptores Ordinis S. Francisci*, cum supplemento Sbaraleæ.

vit à son service tant de chevaliers et de poëtes, était bien le seul amour digne de cet homme chaste, de qui ses contemporains disaient « qu'Adam semblait n'avoir pas péché en lui. » Et comme les femmes de la terre aimaient à être saluées le soir par les chants des troubadours, il voulut que dans toutes les églises de son Ordre, à la chute du jour, la cloche sonnât pour rappeler le salut de l'ange à la reine du ciel. L'*Angelus*, ce poétique appel parti de l'humble tour des Franciscains, vola de clocher en clocher pour réjouir le paysan sur le sillon et le voyageur sur la route (1). Cependant le saint docteur ne pensait pas laisser au bronze le soin de louer la Mère du Sauveur ; lui-même avait essayé pour elle, si l'on peut ainsi parler, toutes les cordes de la lyre chrétienne, psaumes imités de David, séquences populaires, cantiques de joie et de tristesse. Parmi les compositions qu'on lui attribue, je distingue un poëme latin de quatre-vingt trois octaves, en vers syllabiques rimés. On n'y voit d'abord qu'une anagramme de l'*Ave Maria*, dont chaque lettre commence une strophe ; mais sous cet artifice, conforme d'ailleurs au goût de son siècle, le poëte ne tarde pas à se montrer, et, avec

---

(1) *Acta canonizationis S. Bonaventuræ*, ad calcem Operum, t. VII. Moguntiæ, 1609, p. 799 : « Idem enim piissimus cultor gloriosæ Virginis Matris Jesu instituit ut fratres populum hortarentur ad salutandam eamdem, signo campanæ quod post Completorium datur, quod creditum sit eamdem ea hora ab angelo salutatam. »

cette richesse d'images dont les écrivains mystiques disposaient, il représente la Vierge Marie par les plus brillantes figures de l'Ancien et du Nouveau Testament. C'est la Fontaine du Paradis, l'Arche du Déluge, l'Échelle de Jacob; c'est Judith, Esther délivrant son peuple; c'est la femme qui apparut à saint Jean, revêtue du soleil, la lune sous les pieds, et le front couronné de douze étoiles. A la simplicité des sentiments, à la douceur des rimes croisées, pareilles au balancement d'un berceau, on reconnaît un chant familier, composé non-seulement pour la classe innombrable des clercs, des moines, des religieux, mais pour le peuple italien, qui n'oublia jamais entièrement la langue latine, qui continua de la comprendre dans les hymnes de l'Église, et qui, de nos jours encore, en garde un souvenir confus, comme on se rappelle une langue qu'on entendit parler autrefois dans la maison de son père. Quelques savants ont contesté l'authenticité du poëme, et ne l'ont pas jugé digne d'un théologien si consommé. J'ai peu de penchant pour cette critique austère, qui refuse aux grands esprits le droit de se reposer de leur grandeur, de se faire petits quelquefois, pour se mettre au niveau des ignorants et des faibles. Je m'attache bien plus volontiers au sentiment du grand Corneille, qui trouvait assez de poésie dans ces stances pour essayer de les traduire, et pour satisfaire ainsi, disait-il, « à l'obligation que nous avons tous d'employer à la gloire de Dieu du moins une partie des talents que nous avons reçus. » Voici les premiers vers de la traduction, où la candeur de l'original disparaît un peu sous la pompe accoutumée du dix-septième siècle (1) :

> Accepte notre hommage et souffre nos louanges;
> Lis tout céleste en pureté,
> Rose d'immortelle beauté,
> Vierge, mère de l'humble et maîtresse des anges ;
> Tabernacle vivant du Dieu de l'univers,
> Contre le dur assaut de tant de maux divers,
> Donne-nous de la force, et prête-nous ton aide;
> Et jusqu'en ce vallon de pleurs
> Fais-en du haut du ciel descendre le remède,
> Toi qui sais excuser les fautes des pécheurs.

On a beaucoup exagéré la rupture qui se fit entre le moyen âge et la Renaissance. Le siècle de Louis XIV, dans sa première moitié, la plus saine et la plus vigoureuse, tient encore au passé par des racines qu'on a trop peu connues. Pendant que ma-

---

(1) Voici le texte latin dans toute sa simplicité :

> Ave, cœleste lilium !
> Ave, rosa speciosa !
> Ave, mater humilium,
> Superis imperiosa !
> Deitatis triclinium !
> Hac in valle lacrymarum
> Da robur, fer auxilium,
> O excusatrix culparum !

Du reste, les critiques qui effacent cette pièce du recueil des œuvres de saint Bonaventure ne laissent pas de lui attribuer une autre composition mêlée de prose et de vers syllabiques rimés, sous ce titre : *Corona B. Mariæ Virginis.* On y trouve des strophes qui ne manquent pas de grâce et d'harmonie.

dame de Sévigné et toute la cour prennent encore tant de plaisir à ces romans chevaleresques tout pleins des réminiscences du Saint-Graal et de la Table Ronde, pendant que Molière et la Fontaine s'inspirent des vieux fabliaux, Bossuet se montre nourri des docteurs scolastiques, et Corneille, songeant à son salut, revient à l'*Imitation de Jésus-Christ* et au cantique de saint Bonaventure. C'est seulement quand une génération plus délicate eut succédé à ces grands hommes, que la mode s'introduisit de dédaigner « l'art confus de nos vieux romanciers, » et de déplorer les ténèbres où vécurent saint Thomas d'Aquin et Roger Bacon.

Si les peuples de l'Italie, au temps de saint Bonaventure, entendaient encore assez la langue latine pour qu'elle fût parlée dans la chaire sacrée et dans les conseils des républiques, le moment était pourtant venu où la langue vulgaire, mûrie par les siècles, devait se trouver maîtresse des affaires et des idées. Mais rien ne hâta plus son avénement que la prédication des Franciscains, que cette parole annoncée sur les places publiques et dans les campagnes, aux pauvres, aux gens illettrés, non pas selon les règles des théologiens, mais à la façon des harangueurs populaires. C'est ainsi que saint François ayant un jour visité le bourg de Montefeltro, où était réunie une grande foule jalouse de l'entendre, on rapporte qu'il monta sur un tertre qui dominait la place, et qu'il se mit à prêcher, en prenant pour texte ces deux vers :

> Tanto e il bene ch' io aspetto,
> Ch' ogni pena m' è diletto.

On remarque aussi de saint Antoine de Padoue, qu'étant né Portugais, il prêchait aux Italiens dans leur langue avec tant d'efficacité, qu'il traînait après lui des auditoires de trente mille hommes (1). Tels étaient les commencements de cette prose, destinée à prendre tant de vigueur et de gravité sous la plume du Dante et de Machiavel. La poésie ne devait pas rester en arrière : saint François lui avait rendu le même service en composant ses cantiques dans la langue de son pays. L'exemple fut suivi, et bientôt l'orthodoxie n'eut pas de dogmes si précis, le mysticisme ne professa pas de doctrines si hardies, de sentiments si élevés, qui ne prissent la forme du chant populaire pour descendre dans la multitude. Mais les auteurs de cette tentative furent plus soucieux de l'édification d'autrui que de leur gloire.

Les annales franciscaines n'ont point conservé le

---

(1) Chavin de Malan, *Histoire de S. François*, p. 125 ; Sigonius, *de Episc. Bonon.*, p. 113 : « Non tamen ipse modum prædicantis tenuit, sed quasi concionantis. » — *Fioretti di S. Francesco* : « Della prima consideratione delle sacrosante stimmate. » *Vita S. Antonii de Padua, apud Bolland.* 13 junii, xiv : « Nec id admiratione vacat, cum in longinqua regione natus et educatus longo tempore fuisset, quod Italico idiomate ita polire potuit quæ voluit pronuntiare, ac si extra Italiam nunquam posuisset pedem. »

souvenir de frère Jacomino de Vérone, et le nom même de ce religieux serait perdu, s'il ne se lisait à la fin d'un poëme conservé à la bibliothèque de Saint-Marc, à Venise. Si Jacomino écrivait avant la fin du treizième siècle, comme on peut le conjecturer par tous les caractères extérieurs du manuscrit, il ne faut pas s'étonner que, voisin du berceau de l'Ordre, il en ait porté la première ferveur et la première simplicité dans les vers où il a voulu, comme il dit, rimer deux *histoires* : l'une de l'Enfer, l'autre du Paradis. Ces deux sujets n'avaient jamais cessé d'occuper les imaginations chrétiennes. Ce n'était pas assez qu'on prêchât au peuple les joies et les peines éternelles ; il voulait qu'on les peignît, qu'on les sculptât sur les murs de ses églises, qu'on lui fît de longs récits de cette autre vie, la seule où il espérait trouver le repos et la justice. Le monde invisible fait donc pour ainsi dire le fond et l'arrière-scène de toute la littérature du moyen âge ; mais il y est représenté de deux manières. Tantôt les esprits s'attachent à ces visions de la vie future, à ces voyages au ciel ou en enfer, si souvent répétés dans les légendes des saints, dans les chroniques, dans les traditions populaires, qui se prêtent facilement aux interpolations, aux allusions, aux satires, à toutes les libertés poétiques (1). Tantôt une piété plus savante aime mieux se ré-

(1) Voyez les *Recherches sur les sources poétiques de la Divine Comédie*, à la fin de ce volume.

duire aux enseignements de l'Écriture sainte, des Pères et des docteurs ; et c'est de leurs paroles, comme d'autant de traits, qu'elle cherche à composer un tableau moins varié, mais plus sûr, des deux éternités. C'est au second parti que Frà Jacomino s'est rangé, et à cette préférence même on reconnaît bien l'homme d'Église, le théologien nourri des lettres divines et humaines, qui s'honore de ne rien tirer de son fonds, de tout emprunter, comme il le dit, aux textes sacrés, aux sermons, aux écrits des saints. Rien n'est plus commun au moyen âge que ces sortes de compilations. Mais la hardiesse et la nouveauté, c'était de les revêtir d'une forme poétique, d'un langage plébéien, de les destiner à la foule qui s'attroupait autour des chanteurs, sur les places et les marchés. En effet, les deux compositions dont il s'agit, écrites en dialecte véronais, l'une de trois cent quarante vers, l'autre de deux cent quatre-vingts, ont toute la forme de ces Chansons de Geste qui faisaient le tour de l'Europe au treizième siècle. Les vers de treize syllabes, rangés quatre à quatre en stances terminées par les mêmes rimes, rappellent les alexandrins et les tirades monorimes de nos vieux poëmes carlovingiens. On reconnaît même, au commencement et à la fin, l'imitation de ces passages où les romanciers s'efforcent de réveiller la curiosité de leur auditoire par les grands récits qu'ils promettent et par le mépris qu'ils font de leurs devanciers et de leurs rivaux. Quand Frère Jacomino assure à ses auditeurs que son poëme n'est ni fable, ni dire de bouffons, il veut lutter d'intérêt avec les fabuleux récits d'Olivier et de Roland, que les jongleurs de son temps récitaient sur les théâtres de Milan et de Vérone. C'est ce qu'il ne faut point oublier en parcourant ces deux petits ouvrages, dont je ne dissimulerai pas les trivialités, afin de pénétrer jusqu'au vif dans les habitudes d'un peuple qui ne se laissait instruire et gagner qu'à ce prix (1).

Voici le début de l'Enfer : « A l'honneur du Christ, Seigneur et Roi de gloire, et pour le bien des hommes, une histoire je veux vous conter : qui maintes fois s'en souviendra aura grande victoire du faux ennemi. Je veux vous dire des nouvelles de la cité d'Enfer : combien elle est perverse et félonne. Elle s'appelle de son nom Babylone la Grande : je répéterai ce qu'en rapportent les saints. Or, quand vous aurez entendu le fait et la raison, comment cette cité est construite en chacune de ses parties, peut-être, par un vrai repentir, obtiendrez-vous quelque pardon de vos péchés (2). »

---

(1) Voyez, sur les formes ordinaires de l'épopée carlovingienne, l'*Histoire de la Poésie provençale*, par M. Fauriel, t. II, chap. xxv; sur la popularité des Chansons de Geste, en Italie, au moyen âge, Alberto Mussato, *de Gestis Italicorum post Henricum VII*, præfatio ad librum III : « Et solere etiam amplissima regum ducumque gesta, quo se vulgi intelligentiis conferant, pedum syllabarumque mensuris variis in vulgares traduci sermones, et in theatris et in pulpitis cantilenarum modulatione proferri. »

(2) On me pardonnera si je suis obligé de reproduire ici quel-

La cité du mal est bâtie dans les profondeurs de l'abîme, longue, large, haute, et tout embrasée. Si l'on y jetait tout ce que la mer roule de flots, ils se consumeraient comme la cire fondue. Au milieu coulent des eaux troubles et empoisonnées, entre des bords couverts d'épines, d'orties et de broussailles plus tranchantes que le fer. Au-dessus s'arrondit un ciel pesant, tout de fer et de bronze, appuyé sur des montagnes et des rochers qui ne laissent pas d'issue. Typhon, Satan et Mahomet veillent à la porte : malheur à qui passera par leurs mains ! Une haute tour surmonte l'entrée : là se tient une sentinelle que nul homme ne peut tromper, qui ne dort jamais. Nuit et jour elle crie :
« Tenez la porte close et gardez bien les passages
« et les chemins; que nul de vos gens ne s'échappe !
« Mais, si quelqu'un vient à vous, que la porte soit
« ouverte et le pont baissé (1). »

---

ques pages qui ont déjà paru dans mes *Documents inédits*, où j'ai publié le texte des deux poëmes italiens (p. 118, 291, etc.). Ces pages rentrent nécessairement dans le dessein de mon travail sur les *Poëtes franciscains*, et il m'est permis de supposer que les deux ouvrages n'auront pas les mêmes lecteurs. C'est d'ailleurs le seul emprunt que j'aie fait aux *Documents*, et encore y ai-je introduit des changements considérables. — Voici le début de l'*Enfer :*

    A l' onor de Christo, Segnor e Re de gloria,
    E a terror de l'om, cuitar voio un' ystoria;
    La qual spese fiae ki ben l' avrà in memoria,
    Contra falso enemigo ell' a far gran victoria.

(1) Je n'ai pas besoin d'indiquer les nombreux rapports de cette cité infernale avec celle de Dante. Voyez surtout les chants III, VIII, XIV, XVIII de l'*Enfer*.

Le roi de cette ville des douleurs se nomme Lucifer, et les démons qui le servent sont peints sous les traits que leur prêtait l'imagination populaire, sans doute pour se venger des terreurs qu'ils lui causaient. Jacomino, comme Dante, comme Orcagna, comme Michel-Ange, les représente le front cornu, les mains velues, plus noirs que charbons, hurlant comme loups, aboyant comme chiens, armés qui de lances, qui de fourches, qui de bâtons et de tisons brûlants. Ils respirent la flamme ; l'un attise le brasier, l'autre bat le fer ou coule le bronze. A cette description, on ne s'étonne plus que le bon religieux s'effraye et s'écrie : « Si horrible à voir est cette cruelle compagnie, qu'on aurait plus de plaisir à être chassés à coups d'épines, par monts et par vaux, de Rome jusqu'en Espagne, qu'à rencontrer un seul de ceux-ci dans les champs (1). »

Le peuple de l'enfer n'a pas de plus grande joie que la venue d'un réprouvé. On s'empresse au-devant de lui, on le reçoit avec des chants de triomphe. Mais à peine est-il entré, qu'on lui lie les pieds et les poings, et qu'on le présente au roi de la Mort. Celui-ci le livre à un de ses perfides ministres, pour le jeter dans un puits plus profond que le ciel n'est élevé au-dessus de l'abîme. Si forte est la puanteur

---

(1) Cf. Dante, *Enfer*, chant XXII, 13.

Noi andavam con li dicci dimoni
Ahi fiera còmpagnia !

qui en sort, qu'elle se sent de mille lieues et plus. Là fourmillent les serpents, les vipères, les basilics et les dragons. Si l'on en retire le pécheur, c'est pour le précipiter dans des eaux d'une si grande froidure, qu'un jour y semble une année; après quoi on le plonge dans une flamme telle, qu'il regrette la glace. Ce feu sinistre et fétide ne jette aucune lumière. Il est à celui de la terre ce que serait celui-ci au feu peint sur la pierre ou dans un livre. « Alors vient un cuisinier qui a nom Belzébut, un des pires de l'endroit, qui met le coupable rôtir comme un porc à un grand épieu de fer. Il l'arrose de fiel et de vinaigre, il en fait un fin régal qu'il envoie au roi des enfers. Et celui-ci y mord, et, tout en colère, il crie au messager : « Va, dis à ce « méchant cuisinier que le morceau est mal cuit; « qu'on le remette au feu, et qu'on l'y laisse. »

Voilà un passage destiné à réjouir la foule, à lui arracher ce rire qui fait la conquête d'un auditoire, et le livre sans défense aux leçons qu'on lui réserve. En effet, le poëte a déclaré qu'un sens profond se cache sous les figures de son langage : les supplices qu'il a décrits ne sont que l'image grossière de ces maux éternels qu'il désespère d'exprimer, « quand il aurait cinq cents bouches, quand il en aurait mille, qui ne se tairaient ni le jour ni la nuit. » Il profite de la terreur où il a jeté les esprits pour se relever par la peinture des peines morales des damnés, et par les enseignements qu'il

en tire. « Mieux vaudrait au méchant être mort
« mille fois que de vivre une seule heure; car il n'a
« ni parent ni proche ami qui le puisse aider. Le
« fils rencontre le père, et maintes fois ils se que-
« rellent. Père, dit le fils, que le Seigneur qui porte
« couronne au ciel te maudisse dans ton corps et
« dans ton âme! Car tant que je fus au monde tu
« ne me châtias point, mais tu m'encourageas dans
« le mal. Et je me rappelle encore comment tu me
« poursuivais le bâton au poing, si je manquais de
« tromper le voisin et l'ami de la maison. » Le
père lui répond : « Fils maudit, c'est pour t'avoir
« voulu trop de bien que je me vois en ce lieu. Pour
« toi j'ai abandonné Dieu, m'enrichissant de rapi-
« nes, d'usures et de maltôtes. Nuit et jour j'endu-
« rais de grandes peines pour acquérir les châ-
« teaux, les tours et les palais, les coteaux et les
« plaines, les bois et les vignes, afin que tu fusses
« plus à l'aise. Mon beau doux fils, que le ciel te
« maudisse! car je ne me souvenais pas des pau-
« vres de Dieu, qui mouraient de faim et de soif
« dans les rues! » En même temps les deux réprouvés se précipitent l'un sur l'autre comme pour
se donner la mort; et, « s'ils pouvaient en venir
aux dents, ils se mangeraient le cœur dans la poitrine. »

Rien ne peut ajouter à l'horreur du dernier trait.
Le poëte se fait tout pardonner par cet éclat foudroyant contre les méchants de son siècle, par ce

retour plein de tendressse sur les pauvres. Il n'a plus qu'à finir, et c'est ainsi qu'il congédie son auditoire : « Sachez que ceci n'est ni fable ni dire de bouffons. Frère Jacomino de Vérone, de l'Ordre des Mineurs, l'a composé de textes, de gloses et de sermons. Maintenant demandons tous qu'à l'auteur de l'histoire, et à vous qui l'avez entendue avec grande dévotion, le Christ et sa mère donnent récompense (1). »

Une composition si étrange ne peut être jugée qu'en présence des souvenirs, des mœurs, des désordres qui l'inspirèrent. Le pieux écrivain doit moins qu'il ne dit aux textes sacrés. Les livres saints, comme les Pères des premiers siècles, enseignent toujours les peines éternelles ; ils les décrivent peu. Quelques versets de l'Apocalypse laissent seulement apercevoir, comme dans le lointain, le puits de l'abîme et l'étang de feu ; mais il semble que le disciple bien-aimé ait hâte de se détourner de ces menaçantes apparitions. Plus tard, quand la chute de l'empire romain et la ruine de tout l'ordre visible du monde eurent poussé plus vivement que jamais la pensée des hommes vers les choses invisibles, saint Augustin et saint Grégoire le Grand s'occupèrent de porter la lumière dans l'abîme, et d'éclaircir le mystère de la justice

---

(1) Ke queste non è fable, nè diti de buffon.
Jacomin da Verona, de l'Ordeno de Minori,
Lo copula de testo, de glose et de sermon.

divine. A mesure que la barbarie s'avance, que les esprits deviennent plus grossiers, les cœurs plus durs, il faut bien que l'Église les gouverne par la terreur, qu'elle leur parle la langue qu'ils se sont faite. Si elle les entretient de bûchers, d'instruments de supplices, c'est qu'elle en voit de toutes parts. Quand les pirates normands, les Hongrois, les Sarrasins, brûlaient la moitié de l'Europe, je ne m'étonne point de reconnaître le reflet de ces incendies dans l'Enfer des prédicateurs contemporains. Ne les accusez pas de noircir les imaginations : ils les trouvent effrayées, et ne se servent de ces frayeurs que pour régler, pour calmer les consciences. Voilà les modèles auxquels Frà Jacomino s'attache; et c'est peut-être d'une compilation théologique attribuée à saint Bonaventure, sous le titre de *Fascicularius*, que le Franciscain de Vérone a tiré la première ébauche de sa cité infernale avec ses feux et ses glaces, les fureurs des démons, et les pécheurs qui s'entre-déchirent (1).

Mais tout n'est pas tragique dans l'enfer poétique

---

(1) *Apocalyps.*, cap. xx. — S. Augustin, *de Civitate Dei*, lib. XX, cap. xxii; lib. XXI, cap. xx. — Saint Grégoire, *Moralium*, lib. XV, cap. xvii; lib. IX, cap. xxxix. — *Dialog.*, lib. IV, cap. xlv. — Saint Bonaventure, *Fascicularius*, cap. iii : « Dicitur ignis ille ad ignem nostrum tanti esse caloris quanti noster ignis est ad depictum. » Comparez ce passage avec les vers de Jacomino :

> E siccom' è niente a questo teren fogo
> Quel k'è depento en carta, ne'n mur, ue'n altro logo,
> Cosi seravo questo se l'a quel fogo aprovo
> De lo qual Deo ne guardo, k'el no ne possa nosro !

du moyen âge. La comédie finit toujours par y trouver place ; et j'en vois deux raisons, l'une littéraire, l'autre religieuse. D'une part, les esprits gardent encore cette mobilité de l'enfance qui passe en un moment des larmes au rire, cette naïveté qui ne sait pas se contraindre et se plier à la régularité d'un genre convenu. Aussi n'y a-t-il pas de roman de chevalerie sans un épisode comique, comme Calderon n'a pas d'*Auto sacramental* sans un rôle burlesque, comme on ne voit pas de cathédrale si majestueuse qui ne recèle sous ses gouttières, sur ses chapiteaux, dans les boiseries de ses stalles, de grimaçantes et risibles figures. D'un autre côté, c'est le conseil de tous les maîtres de la vie spirituelle, de combattre la tentation par le mépris ; et ce mépris eut son expression symbolique dans les formes grotesques sous lesquelles on représenta le tentateur et ses suppôts. L'antique peinture qui décore l'abside de Sainte-Marie de Toscanella montre Satan assis au milieu des flammes, broyant de ses dents impitoyables les âmes coupables qu'il rend dans la gueule d'un monstre placé sous ses pieds (1). C'est la fidèle réminiscence d'une description reproduite dans deux légendes célèbres, celle de Tundale et celle du jeune Albéric. Dante

---

(1) *Memorie istoriche della città Tuscania*, da Fr. Ant. Turiozzi. Sur la vision de Tundale et celle d'Albéric, qu'on me permette de renvoyer au travail déjà cité : *Des Sources poétiques de la Divine Comédie*. Dante, *Enfer*, chants XVIII, XXI et XXII.

lui-même, l'austère exilé, le disciple d'Aristote, de Virgile et de saint Thomas, n'hésite pas à interrompre l'éternel ennui de son Enfer par les scènes bizarres des damnés se débattant sous l'onde fétide, et par la trompette ridicule au son de laquelle marchent les démons.

Ces rapprochements font l'excuse de Frà Jacomino; ils achèvent de le ranger parmi ces poëtes hardis qui frayèrent à l'auteur de la *Divine Comédie* les chemins de l'éternité. Mais le Franciscain, moins sûr de ses forces, plus pressé d'arriver au terme, ne passe pas, comme Dante, par la montagne du Purgatoire pour s'élever au Paradis. Il se conforme plutôt à la pensée de saint Augustin, à qui il semble avoir emprunté l'idée des deux cités ennemies, bâties par deux amours : l'une par l'amour de Dieu poussé jusqu'à la haine de soi, l'autre par l'amour de soi poussé jusqu'à la haine de Dieu. A la Babylone de l'Enfer il oppose la Jérusalem du ciel. Là rien ne trouble plus la sérénité de son imagination ni la douceur de son langage. Il ne reste qu'à le traduire en l'abrégeant quelquefois, mais en se gardant bien de l'interrompre.

« D'une sainte cité je vais deviser un peu; je vais dire, à qui veut l'entendre, comment elle est faite au dedans; et si quelqu'un retient ce que j'en dirai, grand profit lui fera, sans mentir. La Jérusalem céleste est son nom, ville du Dieu très-haut, illustre et belle, où le Christ est Seigneur, bien différente de celle qu'on nomme la ville des douleurs, Babylone la grande, où réside Lucifer avec sa compagnie... De mes paroles les unes sont certaines et véritables; les autres, comme j'en avertis, seront figures : si quelqu'un les méprise et les prend en mauvaise part, bien me semble qu'il n'est point ami de Dieu (1).

« Premièrement la ville est murée de toutes parts, bâtie en forme carrée : aussi hauts sont les murs que longs et larges. Sur chaque côté s'ouvrent trois belles portes, élevées, spacieuses, plus brillantes qu'étoiles ; leurs voûtes sont ornées d'or et de perles, surmontées de créneaux de cristal, et au-dessus se tient en sentinelle un chérubin, le front ceint d'une couronne d'hyacinthe, la main armée de l'épée de feu, qui ne laisse pénétrer ni dragon, ni serpent, ni chose qui puisse nuire. Le pécheur n'entre pas, si grandes que soient ses forces. Au milieu court un beau fleuve, entouré d'arbres et de fleurs qui exhalent un grand parfum. Claires sont ses eaux, et plus brillantes que le soleil ; elles mènent avec elles en tout temps perles et pierreries étincelantes, dont chacune a tant de vertu, qu'elle est capable de rajeunir l'homme

---

(1) « De Jerusalem cœlesti et pulchritudine ejus, et beatitudine et gaudio sanctorum. »

  D'una cità santa ki ne vol oldire
  Come l'è fata dentro un poco ge vò dire :
  E zò ke gen dirò, se ben vol retenire,
  Gran prò ge fara, senza nexum mentire.

vieux et de ressusciter le mort. Les arbres plantés sur la rive portent aussi des fruits plus doux que miel, tels qu'à les goûter seulement les malades guérissent. Jamais ces arbres ne perdent leur feuillage, et chacun d'eux est si embaumé, qu'à mille lieues et plus s'en répand l'odeur. Chardonnerets, rossignols et autres beaux oiseaux y chantent nuit et jour, répétant des airs plus mélodieux que violes, rotes et chalumeaux.

« Là, dans des jardins toujours verts, s'ébattent les bienheureux chevaliers, qui jamais n'ont d'autre soin que de bénir le Créateur. Là sont les patriarches et les prophètes saints, tous vêtus de riches étoffes, glorifiant Dieu avec des chants et des psalmodies; les apôtres bénis, les glorieux martyrs, la grande compagnie des confesseurs et les vierges très-saintes, troupe charmante, portant la bannière de l'honneur et de la beauté, chantant une chanson dont le charme est si puissant, que, si quelqu'un peut l'entendre, il ne craint plus de mourir. Cette gent bienheureuse fait un bruit si joyeux, que le ciel, l'air et tout le pays semblent pleins d'instruments et de voix. Et je vous dis encore, sans mentir, qu'en comparaison de ces voix, celles de la terre vous sembleraient mugissements de bœufs, quand vous entendriez luth, vielle, orgue et symphonie, sirène ou fée des eaux! Car c'est le Roi divin, assis sur le trône, qui leur a montré à solfier et à suivre ce chant.

« Mais la souveraine joie, celle qui dépasse tous les plaisirs, est de contempler la face de ce doux Seigneur. Heureux l'homme à qui Dieu se laisse voir au ciel! C'est cette vue qui rajeunit les bienheureux musiciens, et leur cœur en reverdit, leurs yeux en rayonnent, leurs pieds en bondissent, et leurs mains s'agitent comme pour mener une danse. Et plus ils contemplent, plus ils jouissent : ils sont pénétrés d'un amour si délicat, que chacun d'eux tient l'autre pour son maître. L'œil et l'intelligence deviennent si subtils, que du ciel jusqu'à la terre ils découvrent toutes choses. Ces saints vivent dans la certitude qu'ils ne mourront jamais d'aucune mort, mais qu'ils demeureront dans la vie, la joie et la paix. Ceci est vérité, et l'Écriture le dit, qu'il n'y a d'autre gloire ni d'autre paradis que de voir la face et le beau visage du Dieu tout-puissant, devant lequel se tiennent les chérubins, faisant grande procession soir et matin, et priant pour nous, chétifs et petits.

« Mais, après ce que j'ai dit, mon cœur ne peut souffrir que je passe sous silence le siége royal de la Vierge Marie, et combien elle est près de Dieu, à sa droite, au-dessus de tous les anges dont la splendeur éclaire le ciel... Si haute et si belle est cette Vierge Reine, que les anges et les saints en discourent sans cesse. Tous l'honorent et s'inclinent devant elle, puis ils lui disent une prose si merveilleuse et d'un chant si beau, que le cœur ne peut le concevoir, ni la langue le proférer. Or, pour l'honneur de sa personne, cette noble Vierge, qui porte couronne au ciel, donne à ses chevaliers destriers et palefrois tels, que jamais on n'ouït dire que sur terre se trouvassent leurs pareils. Les destriers sont fauves, et blancs les palefrois ; ils courent plus que les cerfs, plus que les vents d'outremer. Les étriers, les selles, les arçons et les freins sont d'or et d'émeraudes, resplendissants et d'un travail exquis. Et, pour compléter l'équipage qui convient à de grands barons, elle leur donne aussi un gonfalon blanc, où elle est représentée victorieuse de Satan, ce lion perfide. Ce sont là les chevaliers dont je devisais tout à l'heure. Le Père, le Fils, et l'Esprit-Saint les ont donnés à la dame du ciel pour se tenir sans cesse devant elle ; en sorte que ceux-là pourront s'estimer bien heureux, qui feront les œuvres requises, afin de vivre dans la société des saints couronnés de fleurs, au service d'une telle dame pendant l'éternité. »

Ici l'auteur renonce à prolonger la description d'un bonheur que nul homme ne peut comprendre.. « Maintenant, achève-t-il, prions tous la Vierge Marie que pour nous elle se tienne sans cesse devant Jésus-Christ, et qu'au bout de la vie elle nous fasse préparer l'hôtellerie du ciel. »

Sans doute on peut trouver dans le Paradis de Frère Jacomino un luxe bien terrestre et des plaisirs bien monastiques. Rien ne semble moins attrayant pour les imaginations modernes, que la perspective d'une psalmodie éternelle sous des voûtes d'or. Toutefois, le poëte reproduit plusieurs traits de la vision décrite aux chapitres XXI et XXII de l'Apocalypse. C'est là que paraît la Jérusalem nouvelle, avec ses murs de jaspe, avec ses palais d'or et de cristal. Or, quand l'apôtre saint Jean, le plus sublime des évangélistes, employait ces images, il ne voulait assurément pas proposer un genre de bonheur si misérable à des chrétiens, à des hommes nourris dans le mépris des richesses, dans la mortification des sens, dans l'attente du martyre. Mais, selon le génie de l'Orient et la tradition des prophètes, il parlait une langue symbolique, comprise de ses lecteurs. Lui-même, dès le début de son livre, donne l'exemple des interprétations qu'il autorise, qui se perpétuent après lui. Toute l'antiquité, et avec elle tout le moyen âge, attribuaient aux métaux et aux pierres des propriétés mystérieuses, des affinités morales qui permettaient de les prendre pour des emblèmes d'autant de vertus. C'est pourquoi l'Église, si discrète dans le choix des peintures proposées aux regards des chrétiens, elle qui admit si tard dans le lieu saint les représentations de l'enfer, n'hésita pas à y reproduire de bonne heure la vision du vieillard de Patmos. De là ces admirables mosaïques qui ornent l'abside de tant de basiliques italiennes, du cinquième au treizième siècle, où la

Jérusalem céleste est représentée dans tout son éclat, sans omettre ni les portes resplendissantes, ni les anges commis à leur garde, ni l'arbre de vie figuré par le palmier, ni le fleuve qui forme ordinairement la bordure du tableau. Souvent aussi les patriarches et les apôtres y sont peints sous les traits de vingt-quatre grands vieillards tout blancs, qui étendent les bras pour offrir au Christ leurs couronnes, pendant qu'on voit s'avancer une longue procession de vierges et de martyrs richement vêtus, et portant des palmes dans leurs mains. Voilà ce que Frà Jacomino avait pu admirer à Saint-Jean de Latran, à Sainte-Praxède, s'il avait visité Rome; à Saint-Apollinaire le Neuf, de Ravenne; enfin, sans sortir de sa province, à Saint-Marc de Venise, et dans bien d'autres églises maintenant détruites sur cette terre d'Italie où l'on a tant bâti, mais encore plus renversé. Ce qu'il y voyait s'expliquait pour lui par des interprétations enseignées dans toutes les écoles, prêchées dans toutes les chaires (1).

(1) *Apocalyps.*, cap. xxi et xxii. Au chapitre i, verset 20, l'apôtre interprète lui-même une partie de sa vision : « Septem stellæ angeli sunt septem Ecclesiarum; et candelabra septem septem Ecclesiæ sunt. » Voyez le commentaire d'André de Césarée, au tome V de la *Bibliotheca Patrum maxima*. Quant à celui de saint Victorin, on a lieu d'y soupçonner des interpolations qui dateraient du sixième siècle. — Sur les mosaïques de Rome et de Ravenne, Ciampini, *Vetera Monumenta*, tom. I et II; Fabri, *Memorie sagre di Ravenna*. — *Diæta salutis*, au tom. VI de l'édition déjà citée des œuvres de saint Bonaventure, tit. X, cap. v : « Fides etiam debet

Mais les imaginations belliqueuses du moyen âge avaient d'autres besoins que la foi calme et recueillie des premiers chrétiens : il fallait que les tableaux de l'immortalité s'accordassent avec la nouveauté des inclinations et des mœurs. Le livre de *Diæta salutis*, attribué à saint Bonaventure, décrit l'assemblée des saints comme une de ces cours plénières dont le spectacle charmait les peuples de ce temps : « Le Christ y règne en souverain ; la sainte Vierge Marie y paraît en reine avec ses suivantes ; les patriarches et les prophètes sont les conseillers du prince. Les apôtres figurent comme des sénéchaux chargés de ses pleins pouvoirs, et les martyrs comme de preux chevaliers qui ont vaincu les trois royaumes du monde, de la chair et du diable (1). » Plusieurs critiques ont jugé ces descriptions indignes de la gravité de saint Bonaventure ; cependant, aux souvenirs de chevalerie dont elles sont rehaussées, on reconnaît les habitudes de la poésie franciscaine, et comme une allusion au songe prophétique où saint François vit les murs du palais céleste couverts de trophées et d'ar-

esse cœlestis, non terrea... et hoc signat sapphirus, qui habet cœlestem colorem, sicut cœlum serenum... Spes veniæ figuratur per smaragdum, qui colorem habet viridem et gratiosum. »

(1) *Diæta salutis*, tit. X, cap. VI : « Ibi enim est Christus, tanquam monarcha præcipuus. Ibi enim est Regina cum puellis... Ibi sunt angeli tanquam mobilissimi regis domicelli. Ibi sunt patriarchæ et prophetæ... quibus, tanquam senioribus expertis, revelat mysterium consistorii sui. Ibi sunt apostoli tanquam regis seneschalchi, habentes plenitudinem potestatis... Ibi sunt martyres, sicut strenuissimi regis milites... »

mures. Frà Jacomino va plus loin ; il n'hésite pas à représenter ses paladins célestes sur de blancs destriers, et les chevaux de bataille frappant du pied le pavé d'or de la Jérusalem éternelle, à peu près comme à Sienne, au jour de l'Assomption, des hommes d'armes à cheval entraient dans la cathédrale, et allaient à l'offrande entre deux rangs de jeunes filles voilées. Aux images du paradis sacerdotal, qui avait contenté la piété des premiers temps chrétiens, se mêlaient celles d'un paradis chevaleresque, conforme aux habitudes guerrières du treizième siècle.

Mais déjà cette musique toute divine dont notre vieux poëte raconte si complaisamment les effets, ces chants qui n'ont pas d'écho sur la terre, ces fleurs qui couronnent le front des saints, sont comme les premières ébauches d'un paradis poétique fait pour la délicatesse des imaginations modernes. Dante achèvera de le peindre à bien peu de frais, et avec des traits presque immatériels, quand il décrira le ciel sous la forme d'une grande rose blanche dont les feuilles sont les trônes des bienheureux, et du calice de laquelle les anges, comme autant d'abeilles, montent vers le Soleil éternel. C'est ainsi que l'art chrétien se plie successivement aux habitudes des esprits, pour les entretenir de la vie future, qu'ils ne peuvent concevoir, mais qu'il ne leur permet pas d'oublier. Cependant, de ces peintures impuissantes, se dé gage la pensée d'une félicité toute spirituelle, toute contenue dans la contemplation de la Vérité infinie, dans le progrès perpétuel de l'intelligence et de l'amour. Le vieux poëte de Vérone ne pense pas autrement. Tout est figure, allégorie dans ses récits. Au fond, il ne connaît d'autre paradis que de voir Dieu face à face, de s'éclairer de sa lumière, de s'embraser de sa charité; et aucun trait ne le relève plus à mes yeux, dans un siècle si violent, si ensanglanté, si tourmenté de haines et d'ambitions, que l'idée d'un ciel où « les élus s'aimeront d'une tendresse si délicate, que chacun tiendra l'autre pour son maître. »

On pourra trouver que je me suis arrêté aux poëmes de Frà Jacomino avec cet excès de complaisance que les Christophe Colomb des bibliothèques ont trop souvent pour leurs découvertes bibliographiques. Cependant je n'ai pas pensé découvrir un monde dans ce peu de vers, mais seulement une feuille qui méritait d'être rattachée à la couronne poétique de l'Ordre de Saint-François. Avant d'aller plus loin, et pour achever l histoire du génie franciscain pendant cette seconde période, il reste à parler des trois édifices où il laissa des traces immortelles : je veux dire Sainte-Marie la Glorieuse de Venise, Saint-Antoine de Padoue, et, à Rome, l'église d'*Ara Cœli*.

Ceux qui visitent Venise, ravis par les incomparables beautés de Saint-Marc, ont le tort de négli-

ger d'autres monuments qui feraient à eux seuls
l'orgueil de bien des villes. Telle est l'église de
Sainte-Marie la Glorieuse, élevée par les Frères
Mineurs en 1250, pendant que les Frères Prêcheurs bâtissaient, de l'autre côté du grand canal,
l'église des saints Jean et Paul. Là, comme à Bologne, comme à Florence, on trouve les deux milices de saint Dominique et de saint François campées aux deux bouts de la ville pour la garder, et
rivalisant de génie dans leurs édifices comme de
zèle dans leurs œuvres. Les Dominicains eurent
plus d'artistes parmi eux, les Franciscains en inspirèrent davantage hors de leurs rangs. Pour
construire leur sanctuaire de Venise, ils ne trouvèrent pas que ce fût trop d'appeler Nicolas de
Pise, ce grand homme qu'on voit, comme Arnolfo
di Lapo, comme Cimabuë, au berceau de la renaissance italienne. Il ébaucha la façade austère
et sans ornements qui convenait à une église de
mendiants; mais il la perça d'un portail admirable,
pour inviter à franchir le seuil. A l'intérieur tout
fut grand : les trois nefs eurent les proportions
d'une cathédrale, et l'abside, avec ses longues fenêtres et ses vitraux resplendissants, s'élança vers
le ciel, comme afin d'y suivre la bienheureuse
Vierge Marie dans son triomphe. Le peuple italien,
si bien inspiré dans les invocations sous lesquelles
il met ses églises, a donné à celle-ci le nom de
Glorieuse, et c'est à l'ombre de cette gloire pacifi-

que et chaste que sont venues se reposer les plus bruyantes renommées de Venise : doges, généraux, savants, peintres et sculpteurs, jusqu'à Titien et Canova. Ces hommes ambitieux, passionnés, amis des richesses, mais chrétiens après tout, ont jugé que le plus sûr était de mettre leurs tombes sous la garde de l'humilité et de la pénitence.

Padoue est, comme Assise, un de ces lieux qu'une seule pensée remplit, qui vivent d'une tradition, d'un tombeau. Sans doute cette cité savante n'a oublié ni son fondateur Anténor, ni Tite Live qu'elle vit naître, ni son université vieille de six cents ans. Mais ce qui semble dater d'hier, ce qui fait l'orgueil du peuple, c'est le souvenir de saint Antoine; le disciple bien-aimé de saint François. Antoine mourut en 1231 ; en 1232 il était mis au rang des saints, et en 1237 commençait à s'élever l'admirable église nommée de son nom. On ne se proposa d'abord que d'honorer sa sépulture en élevant au-dessus cet édifice étrange, avec ses sept coupoles et ses deux clochers, où l'on reconnaît l'imitation de Saint-Marc de Venise et le voisinage de l'Orient; avec sa façade élégante et grave, dessinée par Nicolas de Pise, et les deux rosaces de sa travée, dignes des plus belles cathédrales du Nord. Mais les saints sont des maîtres exigeants qui ne laissent pas de relâche à leurs fidèles ; il fallut couvrir de peintures les piliers, les murs, les voûtes. Il y eut surtout deux chapelles où la vie du

Sauveur, l'apostolat de saint Philippe et de saint Jacques, les miracles du saint titulaire, formèrent une suite de tableaux pleins d'une naïveté qui n'exclut ni le pathétique ni la grandeur. Les coins les plus obscurs se peuplèrent d'images, de statues, de bas-reliefs. L'art, n'ayant plus rien à faire au dedans, finit par envahir le cloître attenant, l'oratoire de Saint-George, où deux maîtres excellents du quatorzième siècle peignirent la légende de saint George et celle de sainte Catherine; enfin le lieu appelé *Scuola del Santo*, tout décoré de fresques du Titien. Rien ne charme comme ces monuments qu'on n'a jamais fini de visiter, qui réservent toujours quelque chose à la surprise du voyageur, chapelles latérales ou souterraines, cloîtres, oratoires. On y reconnaît bien ce caractère du génie, de ne jamais se contenter, et de ne jamais croire qu'il en ait assez fait pour l'expression de l'idée qui le tourmente et le ravit. En effet, l'inspiration sortie du tombeau de saint Antoine ne sut se contenir ni dans l'église qu'elle avait élevée, ni dans ses dépendances; elle déborda pour ainsi dire dans la ville entière. Elle y attira Giotto pour peindre la charmante église de Sainte-Marie *dell'A-rena*, le mieux conservé et peut-être le plus complet ouvrage de ce maître : elle lui forma cette école de deux cents élèves qui ornèrent de leurs fresques le Baptistère, l'église des Ermites, et jusqu'à la voûte immense du palais communal.

.. L'église d'*Ara Cœli* est bien plus ancienne que l'Ordre de Saint-François. Dès les premiers siècles, une basilique chrétienne s'était élevée sur les ruines du temple de Jupiter Capitolin, à l'endroit même où, selon la tradition populaire, la sibylle avait montré à Auguste le ciel ouvert, et, debout sur un autel, la Vierge tenant son enfant dans ses bras, pendant qu'une voix venue d'en haut disait : « Cet autel est celui du Fils de Dieu. » De là le nom d'*Ara Cœli*, et le respect des peuples pour ce sanctuaire déjà vieux, quand Innocent IV, en 1252, en confia la garde aux Frères Mineurs. C'est par leurs soins que l'église acheva de prendre ce caractère sévère et gracieux qui en fait un des lieux les plus attachants de cette Rome, dont on ne sait pas se détacher. Au dehors, la façade est pauvre et nue ; à l'intérieur, vingt-deux colonnes de granit forment trois nefs avec toutes les dispositions principales des basiliques primitives, avec les deux ambons pour la lecture des Livres saints. Ajoutez à ces beautés une mosaïque où Cavallini, ce pieux disciple de Giotto, représenta la prophétie de la sibylle; puis la chapelle de saint Bernardin de Sienne, toute rayonnante des fresques de Pinturicchio ; enfin, si l'on sort par le portail latéral, une longue échappée de vue sur le Forum, le Colisée, et le désert de la campagne romaine. C'est bien l'image de cette vie prêchée par saint François, où tout est pauvreté au dehors, grâce au de-

dans, avec une sereine perspective de l'éternité.
Chaque année, au jour de Noël, on dresse dans
l'église un simulacre de l'étable de Bethléem. Là, à
la clarté de mille cierges, on voit sur la paille de
la crèche l'image d'un nouveau-né. Un enfant, à
qui l'usage permet en ce jour de prendre la parole
dans le lieu saint, prêche la foule, et la convie à
aimer, à imiter l'Enfant-Dieu, pendant que les
pifferari venus des montagnes du Latium donnent,
avec leurs cornemuses, de joyeuses sérénades aux
madones du voisinage. L'étranger, peu accoutumé
à la naïveté de ces fêtes, se retire peut-être en haus-
sant les épaules; mais l'ami des vieilles légendes,
en rentrant chez lui, ouvre l'histoire de saint François par saint Bonaventure, c'est là qu'il retrouve
dans un court passage l'origine de la crèche d'*Ara
Cœli*, et comme une racine de plus de cette poésie
populaire, de cette plante tenace que six siècles
n'ont pu arracher. « Il arriva que, la troisième
année avant sa mort, saint François, pour réveiller
la piété publique, voulut célébrer la Nativité de
l'enfant Jésus avec toute la solennité possible, dans
le bourg de Grecio. Ayant donc obtenu du Souverain
Pontife la licence nécessaire, il fit préparer une
crèche, apporter la paille, amener un bœuf et un
âne. Les Frères sont convoqués, le peuple accourt;
la forêt retentit de cantiques, et cette nuit vénérable
devient toute mélodieuse de chants, toute resplendissante de lumières. L'homme de Dieu se tenait devant

la crèche, pénétré de piété, baigné de larmes et inondé de joie. La messe est célébrée, et François, comme diacre, y chante le saint Évangile. Il prêche ensuite au peuple assemblé, et lui annonce la naissance de ce Roi pauvre, que, dans la tendresse de son cœur, il aimait à nommer le petit enfant de Bethléem. Or, un vertueux chevalier, sire Jean de Grecio, qui, pour l'amour du Christ, abandonna plus tard les armes séculières, attesta qu'il avait vu un petit enfant d'une extrême beauté, dormant dans la crèche, et que le bienheureux Père François pressait dans ses bras comme pour le réveiller (1). »

(1) S. Bonaventure, *Legenda S. Francisci*, cap. x.

CHAPITRE IV

LE BIENHEUREUX JACOPONE DE TODI

Les grands poëtes ne naissent pas d'ordinaire aux temps héroïques. Ils viennent après, lorsque ces temps sont assez loin pour laisser se dissiper les ombres qui s'attachent à toute gloire humaine, assez près encore pour que l'intérêt du passé subsiste, et que le regret se mêle au souvenir. L'*Iliade* paraît au déclin des premières monarchies grecques, et Virgile ne fait qu'ensevelir avec une pompe toute divine la liberté romaine. La Providence met des poëtes dans les sociétés qui tombent, comme elle met des nids d'oiseaux dans les ruines pour les consoler.

Les dernières années du treizième siècle réunissaient tous les signes d'une décadence. Deux grandes affaires avaient fait le tourment et la gloire du moyen âge : c'étaient les croisades et la querelle du Sacerdoce et de l'Empire. Maintenant, le dernier cri des croisades venait d'expirer avec saint Louis sous les murs de Tunis, et la chrétienté découragée ne ressentait encore que les désastres des guerres saintes, sans pouvoir en juger les bienfaits. D'un autre côté, cette génération de papes héroïques, dont Grégoire VII fut le premier, avait paru s'arrêter à Innocent IV. La puissance impériale, vaincue en la personne de Frédéric II, ne songeait plus qu'à dompter l'insubordination de ses vassaux d'Allemagne. Ainsi l'Italie avait vu finir cette lutte des deux pouvoirs spirituel et temporel qui la déchirait, mais pour la féconder. Au lieu des doctrines, c'étaient maintenant les intérêts qui armaient les villes contre les villes, les nobles contre les plébéiens, les plébéiens enrichis contre le petit peuple; et ces formidables noms de Guelfes et de Gibelins, au lieu de représenter des idées, ne couvraient plus que des haines. L'abaissement de la société se faisait sentir dans l'École. Depuis qu'elle avait perdu ses deux chefs, saint Thomas d'Aquin et saint Bonaventure, le combat s'était engagé autour de ces illustres morts entre ceux qui se disputaient leurs dépouilles. A la métaphysique puissante qui soutenait tout l'édifice de la *Somme* de saint Thomas, se substituaient les subtilités de l'ontologie et de la dialectique. On commençait à délaisser les études libérales pour des sciences plus lucratives : et les dix mille écoliers qui se pressaient aux leçons des jurisconsultes de Bologne avaient plus soif d'or que de justice. Si quelques esprits meilleurs se dégageaient de la foule, la tristesse des choses humaines devait les pousser vers Dieu ; et quand il leur restait assez de pitié pour s'occuper des hommes, on comprend que, mécontents des grands et des lettrés, ils finissent par se tourner vers les ignorants, les petits et les pauvres. Ce fut la destinée d'un Italien plus ancien que Dante, et en qui l'Ordre de Saint-François trouva son poëte le plus populaire et le plus inspiré. Je veux parler du bienheureux Jacopone de Todi.

Je ne m'engage pas sans quelque hésitation dans l'histoire de cet homme extraordinaire, qui passa du cloître à la prison, et de la prison sur les autels. On y verra des temps difficiles, l'Église en feu, et un grand religieux en lutte avec un pape. Mais je ne puis éviter cette difficulté de mon sujet ; je continue l'étude des poëtes franciscains, j'arrive au plus illustre, à celui qui composa le *Stabat :* il faut bien savoir quels événements l'inspirèrent. D'ailleurs, la gloire de Dieu ne fut jamais intéressée à cacher les fautes des justes. Les incroyants peuvent s'en réjouir, les faibles s'en étonner. Les esprits fermes dans la foi en prennent sujet d'admirer la supériorité du Christianisme, qui jamais n'imagina ses saints comme les stoïciens voulurent leurs sages, comme des hommes impossibles, sans passions et sans faiblesses : il les conçoit tels que la nature les a faits, passionnés, faillibles, mais capables d'effacer par un jour de repentir plusieurs années d'erreurs.

A l'entrée de l'Ombrie, et sur une colline qui domine le confluent du Tibre et de la Naja, s'élève la vieille ville de Todi avec sa cathédrale, sa place carrée et ses trois enceintes, la première en blocs cyclopéens, la seconde de construction romaine, la troisième bâtie au moyen âge pour envelopper de populeux faubourgs. Alors la commune de Todi rangeait sous son gonfalon une armée de trente mille fantassins et de dix mille chevaux ; quatorze châteaux lui assuraient l'obéissance des campagnes voisines (1). C'est dans cette cité puissante, agitée par toutes les passions qui remuaient les républiques italiennes, qu'avant le milieu du treizième siècle la noble famille des Benedetti célébrait le baptême d'un enfant nommé Jacques. Lui-même s'est plu à décrire dans un de ses poëmes les soins qui entourèrent son premier âge, sa mère s'éveillant chaque nuit, allumant la lampe, et se penchant avec une terreur pleine d'amour sur le berceau où criait le nouveau-né. Un peu plus tard, il nous montre son père grave et rigide, usant de la verge quand l'enfant mutin tardait d'aller à l'école, et pleurait d'envie à voir les jeunes garçons jouer dans les rues. Cependant Jacques parcourait rapidement les trois degrés qui formaient encore, comme au temps des Romains, toute l'économie de l'enseigne-

---

(1) Orlandini, *Corografia fisica, storica, statistica d'Italia*, tom. X.

ment profane, c'est-à-dire la grammaire, la rhétorique et la jurisprudence. L'étude des lois le conduisit probablement à Bologne; et je crois reconnaître les mœurs de cette fameuse école, quand Jacques peint les prodigalités de sa jeunesse, l'orgueil de se bien vêtir et de beaucoup donner, les festins et les fêtes auxquels tout l'or de Syrie ne suffirait pas. Puis venaient les querelles, la honte de rester sans vengeance, et, après s'être vengé, la crainte des représailles. Voilà bien les habitudes de ces turbulents écoliers de Bologne qu'on voit toujours en armes, défiant les magistrats, battant les archers de la commune, et poussant si loin la passion du luxe, qu'il fallut des défenses réitérées pour abolir la coutume de célébrer les examens par des banquets et des tournois (1).

Mais, quand Jacques de' Benedetti, promu au doctorat, eut été, selon l'usage, promené en robe rouge, à cheval, précédé de quatre trompettes de l'université, des pensées plus sérieuses l'occupèrent, et son nouveau titre le mit en mesure de réparer bientôt les brèches faites, comme il le dit, au coffre-fort paternel. Rien n'égalait alors le crédit des

(1) Wadding, *Scriptores ordinis Minorum*, cum supplemento Sbaraleæ, p. 366. — Id., *Annales ordinis Minorum*, tom. V, ad ann. 1298. — Rader, *Viridarium Sanctorum*.— Savigny, *Histoire du droit romain au moyen âge*. — *Le poesie spirituali del B. Jacopone de Todi; frate minore*, con le scolie et annotazioni di fra Francesco Tresatti, da Lugnano; Venezia, Misserini, 1617, lib. I, sat. 2, stanz. 7, 13, 14, 15. Tiraboschi, *Storia della Lett. ital.*, tom. IX, l. I, cap. III.

docteurs en droit : parmi eux, les princes choisissaient leurs chanceliers, et les communes leurs podestats. D'ailleurs, chez les Italiens du treizième siècle, âpres au gain et processifs comme les vieux Romains, un jurisconsulte de quelque renom ne paraissait point sur la place publique sans un nombreux cortége de clients. Jacques, revenu dans sa ville natale, négligea les honneurs pour la fortune; il la poursuivit avec plus d'habileté que de scrupule; et, comme le Digeste et le Code n'avaient pas de labyrinthes si tortueux dont il ne tînt le fil, en patronnant les affaires de ses concitoyens, il eut bientôt rétabli les siennes. A tant de prospérités il crut avoir ajouté le bonheur véritable, lorsque, entre toutes les jeunes filles de Todi, il se fut choisi une compagne parfaitement belle, avec tous les dons de la richesse, de la naissance et de la vertu. Mais c'était là que l'attendait un de ces coups terribles qui forcent les hommes de se souvenir de Dieu.

Il arriva qu'un jour de l'année 1268 (1) la ville de Todi célébrait des jeux publics. La jeune épouse du jurisconsulte fut invitée; elle prit place sur une estrade couverte de nobles femmes, pour jouir de la fête et pour en faire le plus aimable orne-

(1) C'est la première date certaine que nous trouvons dans la vie de Jacopone. Aucun historien, aucun acte public ne fixe l'année de sa naissance : nous savons seulement qu'en 1298, il y avait vingt ans qu'il était entré en religion, et qu'il y entra dix ans après la mort de sa femme.

ment. Tout à coup l'estrade s'écroule. Au bruit des madriers qui se brisent et des cris qui éclatent, Jacques se précipite, reconnaît sa femme parmi les victimes, l'enlève encore palpitante, et veut la délivrer de ses vêtements. Mais elle, d'une main pudique, repoussait les efforts de son mari, jusqu'à ce que, l'ayant portée dans un lieu retiré, il put la découvrir enfin. Sous les riches tissus qu'elle portait, il aperçut un cilice : au même instant, la mourante rendit le dernier soupir.

Cette mort soudaine, ces austères habitudes chez une personne nourrie dans toutes les délicatesses de l'opulence, la certitude enfin d'être le seul coupable des péchés expiés sous ce cilice, frappèrent le jurisconsulte Todi comme d'un coup de foudre. Le bruit se répandit que l'excès de la douleur venait de déranger ce grand esprit. Après quelques jours d'une morne stupeur, il avait vendu tous ses biens pour les distribuer aux pauvres ; on le rencontrait couvert de haillons, parcourant les églises et les rues, poursuivi par les enfants qui le montraient au doigt, et l'appelaient Jacques l'Insensé, Jacopone. On racontait même qu'invité aux noces de sa nièce, il s'y était rendu sous un étrange travestissement, tout hérissé de plumes, peut-être pour railler amèrement la frivolité des plaisirs qu'il venait troubler. Sa famille lui reprochant ce délire : « Mon frère, avait-il répondu, pense illustrer
« notre nom par sa magnificence; j'y veux réussir

« par ma folie. » En effet, c'était bien ce fou qui devait immortaliser la riche mais obscure maison des Benedetti. Sous les égarements du désespoir, il cachait les premiers transports d'une pénitence héroïque. La pensée de la mort ne lui laissait pas de repos : il demandait la paix aux Livres saints, qu'il lut d'un bout à l'autre. Il y apprenait à expier par la pauvreté volontaire les délices de sa première vie, et, en retour des applaudissements qu'il avait trop aimés, à chercher l'humiliation, le mépris, les huées des enfants. Il y apprenait à réparer le tort d'une éloquence trop souvent prêtée à l'injustice des hommes, en les instruisant désormais, en les avertissant comme faisaient les prophètes, par des signes plus puissants que tous les discours. De même que Jérémie avait paru sur les places de Jérusalem avec des fers aux mains et le cou chargé d'un joug, pour figurer la captivité prochaine; ainsi, au milieu d'une fête, Jacopone s'était montré demi-nu, se traînant sur les mains, bâté et bridé comme une bête de somme; les spectateurs s'étaient retirés pensifs, en voyant où venait aboutir une destinée si brillante et si enviée. Une autre fois, un de ses parents qui sortait du marché portant une paire de poulets, le pria de s'en charger pour un moment : « Vous les remettrez, « dit-il, à ma demeure. » Jacopone alla droit à l'église de Saint-Fortunat, où ce parent avait la sépulture de sa famille, et déposa les poulets sous la pierre du caveau. Quelques heures après, l'autre, tout en colère, vint se plaindre de n'avoir pas trouvé ses bêtes au logis : « Ne m'aviez-vous pas « prié, répondit Jacopone, de les porter à votre « demeure? Et quelle demeure est la vôtre, sinon « celle que vous habiterez pour toujours? » C'était la parole de David : « Leurs tombeaux deviendront « leurs maisons pour l'éternité (1). »

Dans les villes italiennes du moyen âge, chez des peuples passionnés, naïfs, dont toute la vie se passait sur la place publique, ces souvenirs bibliques ne semblaient pas déplacés, et la prédication pouvait prendre des libertés qu'autorisait l'exemple des saints. Souvent, quand les folies de Jacopone avaient attroupé la foule, il se retournait pour la prêcher, et, profitant du droit qu'on lui accordait de tout dire, il attaquait sans ménagement les vices de ses concitoyens. Cependant cet orateur populaire n'avait pas encore de mission. Il s'était affilié seulement au tiers ordre de Saint-François, milice laïque établie pour les fidèles qui, sans quitter le siècle, voulaient vivre sous les lois de la pauvreté et de la charité. C'est alors, sans doute, qu'affranchi des assujettissements du monde, et libre encore des observances monastiques, il s'enfonça avec passion dans l'étude de la théologie, dans les obscurités des mystères, dans des questions

(1) Wadding, tom. V. — *Psalm.* 48, verset 12 : « Et sepulcra eorum domus illorum in æternum. »

dont plus tard il reconnut la témérité. Au bout de dix ans, il comprit le danger d'un genre de vie trop indulgent pour la fougue de son caractère et pour l'indiscipline de son esprit. En 1278, il vint frapper à la porte du cloître, et voulut être admis parmi les Frères-Mineurs. Ceux-ci hésitèrent d'abord à recevoir l'insensé, et le renvoyèrent d'un jour à l'autre, jusqu'à ce qu'enfin il leur prouva son bon sens en leur apportant deux petites pièces, l'une en prose latine rimée, l'autre en vers italiens. La séquence latine disait (1) :

« Pourquoi le monde s'enrôle-t-il sous la « bannière de la vaine gloire, dont si passagère est « la félicité? — Sa puissance tombe comme le « vase d'argile qui se brise. — Plutôt qu'aux vains « mensonges du monde, croyez aux lettres qu'on a « tracées sur la glace... — Dites : que sont devenus « Salomon, jadis si fameux, et Samson, le chef « invincible, — et le bel Absalon, et le très-« aimable Jonathas? — Où est allé César en « descendant de la hauteur de son empire, et le « mauvais riche au sortir de son festin ?... — Que « la gloire du monde est une courte fête! sa joie « passe comme l'ombre de l'homme. — O pâture « des vers! ô poignée de poussière! ô goutte de

---

(1)   Cur mundus militat sub vana gloria,
    Cujus prosperitas est transitoria?
    Tam cito labitur ejus potentia,
    Quam vasa figuli quæ sunt fragilia, etc.
          RADER, *Viridarium*.

« rosée! ô néant! pourquoi s'élever ainsi?—Tu ne
« sais si tu vivras demain : fais du bien, fais-en à
« tous les hommes aussi longtemps que tu le peux.
« — N'appelle jamais tien ce que tu peux perdre...
« — Songe à ce qui est en haut! que ton cœur soit
« au ciel! Heureux qui sut mépriser le monde! »

Le style de cette petite composition n'avait rien qui la distinguât des exercices ordinaires de l'école ; mais le cantique italien, dont elle était accompagnée, étincelait de verve. Une originalité hardie, quelquefois triviale, y éclatait sous un dialecte rustique, sous un rhythme choisi pour les oreilles du peuple. La douleur et la solitude, ces deux grandes maîtresses du génie, avaient fait du jurisconsulte un poëte (1).

« Écoutez, disait-il, une folie nouvelle dont la
« fantaisie me vient. — L'envie me vient d'être
« mort, parce que j'ai mal vécu. Je quitte les joies
« du monde pour prendre un plus droit chemin...
« — Je veux montrer si je suis un homme; je
« veux me renier moi-même et porter ma croix,
« pour faire une folie mémorable. — La folie est
« telle que je vais la dire : Je veux me jeter à corps

---

(1) Jacopone, *Poesie spirituali*, lib. I, sat. 1.

    Udite nova pazzia,
    Che mi viene in fantasia.
      Viemmi voglia d'esser morto,
    Perche io sono visso a torto :
    Io lasso il mondan conforto,
    Per pigliar piu dritta via.

« perdu chez des hommes rustiques et qui dérai-
« sonnent, qui déraisonnent par une sainte dé-
« mence.

« Christ, tu connais ma pensée, et que je tiens à
« grand mépris le monde, où je restais dans le
« désir de bien savoir la philosophie. — Je préten-
« dais savoir la métaphysique afin de pénétrer dans
« la théologie, et de voir comment l'âme peut jouir
« de Dieu en passant par tous les degrés de la
« hiérarchie céleste. Je prétendais pénétrer com-
« ment la Trinité n'est qu'un seul Dieu, comment
« il fut nécessaire que le Verbe descendît dans
« Marie. — La science est chose divine ; c'est un
« creuset où se purifie l'or de bon aloi. Mais une
« théologie sophistique a fait la ruine de plu-
« sieurs. — Or écoutez ce que je viens de penser :
« J'ai résolu de passer pour stupide, ignorant et
« dépourvu de sens, et pour un homme plein de
« bizarrerie. — Je vous laisse les syllogismes, les
« piéges de paroles et les sophismes, les questions
« insolubles et les aphorismes, et l'art subtil du
« calcul. — Je vous laisse crier à votre aise,
« Socrate, et toi, Platon, épuiser votre haleine,
« argumenter de part et d'autre, et vous enfoncer
« dans le bourbier. — Je laisse l'art merveilleux
« dont Aristote écrivit le secret, et les doctrines
« platoniciennes, qui le plus souvent ne sont
« qu'hérésies. — Une intelligence simple et pure
« s'élève toute seule, et, sans le secours de leur

« philosophie, monte jusqu'en présence de Dieu.

« Je vous abandonne les vieux livres que j'aimai
« tant, et les rubriques de Cicéron dont la mélodie
« m'était si douce. — Je vous laisse le son des
« instruments et les chansonnettes, les dames et
« demoiselles jolies, leurs artifices, et leurs flèches
« qui portent la mort, et toutes leurs subtilités. —
« A vous tous les florins, les ducats et les carlins,
« et les nobles et les écus génois, et toute marchan-
« dise de même sorte. — Je vais m'essayer dans
« une religion puissante et dure : si je suis airain
« ou laiton, c'est ce que l'épreuve montrera
« bientôt. — Je vais à une grande bataille, à un
« grand effort, à un grand labeur. O Christ ! que ta
« force m'assiste si bien, que je sois victorieux ! —
« Je vais aimer d'amour la croix dont l'ardeur
« déjà m'embrase, et lui demander d'une humble
« voix qu'elle me pénètre de sa folie. — Je vais
« me faire une âme contemplative, et qui triomphe
« du monde ; je vais trouver la paix et la joie dans
« une très-douce agonie. — Je vais voir si je puis
« entrer en paradis par le chemin dont je m'avise,
« pour y goûter les chants et les sourires d'une
« compagnie immortelle. — Seigneur, donne-moi
« de savoir et de faire ta volonté ici-bas, puis je ne
« m'inquiète plus si c'est ton plaisir de me damner
« ou de me sauver (1). »

(1) Je renvoie au moment où je m'occuperai des œuvres de Jaco-

Après la lecture de ces vers, les Frères Mineurs ne craignirent plus d'ouvrir leur porte à Jacopone : ils reconnurent que sa folie était celle de saint François lui-même, lorsqu'aux premiers jours de sa pénitence on le voyait comme un insensé pourchassé à coups de pierres sur les places publiques d'Assise, ou qu'on le rencontrait dans la campagne, tout en pleurs, parce qu'il songeait à la mort du Christ. La même passion possédait maintenant le pénitent de Todi; elle avait fait le prodige de toucher cette âme endurcie aux leçons des légistes, au froissement des affaires; elle le poussait non-seulement au pied des autels, mais aux champs, dans les bois, dans tous les lieux où le Créateur se révélait par la beauté des créatures. Il allait chantant des psaumes, improvisant des vers, noyant ses chants dans ses larmes; il embrassait d'une étreinte désespérée les troncs des arbres; et, quand on lui demandait pourquoi il pleurait de la sorte : « Ah! « je pleure, s'écriait-il, de ce que l'amour n'est pas « aimé. » Et comme on le pressait d'expliquer à quels signes le chrétien peut s'assurer qu'il aime son Dieu : « J'ai le signe de la charité, disait-il, si je « demande une chose à Dieu, et que, Dieu ne la « faisant pas, je l'en aime davantage, et que, Dieu

---

pone, l'examen de ces sentiments, dont on pourrait redouter l'excès, s'ils n'étaient corrigés par d'autres passages d'une doctrine irréprochable.

« faisant le contraire, je l'en aime deux fois
« plus (1). »

Ne nous défions pas de ces transports, comme
d'un élan de l'imagination, sans effet pour l'amen-
dement du cœur. C'était au feu de l'amour de Dieu
qu'il fallait rallumer l'amour des hommes dans un
siècle de haine. Ce jurisconsulte, longtemps mêlé
aux querelles des familles, échauffé de tous les
ressentiments qui armaient les villes d'Italie, et,
pour tout dire, contemporain des Vêpres siciliennes,
professait maintenant le pardon des offenses, et
réunissait dans une même affection, non plus ses
concitoyens seulement, mais les étrangers. Il
disait : « Je connais que j'aime mon frère, s'il
« m'offense et que je ne l'en aime pas moins. » Il
disait encore : « Je jouis du royaume de France
« bien plus que le roi de France; car je prends
« part à tout ce qui lui arrive d'heureux, sans avoir
« le souci de ses affaires (2). » Et, poussant enfin
la charité jusqu'au dernier effort, il ajoutait :
« Je voudrais, pour l'amour du Christ, souffrir avec
« une parfaite résignation tous les travaux de cette
« vie, toutes les peines, les angoisses, les douleurs

---

(1) Rader, Wadding, Bartholomæus Pisanus, *Opus conformitatum vitæ B. Francisci ad vitam Domini nostri Jesu Christi.*
Mediolani, 1513, f° 53 *recto.*

(2) Rader. « Nam de regno Franciæ ego melius habeo quam rex
Franciæ quia jucundor de suo bono, et honore, et commoditate, et
ipse hanc jucunditatem habet cum multa sollicitudine et multis labo-
ribus et angustiis, quæ non habeo ego. »

« qu'on peut exprimer par la parole ou concevoir
« par la pensée. Je voudrais aussi de bon cœur qu'au
« sortir de la vie les démons emportassent mon âme
« dans le lieu des supplices, pour y supporter tous
« les tourments dus à mes péchés, à ceux des
« justes qui souffrent en purgatoire, et même des
« réprouvés et des démons, s'ils se pouvait ; et cela
« jusqu'au jour du jugement dernier, et plus
« longtemps encore, selon le bon plaisir de la
« majesté divine. Et, par-dessus tout, il me serait
« très-agréable et d'un souverain contentement,
« que tous ceux pour qui j'aurais souffert entras-
« sent avant moi dans le ciel, et qu'enfin, si j'ar-
« rivais après eux, tous ensemble s'entendissent
« pour me déclarer qu'ils ne me sont redevables de
« rien. » Sans doute il y a de l'excès dans des
vœux si hardis ; mais c'est l'excès de Moïse et de
saint Paul souhaitant de devenir anathèmes pour
le salut des pécheurs (1).

Le danger de cette hauteur de sentiments, c'est
de s'y complaire ; c'est l'orgueil, qui tente le Stylite
sur sa colonne, aussi bien que le Cynique dans son
tonneau. Voilà pourquoi Jacopone, voulant établir
solidement l'amour de Dieu et des hommes, le
fondait sur le mépris de soi-même. Chargé de

---

(1) Wadding : « Ad hæc Jesu Christi amore supplicia tolerarem omnia pro dæmonibus, paratus ad inferos ad diem usque supremum judicii habitare, et diutius etiam, quamdiu videlicet divinæ majestati videretur necessarium, » etc.

poursuivre à la cour de Rome une négociation difficile, il étonnait ses compagnons par sa patience : « Comment, lui disait-on, ne vous lassez-vous point « de vivre avec de telles gens? — Et moi, répon- « dait-il, je m'étonne qu'ils me supportent et ne « me chassent pas comme le démon. » En effet, c'était sa doctrine comme celle de tous les sages, que l'homme doit s'appliquer à la connaissance de soi. Mais celui qui se connaît se voit méchant, il se juge donc haïssable, il veut donc être haï; et dès lors périssent dans leur germe l'orgueil, l'envie et la colère. Cependant l'homme, en détestant le mal qui est en lui, ne saurait cesser d'aimer l'existence, qui lui vient de Dieu ; et Jacopone voulait concilier tous les droits, de telle sorte « qu'on ne tombât « point dans le vice pour sauver la nature, mais « qu'on ne détruisît pas la nature pour déraciner le « vice (1). » Ainsi écartait-il ce reproche injustement adressé au mysticisme chrétien, d'avoir serré les liens de la nature humaine jusqu'à l'étouffer. Pendant qu'il enchaînait les sens, il ne travaillait qu'à l'affranchissement de l'âme ; c'est ce qu'il exprimait par la parabole suivante, où se montre bien l'imagination d'un poëte : « Une jeune fille parfaitement belle, et qui possédait une pierre

---

(1) *Conformitat.*, f. 53, *recto et verso :* « Ordo autem odiendi est ut odiatur consuetudo vitiorum et diligatur esse naturæ, ita quod utrumque suos servet terminos, ut nec propter servandam naturam incidat in vitium, nec propter exterminanda vitia corrumpatur natura. »

du plus grand prix, avait cinq frères mal accommodés des biens de ce monde. Le premier était joueur de luth, le second peintre, le troisième parfumeur, le quatrième cuisinier, et le cinquième faisait un trafic honteux. Or le musicien, pressé du besoin, vint trouver la jeune fille, et lui dit : « Ma sœur, tu « vois que je suis pauvre; donne-moi donc ta « pierre, et en retour j'accorderai mon luth et je « te jouerai ma plus belle mélodie. » Mais la sœur répondit : « La mélodie finie, qui me fera vivre ? « Non, je ne te vendrai point ma pierre, mais je « la garderai jusqu'à ce qu'elle me serve à trouver « un époux qui m'entretienne honorablement. » Ensuite vint le peintre, puis les autres, chacun demandant le joyau, et en retour, proposant ses services. Leur sœur les congédia tous avec les mêmes paroles. Enfin parut un grand roi qui voulut aussi se faire donner la pierre. La jeune fille répondit : « Sachez, seigneur, que je ne pos- « sède rien au monde que ce joyau ; si donc je « vous en fais présent, que me donnerez-vous en « échange? » Et le roi promit de la prendre pour épouse, de la tenir pour sa dame très-auguste, et de lui assurer une vie éternelle avec une grande affluence de tous les biens désirables. « Seigneur, « dit-elle alors, vos promesses sont si grandes, que « je ne puis vous refuser ce présent; je vous le « fais volontiers. » Et en parlant ainsi elle lui donna sa pierre précieuse. — Or la jeune fille représente l'âme de l'homme, et la pierre le libre arbitre, seul bien dont elle dispose souverainement ; les cinq frères figurent les cinq sens, et le roi est Dieu même, à qui l'âme se donne, et qui à ce prix veut bien la déclarer son épouse. »

A cette époque voisine encore des commencements de l'Ordre, où chacun des couvents de Saint-François avait ses traditions domestiques, ses maîtres préférés dont on retenait les maximes et les exemples, les discours de Jacopone devaient se conserver fidèlement dans la mémoire des religieux de Todi. Ses compagnons racontaient aussi comment il avait réduit en pratique la doctrine du mépris de soi-même et de la répression des sens. Lui qui avait pâli sur les traités d'Aristote et de Cicéron, comme sur les lois de Justinien, refusait maintenant les honneurs du sacerdoce ; il voulait rester frère lai et se réduire aux plus humbles services de la maison. Il gardait le nom dérisoire de Jacopone que le peuple lui avait donné. Accoutumé à tous les raffinements d'une vie somptueuse, il jeûnait au pain et à l'eau ; il mêlait de l'absinthe à ses aliments. Si par hasard quelque mets moins grossier avait réveillé la complaisance de ses sens, il les châtiait par de rudes fatigues. La tradition ajoute un dernier trait qu'il faut reproduire, précisément parce qu'il soulève notre délicatesse, parce qu'on y voit mieux l'énergie implacable et pour ainsi dire sauvage de ce pénitent, résolu de dompter à tout prix les révoltes de la nature. On rapporte qu'au milieu de ses jeûnes il se souvenait des banquets délicieux où jadis il avait convié ses amis. Poursuivi de la tentation de rompre l'abstinence, il prit une viande sanglante, la suspendit dans sa cellule, et l'y garda jusqu'à ce qu'elle fût tombée en pourriture. « Voilà, disait-il à ses sens, la pâture que vous avez souhaitée; jouissez-en. » Mais il arriva que l'odeur de la chair corrompue se répandit dans le couvent, et trahit l'infraction de la discipline. Les cellules furent visitées, le coupable reconnu, et jeté dans le lieu le plus odieux de la maison. Alors, vengé de lui-même, il composa un cantique de triomphe sur ce refrain : « O joie du cœur, qui fais chanter d'amour (1). »

Il semble qu'arrivée à ce point d'anéantissement volontaire, la vie du pénitent de Todi n'ait plus qu'à finir ; et c'est au contraire ici qu'elle recommence. C'est dans le secret de ses guerres intérieures que cette âme intrépide s'était préparée aux luttes publiques où le malheur des temps allait la précipiter, où elle devait pécher par l'emportement de son zèle, et se faire tout pardonner par la pureté de ses intentions.

Les dissensions que Jacopone avait cru fuir en

(1) Wadding, Jacopone, *Poesie spirituali*, V, xxii :

O giubilo del core,
Che fai cantar d'amore !

quittant le monde l'attendaient dans l'Église, et jusque dans la paix apparente du cloître. Au moment où il entrait chez les Frères Mineurs, cette grande famille s'était divisée en deux partis. D'une part, on commençait à se relâcher de la pauvreté primitive, à demander l'adoucissement d'une règle écrite, disait-on, plus pour les anges que pour les hommes. D'un autre côté, le petit nombre des rigides prétendaient retourner à l'ancienne austérité en secouant l'autorité des supérieurs, qu'ils trouvaient complices des abus. Les premiers avaient pour eux la possession des dignités de l'Ordre, la gravité d'une vie sédentaire : on les nommait Conventuels. Les seconds étonnaient le monde par la sincérité de leur pénitence; et comme ils gardaient mieux l'esprit de la règle, on les appelait les Frères Spirituels. Ce fut de ce côté que le désir de souffrir et d'expier jeta Jacopone; et les événements semblèrent d'abord lui donner raison (1).

Il arriva qu'en 1294, le Saint-Siége étant vacant depuis vingt-sept mois, les cardinaux s'accordèrent à finir le veuvage de l'Église et à lui donner pour chef un saint, en la personne de l'er-

---

(1) *Epistola* S. *Bonaventuræ*, anno 1266. Wadding, *Annales minor.* ad ann. 1278, 1282.

Tosti, *Storia di Bonifazio VIII*, lib. III, p. 184. Je saisis avec empressement l'occasion de citer ce livre éloquent, où le savant prieur du Mont-Cassin a publié des documents qui manquaient à l'histoire.

mite Pierre de Morrone. Quand l'austère vieillard, tiré de sa cellule et couronné sous le nom de Célestin V, eut pris le gouvernement du monde chrétien, tout son zèle se déclara pour la stricte observance des règles monastiques : les Frères Spirituels obtinrent de lui le privilége de vivre selon la première rigueur de l'Ordre, dans des couvents séparés et sous des supérieurs de leur choix. Ce bienfait devait toucher Jacopone; il montra sa reconnaissance en homme moins jaloux de plaire à ses amis que de sauver leurs âmes. Il adressa au nouveau Pontife une épître en vers, dont les rudes avertissements s'accordaient mal avec le langage ordinaire des cours :
« Que vas-tu faire, Pierre de Morrone? Te voilà
« venu à l'épreuve : nous verrons l'œuvre que
« préparaient les contemplations de ta cellule. Si
« tu trompes l'attente du monde, malédiction
« s'ensuivra. — Comme la flèche vise au but, ainsi
« le monde entier regarde vers toi : si tu ne tiens
« la balance droite, c'est à Dieu qu'on appellera de
« tes jugements. — Je ressentis pour toi une
« grande amertume de cœur, quand sortit de ta
« bouche ce mot : *Je le veux*, qui te mit sur le
« cou un joug assez lourd pour faire craindre ta
« damnation. — Défie-toi des bénéficiers, toujours
« affamés des prébendes. Leur soif est telle, que
« nul breuvage ne l'éteint. — Garde-toi des con-
« cussionnaires, ils te montreront blanc ce qui est

« noir. Si tu ne sais t'en défendre, tu chanteras un
« triste chant (1). »

Les cris d'alarme de Jacopone ne trouvaient que
trop d'accès auprès de Célestin, déjà effrayé des
périls du pontificat. Le vieil anachorète se vit avec
terreur seul au sommet de ce tourbillon d'intérêts,
de passions et de discordes qui menaçait d'emporter
la chrétienté, et que la main des papes les plus
fermes avait eu peine à contenir. Au bout de cinq
mois, il abdiqua et reprit le chemin de son désert.
Les cardinaux lui donnèrent pour successeur Benoît
Gaetani, si célèbre et si calomnié sous le nom de
Boniface VIII. Le caractère énergique de Boniface,
sa science profonde du droit canonique et civil,
une longue vie usée dans les affaires contentieuses
de l'Église, tout en lui annonçait un homme d'État.
Mais il était permis de craindre que les qualités
du prince séculier ne gênassent l'âme du prêtre,
et que ce canoniste consommé ne poussât quelquefois l'amour de la justice jusqu'à l'oubli de la
miséricorde. Telles pouvaient être les appréhen-
sions de Jacopone, lorsque le Pape, troublé par
une vision singulière, le consulta. Il avait vu,
disait-il, une cloche sans battant, et dont la cir-

(1) Wadding, ad ann. 1294. Jacopone da Todi, *Poesie spirituali*, lib. I, sat. 15 :

Che farai, Pier da Morrone?
Se' venuto al paragone.
Vederemo il lavorato
Che in cella hai contemplato.

conférence embrassait toute la terre. « Sache Votre
« Sainteté, répondit le religieux, que la grandeur
« de la cloche désigne la puissance pontificale qui
« embrasse le monde. Mais prenez garde que le
« battant ne soit le bon exemple que vous ne don-
« nerez pas (1) ! »

Ces présages sinistres semblèrent se réaliser aux yeux de Jacopone, lorsque Boniface, révoquant les concessions de son prédécesseur, supprima les priviléges des Frères Spirituels, et les remit sous l'obéissance des supérieurs Conventuels. Au moment où un coup si funeste frappait les ardents réformateurs de l'Ordre de Saint-François, des rumeurs étranges commençaient à se répandre. On accusait Boniface d'avoir extorqué l'abdication de Célestin V, en l'effrayant par des bruits nocturnes ; d'avoir jeté le saint vieillard dans une prison pour l'y faire mourir de la main des bourreaux. Rien n'était vrai dans ces récits : mais le mécontentement les semait, la crédulité les recueillait ; et les consciences trompées commençaient à se demander si l'on pouvait reconnaître pour le vicaire du Christ

---

(1) Wadding, tom. V, ad ann. 1298.

La mémoire de Boniface VIII, indignement calomniée, a été honorablement défendue par Mgr Wiseman (*Dublin Review*, om. XV, n° 22) et par D. Tosti (*Storia di Bonifazio VIII*). Je me suis attaché premièrement au témoignage impartial et oculaire du cardinal de Saint-Georges, ensuite au jugement des historiens les plus désintéressés et les plus graves, tels que Mansi et Dœllinger. Mansi me paraît avoir caractérisé Boniface VIII avec une équité parfaite : « Ingentes animi dotes contulit, quanquam sæculari principatui quam ecclesiastico aptiores. » (*Annal. eccles.*, ad ann. 1303.)

le meurtrier d'un saint, si l'abdication de Célestin était licite, le pouvoir de Boniface légitime. Voilà les formidables questions qui se soulevaient de toutes parts, quand le 10 mai 1297, deux cardinaux ennemis du Pape, Jacques et Pierre Colonna, réunis avec un petit nombre de leurs partisans au château de Lunghezza, près de Rome, osèrent protester, par un acte solennel, contre l'élection de Boniface VIII, et, comme usurpateur du Saint Siége, le citèrent au jugement du prochain concile universel (1).

Jacopone eut le malheur de paraître dans l'acte, comme témoin requis pour en certifier l'authenticité ; par conséquent, il encourut l'excommunica-

---

(1) Dupuy, *Preuves du différend de Philippe le Bel avec Boniface VIII*:

« Actum in castro Longetiæ in territorio Romano, in domo domini Petri de Comite, præsentibus venerabilibus viris Richardo de Montenigro, præposito Remensi ; et domino Tommasio de Montenigro, archidiacono Rhotomagensi ; dom. Jacobo de Labro, canonico Carnutensi ; magistro Alberto de Castiniate, canonico Ebrodunensi ; magistro Johanne de Gallicano, domini papæ scriptore, canonico ecclesiæ S. Reguli Silvanectensis ; ac religiosis viris fratre Jacobo Benedicti de Tuderto, fratre Deodato Rocci de Montepenestrino, ac fratre Benedicto de Perusio, ordinis Fratrum Minorum, testibus ad præmissa vocatis specialiter et rogatis, sub anno Domini MCCXCVII, decima indictione, die Veneris, decima mensis maii, in aurora ante solis ortum. »

J'ai rapporté ces signatures, parce que j'y remarque, parmi les adhérents des Colonna, cinq archidiacres ou chanoines des églises de Reims, Rouen, Chartres, Embrun et Senlis. Je crois reconnaître ici une trace de la politique de Philippe le Bel, dont les émissaires semblent déjà traiter avec les ennemis de Boniface VIII, à une époque où la querelle du roi et du pape était encore loin de ses derniers éclats.

tion qui frappa les deux cardinaux et leurs adhérents. Il résidait depuis trois mois au couvent que les Frères Spirituels avaient encore dans la ville de Palestrina, fief des Colonna et leur principale forteresse. C'était de là, c'est-à-dire d'un lieu ennemi, où toutes les accusations trouvaient foi, qu'il avait jugé la question qui divisait les esprits ; et, par une de ces illusions que Dieu permet pour humilier la sagesse des hommes, dans une affaire si capitale, l'ancien jurisconsulte, le théologien, le pénitent, se trompa. Mais son erreur fut celle d'un cœur passionné pour l'honneur de l'Église et déchiré de ses plaies. Toute la tristesse de ces jours de scandale se fait sentir dans les vers suivants, où je trouve bien moins de colère que d'amour : « L'É-
« glise pleure, elle pleure et se lamente, elle sent
« tout le malheur d'une détestable condition. —
« O très-noble et douce mère, pourquoi pleurer ?
« Tu sembles souffrir de grandes douleurs. Conte-
« moi ce qui te fait pousser des plaintes sans
« mesure. — Mon fils, si je pleure, j'en ai bien
« sujet : je me vois sans père et sans époux. J'ai
« perdu enfants, frères et neveux ; tous mes amis
« sont captifs et chargés de liens. — Les miens
« jadis vivaient en paix : maintenant je les vois en
« discorde ; les infidèles m'appellent immonde, à
« cause du mauvais exemple que mes enfants ont
« semé. — Je vois la pauvreté bannie... Ils ont
« remis en honneur l'or et l'argent. Mes ennemis

« ont fait ensemble un grand festin ; toute bonne
« coutume s'est évanouie. De là mes larmes et mes
« gémissements... — Où sont les patriarches
« pleins de foi... les prophètes pleins d'espérance?...
« Où sont les apôtres pleins d'amour... et les mar-
« tyrs pleins de force? — Où sont les prélats
« justes et fervents, dont la vie faisait le salut des
« nations ? La pompe, la puissance et les grandeurs
« sont venues me gâter une si noble compagnie. —
« Où sont les docteurs pleins de sagesse ? J'en vois
« beaucoup qui ont grandi en science, mais leur
« vie ne s'accorde point avec mes lois. Ils m'ont
« foulée aux pieds, jusqu'à désoler mon cœur. —
« O religieux ! votre tempérance faisait jadis mon
« plaisir. Maintenant, je vais visitant tous les mo-
« nastères : il en est peu où mon âme soit consolée...
« — Nul n'accourt à mes cris. Dans tous les États
« je vois le Christ mort. O ma vie ! ô mon espoir !
« ô ma joie ! Dans tous les cœurs, mon Dieu, je te
« vois étouffé (1) ! »

Mais si l'amour trompé inspirait ces lamentations, la politique des Colonna s'en servait. Les
plaintes du pénitent de Todi, soutenues de l'auto-

---

(1) Wadding, ad ann. 1298. Jacopone, *Poesie spirituali*, IV, iv :

Piange la Ecclesia, piange e dolura,
Sente fortuna di pessimo stato.

En ce qui touche le relâchement des prélats, Jacopone n'a pas d'expressions si hardies qui n'aient été égalées par saint Bernard (*Epistol.* 42 ; *hómil.* 4) et par saint Antoine de Padoue (*Opera*, Paris, 1641, p. 261).

rité de son nom, portées sur les ailes de la rime et du chant, allaient susciter des ennemis à Boniface VIII d'un bout à l'autre de l'Italie. C'est vers le même temps que les biographes de Jacopone fixent la date d'une satire trop célèbre, où l'on aperçoit, derrière le Franciscain fourvoyé, la main des hommes d'État qui le poussent : la chanson italienne prépare les voies aux griefs articulés bientôt après par les jurisconsultes de Philippe le Bel : « O pape Boniface ! tu as joué beaucoup au jeu de « ce monde ; je ne pense pas que tu en sortes con- « tent. — Comme la salamandre vit dans le feu, « ainsi dans le scandale tu trouves ta joie et ton « plaisir. — Tu tournes ta langue contre toute « règle religieuse, et tu profères le blasphème au « mépris de toute loi. — Ni roi, ni empereur, ni « quelque autre que ce fût, ne te quitta jamais sans « emporter une cruelle blessure. — O criminelle « avarice ! soif prodigieuse, capable de boire tant « d'argent et d'être encore altérée ! » Il faut assurément détester ce langage ; mais il faut rappeler que Jacopone, égaré, croyait flétrir un usurpateur, et non le chef légitime de l'Église. Il faut enfin considérer le péril d'un siècle de luttes où deux grands esprits peuvent se rencontrer sans se reconnaître, et employer à se combattre des armes qu'ils devaient réunir pour le service de Dieu. D'autres se scandaliseront d'un tel spectacle : nous pouvons nous y instruire. Nous y apprendrons, pour les temps de discorde, à croire la vertu possible dans des rangs qui ne sont pas les nôtres, et à mesurer nos coups dans la mêlée, puisqu'ils peuvent tomber sur des adversaires dignes de tous nos respects (1).

(1)
O papa Bonifazio,
Molto hai jocato al mondo.
Penso che jocondo.
Non te porrai partire.

Cette satire, omise dans l'édition de Venise, 1617, se trouve dans l'édition princeps (Florence, 1490), et dans deux manuscrits de la Bibliothèque nationale. Elle est attribuée à Jacopone par ses biographes. Mais tous la supposent composée avant la captivité du poëte, tandis qu'on y trouve deux allusions incontestables à l'attentat d'Anagni et à la mort de Boniface VIII.

Fu la tua invenzione,
Subito in ruina!
Prese eri in tua magione,
E nullo se trovone
A poter te garire.

Et plus loin :

Pensavi per augurio
La vita prolungare...
Vedemo per penato
La vita sterminare.

Puis vient le récit d'une orgie qui aurait profané l'église de Saint-Pierre, un des jours les plus augustes de la semaine sainte. On reconnait là les acusations portées contre Boniface après sa mort ; mais on ne reconnaît ni la sainteté de Jacopone, ni sa verve, ni l'éclat de son style.

Peut-être les contradictions et les nombreuses variantes des textes imprimés et manuscrits nous permettraient une conjecture qui lèverait toutes les difficultés. Jacopone aurait écrit contre Boniface, encore tout-puissant, les premières stances de la chanson, qui, circulant ensuite parmi les ennemis du pape, se serait grossie d'allusions nouvelles, de récits fabuleux, de sacriléges invectives. Ainsi déchargerions-nous la mémoire du poëte en lui ôtant la moitié de sa mauvaise action et de ses méchants vers.

La faute du religieux était grande : la pénitence fut terrible. Lorsqu'en septembre 1298 Boniface, après un long siége, eut réduit Palestrina, Jacopone expia ses vers au fond d'un cachot. Lui-même nous décrit le lieu souterrain où il fut enfermé « comme un lion, » les chaînes qu'il traînait retentissant sur le pavé, la corbeille où le geôlier lui laissait son pain de chaque jour, l'égout au bord duquel il se penchait pour étancher sa soif. Mais le vieux pénitent se riait de ces rigueurs. On ne pouvait, disait-il, lui faire plus de mal qu'il ne s'en voulait. Il y avait trente ans qu'il priait Dieu de le punir ; et, dans la joie de se voir exaucé, il mêlait ses chants au bruit de ses fers (1).

Cependant cet homme invincible aux souffrances plia sous l'excommunication. Dans le silence du cachot, il eut le temps de considérer la cause pour laquelle il se trouvait mis au ban de la chrétienté. Il se vit seul dans la disgrâce de Dieu et des hommes, pendant que les auteurs mêmes du schisme, les Colonna, en habits de deuil et la corde au cou, étaient allés se jeter aux pieds de Boniface, désormais chef incontesté de l'Église universelle. Il se

---

(1) Jacopone, *Poesie spirituali*, lib. 1, sat. 16 :

    Che farai, fra Jacopone,
    Ch' or se' giunto al paragone?
      Fui al monte Palestrina
    Anno e mezzo in disciplina :
    Pigliai quivi la malina.
    Onde n' haggio questa prigione, etc.

rendit enfin, et demanda grâce dans des vers qui respirent encore la fierté d'une âme mal domptée. Le prisonnier y défie son vainqueur et son juge ; il lui proposé un nouveau genre de combat : « Absous-moi, dit-il, et laisse-moi les autres peines « jusqu'à l'heure de quitter ce monde. Frappe tant « qu'il te plaît, je m'assure de vaincre à force d'ai- « mer. Car je porte au cou deux boucliers sous « lesquels je ne crains pas de blessure : le premier, « d'un diamant éprouvé, c'est la haine de moi- « même ; l'autre, d'une escarboucle flamboyante, « c'est l'amour d'autrui (1). » Boniface ne répondit point à ce pieux défi. Les mois s'écoulèrent, et avec l'an 1300 s'ouvrit le jubilé universel, où le souverain Pontife convoquait les fidèles de toute la terre. Du fond de sa prison, Jacopone entendit les cantiques des pèlerins qui passaient, traînant leurs enfants avec eux, et portant sur leur dos leurs vieux pères pour aller chercher le pardon au tombeau des apôtres. Et pendant que deux cent mille étrangers à la fois inondaient les basiliques de Rome, pendant que les pécheurs repentants y trouvaient la paix, lui, tout brisé d'austérités, il n'avait part ni aux joies, ni aux prières, ni aux sacrements du peuple chrétien. Il adressa donc

---

(1) Jacopone, *Poesie spirituali*, lib. I, sat. 17 :

O papa Bonifazio,
Io porto il tuo prefazio.

au Pape une seconde lettre, plus humble et plus suppliante (1) :

« Le pasteur, pour mon péché, m'a mis hors la « bergerie ; et mes bêlements ne m'en font point « rouvrir la porte. O pasteur ! pourquoi ne point te « réveiller à mes gémissements ? Longtemps j'appe- « lai, mais je ne fus pas entendu.

« Je suis comme l'aveugle qui criait sur le che- « min. Quand les passants le reprenaient, il ne « criait que plus fort : « O Dieu ! prenez pitié de « moi. — Que me demandes-tu ? dit le Seigneur. « — Seigneur, que je revoie la lumière ! que je « puisse à haute voix chanter l'*Hosanna* des « enfants ! »

« Je suis le serviteur du centurion, et je ne « mérite point que tu descendes sous mon toit. « Il suffit que par écrit me soit donnée l'absolu- « tion : ta parole me tirera du milieu des pour- « ceaux.

« Il y a trop longtemps que je reste couché sous « le portique de Salomon, au bord de la Piscine. « Un grand mouvement s'est fait dans les eaux en « ces jours de pardon. Le temps passe, et j'attends « encore qu'il me soit dit de me lever, de prendre « mon lit, et de retourner à ma demeure...

« La jeune fille était morte dans la maison du

---

(1) Jacopone, *Poesie spirituali*, lib. I, sat. 19 :

<blockquote>
Il pastor, per mio peccato,
Posto m' ha fuor del' ovilo.
</blockquote>

« chef de la synagogue. Pire est la condition de mon
« âme, tant lui pèse le joug de la mort. Je te prie de
« me tendre la main et de me rendre à saint Fran-
« çois, pour qu'il me donne ma place à table, à
« côté de mes frères.

« Destiné à l'enfer, j'en touche déjà la porte.
« La Religion, qui fut ma mère, mène un grand
« deuil avec tout son cortége. Elle voudrait en-
« tendre ta voix puissante me dire : « Vieil
« homme, lève-toi. » Alors se changeront en can-
« tiques de joie les pleurs qu'elle a versés sur ma
« vieillesse. »

Des supplications si touchantes ne fléchirent pas
la sévérité de Boniface VIII. On raconte même qu'un
jour, passant devant le cachot où languissait Jacopone, il se pencha vers les barreaux : « Eh bien,
« Jacques, lui cria-t-il, quand sortiras-tu de prison?
« — Saint-Père, répondit le religieux, quand vous y
« entrerez. » La prédiction ne tarda pas à s'accomplir. Le 7 septembre de l'an 1303, Sciarra Colonna, neveu des cardinaux de ce nom, et Guillaume
de Nogaret, émissaire de Philippe le Bel, entraient
dans Anagni à la tête de trois cents chevaux, for-
çaient les portes du palais et portaient une main
sacrilége sur le Pontife, qui, un mois après, en
mourut de douleur. Toute la chrétienté s'émut à ce
récit. Plusieurs même parmi les ennemis politiques
de Boniface se souvinrent qu'ils étaient chrétiens,
et Dante flétrit d'un vers immortel ceux qui avaient

fait le Christ prisonnier en la personne de son vicaire (1).

Jacopone fut absous de l'excommunication quand Benoît XI, successeur de Boniface, par une bulle datée du 23 décembre 1303, leva les peines prononcées contre les Colonna et leurs adhérents. Il trouva dans le couvent des Frères Mineurs, à Collazone, le repos de ses dernières années. C'est là qu'on aime à voir le vieil athlète désarmé, et ce caractère impétueux, capable encore de tendresse, non-seulement pour Dieu, mais pour les hommes. Une amitié très-douce l'attachait à frère Jean de l'Alvernia, en qui semblait revivre l'âme de saint François. Un jour qu'il le savait pris d'une fièvre quarte, abattu de corps et d'esprit, il lui adressa des vers et un présent. Les vers exhortaient frère

(1) Dante, *Purgat.*, XX :

> Veggio in Alagna entrar lo fiordaliso,
> E nel vicario suo Cristo esser catto.

Wadding, Walsingham, ad ann. 1303. Le cardinal de Saint-Georges décrit ainsi les derniers moments de Boniface :

> . . . . . Lecto prostratus anhelans
> Procubuit, fassusque fidem, veramque professus
> Romanæ Ecclesiæ, Christo dum redditur almus
> Spiritus, et divi nescit jam Judicis iram.

Le procès fait à la mémoire de Boniface VIII devant le concile de Vienne, prouve qu'il récita les articles de foi en présence de huit cardinaux. Devant ces témoignages, comment Sismondi, et après lui M. Michelet, ont-ils eu le courage de répéter sur la mort de Boniface les récits calomnieux de ses ennemis? Il ne manque, en vérité, que d'ajouter, avec Ferretus de Vicence, les tonnerres, les foudres, et la troupe de diables, sous la forme d'oiseaux noirs, « venant chercher l'âme de ce Pharaon. »

Jean à souffrir, comme le vase de métal souffre les coups du marteau qui le façonnent. Ils rappelaient que la douleur est expiatoire pour le pécheur, glorieuse pour l'homme sans péché. Le présent qui accompagnait cette épître se composait de deux sentences latines : « J'ai toujours considéré et je « considère comme une grande chose de savoir « jouir de Dieu. Pourquoi? Parce que dans ces « heures de jouissance l'humilité s'exerce avec « respect. — Mais j'ai considéré et je considère « comme la plus grande chose de savoir rester « privé de Dieu. Pourquoi? Parce que dans ces « heures d'épreuve la foi s'exerce sans témoignage, « l'espérance sans attente de la récompense, et la « charité sans aucun signe de la bienveillance « divine (1). » C'est tout l'abrégé de l'ascétisme chrétien, et l'*Imitation* n'a pas de doctrine plus solide.

Mais en même temps les cantiques de sainte Thérèse et de saint Jean de la Croix n'ont pas de langueurs plus passionnées que le petit poëme suivant, ouvrage de la vieillesse de Jacopone, et comme le dernier son de cette corde qui allait se briser : « O amour, divin amour! pourquoi « m'avoir assiégé? Tu sembles épris de moi jus- « qu'à la folie : je ne te laisse point de repos. « Tu as mis le siége devant mes cinq portes :

---

(1) Jacopone, *Poesie spirituali*, lib. II, xxi.

« l'ouïe, la vue, le goût, l'odorat et le toucher. —
« Si je sors de moi par la vue, tout ce que je vois
« est amour. Dans toutes les formes, c'est toi qui te
« peins, toi sous toutes les couleurs... — Si je
« sors par la porte de l'ouïe pour trouver la paix,
« que signifient pour moi les sons? C'est encore
« toi, Seigneur; et tout ce que j'entends ne parle
« que d'aimer. — Si je sors par la porte du goût,
« par celles de l'odorat et du toucher, je retrouve
« ton image en toute créature. Amour, que je suis
« insensé de vouloir te fuir! — Amour, je vais
« fuyant pour ne point te livrer mon cœur. Je vois
« que tu me transfigures et que tu me fais devenir
« amour comme toi, si bien que je n'habite plus
« dans mon cœur, et que je ne sais plus me retrou-
« ver. — Si j'aperçois dans un homme quelque
« mal, ou vice, ou tentation, je me transforme et
« j'entre en lui : je me pénètre de sa douleur.
« Amour sans mesure, quelle âme chétive tu as
« entrepris d'aimer! — O Christ mort! mets la
« main sur moi, tire-moi de la mer au rivage. Ici
« tu me fais languir à la vue de tes plaies. Ah!
« pourquoi les as-tu souffertes? Tu l'as voulu pour
« me sauver (1). »

Vers la fin de 1306, Jacopone, chargé d'années, tout brisé des étreintes de l'amour divin, tomba

(1) Jacopone, *Poesie spirituali*, lib. VI, xi :

O amor, divino amore,
Perche m' hai assediato?

malade et reconnut les approches de la mort. Ses compagnons le pressaient de demander les sacrements de l'Église ; mais il déclara qu'il attendrait frère Jean de l'Alvernia, dont il était tendrement aimé, et des mains de qui il voulait recevoir le très-saint corps de Jésus-Christ. A ces mots, les religieux commencèrent à s'affliger, car il n'y avait nul espoir que frère Jean pût être averti en temps utile... Mais le mourant, comme s'il ne les entendait point, se soulevant sur sa couche, entonna le cantique *Anima benedetta*. Il avait à peine achevé ce chant, quand les frères virent venir dans la campagne deux des leurs, dont l'un était Jean de l'Alvernia. Un pressentiment impérieux l'amenait au lit de mort de son vieil ami : il lui donna d'abord le baiser de paix, et ensuite les saints mystères. Alors Jacopone, ravi de joie, chanta le cantique *Jesu, nostra fidanza;* après quoi il exhorta les frères à bien vivre, leva les mains au ciel, et rendit le dernier soupir. C'était la nuit de Noël; au moment où le prêtre, commençant la messe dans l'église voisine, entonnait le *Gloria in excelsis*.

Le souvenir des dissensions religieuses s'était effacé. Il ne restait de Jacopone que la tradition de sa pénitence, l'exemple de l'amour de Dieu poussé par lui jusqu'au dernier effort de la nature, et enfin ses cantiques populaires, répandus comme une rosée du ciel sur les montagnes de l'Ombrie. Les ignorants et les pauvres aimèrent ce saint homme qui avait chanté pour eux, et ils se pressèrent à son tombeau. Jacopone reçut un culte public, et fut mis au nombre des Bienheureux. Il est vrai qu'on ne trouve ni les actes ni la date de sa béatification dans les *Annales de l'ordre de Saint-François*. Mais on voit, en 1596, l'évêque Angelo Cesi élever, dans l'église de Saint-Fortunat de Todi, un monument où il recueillit les restes du saint pénitent : il y fit graver cette inscription : « Ce sont les os du « bienheureux Jacopone de' Benedetti, de Todi, « Frère Mineur, qui, s'étant rendu insensé pour « l'amour du Christ par un artifice nouveau, « trompa le monde et ravit le ciel (1). »

Souvent l'esprit de schisme a cherché sa justification dans la conduite des saints qui poursuivirent d'une parole sévère les désordres du clergé, ou que le malheur des temps mit en lutte avec les princes de l'Église. Ceux qui remuent toute l'histoire pour trouver des ennemis à la Papauté n'ont eu garde d'oublier Jacopone. Toutefois ce qu'ils voulaient tourner à la confusion du Catholicisme fait précisément sa gloire. Rome ne craignit pas de souffrir à ses portes, dans une ville du domaine pontifical, le culte public rendu à cet homme juste, mais trompé. Elle avait puni d'une peine

---

(1) Wadding Annal., tom. VI, ann. 1306. — Voici le texte latin de l'épitaphe : « Ossa B. Jacoponi de Benedictis, Tudertini, Fr. Ordinis Minorum, qui stultus propter Christum nova mundum arte delusit et cœlum rapuit. »

temporelle l'erreur d'un moment ; elle permit qu'on récompensât d'honneurs sans fin une vie de vertus. L'Église, en pardonnant les violences de Jacopone, montra une fois de plus qu'elle a sondé jusqu'au fond le cœur humain, et qu'elle en a compris les contradictions ; car il y a dans le cœur de l'homme un amour sévère, jaloux, incapable de rien souffrir d'imparfait chez ce qu'il aime. Son langage est dur, et les étrangers le prennent souvent pour le langage de la haine ; mais ceux de la famille savent ce qui se cache de tendresse sous ces emportements.

Nous connaissons maintenant le poëte : il est temps d'ouvrir son livre, et de chercher, sous la poussière de ces pages trop négligées, quelques-unes des plus belles inspirations du mysticisme catholique.

CHAPITRE V

LES POÉSIES DE JACOPONE.

Il reste à considérer comment, dans l'âme d'un saint, s'éveilla tout à coup le génie d'un poëte. C'est une nouveauté, en faveur aujourd'hui, de retourner aux sources du paganisme pour y chercher l'inspiration poétique. Cependant, nous allons voir ce que pouvait l'Évangile pour féconder les imaginations ; non pas l'Évangile affadi par les inventions des rhéteurs, et plié aux caprices de l'épopée profane, mais l'Évangile avec toute l'autorité de ses commandements et toute la terreur de ses mystères.

Au moment où Jacopone abandonnait la fortune, les applaudissements, les agitations de la place publique, il semble qu'il renonçait à tout ce qui entretient la vie de l'intelligence. Ses amis purent déplorer qu'un si bel esprit allât s'étouffer dans le silence du cloître ; mais ses amis se trompaient, et cet homme qui se dépouillait ne faisait que se dé-

livrer. La poésie est dans l'âme du poëte comme la statue dans le marbre ; elle y est captive, et il faut qu'elle en sorte. De même que le ciseau fait voler en éclats les couches de pierre, sous lesquelles se dérobait la forme conçue par le sculpteur, ainsi la pénitence, en frappant à coups redoublés sur Jacopone, emportait l'une après l'autre les enveloppes de la sensualité, de la vanité, de l'intérêt, qui retenaient l'inspiration prisonnière. Pour s'être dégagé du commerce du monde, il ne s'en trouvait que plus près de la nature ; il n'aimait que d'un amour plus désintéressé, plus clairvoyant, la beauté idéale, présente, quoique voilée, dans tous les ouvrages de la création. Au plus fort de ses ravissements et quand Dieu seul semblait le posséder, il s'écriait : « Je veux aller à l'aventure ; je veux
« visiter les vallées, les montagnes et les plaines ; je
« veux voir si ma bonne étoile m'y fera rencontrer
« mon amour si doux. — Tout ce que l'univers
« contient me presse d'aimer. Bêtes des champs,
« oiseaux, poissons des mers, tout ce qui plane dans
« l'air, toutes les créatures chantent devant mon
« amour (1). » Quand une âme entend ce chant des créatures, elle ne tarde pas à le répéter ; le rhythme naît de lui-même sur les lèvres émues. D'ailleurs, Jacopone, entrant dans le cloître, le trouvait déjà tout retentissant des cantiques

(1) Jacopone, *Poesie spirituali*, lib. VI, xxxiv.

de saint Bonaventure et de saint François : je ne m'étonne donc plus qu'il les ait continués, surpassés, et que ce converti, abîmé dans les prières et dans les jeûnes, y ait trouvé des vers immortels.

Il avait à choisir entre les exemples de ses deux maîtres, entre les chants italiens de saint François et les séquences latines de saint Bonaventure. La séquence, en vers syllabiques rimés, plaisait aux oreilles du peuple par une cadence plus saisissable que la prosodie savante des anciens. Introduite dans l'Église dès le temps de saint Augustin, cultivée dans les écoles du moyen âge, elle venait d'atteindre au treizième siècle le plus beau moment de sa floraison. Saint Thomas avait écrit ses admirables proses pour la fête du Saint-Sacrement, et le *Dies iræ*, qu'on attribuait au pape Innocent III, faisait gronder ses strophes menaçantes sous les voûtes des églises. Jacopone y fit gémir la Vierge désolée, et composa le *Stabat Mater dolorosa*. La liturgie catholique n'a rien de plus touchant que cette complainte si triste, dont les strophes monotones tombent comme des larmes ; si douce, qu'on y reconnaît bien une douleur toute divine et consolée par les anges ; si simple enfin dans son latin populaire, que les femmes et les enfants en comprennent la moitié par les mots, l'autre moitié par le chant et par le cœur. Cette œuvre incomparable suffirait à la gloire de Jacopone : mais en même

temps que le *Stabat* du Calvaire, il avait voulu composer le *Stabat* de la crèche, où paraissait la Vierge mère dans toute la joie de l'enfantement. Il l'écrivit sur les mêmes mesures et sur les mêmes rimes; tellement qu'on pourrait douter un moment lequel fut le premier, du chant de douleur ou du chant d'allégresse. Cependant, la postérité a fait un choix entre ces deux perles semblables ; et, tandis qu'elle conservait l'une avec amour, elle laissait l'autre enfouie. Je crois le *Stabat Mater speciosa* encore inédit ; et, quand j'essaye d'en traduire quelques strophes, je sens s'échapper l'intraduisible charme de la langue, de la mélodie, et de la naïveté antique. « Elle était debout, la gracieuse Mère :
« auprès de la paille elle se tenait joyeuse, tandis
« que gisait son enfant. — Son âme réjouie, tres-
« saillante et tout embrasée, était traversée d'un
« rayon d'allégresse. — Quel est l'homme qui ne
« se réjouirait pas, s'il voyait la Mère du Christ
« dans un si doux passe-temps? — Qui pourrait ne
« point partager sa félicité, s'il contemplait la
« Mère du Christ jouant avec son jeune fils? —
« Pour les péchés de sa nation, elle vit le Christ
« au milieu des bêtes, et livré à la froidure. —
« Elle vit le Christ, son doux enfant, vagissant,
« mais adoré, sous un vil abri. — Devant le Christ
« né dans la crèche, les citoyens du ciel viennent
« chanter avec une immense joie. — Debout se
« tenaient le vieillard et la Vierge, sans parole et

« sans langage, le cœur muet de surprise (1). » Je

(1) Bibliothèque nationale, manuscrit n° 7785, f. 109 *verso* :

Stabat Mater speciosa,
Juxta fœnum gaudiosa,
Dum jacebat parvulus.

Cujus animam gaudentem,
Lætabundam et ferventem,
Pertransivit jubilus.

O quam læta et beata
Fuit illa immaculata
Mater unigeniti !

Quæ gaudebat, et ridebat,
Exsultabat, cum videbat
Nati partum inclyti.

Quis est qui non gauderet, (*sic*)
Christi Matrem si videret
In tanto solatio ?

Quis non posset collætari
Christi Matrem contemplari
Ludentem cum Filio ?

Pro peccatis suæ gentis,
Christum vidit cum jumentis,
Et algori subditum.

Vidit suum dulcem natum
Vagientem, adoratum
Vili diversorio.

Nato Christo in præsepe,
Cœli cives canunt læte
Cum immenso gaudio.

Stabat senex cum puella,
Non cum verbo nec loquela,
Stupescentes cordibus.

Eia Mater, fons amoris,
Me sentire vim ardoris
Fac ut tecum sentiam !

Fac ut ardeat cor meum
In amando Christum Deum,
Ut sibi complaceam.

Sancta Mater, istud agas :
Prone (*sic*) introducas plagas
Cordi fixas valide.

Tui Nati cœlo lapsi,
Jam dignati fœno nasci
Pœnas mecum divide.

Fac me vere congaudere,
Jesulino cohærere,
Donec ego vixero.

In me sistat ardor tui,
Puerino fac me frui,
Dum sum in exilio.

Hunc ardorem fac communem,
Ne facias me immunem
Ab hoc desiderio.

Virgo Virginum præclara,
Mihi jam non sis amara :
Fac me parvum rapere.

Fac ut portem pulchrum fantem, (*sic*)
Qui nascendo vicit mortem,
Volens vitam tradere.

Fac me tecum satiari,
Nato tuo inebriari,
Stans inter tripudia.

Inflammatus et accensus,
Obstupescit omnis sensus
Tali de commercio.

Fac me nato custodiri,
Verbo Dei præmuniri,
Conservari gratia.

Quando corpus morietur,
Fac ut animæ donetur
Tui Nati visio.

Ici doit finir la prose de Jacopone. Une main étrangère peut-être y ajouta les deux strophes suivantes :

Omnes stabulum amantes,
Et pastores vigilantes
Pernoctantes sociant.

m'arrête, et je ne sais si la grâce de ce court tableau me trompe, en me rappelant une vieille peinture de Lorenzo de Credi. On y voit au premier plan l'Enfant Jésus couché par terre sur un peu de paille ; auprès se tiennent saint Joseph debout s'appuyant de son bâton, et la Vierge Marie agenouillée, dans tout le recueillement d'une sainte et dans toute la joie d'une jeune mère. A ses côtés et derrière elle paraissent les anges ; et le peintre n'a pas oublié le bœuf et l'âne, ces deux bons serviteurs à qui le peuple faisait partager la joie de Noël.

On trouve parmi les œuvres de Jacopone plusieurs autres compositions latines. Mais cet idiome des savants et des lettrés gênait encore l'humilité du converti ; et, comme il avait refusé les saints ordres pour rester frère lai, ainsi il abandonna le latin pour composer, non pas même dans la langue italienne, dans celle que Dante appelle la langue

> Per virtutem Nati tui,
> Ora ut electi sui
> Ad patriam veniant.
> Amen.

Voici l'indication des autres séquences latines insérées parmi les poëmes de Jacopone :

F° 104, *verso :* Ave fuit prima salus.
F° 106, *recto :* Jesu, dulcis memoria.
F° 107, *recto :* Verbum caro factum est.
F° 108, *recto :* Crux, te, te volo conqueri.
F° 108, *verso :* Cur mundus militat sub vana gloria.
F° 109, *recto :* Ave, regis angelorum.
F° 111, *recto :* Stabat Mater dolorosa.

des cours, mais dans le dialecte des montagnes d'Ombrie, tel que le parlaient les derniers des laboureurs et des pâtres. C'est alors que sa verve jaillit, et qu'ayant trouvé pour ainsi dire son canal naturel, elle se répandit à pleins bords sur un nombre infini de sujets, touchant tour à tour aux plus hautes questions de la métaphysique chrétienne, aux querelles qui déchiraient l'Église, aux mystères qui la consolent. Le recueil des poésies de Jacopone n'en contient pas moins de deux cent onze, qu'on a distribuées en sept livres. Mais nous les réduirons à trois chefs principaux : les poëmes théologiques, les satires, et les petites compositions écrites pour populariser une sainte pensée ou pour célébrer une fête.

Malgré l'obscurité dans laquelle le pénitent de Todi voulut ensevelir ses études et son savoir, déjà nous en connaissons assez pour le ranger au nombre des théologiens. Nous n'avons pas oublié le poëme où, désabusé des disputes de l'école, il prend congé des docteurs et des livres, pour aller à la vérité par une voie plus courte. Mais il faut se défier de ces adieux que tant de grands esprits ont faits à la science, et qui ne les ont pas préservés de retomber sous ses lois, de vivre et de mourir à son service. Quand Jacopone croyait déserter la philosophie, il ne faisait que choisir entre les partis qui la divisaient, et quitter les dogmatiques pour passer au camp des mystiques. Il y retrouvait une autre école qui commençait à Denys l'Aréopagite pour continuer avec Scot Érigène, Hugues et Richard de Saint-Victor, jusqu'à saint Bernard. En Italie surtout, l'inspiration mystique, descendue dans les solitudes de Fonte Avellana, de Vallombreuse et de Flora, avait suscité plusieurs générations de contemplatifs. Les esprits réveillés par les grands cris de saint-Pierre Damien, entraînés par les révélations de l'abbé Joachim jusqu'au bord du mysticisme hétérodoxe, menaçaient d'y tomber, quand saint Bonaventure les ramena par des chemins moins périlleux, et les arrêta à une élévation d'où ils purent contempler Dieu sans vertige. Jacopone suivit ces guides; à chaque pas on le surprend pénétré de leurs souvenirs, ou, pour mieux dire, illuminé de leurs feux.

Avant de commencer l'analyse d'un système attaquable en plusieurs points, il faut déclarer qu'il existe un mysticisme inattaquable, vrai, qui fait le fond de toute la religion. Car toute la religion se propose d'unir l'homme à Dieu par l'amour, par la grâce, par des communications surnaturelles. Sans ce mysticisme nécessaire, il n'y a pas de théologie chrétienne ; il inspire saint Thomas comme Bossuet ; et c'est l'artifice des incroyants de le confondre injustement avec les doctrines particulières où l'erreur se mêle à la vérité.

Le point de départ de la philosophie mystique est de reconnaître en nous des intuitions lumineuses qui tout à coup, dans un moment d'émotion, nous découvrent des vérités vainement cherchées par l'effort du raisonnement. Mais ces vues soudaines n'éclairent l'âme qu'à l'instant où elle s'oublie elle-même, où, par un élan désintéressé, elle se dégage des passions et des sens. Il y a donc des lumières cachées à la science qui se donnent à la vertu ; il y a, pour atteindre au vrai, une voie morale, plus sûre que la voie logique. Voilà pourquoi tous les mystiques commencent par établir l'insuffisance de la raison. Jacopone va plus loin : avec un langage qui rappelle moins la modération de saint Bonaventure que la véhémence de saint Pierre Damien, il abjure à la fois Aristote et Platon, les traditions savantes de l'antiquité, et les artifices de la scolastique contemporaine ; et dans cet enseignement théologique de l'Université de Paris, qui venait de jeter tant de clartés, il ne voit que l'orgueil du savoir et la vanité des disputes. « Paris, « dit-il, a détruit Assise, et leurs lecteurs nous ont « mis dans la mauvaise voie. » Aux controverses de cette école célèbre, à ses thèses *de quolibet* proposées et soutenues contre tout venant, il oppose le dernier examen que toute âme doit subir, où tous les sophismes ne serviront de rien contre les syllogismes du Juge éternel. Ailleurs il célèbre la sagesse qui se dérobe aux faux sages : « Vainement « viennent-ils, armés de plusieurs clefs, fatiguer « la porte fermée pour eux... La vraie sagesse

« instruit les hommes par l'amour, et se révèle aux
« cœurs purs (1). »

Toutefois, pour être plus hardie, la voie que les mystiques ont choisie n'est pas moins laborieuse. En évitant les détours de la logique, ils se jettent dans les profondeurs de la morale, et par là c'est encore à l'étude de l'homme qu'ils se trouvaient reconduits. Leur premier soin sera donc de débrouiller le chaos de la nature déchue, et de démêler les passions contraires qui s'en disputent l'empire. Comme tous les moralistes chrétiens, Jacopone réduit à sept les désordres de la volonté. Cinq ont leur principe dans l'esprit ; c'est la superbe avec les quatre filles qu'elle enfante pour le fléau du monde, savoir : l'envie, la colère, la paresse et l'avarice. Deux autres naquirent de la chair ; ce sont la gourmandise et la luxure. En assistant à cet engendrement du mal, je ne m'étonne pas que le poëte s'épouvante, et que l'âme abandonnée au péché lui paraisse un enfer. « L'orgueil y siége sur
« un trône ; mieux vaudrait pour l'âme loger un
« démon. — L'envie y étend ses ténèbres ; une
« ombre si épaisse enveloppe le cœur, qu'on n'y
« voit plus vestige d'aucun bien. — Là s'allume le
« feu de la colère qui entraîne la volonté à faire le
« mal : elle va, vient et s'agite ; elle mord comme

---

(1) Jacopone, *Poesie spirituali*, lib. I, sat. 1, sat. 10, sat. 18, sat. 8. Cf. saint Pierre Damien, *Liber inscriptus Dominus vobiscum*, cap. I.

« une bête enragée. — Là règne un froid sans
« mesure que souffre la paresse, réduite aux der-
« nières terreurs. — L'avarice pensive est comme
« le ver qui ne se repose pas; elle a rongé tout le
« cœur à force de sollicitudes. — La gourmandise
« a la voracité des serpents et des dragons; elle ne
« songe pas qu'au lever de la table viendra l'heure
« de payer l'écot. — La luxure fétide, telle qu'une
« flamme de soufre, désole l'âme qui hébergea de
« tels hôtes. — Venez, peuple, venez entendre,
« étonnez-vous de voir : hier l'âme était un enfer,
« aujourd'hui Dieu en veut faire un paradis (1). »

Mais ce changement n'est pas l'œuvre d'un jour :
il s'accomplit par trois phases, que les docteurs ont
appelées la vie purgative, la vie illuminative, et la
vie unitive.

Il faut premièrement que l'âme ait horreur de
sa chute, et c'est pourquoi Jacopone lui propose
une parabole : « Si le roi de France avait une fille,
« et elle seule pour héritière, elle irait parée d'une
« robe blanche, et sa bonne renommée volerait
« par tout pays. Et maintenant, si par bassesse de
« cœur elle s'attachait à un lépreux, et qu'elle
« s'abandonnât à son pouvoir, que pourrait-on dire
« d'un tel marché?. O mon âme, tu as fait pis
« quand tu t'es vendue au monde trompeur ! » Au
souvenir de sa céleste origine et de sa beauté pre-

---

(1) Jacopone, *Poesie spirituali*, lib. II, 9, 11.

mière, à la vue de l'image divine dont elle garde les traits défigurés, l'âme se repent ; et du repentir jaillissent les larmes. Le poëte en reconnaît la secrète vertu : « O larmes ! s'écrie-t-il, vous avez la « force et la grâce : à vous appartient le pouvoir « et à vous la royauté. Vous vous en allez seules « devant le juge, et nulle crainte ne vous arrête en « chemin. Jamais vous ne revenez sans fruit : par « l'humilité vous avez su vaincre la grandeur, et « vous enchaînez le Dieu tout puissant ! » Mais il n'est pas de repentir efficace sans un ferme dessein de satisfaire, d'expier, de déraciner l'herbe mauvaise du vice. La volonté est comme « le fort labou- « reur qui souffre le froid et le chaud : péniblement « courbé sur la terre, il ne l'abandonnera pas qu'il « ne l'ait nettoyée : jamais la pensée ne lui vien- « drait de reposer dans son lit, tandis que son champ « resterait sans culture. » La mortification châtiera donc les sens en les disciplinant ; elle punira l'ouïe par des paroles sévères, le goût par l'abstinence ; l'odorat s'endurcira au service des malades, le toucher se purifiera sous le cilice, jusqu'à ce que la chair domptée se rende, et promette de ne murmurer plus (1).

(1) Jacopone, lib. V, 15 ; *ibid.*, 25, stance 11 :
O lacrima, con grazia gran forza hai :
Tuo è lo regno, e tua è la potenza.
Sola davanti al giudice ne vai,
Ne ti arresta da ciò nulla temenza, etc.

Ces beaux vers rappellent un admirable passage de saint Pierre

Il est temps que l'âme purifiée prenne l'essor, et qu'elle s'élève par le mérite jusqu'à ces hauteurs où Dieu ne pourra plus lui refuser sa lumière. C'est ici que les mystiques ont coutume de dresser l'échelle des vertus. Ils la composent des sept dons du Saint-Esprit, des quatre vertus cardinales que les philosophes ont connues, et des trois vertus théologales qui font les saints. L'échelle que Jacopone a conçue ressemble à celle que rêva Jacob, appuyée sur la terre et se perdant au ciel ; mais son bois, mouillé des rosées divines, a poussé des feuilles et des fruits. Au premier degré se tiennent la Crainte et l'Humilité, commencement de toute perfection ; au second, la Pauvreté et la Largesse, qui ont en commun le mépris des trésors périssables ; au troisième, la Pitié et la Compassion ; au quatrième, l'Obéissance et l'Abnégation ; au cinquième, la Tempérance et la Justice avec la balance et le glaive ; le sixième échelon porte le Conseil aux cheveux blancs, et la Sagesse, un livre ouvert sur ses genoux : le septième appartient à la Chasteté et à

Damien sur la puissance des larmes: *De perfectione monachorum*, cap. XII : « Lacrymarum quippe mador animam ab omni labe purificat, et ad proferenda virtutum germina nostri cordis arva fecundat... Lacrymæ porro quæ a Deo sunt, divinæ exauditionis tribunal fiducialiter adeunt, et impetrantes præsto quod petunt, de peccatorum nostrorum certa remissione confidunt. Lacrymæ sunt in fœderanda inter Deum et homines pace sequestres, et veraces sunt atque doctissimæ in qualibet humanæ ignorantiæ dubietate magistræ.

IV, 35 :

    Udite una tenzone
    Ch' è fra l' anima e 'l corpo.

l'Intelligence ; au huitième siégent la Force et la Magnanimité, armées pour le combat ; au neuvième, la Foi et l'Espérance ; au dixième la Persévérance qui porte la palme ; et au-dessus, l'Amour, un sceptre de feu à la main ; « car il est grandement « juste qu'il tienne le premier rang, comme roi « couronné et souverain empereur. » L'âme qui s'achemine le long de la montée céleste la trouve douce, et, parvenue au sommet, elle découvre avec ravissement l'Incréé, dont les rayons éclairent toutes les créatures ; elle se repose dans cette vue, elle contemple. Cependant la vertu seule ne suffit pas toujours pour mener l'intelligence jusqu'à des régions si peu fréquentées. Les mystiques ont compris la nécessité de soutenir le vol de la pensée en le réglant. Aux artifices de l'école ils ont substitué les exercices de la cellule ; et Jacopone compte avec saint Bernard quatre marches qu'il faut franchir avant d'arriver au fond du sanctuaire. La première est la lecture des livres sacrés avec une intelligence pure et droite ; la méditation vient ensuite, et s'approprie la substance du texte ; puis la prière sollicite l'éternelle vérité à déchirer les derniers voiles ; enfin, la contemplation possède, elle jouit, elle a trouvé « une philosophie nou« velle, en présence de laquelle toutes les autres « fuient comme des nuages. (1). »

(1) Jacopone, II, 31, 26 ; v. 23, stances 19-22. Cf. saint Bernard, *De scala claustralium*...

Mais, s'il fallut d'abord enchaîner le sentiment pour mettre en liberté l'intelligence, maintenant que l'intelligence est entrée en possession du vrai, le sentiment brûle de s'unir au souverain Bien. Or, l'âme ne s'unit au Bien suprême qu'autant qu'elle se détache des biens inférieurs ; elle s'élève à mesure qu'elle se décharge ; et la pauvreté n'est plus seulement l'humble règle des religieux de Saint-François, c'est la loi qui gouverne le monde des esprits. Jacopone connaît trois degrés de dépouillement, qu'il compare aux trois cieux de l'astronomie ancienne. Quand l'âme a dépouillé la passion des richesses, l'orgueil de la science et le désir de la gloire, alors, resplendissante de vertus, elle est comme le ciel étoilé. Mais sous les étoiles étincelantes les quatre vents se disputent encore l'espace ; et dans l'âme pure s'agitent encore quatre puissances contraires, l'espérance et la crainte, la joie et la douleur. Si elle rejette ces affections, si elle arrive à ce point où la volonté se détermine sans crainte et sans espoir, où la vertu trouve son mobile en elle-même, dès ce moment elle devient pareille au ciel cristallin, qui ne connaît pas de tempêtes, et dont le mouvement régulier fait mouvoir toutes les sphères. Enfin l'âme, par un dernier effort, peut chasser les images et les figures qui l'aidèrent à concevoir les choses invisibles ; elle peut se dépouiller de ses vertus mêmes en cessant de les tenir pour siennes, et se réduire au néant. Alors

elle ressemble au ciel empyrée qui est fondé sur le néant, mais que Dieu habite. A vrai dire, un tel état n'a plus de nom : l'amour y vit sans parole, sans raisonnement, sans passion, dans une grande lumière enveloppée de ténèbres. Il vit et ne vit plus ; son être n'est plus à lui ; transformé dans le Christ, il a choisi pour sa volonté la volonté de Dieu. Le poëte a célébré plus d'une fois les mystères de cet anéantissement ; il en connaît le péril, et c'est pourquoi, après avoir conduit l'âme jusqu'en haut, il l'avertit de se garder : « Quand tu te verras
« élevé aux dernières cimes, c'est alors, mon âme,
« qu'il faut craindre de tomber. Mais tiens-toi toute
« timide et tout humble, et chasse de tes pensées
« la vaine gloire qui sollicite toujours la nature
« humaine à s'approprier quelque bien. Remercie
« la souveraine puissance, et dis-lui : « O ma vie !
« je vous prie de me conserver. Pour moi, je ne
« sais, si je ne suis point mauvais et coupable, mais
« votre grâce certainement vient de vous seule (1) ! »

En effet, nous touchons à l'abîme ; et quand Jacopone veut faire passer l'âme par le néant pour la conduire à Dieu, l'excès de ses expressions rappelle le panthéisme indien, proposant comme dernière félicité l'apathie éternelle, l'anéantissement de la personne humaine dans l'immensité divine. Quand

(1) Jacopone, II, 23, 20 ; v. 34 ; VII, 19 ; v. 23, stance 18 :

Quando tu fossi poi piu alto salita,
Allor ti guarda piu di non cadere.

il loue ce repos, dans lequel viennent s'éteindre toute crainte et toute espérance, qu'il ne s'inquiète plus de son salut, et qu'il demande l'enfer à condition d'y porter l'amour, il est bien près du quiétisme où glissèrent les faux mystiques de son temps (1). Pendant que les déchirements de l'Ordre de Saint-François donnaient jour aux Frères Spirituels, plusieurs de ceux-ci, poussés par la passion de contredire et d'innover, se jetèrent dans une doctrine qui éveillait depuis quelques années les sollicitudes de l'Église. « Comme l'empire de Dieu le Père, figuré par l'Ancien Testament, avait fait place au règne du Fils, qui eut sa loi dans le Testament Nouveau, ainsi disait-on, le temps était venu où l'avénement du Saint-Esprit allait s'accomplir ; où, sur les ruines des préceptes temporaires s'établirait un Évangile éternel. Dans cette

(1) Jacopone, II, 20 :

> De l'inferno non temere,
> Ne del cielo speme avere.

II, 26 :

> Dimandai à Dio l'infermo,
> Lui amando e me perdendo.

On reconnaît ici toutes les idées agitées dans la controverse de Bossuet et de Fénelon sur le quiétisme. Voyez surtout Bossuet, *Instructions sur les états d'oraison*, liv. III. Les expressions du poëte ne permettent pas de reconnaître si cet anéantissement, où la crainte et l'espérance disparaissent, est pour lui un état passager, ou bien un état durable et définitif, ce qui constituerait l'une des erreurs condamnées dans les *Maximes des Saints*. A vrai dire, la question n'était pas posée de son temps comme elle le fut depuis ; il ne faut donc pas s'étonner s'il ne la résout point dans les termes qu'approuverait une théologie exacte.

nouvelle condition, l'homme, sans quitter la terre, pourrait atteindre à la perfection des bienheureux, par conséquent à leur liberté, à leur impeccabilité. Dès lors la loi ne le lierait plus ; il s'interdirait l'exercice des vertus comme un trouble de son repos : la raison, maîtresse des sens, ne craindrait plus de leur accorder les contentements qu'ils réclament. » Ces rêves de la cellule se prêchaient sur la place publique, soulevaient des milliers de sectaires sous le nom de Fraticelles et de Beggards, mettaient l'Italie en feu et la chrétienté en péril (1). Mais l'humilité de Jacopone le sauva de ces égarements. Jusque dans les derniers ravissements de l'extase, il emporte le sentiment de sa fragilité ; il ne connaît pas de hauteur d'où l'âme ne puisse déchoir, ni de contemplation qui dispense du mérite des œuvres. Ce serviteur de l'amour véritable poursuit de toute sa jalousie ceux qu'il appelle les adeptes de l'amour contrefait ; et les invectives mêmes dont il les flétrit nous font entrer dans le vif des controverses contemporaines. « L'amour qui n'est pas
« sage ne peut voir les excès : il renverse les lois,
« les statuts, et toute coutume bien ordon-
« née ; il se dit arrivé à cette élévation où nul
« commandement n'oblige… — Mais toi, Charité
« qui es la vie, tu ne vas point renversant les lois :

(1) Raynaldus, *Annales eccles. contin.*, ad ann. 1294, 1297, 1311, 1312. Muratori, *Scriptores Rer. Italic.*, IV, *Historia Dulcini hæresiarchæ*. Wadding, *Annales*, ad ann. 1297.

« tu les observe toutes ; et là où tu ne trouves pas « la loi, tu la mets... — Oui, tout acte est licite, « mais non pas à toute personne : au prêtre le sa- « crifice, au mari le lit nuptial, au podestat le « glaive. — Qui vit sans loi, sans loi périra. Il court « à l'enfer, celui qui prend ce chemin. Là vont « s'entasser tous les désordres détestés de Dieu ; « ceux qui ensemble péchèrent, ensemble souffri- « ront (1). »

J'ai tenté de faire connaître, par une rapide analyse, les poésies mystiques de Jacopone, et cependant je crains de les défigurer en les analysant,

---

(1) Jacopone, lib. V, 25, stances 18, 52, 34, st. 8.

> Vuol l'amor che cosi sia,
> Che noi stiam contenti al quia ;
> Ma imperò che tutta via
> Noi ne sforziamo di fare.

Je remarque ici une locution que Dante reproduira :

> State contenti, umana gente, al quia.
> *Purgatorio*, III, 37.

Lib. V, 1 :

> Amore contrafatto
> Spogliato di virtute.

Quelquefois les chants de Jacopone rappellent les plus belles pages de l'*Imitation*. Ainsi, quand il donne à l'âme deux ailes pour monter à Dieu, savoir, la chasteté du cœur et la pureté de l'intelligence (lib. V, 35), on reconnaît un passage admirablement traduit par Corneille.

> Pour t'élever de terre, homme, il te faut deux ailes,
> La pureté du cœur et la simplicité ;
> Elles te porteront avec facilité
> Jusqu'à l'abîme heureux des clartés éternelles.
> *Imitation*, liv. II, chap. IV.

en leur prêtant l'unité d'un système théologique.
Sans doute un enchaînement rigoureux lie toute
la doctrine de Jacopone, mais non les poëmes qui
s'en échappent pour ainsi dire, qui se croisent et
se mêlent : ainsi l'ordre règne dans la ruche, mais
non dans l'essaim qui s'en détache pour se jeter sur
les fleurs. Il faudrait suivre les improvisations de
ce génie inégal ; il faudrait le voir, sublime quand
il célèbre les fiançailles de l'âme et de l'amour divin, ironique et familier quand il raconte la dispute de l'esprit qui veut faire pénitence, et du corps
qui regimbe sous la verge ; ingénieux et charmant
s'il s'agit de composer la parure de l'âme appelée
aux fêtes du paradis (1). Je passe en me hâtant au
milieu de tant de morceaux curieux pour m'arrêter
à l'un des plus considérables : je veux parler d'une
composition de quatre cent quarante vers, où, sous
une forme empruntée à la fois du drame et de l'épopée, le poëte s'est proposé de chanter la réparation de la nature humaine.

LE POËTE. « L'homme, au commencement, fut
« créé vertueux ; il méprisa ce bien par un
« excès de folie. La chute fut périlleuse. La loi
« veut que le retour soit laborieux. Qui ne con-
« naît pas le chemin n'y voit que démence ; mais
« qui franchit le passage trouve la gloire, et, dès

---

(1) Jacopone, lib. V, 23 ; lib. IV, 33 ; lib. II, 14 :

> Anima che desideri
> D'andare a paradiso.

« le voyage d'ici-bas, il a le pressentiment du pa-
« radis (1).

« Quand l'homme pour la première fois pécha,
« il troubla tout l'ordre de l'amour ; il se complut
« tellement dans l'amour de lui-même, qu'il se
« préféra au Créateur ; et la Justice s'indigna si
« fort, qu'elle le dépouilla de tous ses priviléges.
« Chaque vertu l'abandonna, et le démon devint son
« maître.

« La Miséricorde, voyant l'homme si tombé et
« perdu avec toute sa race, réunit incontinent ses
« filles : dans leur nombre elle choisit une fidèle
« messagère, et lui commande d'aller chercher
« l'homme là-bas sur cette terre, où il est frappé
« de désespoir. Madame la Pénitence, chargée de
« l'ambassade, s'est trouvée prête avec tout son
« cortége.

« La Pénitence mit d'abord dans le cœur de
« l'homme la crainte, qui jeta dehors la fausse sé-
« curité ; elle y mit la honte, puis enfin une
« grande douleur d'avoir offensé Dieu... Mais
« par aucun moyen l'homme ne pouvait satisfaire.

---

(1) Jacopone, lib. II, 2 :

  L'uomo fu creato virtuoso ;
  Volselo disprezzar per sua follia ;
  Il cadimento fu pericoloso,
  La luce fu tornata in tenebria :
  Il risalire posto e fatigoso ;
  A chi nol vede par grande follia,
  A chi lo passa pargli glorioso,
  E paradiso sente in questa via.

« Car, étant tombé de lui-même, il fallait que
« de lui-même il se relevât : l'ange n'était pas tenu
« de l'aider et ne le pouvait point... La Pénitence
« envoie la Prière à la cour du Ciel : « Je de-
« mande miséricorde, dit-elle, et non justice. »

« Aussitôt la Miséricorde est entrée à la cour
« céleste : Seigneur, je pleure mon héritage, que
« la Justice m'a ravi. En frappant l'homme, c'est
« moi qu'elle a blessée à mort, et de tout mon
« honneur elle m'a dépouillée. »

LA JUSTICE. « Seigneur, la loi fut donnée à
« l'homme. Par félonie, il voulut la mépriser. J'ai
« prononcé la peine, et je ne l'ai pas faite égale à
« l'offense. Examinez mon jugement, et corrigez-le,
« si en quelque point j'ai excédé la mesure. »

DIEU LE PÈRE. « O mon Fils, ma souveraine Sa-
« gesse ! en toi réside tout le secret de la Rédemp-
« tion de l'homme, telle que notre conseil l'agrée,
« et telle qu'en tressaillira de joie la céleste cour. »

DIEU LE FILS. « O mon doux et révéré Père ! dans
« votre sein j'ai toujours habité. Mais la vertu d'o-
« béissance sera toujours la mienne. Qu'on me
« trouve seulement une demeure convenable, et je
« ferai cet accord, où toutes deux, Justice et Misé-
« ricorde, conserveront leurs droits. »

Ici le poëte raconte la création de Marie, l'annonciation, l'enfantement divin. « De même
qu'Adam fut formé de terre vierge, dit l'Écriture,
ainsi d'une Vierge naquit le Christ, qui venait payer

pour Adam. Il naquit en hiver, dans la grande froidure; et, né sur la terre de ses ancêtres, personne ne lui prêta ni un toit ni un manteau. »

« Les Vertus rassemblées devant Dieu font de « grandes lamentations : « Seigneur, voyez à quel « veuvage nous sommes condamnées par le crime « d'autrui. Fiancez-nous à quelqu'un qui nous dé-« livre de l'opprobre et qui nous rende l'estime et « l'honneur. »

DIEU LE PÈRE. « Mes filles, allez trouver mon « bien-aimé, car je vous fiance à lui. Entre ses « mains je vous remets, afin qu'auprès de lui vous « ayez le repos, l'honneur sans tache, qui vous « attireront l'admiration des hommes. Et quand « vous me le rendrez, je l'élèverai au-dessus des « cieux. »

Les sept Dons du Saint-Esprit viennent faire les mêmes plaintes, et Dieu le Père les envoie de même au Rédempteur. Enfin paraissent les sept Béatitudes.

LES BÉATITUDES. « Seigneur, nous sommes des « pèlerines nées sur vos terres : hébergez-nous. « Voilà que nous avons fait pèlerinage hiver comme « été, coulant des jours amers et des nuits cruelles. « Chacun nous chasse et croit faire sagement : car « nous sommes plus détestées que la mort. »

DIEU LE PÈRE. « L'homme n'est pas encore digne « de loger un si grand trésor. Je vous héberge chez « le Christ : vous lui servirez de signe, et le mon-

« trant à la terre : « Voilà, direz-vous, le maître
« de notre réparation. »

LE POÈTE. « Notre Rédempteur très-doux a parlé
« pour nous à la Justice. »

LA JUSTICE. « Seigneur, s'il vous plaît de payer la
« dette que l'homme a contractée, bien le pouvez-
« vous, puisque vous êtes Dieu, et homme cepen-
« dant. Vous seul me pouvez contenter, et volon-
« tiers avec vous j'en fais l'accord. »

LA MISÉRICORDE. « Seigneur, l'infirmité de
« l'homme est si grande, qu'en aucune manière il
« ne pourra guérir, si vous ne revêtez les faiblesses
« de quiconque est, fut et sera dans tous les siècles.
« Ainsi me consolerez-vous, moi malheureuse qui
« ai tant pleuré. »

LE CHRIST. « Tu demandes sagement, et je te
« veux contenter. Je suis enivré d'amour à ce point
« que je me ferai réputer pour insensé : si miséra-
« ble est le rachat que je vais conclure, si grande
« la rançon que je paye ! Afin que l'homme sache
« combien je l'aimai, pour son péché je veux
« mourir. »

A la prière de la Miséricorde, le Christ prépare
un bain où l'homme souillé retrouvera sa première
blancheur. Mais la Justice veut mettre la main au
divin remède, et l'homme n'entre au bain du baptême qu'en renonçant au démon. Puis est instituée
la confirmation, puis l'eucharistie et les autres
Sacrements, et dans chacun d'eux le Christ fait la

part de la Justice et de la Miséricorde. Les sept Vertus s'attachent aux sept Sacrements, et les sept Dons sont venus célébrer leurs noces avec les Vertus. De leur union naîtront les sept Béatitudes. « La « paix est rentrée dans le cœur de l'homme; et « maintenant, conclut le poëte, prions la Trinité « souveraine qu'elle nous pardonne nos péchés. »

Je ne pense pas exagérer le mérite de cette composition, en y louant la naïveté, le mouvement et la vie. Les allégories que le poëte met en œuvre n'ont rien que de conforme aux traditions de l'art chrétien. Dès le quatrième siècle, Prudence, célébrant dans sa *Psychomachie* le combat des Vertus et des Vices, avait personnifié la Foi et l'Idolâtrie, la Pudeur et la Volupté, la Patience et la Colère. Trois cents ans après Jacopone, Calderon animera la scène de ses *Autos sacramentales*, en y jetant des personnages allégoriques avec ceux de l'histoire, Adam et le Christ avec l'Entendement et la Volonté, David et Abigaïl avec la Chasteté et la Luxure (1). La Peinture n'avait pas d'autres règles ; et quand Taddeo Gaddi, à Florence, dans l'admirable chapelle des Espagnols, voulut représenter le triomphe de saint Thomas d'Aquin, il fit d'abord asseoir le saint docteur sur une chaire élevée, entourée d'anges, de prophètes et d'évangélistes ; mais il peignit au-dessous quatorze femmes d'une grande

(1) Calderon, *la Nave del Mercader, la primer flor del Carmelo.*

beauté, pour représenter les sept Sciences et les sept Vertus. L'allégorie, qui ne prête que des fictions languissantes aux artistes des siècles savants, s'échauffait sous la main des hommes du moyen âge. La foi dont ils débordaient passait dans leurs créations : ils finissaient par croire à leurs personnages, et par leur donner cette simplicité, ce naturel et cette verve qui les font vivre.

Le poëme de la Réparation de la nature humaine, avec ses belles stances de huit vers hendécasyllabes, a déjà l'allure de l'épopée : je trouve l'essor lyrique dans le cantique suivant, où Jacopone représente le Christ en quête de l'âme errante.

LES ANGES. « O Christ tout-puissant ! quel voyage « faites-vous ? Pourquoi cheminer pauvrement « comme un pèlerin ? »

LE CHRIST. « J'avais pris une épouse, à qui j'a- « vais livré mon cœur. Je la parai de joyaux pour « en tirer honneur : à ma honte, elle m'a quitté. « C'est ce qui me fait aller triste et en peine. Je « lui prêtai ma forme et ma ressemblance... — « Afin que toutes ses vertus trouvassent leur em- « ploi, je voulus que l'âme eût le corps pour « serviteur : c'était un bel instrument, si elle « ne l'avait désaccordé ! — Afin qu'elle eût lieu « d'exercer ses puissances, pour elle je formai « toutes les créatures. Ces biens pour lesquels elle « devait m'aimer, elle m'en a fait la guerre. »

LES ANGES. « Seigneur, si nous la trouvons, et

« qu'elle veuille revenir, lui faut-il dire que vous
« pardonnez ? »

LE CHRIST. « Dites à mon épouse qu'elle revienne,
« qu'elle ne me fasse point souffrir une mort si
« douloureuse. Pour elle je veux mourir, tant je
« suis épris d'amour. — Avec grande joie je lui
« pardonne, je lui rends les ornements dont je
« l'avais parée... De toutes ses félonies je n'aurai
« plus souvenir. »

LES ANGES. « Ame pécheresse, épouse du grand
« époux, comment ton beau visage est-il plongé
« dans cette fange? et comment donc as-tu fui
« celui qui t'accorda tant d'amour? »

L'AME. « Quand je songe à son amour, je meurs
« de honte. Il m'avait mise en grand honneur : où
« suis-je tombée maintenant? O mort douloureuse!
« comment donc m'avez-vous environnée? »

LES ANGES. « Pécheresse ingrate, retourne à ton
« Seigneur. Ne désespère point : pour toi il meurt
« d'amour... Ne doute pas de son accueil, et ne
« tarde plus. »

L'AME. « O Christ miséricordieux! où vous
« trouverai-je, ô mon amour? Ne vous cahez plus,
« car je meurs de douleur. Si quelqu'un a vu
« mon Seigneur, qu'il dise où il l'a trouvé. »

LES ANGES. « Nous l'avons trouvé suspendu à la
« Croix, nous l'y avons laissé mort, tout brisé de
« coups. Pour toi il a voulu mourir. Il t'a achetée
« bien cher. »

L'AME. « Et moi je commencerai les lamenta-
« tions d'une cruelle douleur. C'est l'amour qui
« vous a tué, vous êtes mort pour mon amour. O
« amour en délire, à quel bois as-tu suspendu le
« Christ (1) ! »

Nous avons accompagné Jacopone dans un monde idéal qu'il compose à son gré, tout peuplé d'anges et de vertus, tout rayonnant de vérités éternelles. Il est temps de descendre à sa suite dans le monde des réalités, et de le voir aux prises avec les hommes tels que le péché les a faits. Jacopone ne ressemble point à cet admirable Angelico de Fiesole, qui, après avoir tracé d'un pinceau immortel les joies du paradis, échoue à la peinture de l'enfer, et qui ne peut s'empêcher de prêter son innocence aux damnés et sa candeur aux démons. Au contraire, quand le pénitent de Todi s'arrache à ses extases pour retracer les désordres de la société contemporaine, telle est la force de ses tableaux, qu'on se demande s'il n'en a pas volontairement chargé les couleurs.

On ne sait pas assez quelle fut la part du mal au moyen âge. Durant ces siècles où l'on a coutume de se représenter le christianisme régnant sans combat sur les âmes pacifiées, deux causes mal connues firent le péril de la foi, et le scandale des mœurs. D'un côté, c'étaient les souvenirs du paga-

(1) Jacopone, lib. IV, 6.

nisme, plus vivaces qu'on ne pense, la superstition poussée jusqu'à ce point qu'à Florence, une sorte de terreur populaire environnait encore la statue de Mars, arrachée de son temple et transportée au Vieux-Pont. Le dualisme renaissait dans l'hérésie des Albigeois, et le matérialisme épicurien, sous le nom d'Averrhoës, envahissait les écoles. D'un autre côté, c'était le vieux levain de la barbarie, l'instinct du sang et de la chair. Vainement l'Église professait le respect de la vie humaine : ce temps aimait le spectacle de la mort; il se satisfaisait par les guerres incessantes, par les vengeances, par l'atrocité des supplices : Ugolin mourait de faim avec ses fils; Eccelin le Féroce brûlait en un jour onze mille Padouans. En même temps la concupiscence, châtiée dans les monastères, prenait sa revanche dans les palais : elle poussait les rois à ces divorces fameux, tourments de tant de Papes ; elle peuplait les sérails de Frédéric II et de Manfred. Les vaisseaux qui ramenaient les croisés rapportaient tous les vices de l'Orient, et, en présence des débordements qui suivirent les guerres saintes, saint Bernard eut à se défendre de les avoir prêchées.

Mais, si le moyen âge eut le malheur de connaître le mal, il eut le mérite de le haïr. Il n'usa pas de nos ménagements et de nos délicatesses. Les sages d'alors ne craignaient pas de diminuer le respect en publiant les vices des grands. Si la corruption pénétrait dans le sanctuaire, le fouet qui chassa les vendeurs du temple passait des mains de Pierre Damien à celles de Grégoire VII, et de saint Bernard à Innocent III. Ces siècles d'inspiration furent aussi des siècles de polémique ; ils ne se refusèrent ni l'invective ni le sarcasme. Au-dessous des saints évêques sculptés au portail des cathédrales, le statuaire faisait grimacer les mauvais prêtres et les moines apostats. La poésie des troubadours se divisait en deux genres : la chanson pour célébrer la bravoure et la beauté, et le sirvente pour flétrir la couardise. Quoi de surprenant si Jacopone céda au génie de son temps, s'il écrivit des satires, s'il y porta toutes les libertés de l'art, s'il y mit le grotesque auprès du sublime ?

Les satires de Jacopone ne s'adressent pas aux rois, ni aux seigneurs des villes italiennes ; il ne faut donc pas s'attendre à y voir foudroyer les grands crimes du treizième siècle. Écrites dans le langage du peuple, elles poursuivent d'abord les péchés du grand nombre, les désordres qui ôtent au pauvre le mérite de ses sueurs et de ses larmes. De là les images hardies et quelquefois repoussantes, sous lesquelles le poëte met en scène l'Avarice, la Luxure, l'Orgueil, afin de les livrer à l'horreur et à la risée de la multitude. Tantôt, comme les fossoyeurs de Shakspeare, il ramasse la tête d'un mort pour lui demander des nouvelles de ces yeux qui jetaient tant de flammes, de cette langue plus tranchante que l'épée. Tantôt il traduit le pécheur devant le tribunal du souverain Juge, et donne la parole au démon. « Seigneur, dit Satan, « tu créas cet homme selon ton bon plaisir, tu lui « prêtas le discernement et la grâce ; cependant il « ne garda jamais un de tes commandements. Il « est juste qu'il soit récompensé par celui qu'il a « servi. — Il savait certes ce qu'il faisait, quand il « exigeait l'usure, quand il donnait fausse mesure « au pauvre. A ma cour il aura tel payement que « de raison. — S'il voyait quelque assemblée de « dames et de damoiseaux, il y courait avec ses « instruments et ses chansons nouvelles : c'est ainsi « qu'il séduisait les jeunes gens. A ma cour j'ai « des pages qui lui enseigneront à chanter. » Aux accusations de Satan, l'ange gardien ajoute son témoignage ; la sentence est prononcée. Les démons enlèvent le coupable ; d'une grande chaîne ils l'ont étroitement lié, ils l'emmènent durement en enfer. « Venez, crie l'escorte armée de fourches, venez « au-devant du damné. » Tout le peuple infernal se rassemble, et le pécheur est mis au feu (1).

Les femmes, qui ont inspiré tant de poètes, devaient échauffer aussi la verve des satiriques. Mais

(1) Jacopone, IV, 10 :

  Quando t' alegri, o huomo, di altura,
  Va, poni mente a la sepoltura.

Ibid., 12 :

  O signor Christo pietoso,
  Deh perdona il mio peccato.

le pénitent, le mondain converti par la mort d'une épouse chrétienne, ne pouvait porter dans un tel sujet ni la licence de Juvénal, ni la gaieté des fabliaux. Sans doute il sait que, selon l'expression d'un contemporain, il n'y a pas d'artiste qui emploie plus d'engins, d'outils et d'industrie pour l'exercice de son art, que les femmes d'Italie pour le soin de leurs personnes (1). Il n'épargne aucun des artifices dont les Italiennes de son siècle usaient pour relever leur stature, pour rendre à leur teint la blancheur et l'éclat. Si leurs mains délicates ne peuvent manier la lance, il est des paroles acérées qui perceraient toutes les cuirasses. Mais ce qui touche surtout Jacopone, c'est le péril des âmes sollicitées par ces belles et dangereuses créatures. « O « femmes ! considérez les mortelles blessures que « vous faites : dans vos regards vous portez la « puissance du basilic. — Le serpent basilic tue « l'homme, rien qu'en le regardant. Son œil em-« poisonné fait mourir le corps. Le vôtre, plus « cruel, fait périr les âmes ; il les dérobe au Christ, « leur doux Seigneur, qui les acheta bien cher. — « Le basilic se cache, il ne se fait pas voir ; quand « il reste sans regarder, il ne cause point de mal. « Vos déportements sont pires que les siens, et vos

---

(1) Benvenuto d'Imola, *Comment. ad cant.* 25, *Purgatorii :* « Nam nulli artifices in mundo habent tam varia organa et diversa instrumenta, et subtilia argumenta pro artificio suæ artis, sicut mulieres florentinæ pro cultu suæ personæ. »

« perfides œillades vont chercher des victimes... — « Tu dis que tu te pares pour ton seigneur mari ; « mais ta pensée te trompe, car tu ne gagnes point « son amour. Que tu regardes seulement quelque « sot, et ton mari a le soupçon dans le cœur. — « Puis tu te plains s'il te frappe, s'il te garde avec « jalousie, s'il veut savoir les lieux que tu hantes, « et en quelle compagnie ; s'il te tend des embû- « ches et te tient pour coupable !... — Il lui vien- « dra une telle tristesse, qu'elle lui desséchera « toutes les veines : il te traînera dans une chambre « d'où le voisinage ne puisse t'entendre, et là tu « trouveras la mort. » N'accusons pas le poëte d'exagération, et rappelons-nous que nous sommes au siècle de Françoise de Rimini. (1).

Si Jacopone jugea sévèrement la société, nous savons qu'il ne flatta pas l'Église. Quand ce déserteur du monde vint à découvrir dans le cloître plusieurs des vices qu'il avait cru fuir, son espérance trahie lui arracha des cris vengeurs. Sa muse irritée prit la férule des Pères du désert, et s'en alla de cellule en cellule châtier les déréglements des religieux. Un jour, elle arrête au passage l'âme d'une nonne qui vient de mourir en odeur de sainteté. Cette âme a vécu cinquante ans dans la virginité, dans le silence, dans le jeûne. « Mais je ne « fus pas humble, dit-elle : quand je m'entendais

---

(1) Jacopone, I, 6.

« appeller la Sainte, mon cœur s'enflait d'orgueil,
« et c'est pourquoi Dieu m'a réprouvée. » Une autre
fois c'est la Pauvreté qui parle. Dieu son père l'envoie visiter toutes les conditions, pour voir si elle y
pourra trouver asile. Elle a commencé par les prélats ; mais ceux-ci ne pouvaient soutenir ses regards,
et l'ont fait chasser par leurs gens. Elle entendait chez
les religeux de grandes psalmodies, mais elle les a
trouvés couverts de bons manteaux, et nul n'a voulu
lui prêter l'oreille. « Mes frères, disait-elle, sou-
« venez-vous que vous avez promis au Christ de le
« suivre toujours. » Et les Frères ont répondu :
« Si tu ne sors au plus vite, on te fera bien voir
« qu'autre chose est dire, autre chose faire. » Enfin,
la Pauvreté frappe à la porte des religieuses. Mais
rien qu'à voir cette figure pâle et maigre, les
nonnes se sont signées. — « Dieu vous bénisse,
« mes sœurs ! Jadis j'habitai cette maison ; j'y
« trouvai beaucoup d'honneur et de repos. Main-
« tenant elle me semble toute changée, et je ne re-
« connais ni les meubles ni les visages. » — « Que
« veut cette odieuse vieille ? » s'écrient les Sœurs ;
et le valet du couvent la congédie à coups de bâton.
Cette ironie, qui en d'autres temps est devenue le
langage de l'impiété, convenait à une époque où
la vie spirituelle menaçait de périr étouffée sous les
richesses, comme le bon grain sous les épines.
Saint Bernard ne pouvait croire que les Pères eussent toléré toutes les superfluités qu'il voyait chez

les moines de son siècle, tant d'intempérance dans le manger et le boire, tant de mollesse dans les lits et les vêtements, tant de magnificence dans les montures et les constructions. Saint Pierre Damien portait ses coups plus haut, et ne craignait pas d'armer son zèle d'un trait satirique, quand il accusait le luxe des prélats, leurs tables où des pyramides de viandes exhalaient toutes les épices de l'Orient, les vins de mille sortes petillant dans des coupes de cristal, les lits plus riches que les autels, et les murailles ensevelies sous des tapisseries comme des morts sous leurs linceuls (1).

Pendant que le spectacle de ces maux animait le courage des grands réformateurs, d'autres âmes moins fortes, mais non moins pures, n'y trouvaient qu'un sujet d'épouvante, et pensaient reconnaître dans le lieu saint l'abomination de la désolation prédite comme un signe de la fin des temps. Voilà pourquoi le moyen âge aima les peintures de l'Apocalypse, et surtout cette terrible histoire de l'Antechrist qu'on trouve encore au quinzième siècle, tracée d'une touche si fière par Luca Signorelli sur

---

(1) Jacopone, IV, 36 ; I, 9.
Cf. saint Bernard, *Ad Guglielmum abbatem*. Saint Pierre Damien, *Opusc.* XXXI, cap. vi; apud Muratori, *Antiquit. italic.*, t. II, p. 510 : « Ditari cupiunt, ut turritæ dapibus lances indica pigmenta redoleant, ut in cristallinis vasculis adulterata mille vina flavescant, ut quocumque veniunt, præsto cubiculum operosis et mirabiliter textis cortinarum phaleris induant, sicque parietes domûs ab oculis intuentium tanquam sepeliendum cadaver involvunt. »

les murs de la cathédrale d'Orvieto. Le visage de l'Antechrist y rappelle, par une effrayante ressemblance, la face adorable du Sauveur, en même temps qu'il respire toutes les passions de l'enfer. A ses pieds sont entassées les richesses de la terre qu'il distribue à ses adorateurs, et, au seuil du temple, des bourreaux tranchent la tête aux deux prophètes. Mais déjà dans les airs plane l'ange armé du glaive qui va précipiter l'imposteur, au moment où il tentera de s'enlever au ciel. Ces images n'ont rien de plus hardi que le poëme dans lequel Jacopone de Todi voulut peindre d'un seul trait toutes les erreurs de son temps, et qu'il intitula le *Combat de l'Antechrist*. « C'est maintenant l'heure de savoir qui
« aura du courage : la tribulation prédite approche ; de tous côtés je la vois éclater comme la
« foudre. La lune s'est obscurcie, et le soleil voilé
« de ténèbres : je vois tomber les étoiles du ciel.
« L'antique serpent semble déchaîné ; je vois à sa
« suite le monde entier : il a bu les eaux de toute
« la terre, il pense engloutir le fleuve du Jourdain,
« et dévorer le peuple du Christ. — Le soleil, c'est
« le Christ qui ne fait plus de signes pour fortifier
« ses serviteurs. Nous ne voyons plus de miracle qui
« soutienne la fidélité du peuple : les mauvais en
« font un sujet de doute ; ils nous insultent méchamment, et les raisonnements vrais ne peuvent
« les entraîner. — La lune aussi s'est faite obscure,
« elle qui autrefois éclairait le monde dans la nuit ;

« elle qui fut notre guide s'est tournée en ténèbres.
« C'est le corps du clergé qui se fourvoie, et qui
« a pris le mauvais chemin. O Seigneur Dieu !
« qui pourra échapper? — Les étoiles tombées du
« ciel représentent le corps des religieux. Beaucoup
« ont quitté la route pour se jeter dans des voies
« périlleuses. Les eaux du déluge sont montées,
« elles ont couvert les montagnes et submergé
« toutes choses. Dieu, soyez en aide, soyez en aide
« à ceux qui nagent !... — Homme, mets-toi sous
« les armes, car l'heure est venue : fais en sorte
« d'échapper à cette mort. On n'en vit jamais de
« si cruelle, jamais on n'en verra de si terrible.
« Les saints en furent dans l'épouvante : bien in-
« sensé me semble qui ne la craint pas (1). »

Mais la satire de Jacopone est en même temps une prédication populaire : elle rappelle les hardiesses des orateurs contemporains, accoutumés à déchaîner le ridicule, à réjouir la foule, s'il le faut, pour la convertir. L'insensé de Todi, qui autrefois entraînait à sa suite les enfants et les désœuvrés, afin de les instruire par ses paraboles, continuait maintenant d'évangéliser le peuple par ses vers. Les chants des anges avaient annoncé le Christ aux bergers : comment la poésie chrétienne aurait-elle dédaigné les pauvres? Aussi l'Église, à côté de sa

---

(1) Jacopone, IV, 14.

liturgie solennelle, avait fait place aux cantiques familiers : elle tolérait le chant des épîtres farcies et la représentation des mystères. Toutefois ces drames religieux, qui faisaient la joie du peuple de ce côté des monts, semblent avoir pénétré plus tard en Italie. Si l'on trouve les mystères représentés au treizième siècle à Padoue, à Florence, dans le Frioul (1), rien ne prouve encore que la poésie s'y joignît à la mise en scène. Je crois découvrir dans les écrits de Jacopone les premiers essais du drame populaire en langue italienne. On y remarque, en effet, une suite de poëmes pour les principales fêtes de l'année : pour la Nativité, la Passion, la Résurrection, la Pentecôte, l'Assomption ; pour les anniversaires de saint François, de sainte Claire, de saint Fortunat, patron de Todi. Mais souvent le génie du poëte ne peut se contenir dans le récit de l'action ; il faut qu'il y assiste, qu'il voie les personnages, qu'il les fasse voir, et que, s'effaçant derrière eux, il laisse l'auditoire ravi d'avoir entendu le Christ lui-même, les anges et les saints. Je distingue plusieurs pièces dont les rôles et les dialogues semblent distribués pour une récitation publique : c'est le Sauveur et les deux disciples d'Emmaüs ; ce sont les apôtres recevant l'Esprit-Saint et se partageant le monde (2). C'est surtout

(1) Muratori, *Antiquit. ital.*, t. II, dissertat. 29. *De spectaculis et ludis publicis medii ævi.*
(2) Jacopone, lib. III, 2, 3, 8, 9, 10, 13, 15, 21, 23, 25, 26, 27, 16, 18.

un petit drame de la Compassion de la Sainte Vierge, où je retrouve toute l'inspiration du *Stabat Mater*.

LE MESSAGER, LA VIERGE, LA FOULE, LE CHRIST.

LE MESSAGER. « Dame du paradis, ils ont pris ton « fils, le Christ bienheureux ; accours, et vois : je « crois qu'ils le tuent, tant ils l'ont flagellé (1). »

LA VIERGE. « Comment cela peut-il être, qu'un « homme ait mis la main sur lui ? car il ne fit ja- « mais aucun mal, le Christ, mon espérance... »

LE MESSAGER. « O dame ! hâte-toi, et viens à son « aide. Ils ont craché au visage de ton fils, et la « foule l'entraîne d'un lieu à l'autre : chez Pilate « ils l'ont mené. »

LA VIERGE. « O Pilate ! ne fais point tourmenter « mon fils ! car je puis te montrer comme on l'ac- « cuse à tort... »

LA FOULE. « Crucifiez-le ! crucifiez-le ! L'homme « qui se fait roi désobéit au sénat. »

LE MESSAGER. « Madame, voici la croix que le peu- « ple amène, et sur laquelle la vraie lumière doit « être élevée. »

LA VIERGE. « O croix ! que vas-tu faire ? Tu « m'ôteras mon fils ! Et que lui reprocheras-tu, « puisqu'en lui le péché n'est pas ?... »

LE MESSAGER. « Madame, voici qu'on lui saisit la

---

(1) Jacopone, lib. III, 12.

« main, et que sur la croix ils l'ont étendue ; ils la
« fendent d'un gros clou, tant ils ont enfoncé le
« fer. Maintenant, c'est l'autre main qu'ils pren-
« nent ; ils l'étendent sur la croix, et la douleur
« s'embrase à mesure qu'elle se multiplie. Ma-
« dame, le moment est venu de percer les pieds ;
« on les cloue au bois, et, par le poids qu'ils sup-
« portent, ils ont rompu tout le corps. »

LA VIERGE. « Et moi, je commencerai le chant
« funèbre. O fils qui fus ma joie ! Qui a tué mon
« fils?... Ils auraient mieux fait de m'arracher le
« cœur... »

LE CHRIST. « Femme, pourquoi te plains-tu ? Je
« veux que tu survives, que tu me sois en aide aux
« compagnons que je me suis donnés sur la terre. »

LA VIERGE. « Mon fils, ne parle point de la sorte:
« Avec toi je veux mourir ; je veux monter sur
« la croix, et mourir à ton côté. Ainsi le fils et
« la mère auront la même sépulture, puisque
« le même malheur jette dans le même abîme la
« mère et le fils. »

LE CHRIST. « Femme, je remets dans tes mains
« mon cœur affligé. Jean, mon bien-aimé, sera
« nommé ton fils. Jean, ma mère est à toi, reçois-la
« charitablement ; prends pitié d'elle, car son cœur
« est percé. »

LA VIERGE. « Mon fils, l'âme s'est échappée de tes
« lèvres... O mon fils innocent ! ô mon fils resplen-
« dissant, qui es allé éclairer un autre monde,

« comme je te vois obscurci !... O mon fils blanc et
« blond, mon fils au doux visage ! ah ! par quelle
« raison le monde a-t-il voulu ton opprobre et ta
« mort ? Fils admirable et cher, fils de la femme
« désolée, ah ! que ce peuple t'a traité mécham-
« ment ! Et toi, Jean, mon nouveau fils, ton frère
« est mort. Ah ! j'ai senti la pointe du glaive qui
« me fut prophétisé !... »

Supposez cette scène représentée le vendredi saint, sous le portique d'une église, par des paysans italiens, les plus passionnés des hommes, et vous avez les commencements de la tragédie chrétienne. Jamais la douleur ne jeta des cris plus déchirants que ceux-ci ; et jamais non plus la joie n'eut des accents plus aimables que les noëls de Jacopone, soit qu'il mène les bergers à la crèche, soit qu'il conduise aux pieds de la Vierge une troupe de pieux fidèles qui la supplient de leur prêter un moment l'Enfant divin. Il faut lire dans leur langue ces chants, dont on ne peut traduire ni la mélodie musicale ni la grâce enfantine. On voit le théologien, le censeur de l'Église et du monde, se faire petit avec les petits, s'occuper de leurs plaisirs, et trouver des cantiques d'une simplicité et d'une douceur incomparables pour réjouir la bonne fileuse au berceau de son nouveau-né, ou pour élever à Dieu l'âme du pâtre perdu dans la montagne. Comme il est de toutes leurs fêtes, il connaît aussi leurs devoirs et leurs peines. C'est pour eux qu'il résume en soixante-six couplets une série de proverbes qui sont la philosophie du peuple : « A qui la vie est « douce, la mort est douloureuse. — Sache de la « poussière tirer la pierre précieuse, de l'homme « sans grâce une gracieuse parole, du fou la sa- « gesse, et de l'épine la rose. Secours ton ennemi « quand tu le trouves en péril. Si la souris peut « délivrer le lion, si le moucheron peut précipiter « le taureau, je te donne ce conseil de ne mépriser « personne. — Quand tu peux être humble, ne te « montre pas fort (1). »

Mais j'honore surtout ce poëte des pauvres lorsqu'il célèbre la pauvreté. Le peuple n'a jamais eu de plus grands serviteurs que les hommes qui lui apprirent à bénir sa destinée, qui rendirent la bêche légère sur l'épaule du laboureur, et firent rayonner l'espérance dans la cabane du tisserand. Plus d'une fois sans doute, au coucher du soleil, quand les bonnes gens de Todi revenaient du travail des champs et serpentaient le long de la colline, les hommes aiguillonnant leurs bœufs, les femmes portant sur le dos leurs enfants basanés, derrière eux quelques religieux franciscains, les pieds tout couverts de poussière, on les entendit chanter la chanson de Jacopone qui se mêlait aux tintements de l'Angelus : « Doux amour de pauvreté, combien « faut-il que nous t'aimions ! — Pauvreté, ma pau-

(1) Jacopone, lib. II, 32.

« vrette, l'Humilité est ta sœur ; il te suffit d'une
« écuelle et pour boire et pour manger (1). — Pau-
« vreté ne veut que ceci : du pain, de l'eau et un
« peu d'herbes. Si quelque hôte lui vient, elle y
« ajoute un grain de sel. — Pauvreté chemine sans
« crainte ; elle n'a pas d'ennemis : elle n'a pas peur
« que les larrons la détroussent. — Pauvreté frappe
« à la porte des gens ; elle n'a ni bourse ni be-
« sace ; elle ne porte rien avec elle, si ce n'est son
« pain... — Pauvreté meurt en paix ; elle ne fait
« pas de testament ; on n'entend point parents et
« parentes se disputer son héritage. — Pauvreté,
« pauvrette, mais citoyenne du ciel, nulle chose
« de la terre ne peut réveiller tes désirs... —
« Pauvreté, grande monarchie, tu as le monde en
« ton pouvoir, car tu possèdes le souverain do-
« maine de tous les biens que tu méprises. — Pau-
« vreté, science profonde ; en méprisant les ri-
« chesses, autant la volonté s'humilie, autant elle
« s'élève à la liberté... — Pauvreté gracieuse, tou-
« jours en abondance et en joie ! qui peut dire que

(1) Jacopone, lib. II, 4.

    Dolce amor di povertade,
    Quanto ti degiamo amare !
    Povertade poverella
    Umiltade è tua sorella ;
    Ben ti basta la scodella,
    E al bere e al mangiare.

Cette pièce et quelques autres compositions de Jacopone ont été publiées par M. Chavin de Malan, à la suite de son *Histoire de saint François d'Assise*.

« ce soit chose injuste d'aimer toujours la pau-
« vreté ? »

Nous savons que cette pauvreté glorifiée, donnée
en spectacle au moyen âge par saint François et ses
disciples, n'a pas eu les louanges des modernes. On
accuse l'Église d'avoir réhabilité, non la pauvreté
même, mais la mendicité, mais l'aumône, qui humilie le pauvre, qui l'oblige et le constitue redevable. On reproche à la société chrétienne d'avoir
inventé la charité pour se dispenser de la justice.
Mais pour nous, la mendicité et l'aumône sont deux
conditions inséparables de toute la destinée humaine. Nous croyons que la Providence, avant
l'Église, a pris soin d'obliger l'homme à l'homme
et les générations aux générations par un enchaînement de bienfaits dont on ne s'acquitte pas, et
qu'elle a su mettre les plus fiers dans la nécessité
de demander la charité et de la recevoir. D'un côté,
il n'est pas d'homme si libre qui ne soit redevable
au moins à son père, à sa patrie ; qui ne soit pauvre
des biens de la terre ou des biens de l'intelligence,
qui ne les attende d'autrui. Quel savant ne s'est
assis aux pieds d'autres plus savants que lui, et ne
leur a mendié des lumières ? Les heureux mendient
des plaisirs, et les affligés qui viennent pleurer auprès de vous mendient une de vos larmes. Au milieu
de cette mendicité universelle des hommes, saint
François se fit mendiant comme eux pour les
servir ; car les malheureux ne se laissent volon-

tiers servir que par leurs pareils. D'un autre côté, l'aumône que les disciples de saint François reçoivent, celle que le christianisme prêche et bénit, n'est point l'encouragement de l'oisiveté. L'aumône est la rétribution des services qui n'ont pas de salaire. Les grands services sociaux, ceux dont une nation ne se passe jamais, ne peuvent ni s'acheter, ni se vendre, ni se tarifer à prix d'argent. La société paye la denrée du marchand, mais elle ne paye ni le sacrifice du prêtre, ni la justice du juge, ni le sang du soldat. Seulement, elle leur donne le pain pour qu'ils continuent de vivre et de servir, mais elle le leur mesure avec une parcimonie honorable, précisément pour qu'il soit manifeste qu'elle n'a pas prétendu les payer. De même l'ouvrier valide qui donne son travail reçoit le salaire ; mais le pauvre qui souffre, qui mérite, qui, dans l'Église, représente et continue le Christ, le pauvre reçoit l'aumône. Voilà pourquoi les grands ordres religieux du moyen âge, les plus savants, les plus actifs, firent profession de recevoir l'aumône publiquement, la rendant ainsi à jamais respectable ; car qui pouvait dire désormais que la société humiliât le pauvre, quand elle rétribuait ses mérites du même prix que l'enseignement de saint Bonaventure et de saint Thomas d'Aquin ?

Les intentions de Jacopone ne furent pas trompées. Pendant que tant de poëtes attendirent vainement dans leur tombeau la gloire qu'ils s'étaient promise, l'humble popularité que cherchait le pénitent de Todi ne manqua point à ses vers. J'en juge par les nombreux manuscrits disséminés en Italie, en France, en Espagne, et par les huit éditions publiées du seizième au dix-septième siècle (1). En même temps que les reliques du Bienheureux étaient portées sur les autels, la piété publique s'attachait aux restes de sa pensée. Ses poésies furent commentées d'abord par le Calabrais Modio, l'un des compagnons de saint Philippe de Néri ; ensuite par Tresatti de Lugnano, théologien de l'Ordre de Saint-François. Traduites en langue castillane, elles animèrent l'ardeur des milices franciscaines qui allaient porter l'Évangile et chercher le martyre sous le ciel de l'Amérique méridionale, encore plus homicide que ses peuples (2). Mais,

(1) Wadding, *Script. ord. Minor.*, p. 366, cite plusieurs manuscrits de Jacopone, conservés dans les bibliothèques de Rome, d'Assise et de Séville. On y peut joindre deux manuscrits de la Bibliothèque nationale, le premier, sous le n° 8146, petit in-8° d'une excellente écriture, ayant appartenu au grand sculpteur Luca della Robbia ; le second, sous le n° 7783, in-8° d'un plus grand format et d'une écriture moins belle.

L'édition princeps, imprimée par Bonaccorsi, parut à Florence, le 28 septembre 1490. Voici les autres éditions indiquées par Wadding : Florence, Bonaccorsi, 1540 ; Rome, Salviani, 1558 ; Naples, Lazaro Scorrigia, 1615 ; Venise, 1514 ; *ibid.*, 1556 ; *ibid.*, Misserini, 1617. Wadding cite encore une édition de Bologne, dont il ne donne pas la date. Une partie des poésies de Jacopone a paru à la suite de la *Théologie mystique* de saint Bonaventure, publiée par Tempesti, Lucques, 1746. L'Académie *della Crusca* a mis les poésies de Jacopone au nombre des *testi di lingua*.

(2) Wadding, *ibid*. La traduction espagnole parut à Lisbonne, en 1576.

en comparant les éditions, en les rapprochant des manuscrits, on trouve une différence singulière dans le nombre des pièces qu'on y compte. Le recueil de Jacopone a subi des interpolations nombreuses; les copistes y ont introduit plusieurs cantiques du Franciscain Ugo della Panciera (1), et peut-être d'autres poëmes dont nous ne connaissons pas les auteurs. Ce fut le sort des livres vraiment populaires au moyen âge, qu'on se servît de leurs pages pour conserver des compositions moins sûres de vivre; à peu près comme on abritait dans une église les fragments de sculpture profane qu'on voulait sauver.

Il est vrai que le retour de fortune qui menace toutes les renommées d'ici-bas a fait depuis longtemps oublier Jacopone, comme tant d'écrivains, tant de peintres du même siècle. Nous aurions voulu tirer de l'ombre la figure de ce poëte, qui se détache si bien de la foule, qu'il faut aller chercher sous des haillons et dans un cachot ; de ce

(1) Le manuscrit 8146 de la Bibliothèque nationale contient quatre-vingt-dix poëmes; le manuscrit 7785 en renferme cent quinze; l'édition princeps en a cent deux ; celle de Venise (1617), à laquelle je me suis attaché, n'en compte pas moins de deux cent onze. Dans ce nombre sont deux cantiques attribués par saint Bernardin de Sienne à saint François :

> Amor de caritate.
> In foco l' amor mi mise.

Wadding cite un manuscrit de la bibliothèque Chigi (cod. 577) qui contient, avec des poésies de Jacopone, celles de Ugo de Prato, surnommé della Panciera, missionnaire en Tartarie vers 1307, et mort vers 1330.

poëte tout brûlant d'amour de Dieu et de passions politiques, humble et téméraire, savant et capricieux; capable de tous les ravissements quand il contemple, de tous les emportements quand il châtie ; et lorsqu'il écrit pour le peuple, descendant à des trivialités incroyables, au milieu desquelles il trouve tout à coup le sublime et la grâce. Nous n'avons pas méconnu ses défauts : il a le génie ; il n'a pas le goût, le goût, cette pudeur de l'imagination qui ne supporte pas les excès. Il aime, au contraire, les images repoussantes ; et lorsque, par exemple, en expiation de ses péchés, il veut demander à Dieu tous les maux de cette vie, il se plaît à dresser un dénombrement de maladies dont les noms seuls font horreur. Mais tournez quelques feuillets, et vous verrez dans un de ses chants mystiques les Vertus descendre au-devant de lui toutes radieuses de beauté, sur une échelle de fleurs et de lumière. Ces contrastes me rappellent le grand peintre Orcagna et son *Triomphe de la Mort*. On y voit trois cadavres à trois degrés divers de décomposition, des estropiés, des lépreux qui voudraient mourir, des démons grimaçants. Quoi de plus trivial ? Mais en même temps quoi de plus pathétique et de plus gracieux que le groupe des jeunes gens et des jeunes femmes devisant d'amour au son du luth, dans l'oubli de la mort qui va les moissonner, tandis que les solitaires l'attendent paisiblement sur leur montagne, occupés, l'un à lire la Bible, l'autre à tirer le lait de ses chèvres ? A vrai dire, le poëte et le peintre ont bien le caractère de leur temps, de cette époque plus douée d'inspiration que de mesure, plus prompte à concevoir les grandes pensées que persévérante à les soutenir, qui commença tant de monuments et en acheva si peu, qui poussa si rigoureusement la réforme chrétienne, et qui laissa subsister tant de désordres, capable de tout en un mot, hormis de cette médiocrité sans gloire dont se contentent volontiers les siècles faibles.

Il est temps de rendre à Jacopone sa place au berceau de la poésie italienne. Quand il parut, toute l'Italie retentissait de ce concert poétique dont les préludes avaient salué l'aurore du treizième siècle : les chants venus de Sicile avaient éveillé en Toscane un écho qui ne devait plus se taire. Cependant les Siciliens et les Toscans ne faisaient guère que répéter les Provençaux. Sans doute ils s'étaient approprié tout l'art des troubadours, toute l'harmonie de leurs chansons, toutes les formes du sonnet, du tenson et du sirvente. Mais le fléau de cette poésie, c'est le lieu commun, ce sont les fleurs, le printemps, les dames célébrées sur la foi d'autrui, et l'amour chanté par ceux qui n'aimèrent pas. Les imaginations réduites à vivre d'emprunt recouraient aux souvenirs de la mythologie ; et le fils de Vénus, avec son arc et ses flèches, venait au secours des poëtes épuisés. Jacopone, au contraire, a l'horreur du lieu commun. Il n'imite rien, si ce

n'est peut-être les cantiques de saint François et
des premiers Franciscains : encore les surpasse-t-il
de beaucoup par le nombre et la variété de ses
compositions. Il ne puise plus aux fontaines profa-
nées du vieux Parnasse, mais à la source des larmes, mais à la veine intarissable de la douleur et
du repentir. Pour lui, l'art des vers n'est plus un
jeu, mais un devoir. L'impétuosité de ses sentiments
passe tout entière dans son style, et lui donne l'essor. Avant Jacopone, on voyait bien, pour ainsi
dire, pousser les ailes de la poésie italienne; mais
elle attend jusqu'à lui pour les déployer.

Si Jacopone laissa bien loin derrière lui ses devanciers, il eut le second mérite d'ouvrir la voie
au plus grand de ses successeurs. On rapporte que
Dante connut le poëte de Todi, qu'il l'aima, et
qu'envoyé en ambassade auprès de Philippe le Bel,
il lui récita des vers de ce religieux, dont la verve
tenait en échec la politique de Boniface VIII. Quoi
qu'il en soit, Dante, au moment de prendre la parole, non devant un roi, mais devant l'auditoire
immense que les siècles lui ont donné, trouvait assurément les esprits préparés par celui qui le précéda comme poëte théologique, comme poëte satirique, comme poëte populaire.

Comme poëte théologique, Jacopone osa, le premier des modernes, demander à la métaphysique
chrétienne, non des vérités seulement pour instruire
les hommes, mais des beautés pour les ravir ; non

plus des leçons, mais des chants. Au premier abord, rien ne paraît plus téméraire. Il semble qu'introduire un principe scientifique dans la poésie, ce soit y jeter un souffle glacé. La science reste froide, en effet, tant qu'elle demeure en présence du connu. Mais, tôt ou tard, il faut bien qu'elle arrive à l'inconnu, à des mystères qui la tourmentent, et qui par conséquent l'échauffent. En remontant le cours des vérités secondaires, elle s'achemine vers la source première du vrai, où est aussi la source du beau. Jacopone connaît ces chemins, il a exploré les abîmes et les hauteurs de l'infini. Soit qu'il nous donne tout le spectacle de la damnation dans une âme coupable, soit qu'il décrive les cieux mystiques, et qu'il les traverse pour aller s'anéantir devant l'Incréé, que fait-il, sinon de frayer à Dante les routes de l'enfer et du ciel? Il a touché d'avance aux grands problèmes religieux que son successeur soulève à chaque pas, et qu'on lui reproche injustement, comme si ce n'était pas un effort du génie d'avoir construit ce paradis tout spirituel, dont la première béatitude est de connaître, et la seconde d'aimer.

Comme satirique, Jacopone exerce avant Dante la censure de son temps et de son pays. Tous deux désabusés des joies humaines, tous deux persécutés, condamnés à manger le pain d'autrui, ils virent sans illusion, l'un du fond de son cachot, l'autre de son exil, le mal d'un siècle qui ouvrait

la décadence du moyen âge. Ils en virent tout le
mal, et trop peu le bien ; ils crurent à sa ruine, et
tous deux, comme ce Juif de Jérusalem, allèrent,
sur les remparts croulants de la société, crier :
« Malheur à la ville! malheur au temple ! ». Jacopone fait plus, et, par un exemple quelquefois ré-
préhensible, il favorise les libertés que Dante ne se
refusera pas. Après tout, le vieil Alighieri aima
l'Église comme il aima sa patrie, avec sévérité,
mais avec passion. S'il eut des paroles dures, des
paroles injustes pour plusieurs papes, sans cesser
de vénérer en eux la puissance des clefs, quelles
injures n'eut-il pas pour Florence? Et cependant
qui pourrait dire qu'il n'aimait pas sa patrie,
quand tout son désir était de s'en faire rouvrir les
portes, et, comme il le dit, d'aller finir ses jours
« dans le beau bercail où il dormit petit agneau? »

Enfin, comme poëte populaire, nous avons entendu Jacopone chanter dans le dialecte des paysans
de l'Ombrie. De là l'inégalité prodigieuse de son
style, où il porte tour à tour les inspirations de la
Bible, les formules de l'école, quelquefois la délicatesse des troubadours, mais bien plus souvent la
grossièreté des chevriers et des bûcherons. Mais de
là aussi ces nouveautés de langage, ces alliances de
mots, ces figures que n'aurait jamais trouvées le
poëte d'une société plus polie et moins naïve. On
chemine, pour ainsi dire, à travers ses poësies,
comme à travers les belles montagnes qu'il habita ;

on y foule des herbes épineuses, mais qui, en se brisant sous le pied, exhalent un parfum inconnu aux gens de la plaine. Dante est bien plus engagé que Jacopone dans le commerce des lettrés : il répudie les dialectes provinciaux, pour s'attacher à ce qu'il appelle l'idiome des cours. Toutefois, quand il s'agit de composer son style, ne croyez pas qu'il se contente de ce vocabulaire affadi que les rimeurs du temps se passaient de main en main. Lui aussi va chercher le langage poétique à sa véritable origine, c'est-à-dire dans le peuple ; il ramasse les fortes expressions, les rudes métaphores que le moissonneur a laissé tomber sur le sillon, et le pèlerin sur le bord de la route. Il n'hésite pas, j'oserai même dire pas assez, à recueillir le terme trivial, dont il aime la saveur amère et sauvage. C'est ainsi qu'il se fait sa langue, et qu'il fixe en même temps celle de son pays. Car voici en quoi Dante me semble principalement redevable au poëte franciscain. Nourri dans les écoles, et pénétré de la lecture des classiques, non de Virgile seulement, mais d'Ovide, de Lucain, de Stace, Dante fut tenté d'écrire en latin, et composa d'abord en hexamètres le début de l'Enfer. Mais, quand il considérait la vanité, l'avarice des lettrés contemporains, il s'indignait de veiller et de pâlir pour le plaisir de ces esprits dégénérés. Dans ces perplexités, il eut sous les yeux l'exemple de Jacopone, il vit que la foi n'enseignait pas de mystères si purs, ni la philosophie de spéculations si hautes, qui ne pussent descendre dans l'idiome de la multitude. Il brûla donc ses vers latins; et bientôt après les forgerons et les muletiers chantaient les stances de la *Divine Comédie*, en même temps que les docteurs montaient en chaire pour l'expliquer. C'est que Dante, comme nous l'avons déjà dit, venait de fixer la langue italienne. En effet, les langues sans grands ouvrages sont comme des villes sans monuments. Celles-ci se déplacent aisément, elles passent d'un bord du fleuve à l'autre, et de la colline à la vallée. Mais, si une grande basilique, un palais communal s'élève au centre de la cité, le puissant édifice retient, pour ainsi dire, les maisons qui s'appuient contre ses murs, et les habitants qui aiment l'ombre de ses tours. De même un monument littéraire retient, pour ainsi dire, autour de lui la langue dont il est le modèle, et la postérité ne s'en écarte pas facilement. La langue italienne était vivante : le poëme de Dante la fit immortelle.

Si, en finissant, je m'arrête avec complaisance au glorieux poëte dont Jacopone fut le précurseur, c'est que Dante tient de plus près qu'on ne pense à l'école religieuse et littéraire des disciples de saint François. Non qu'il faille le compter, comme on l'a fait trop naïvement, au nombre des écrivains franciscains. Mais il épuisa toutes les richesses de son génie pour célébrer le Pénitent d'Assise; mais c'est aux leçons de saint Bonaventure qu'il déroba les plus pures clartés de sa théologie mystique; mais surtout, quand mourut ce grand homme, tout chargé de l'admiration et de l'ingratitude de ses contemporains, il voulut être enseveli avec l'habit du tiers ordre, et dans l'église de Saint-François. Durant les orages de sa vie, il avait beaucoup péché; mais il pensa chrétiennement que le jugement de Dieu lui serait plus doux, s'il s'y présentait sous les livrées de l'humilité, et que la foudre, qui n'épargne pas les lauriers du poëte, respecterait le vêtement du pauvre.

CHAPITRE VI

SAINTE-CROIX DE FLORENCE.

Il semble qu'au moment où nous sommes arrivés, c'est-à-dire aux premières années du quatorzième siècle, les arts de la parole et ceux du dessin, que nous avons vus grandir ensemble, étaient en âge de se séparer. Cependant l'inspiration jaillissait encore avec trop d'abondance chez les hommes de ce temps, pour qu'ils ne cherchassent pas à l'exprimer par tous les moyens à la fois, et à compléter l'une par l'autre l'illusion du pinceau et la puissance des vers. Dante ne s'était pas contenté de concevoir l'architecture de ses trois mondes, d'y tailler comme dans le roc vif, d'y peindre les figures qui nous saisissent de terreur et de pitié. Ce poëte incomparable dessinait avec grâce ; on lui attribue la première idée des peintures que Giotto exécuta à Sainte-Claire de Naples. D'un autre côté, les peintres n'avaient pas encore honte d'expliquer par des inscriptions le sujet de leurs tableaux, moins jaloux d'étonner les ignorants que de les instruire. C'était la coutume de Cimabuë : Buffalmacco l'imita. Chargé de peindre la *Création* au Campo Santo de Pise, il avait représenté Dieu le Père tenant dans ses mains le ciel tout peuplé d'anges, des sphères, des planètes, et la terre au milieu. Aux deux côtés il avait placé saint Augustin et saint Thomas d'Aquin, c'est-à-dire les deux plus grands interprètes de l'Œuvre divine; et, comme s'il n'eût pas réussi à faire passer toute sa pensée dans cette forte composition, il avait écrit au bas un sonnet pour convier les spectateurs à louer l'Auteur de l'univers.

« Lodate lui che l' ha si ben creato ! »

Les Pisans trouvèrent tant de plaisir à ces vers, que plus tard Orcagna ne dédaigna pas un moyen si facile d'animer son *Triomphe de la mort*. Lui-même avait composé les paroles rimées qu'il prête à ses groupes d'anges, de solitaires, de mendiants. Au-dessous du tableau, d'autres figures déroulaient de longues devises italiennes et latines, alors admirées, maintenant effacées par le temps et par le vent de la mer (1).

Ainsi la poésie ne pouvait se détacher des murailles saintes à l'ombre desquelles elle vécut tant de siècles. L'inspiration qui dictait les chants de Jacopone éleva Sainte-Croix de Florence.

(1) Vasari, *Vita di Buffalmacco, vita d'Orcagna*.

C'était en 1294. Depuis dix ans, Florence avait élargi l'enceinte de ses remparts et bâti le Palais-Vieux. Un décret enjoignait à l'architecte Arnolfo de reconstruire la cathédrale « sur un dessin tel, « que l'art et la puissance des hommes ne pussent « rien imaginer de plus grand ni de plus beau. » Il semble que c'était assez pour honorer un peuple d'ouvriers et de marchands. Cependant, la république florentine ayant décidé qu'elle recevrait les deux ordres de Saint-Dominique et de Saint-François à cause de leur zèle et de leurs bons services, elle avait voulu leur donner une magnifique hospitalité. Tandis que deux dominicains, Frà Ristoro et Frà Sisto, bâtissaient l'église de Sainte-Marie-Nouvelle, Arnolfo eut ordre d'ériger pour les Franciscains, aux frais de la cité, l'église de Sainte-Croix. Cet artiste, accoutumé à ne rien concevoir que de grand, se souvint toutefois qu'il travaillait pour des pauvres ; et puisque son édifice devait porter le nom de la sainte Croix, il voulut lui en donner, non-seulement la forme, mais la sévérité. Il en éleva les trois nefs sur quatorze piliers et quatorze ogives dignes des plus fières cathédrales, mais il renonça à les charger d'une voûte, et les couvrit d'une charpente qui rappela dans sa nudité l'étable de Bethléem. Le chœur n'eut point la splendeur de nos sanctuaires gothiques ; mais à droite et à gauche, sur les bras de la croix, s'ouvrirent de nombreuses chapelles où vint s'abattre un essaim de peintres. Ce fut d'abord l'infatigable Giotto, puis ses disciples Stefano et Taddeo Gaddi ; puis Giottino, fils de Stefano, et Angelo, fils de Taddeo ; car en ces temps héroïques le pinceau devenait héréditaire comme l'épée. Ils représentèrent dans une longue série de fresques la Croix révélée à sainte Hélène, et portée en triomphe par l'empereur Héraclius; l'histoire de la Vierge, en y rattachant les gracieux récits de l'Évangile de la Sainte Enfance; la légende de sainte Madeleine, pour la consolation des pauvres pécheurs; le martyre des Apôtres, pour l'encouragement de ceux qui allaient prêcher aux Sarrasins et aux Tartares ; enfin la vie et les miracles de saint François. Orcagna, le peintre des justices éternelles, était venu clore ces tableaux par la Vision du Jugement dernier. Toutefois, ne pensons point que les artistes de Sainte-Croix aient cru leur œuvre terminée : c'était leur gloire de ne terminer jamais. Après l'église, ils décoraient la sacristie, le réfectoire : Giotto exécuta pour une armoire vingt-six petites compositions d'un prix inestimable. Peu à peu les ouvrages d'art, ne trouvant plus de place dans le saint lieu, vinrent s'entasser dans les galeries et les salles adjacentes; on y a recueilli des terres cuites de Luca della Robbia, de vieux Christs byzantins, des peintures d'anciens maîtres, depuis Cimabuë jusqu'au bienheureux Angelico de Fiesole. Sainte-Croix est devenue un musée où le Mendiant d'Assise a réuni plus de chefs-d'œuvre que bien de rois dans leur palais. Il est vrai que les fresques ont cruellement souffert du temps et de la négligence des hommes. Mais s'il ne reste rien des quatre chapelles décorées par Giotto, on conserve de lui un *Couronnement de Notre-Dame*, peint sur bois pour l'autel de la chapelle de Baroncelli, où il repose depuis six cents ans, sans que rien en ait altéré la fraîcheur et l'éclat. C'est encore une peinture du ciel, comme les anciens mosaïstes avaient coutume d'en exécuter pour enrichir l'abside des basiliques. Mais ici on peut mesurer toute la différence des temps. Pendant que les anciens mosaïstes, interprètes d'une tradition immobile et d'un monde vieilli, donnaient ordinairement à leurs personnages l'immobilité de l'extase et l'impassibilité de la vieillesse, tout vit dans le paradis du maître florentin. L'action du Christ attendri qui couronne sa Mère, entraîne l'assemblée des élus, et lui prête non plus l'unité du même repos, mais l'harmonie du même mouvement. Toutes les figures, même celles des vieillards, sont jeunes, comme l'art qui les conçut, comme le peuple italien du moyen âge, dans la première fleur de sa prospérité et de son génie (1).

Si les siècles ont maltraité Sainte-Croix, il semble qu'ils aient voulu réparer leurs ravages en lui

(1) Vasari, *Vite de' Pittori*, *Vita di Giotto, di Giottino, di Taddeo e d'Angelo Gaddi, d'Orcagna*, etc. Le *Jugement dernier* d'Orcagna, à Sainte-Croix, est du nombre des peintures qui ont péri.

donnant des habitants dignes d'elle. Les Florentins choisirent cette basilique austère et belle pour en faire la sépulture de leurs grands citoyens. Là reposent Machiavel, Michel-Ange, Galilée : je ne nomme pas les autres moins illustres ou plus récents. Dante, que je puis bien citer encore une fois dans un sujet qui le touche de si près, poursuivi par les tempêtes publiques, et plus encore par l'orage éternel de son cœur, traversait un jour le diocèse de Luni ; et, après avoir cheminé longtemps à travers des lieux désolés, il arriva au monastère de Corvo. Or, comme il se tenait silencieux sous une des arcades du cloître, un moine, frappé de la dignité de son attitude et de la tristesse de son visage, lui demanda ce qu'il cherchait. « La paix, » répondit le poëte. Ainsi tant d'hommes que Florence avait aimés et tourmentés, honorés et flétris, ne trouvèrent la paix que sous le toit de saint François.

Plusieurs peuples chrétiens ont eu l'inspiration de réunir leurs grands hommes dans un même lieu de repos. Pise se glorifiait de son Campo Santo. Venise avait ses églises des saints Jean et Paul et de sainte Marie la Glorieuse. La France portait ses rois à Saint-Denis ; l'Angleterre a rassemblé à Westminster ses hommes d'État et ses poëtes. Mais Sainte-Croix me paraît bien supérieure au Panthéon trop vanté de l'Angleterre. Sans doute, à Sainte-Croix, comme partout, la sculpture moderne a souvent déshonoré les tombes chrétiennes par le paganisme de ses allégories. Cependant ces mauvais ouvrages disparaissent au pied des piliers superbes qui les dominent, au fond des chapelles qui les cachent. Dieu reste maître du lieu saint ; une pensée antique de foi, d'humilité, de pénitence, remplit tout l'édifice, et couvre comme d'un manteau la décadence des générations nouvelles. Westminster eut aussi ses jours de splendeur, quand cette basilique nationale s'éleva sur le tombeau de saint Édouard, et qu'autour du saint roi vinrent reposer les plus belliqueux de ses successeurs. Mais après que le protestantisme eut chassé Jésus-Christ de ce temple, il le remplit de morts sans gloire, il vendit aux riches le droit de figurer parmi les grands : il encombra les nefs ; il ferma des arcades entières, pour entasser l'un sur l'autre les monuments de sa vanité et de son mauvais goût. Cependant la châsse de saint Édouard est restée mutilée comme aux premiers jours de la réforme, quand les iconoclastes y passèrent, le marteau à la main. Et les tombeaux profanés des Plantagenets, auxquels le voisinage du saint a porté malheur, touchent de pitié le voyageur français, qui ne peut s'empêcher de plaindre ces héroïques ennemis de sa patrie.

CHAPITRE VII

LES PETITES FLEURS DE SAINT FRANÇOIS

Si tout l'effort du mysticisme est de faire que l'homme s'oublie devant Dieu, il ne faut pas s'étonner que l'auteur de l'*Imitation* ait voulu rester ignoré, ni que toute la poésie franciscaine vienne aboutir à une œuvre charmante, mais anonyme : ce sont les *Petites Fleurs de saint François*. Elles ressemblent vraiment aux fleurs, qui ne publient pas le nom de leur jardinier, mais qui annoncent leur saison. Tout dans ce livre respire la foi, la naïveté du moyen âge : des indices incontestables y font reconnaître la première moitié du quatorzième siècle ; mais on n'a que de faibles conjectures pour y soupçonner la main de Jean de Saint-Laurent, de la noble famille florentine de Marignolles, que son savoir et sa vertu firent élever, en 1354, au siége épiscopal de Bisignano (1).

A vrai dire, un livre pareil n'a pas d'auteur : il se

---

(1) Wadding, *Scriptores Ordinis Minorum*, cum supplemento Sbaraleæ.

fait peu à peu, et comme par le travail de tout un siècle. La vie et les principaux miracles de saint François, attestés par ses contemporains, appartiennent à l'histoire : j'y crois, non que l'Église en ait jamais fait un article de foi, mais parce que la critique ne permet point de mépriser des témoins désintéressés et compétents. Mais, à mesure que le souvenir s'éloigne, les imaginations qui ne veulent pas s'en détacher se plaisent à la raviver par de nouveaux traits ; le prodige s'ajoute au prodige, sans mensonge, et seulement par ce besoin que nous avons de croire et d'admirer. Ainsi, à côté de l'histoire, commence la poésie. Dès le treizième siècle, la légende du Pauvre d'Assise, mise en hexamètres latins, et bientôt après traduite en vers français dans la langue des trouvères, rivalisa de popularité avec les aventures d'Alexandre et de César. Mais c'était l'Italie, c'était l'idiome consacré par la prédication de saint François, par les chants de ses disciples, qui devait recueillir les traditions éparses, y mettre l'unité, l'ordre, l'harmonie, et en faire, pour ainsi dire, l'épopée de la pauvreté chrétienne.

J'y trouve en effet tout ce qui constitue un poëme. Premièrement, un idéal divin rayonne d'un bout à l'autre du récit, et en rehausse tous les personnages. Cet idéal est le Christ, dont les saints ne reproduisent que les traits affaiblis. Saint François lui-même ne doit toute sa grandeur qu'à sa conformité avec l'Homme-Dieu, et le livre des *Petites Fleurs* s'attache d'abord à relever ces ressemblances. Il prend ensuite le Pénitent d'Assises au moment de sa conversion, et le suit jeûnant au désert, évangélisant l'Ombrie et la Toscane, annonçant la foi au soudan de Babylone. On ne saurait dessiner avec plus de pureté cette figure mortifiée, et pourtant pleine de grâce et de force; cette vie presque immatérielle d'un saint qui semble avoir rompu toutes les attaches de la terre, et qui cependant pénètre plus profondément que les hommes d'État dans les douleurs, les périls et les besoins de son temps. Autour de lui se groupent ses disciples avec une grande variété de caractères. C'est frère Léon, son compagnon préféré, qu'il nommait la petite Brebis de Dieu; c'est Bernard le théologien, dont l'intelligence avait le vol de l'aigle. C'est saint Antoine de Padoue, entraînant les populations suspendues à sa parole, et quand les hommes fermaient les oreilles, descendant au bord de la mer, et prêchant aux poissons. C'est enfin la douce image de sainte Claire, qui tempère, pour ainsi dire, l'austérité de ces peintures monastiques. Jamais, d'ailleurs, action chantée par les poëtes ne fut plus hardie. Il s'agit de fonder une cité nouvelle, et, dans un siècle de violence et d'indiscipline, il faut créer un peuple obéissant, chaste et charitable. Tout s'intéresse à un si grand dessein : la nature entière y concourt ; les bêtes des forêts donnent aux pécheurs l'exemple de la docilité ; les oiseaux écoutent la parole qui doit pacifier les nations. Le tombeau rend ses morts pour achever la conversion des vivants. Le monde invisible n'a plus de mytères ; et s'il faut raffermir la confiance d'un pauvre larron pénitent, les portes du ciel s'ouvriront, et lui laisseront voir les saints tout couronnés d'étoiles.

Mais le livre des *Petites Fleurs de saint François* est écrit en prose, et il a ce point de commun avec tant de poëmes du moyen âge écrits d'abord en vers pour le plaisir des grands, mais qui ont fini par trouver en prose une forme plus populaire et plus durable. Je ne citerai que les *Reali di Francia*, dernière rédaction des chansons de geste destinées à célébrer Charlemagne, sa famille et ses preux. Tandis que le monde lettré se lassait de ces belles histoires, elles se sont réfugiées dans un texte prosaïque, sous la forme d'un livre obscur qui se vend aux foires, qui se lit aux veillées de paysans, et qui les entretient de bons sentiments et des grandes actions. Il en fut de même des *Fioretti*, mais avec toute la supériorité d'un style marqué au cachet du quatorzième siècle. C'est assez d'ornement, et l'on peut ajouter que les pompes de la poésie eussent mal convenu à l'épopée des pauvres. Comme le bienheureux Angelico de Fiesole, chargé de peindre le couvent de Saint-Marc à Florence, pensa que la pauvreté religieuse n'admettait pas la richesse du coloris, et, réservant à la décoration des églises l'or, l'azur et le cinabre, n'employa dans le cloître que des tons légers, tels seulement qu'il les fallait pour éclairer la scène et animer les figures ; tout de même l'écrivain des *Fioretti* ne manie point les éclatantes couleurs que Dante avait portées dans ses tableaux ; mais il a le langage parfaitement simple et naturel qui donne à tous les objets la lumière, et à tous les personnages le mouvement et la vie.

Il égale ainsi ces incomparables conteurs dont les *Nouvelles* charmèrent tant de fois les ennuis de l'Italie ; mais trop souvent aussi leurs récits voluptueux ne firent qu'amollir des générations destinées à la servitude. Au contraire, les *Fleurs de saint François*, tout aimables qu'elles sont, cachent une doctrine mâle, et faite pour des hommes libres. N'accusez pas la puérilité de ces légendes : ne dites pas qu'elles servent tout au plus à populariser les vertus du cloître. Quand saint Louis, en habit de pèlerin, va visiter frère Gilles à Pérouse, et que les deux saints, après s'être longuement embrassés, se séparent sans se dire une parole, parce que leurs deux cœurs se sont révélés l'un à l'autre, je reconnais le type de cette société chrétienne qui ne met plus de barrière entre l'âme d'un roi et celle d'un mendiant. Quand saint François reçoit sainte Claire au couvent de Sainte-Marie-des-Anges, la fait asseoir à ses côtés, et rompt le pain avec elle en présence de ses disciples, que fait-il, sinon d'enseigner le respect des femmes dans un pays où pesa longtemps sur elles la dureté des lois romaines? Lorsque s'entretenant avec frère Léon, et demandant où est la joie parfaite, il ne la trouve ni dans la science, ni dans la prédication, ni dans les miracles, mais dans le pardon des injures, il met la main sur la plaie de cette nation italienne, si inspirée, si éloquente, qui sut tout, excepté pardonner, et qui devait périr par ses discordes. Vous souriez au récit de la paix que fit le saint entre la ville de Gubbio et le loup de la montagne voisine, et vous n'apercevez pas une admirable leçon de charité donnée aux justes en faveur des pauvres pécheurs. Vous ne voyez pas que le loup voleur et homicide, mais docile après tout, qui pose sa patte dans la main de saint François, et qui tient sa promesse de ne faire mal à personne, représente bien le peuple du moyen âge, terrible dans ses emportements, mais de qui l'Église ne désespère pas, dont elle prit la main meurtrière dans ses mains divines, jusqu'à ce qu'elle lui eût inspiré cette horreur du sang, le plus beau et le plus incontestable caractère des mœurs modernes.

I

Au nom de Notre-Seigneur Jésus-Christ crucifié et de sa mère, la vierge Marie, on a réuni dans ce livre, comme autant de petites fleurs, les miracles et les pieux exemples du glorieux pauvre du Christ, saint François, et de quelques-uns de ses très-saints compagnons, le tout à la louange de Jésus-Christ.

Premièrement, il faut considérer que le glorieux saint François, dans tous les actes de sa vie, fut conforme au Christ béni. Comme le Christ, au commencement de sa prédication, appela douze apôtres à mépriser toute chose de ce monde, et à le suivre dans la pauvreté et dans les autres vertus ; ainsi saint François, dès le commencement de son Ordre, se choisit douze compagnons, possesseurs de la sublime pauvreté. Et, comme un des douze apôtres, qui s'appelait Judas Iscariote, apostasia, trahissant le Christ, et se pendit lui-même par la gorge, ainsi un des douze compagnons de saint François, qui eut nom frère Jean de la Chapelle, apostasia, et finalement se pendit lui-même par la gorge ; et ceci doit être pour les élus un grand exemple et un grand sujet d'humilité et de crainte, s'ils considèrent que personne n'est assuré de persévérer dans la grâce de Dieu jusqu'à la fin. Comme les saints apôtres parurent à tout le monde merveilleux de sainteté, d'humilité, et pleins du Saint-Esprit, ainsi les très-pieux compagnons de saint François furent tels, que, depuis le temps des apôtres jusqu'à nous, le monde ne vit pas d'hommes si merveilleux et si saints. En effet, l'un d'eux fut ravi jusqu'au troisième ciel, comme saint Paul ; et ce fut frère Gilles. L'un deux, qui est frère Philippe le Long, eut les lèvres touchées par l'ange avec le charbon ardent, comme le prophète Isaïe. L'un d'eux, qui fut frère Sylvestre, parlait avec Dieu comme fait un ami avec son ami, de la même manière qu'autrefois Moïse. Il y en eut un qui, par la pénétration de son intelligence, s'élevait d'un seul vol jusqu'à la lumière de la science divine, comme l'aigle, figure de saint Jean l'évangéliste ; et ce fut le très-humble frère Bernard, lequel expliquait la sainte Écriture avec une très-grande profondeur. Il y en eut un qui fut sanctifié de Dieu et canonisé dans le ciel, tandis qu'il vivait encore dans le monde ; et ce fut frère Ruffin, gentilhomme d'Assise. Et ainsi ils furent tous marqués d'un signe privilégié de sainteté, comme la suite le fera voir.

II

De frère Bernard de Quintavalle, premier compagnon de saint François.

Le premier compagnon de saint François fut frère Bernard d'Assise, qui se convertit de la manière suivante. Saint François portait encore l'habit séculier, bien qu'il eût déjà rompu avec le monde, et qu'il allât cherchant le mépris des hommes, tout mortifié par la pénitence, tellement que beaucoup le tenaient pour insensé. Il était donc honni comme fou et repoussé avec dégoût par ses parents et par les étrangers, qui lui jetaient des pierres et de la fange. Lui cependant passait au milieu de ces injures et de ces mépris, patient comme s'il eût été sourd et muet.

Bernard d'Assise, qui était des plus nobles, des plus riches et des plus habiles de la cité, commença à considérer sagement la conduite de saint François, son extrême mépris du monde, sa grande patience à souffrir les injures, et comment, depuis deux années qu'il était en mépris et en horreur à tous, il paraissait toujours plus ferme. Il commença donc à penser et à dire en lui-même : « Il ne se « peut, en aucune manière, que ce frère n'ait pas « une grande grâce de Dieu ; » là-dessus il l'invita le soir à souper et à coucher, et saint François y consentit, soupa et coucha chez lui. Alors Bernard se promit dans son cœur de contempler la sainteté de son hôte : il fit donc préparer un lit dans sa propre chambre, où une lampe brûlait toute la nuit. Or, saint François, pour cacher sa sainteté, aussitôt qu'il fut entré dans la chambre, se jeta sur le lit, et fit semblant de dormir. Bernard de même, après un peu de temps, se coucha et commença à ronfler

fort, comme s'il dormait très-profondément ; en sorte
que saint François, croyant vraiment que Bernard
dormait, se leva au moment du premier sommeil
et se mit en oraison, levant les yeux et les mains
au ciel, et avec une très-grande dévotion et ferveur il
disait : « Mon Dieu ! mon Dieu ! » et, disant ceci, il
pleurait beaucoup, et il resta jusqu'au matin répétant
toujours : « Mon Dieu ! mon Dieu ! » et rien de plus.
Or, saint François parlait ainsi en contemplant et
admirant l'excellence de la majesté divine, qui daignait prendre pitié du monde périssant, et qui voulait guérir et sauver l'âme du pauvre François, et,
par son moyen, celles de beaucoup d'autres. C'est
pourquoi, éclairé de l'Esprit-Saint, qui est un esprit prophétique, prévoyant les grandes choses que
Dieu devait faire par lui et par son Ordre, et considérant son insuffisance et son peu de vertu, il priait
et conjurait Dieu de vouloir bien, par sa bonté et sa
toute-puissance, sans laquelle la fragilité humaine
ne peut rien, suppléer, aider et accomplir ce qu'il
ne pouvait par lui-même.

Bernard donc, voyant à la lumière de la lampe
les pieux transports de saint François, et considérant avec dévotion les paroles qu'il entendait, fut
touché de l'Esprit-Saint et inspiré de changer
de vie ; et, le matin venu, il appela saint François
et lui dit : « Frère François, je suis tout disposé
« dans mon cœur à quitter le monde, et à t'obéir
« en tout ce que tu me commanderas. » A ces mots,

saint François se réjouit en esprit, et dit : « Bernard,
« ce dont vous parlez est une œuvre si grande et si
« difficile, qu'il en faut demander conseil à Notre-
« Seigneur Jésus-Christ, et le prier qu'il lui plaise
« de nous montrer sur ce point sa volonté, et de
« nous enseigner comment nous pourrons la mettre
« à exécution. Allons donc ensemble à l'évêché, où
« est un bon prêtre : nous ferons dire une messe, puis
« nous resterons en oraison jusqu'à tierce, priant
« Dieu de nous manifester la voie qu'il lui plaît que
« nous choisissions, et pour cela nous ouvrirons le
« missel jusqu'à trois fois. » Bernard répondit que
la chose lui plaisait beaucoup. Alors ils se mirent
en chemin et allèrent à l'évêché ; et, lorsqu'ils eurent entendu la messe et qu'ils furent restés en
oraison jusqu'à tierce, le prêtre, à la prière de saint
François, prit le missel ; et ayant fait le signe de
la très-sainte Croix, il ouvrit le livre trois fois, au
nom de Notre-Seigneur Jésus-Christ. A la première
ouverture du livre, se trouva cette parole du Christ
dans l'Évangile au jeune homme qui demandait la
voie de la perfection : « Si tu veux être parfait, va et
« vends ce que tu as, donne-le aux pauvres, et suis-
« moi. » A la seconde ouverture, on trouva cette
parole que le Christ dit aux apôtres quand il les envoya prêcher : « Ne portez aucune chose en route,
« ni bâton, ni besace, ni chaussures, ni argent ; »
voulant par là leur enseigner qu'ils devaient remettre à Dieu tout le soin de leur vie, et tourner

toutes leurs pensées à la prédication du saint Évangile. A la troisième ouverture du missel, on trouva cette parole du Christ : « Si quelqu'un veut venir « après moi, qu'il s'abandonne lui-même, qu'il « prenne sa croix et me suive. » Alors saint François dit à Bernard : « C'est le conseil que le Christ « nous donne. Va donc, et fais complétement ce « que tu as entendu, et que Notre-Seigneur Jésus-Christ soit béni, lui qui a daigné nous montrer le chemin de sa vie angélique. » Là-dessus, Bernard se retira ; il vendit tout ce qu'il avait : or il était fort riche. Puis, avec une grande allégresse, il distribua tout aux veuves, aux orphelins, aux prisonniers, aux monastères, aux hôpitaux et aux pèlerins ; et en tout cela saint François l'aida avec prudence et fidélité.

Or un homme qui s'appelait Sylvestre, voyant que saint François donnait tant d'argent aux pauvres et faisait tant donner, pressé par l'avarice, vint lui dire : « Tu ne m'as pas payé entièrement les « pierres que tu m'as achetées pour réparer l'é- « glise. Maintenant que tu as de l'argent, paye- « moi. » Alors saint François, surpris de son avarice et ne voulant pas contester avec lui, comme un véritable observateur du saint Évangile, mit les mains dans le giron de Bernard, et, les ayant remplies d'argent, les vida dans le giron de Sylvestre, ajoutant que, s'il en voulait davantage, on lui en donnerait davantage. Sylvestre se tint satisfait, les quitta et retourna chez lui. Or, le soir, pensant à ce qu'il avait fait le jour, il se mit à se reprocher son avarice, et à considérer la ferveur de Bernard et la sainteté de François ; et, la nuit suivante et les deux autres, il eut de Dieu cette vision : il lui semblait que de la bouche de saint François sortait une croix d'or, dont le haut touchait le ciel, et les bras s'étendaient de l'orient jusqu'à l'occident. Ensuite de cette vision, il donna, pour l'amour de Dieu, ce qu'il avait, et se fit frère Mineur ; et il fut d'une telle sainteté dans son Ordre et si favorisé de grâces, qu'il parlait avec Dieu comme fait un ami avec son ami, ainsi que plusieurs fois saint François en fit l'épreuve, et comme on l'expliquera dans la suite.

Bernard, pareillement, eut tant de grâces de Dieu, que souvent il fut ravi en contemplation ; et saint François disait de lui qu'il méritait tous les respects, et qu'il avait fondé cet Ordre. Car il était le premier qui eût abandonné le monde sans se réserver rien, donnant toutes choses aux pauvres du Christ, et qui eût commencé à pratiquer la pauvreté de l'Évangile en s'offrant lui-même et se remettant nu entre les bras du Crucifié, lequel puissions-nous à jamais bénir !

III

Comment l'ange de Dieu proposa une question à frère Élie, dans un couvent du Val de Spolète ; et, frère Élie lui ayant répondu avec orgueil, l'ange partit, et s'en fut sur le chemin de Saint-Jacques, où il trouva frère Bernard, et lui fit ce récit.

Au commencement de l'Ordre, quand il y avait peu de frères, et qu'il n'y avait pas de couvents établis, saint François, pour sa dévotion, alla à Saint-Jacques en Galice, et emmena avec lui quelques frères, entre lesquels était frère Bernard. Et comme ils allaient ensemble par le chemin, il trouva dans un endroit un pauvre malade, duquel ayant compassion, il dit à frère Bernard : « Mon fils, je veux « que tu restes ici à servir ce malade. » Et frère Bernard s'agenouilla humblement, et, baissant la tête, il reçut l'ordre du père vénéré, et demeura en ce lieu pendant que saint François, avec les autres, allait à Saint-Jacques. Arrivé là, et se trouvant la nuit en oraison dans l'église de Saint-Jacques, saint François eut révélation de Dieu qu'il devait fonder beaucoup de monastères par le monde, parce que son Ordre devait croître et s'étendre, et compter une grande multitude de frères ; et, sur cette révélation, il commença d'établir des couvents dans ces contrées. Et saint François, revenant par le chemin qu'il avait suivi d'abord, retrouva frère Bernard, et le malade avec qui il l'avait laissé parfaitement guéri. C'est pourquoi, l'année suivante, saint François permit à frère Bernard d'aller à Saint-Jacques, et lui s'en retourna dans la vallée de Spolète; il y demeurait dans un couvent fort solitaire, avec frère Masséo, frère Élie et d'autres, lesquels se gardaient fort de troubler et d'interrompre saint François dans ses oraisons ; et ils en usaient ainsi par le grand respect qu'ils lui portaient, et parce qu'ils savaient que Dieu dans l'oraison lui révélait de grandes choses.

Il advint un jour que, saint François étant en prière dans la forêt, un beau jeune homme, en habit de voyageur, se présenta à la porte du couvent, et frappa avec tant de précipitation et si fort, et pendant si longtemps, que les frères s'étonnèrent beaucoup d'une aussi étrange manière de frapper. Frère Masséo alla, ouvrit la porte, et dit à ce jeune homme : « D'où viens-tu, mon fils ? car, à l'étrange « façon dont tu frappes, il ne semble pas que tu « sois jamais venu ici. » Le jeune homme répondit: « Et comment donc faut-il frapper ? » Et frère Masséo lui dit: « Frappe lentement trois fois l'une « après l'autre ; puis attends assez pour que le « frère ait le temps de dire un *Pater noster* et « d'arriver ; et si dans cet intervalle il ne vient « pas, frappe de nouveau. » Le jeune homme répliqua : « J'ai grande hâte, et c'est pourquoi

« j'ai frappé si fort ; car j'ai à faire un long voyage,
« et je suis venu ici afin de parler à frère François ;
« mais il est à cette heure en contemplation dans
« la forêt, et je ne veux pas le troubler. Mais va,
« et envoie-moi frère Élie ; car je lui veux faire une
« question, ayant ouï dire qu'il est très-sage. » Frère
Masséo va, et dit à frère Élie de se rendre auprès de
ce jeune homme ; mais lui se fâche, et n'y veut point
aller. Si bien que frère Masséo ne sait plus que faire
ni que répondre à l'étranger ; car, s'il dit que frère
Élie ne peut venir, il ment ; et s'il dit que frère
Élie est en colère et ne veut point venir, il craint
de donner mauvais exemple. Or, comme frère Masséo
hésitait à retourner, le jeune homme frappa une
seconde fois comme la première, et peu après frère
Masséo retourna à la porte et dit au jeune homme :
« Tu n'as pas observé ma leçon sur la manière de
« frapper. » Le jeune homme répondit : « Frère
« Élie ne veut pas venir à moi, mais va et dis à frère
« François que je suis venu pour converser avec
« lui ; et, comme je ne veux pas interrompre son
« oraison, dis-lui qu'il m'envoie frère Élie. » Et
frère Masséo s'en alla à saint François, qui priait
dans la forêt, le visage tourné vers le ciel, et lui
dit le message du jeune homme et la réponse du
frère Élie. Or ce jeune homme était l'ange de Dieu
sous la figure humaine.

Alors saint François, sans changer de place, sans
baisser les yeux, dit à frère Masséo : « Va et dis à

« frère Élie qu'au nom de la sainte obéissance, il
« aille incontinent trouver ce jeune homme. »
Frère Élie, ayant reçu l'ordre de saint François,
alla à la porte très-irrité, l'ouvrit avec grande violence et grand fracas, et dit au jeune homme : « Que
« veux-tu ? » Le jeune homme répondit : « Garde
« bien, frère, que tu ne sois en colère, comme tu le
« parais, parce que la colère gêne l'âme et ne lui
« laisse pas voir la vérité. » Frère Élie répliqua :
« Dis ce que tu veux de moi. » Le jeune homme
répondit : « Je te demande s'il est permis aux ob-
« servateurs du saint Évangile de manger ce qui
« est servi devant eux, selon les paroles du Christ à ses
« disciples ? et je te demande encore s'il est permis
« à aucun homme d'établir rien de contraire à la
« liberté évangélique ? » Frère Élie répondit orgueilleusement : « Je sais bien ce que tu demandes,
« mais je ne veux pas te répondre. Va à tes affaires. »
Le jeune homme dit : « Je saurais mieux que toi
« répondre à cette question. » Alors frère Élie, irrité, ferma la porte avec violence et s'en fut ; puis
il se prit à considérer la question proposée et à douter en lui-même, et il ne la savait pas résoudre.
Car il était vicaire de l'Ordre, et, par une constitution qui allait au delà de l'Évangile et des règles
de saint François, il avait prescrit que nul d'entre
les frères ne mangeât de la chair ; de sorte que la
question était expressément tournée contre lui. Ne
sachant donc s'en éclaircir lui-même, et frappé de

l'air modeste du jeune homme, et de ce qu'il lui avait dit qu'il saurait répondre mieux que lui, il retourna à la porte, et l'ouvrit pour demander la réponse. Mais le voyageur avait disparu : car l'orgueil de frère Élie n'était pas digne de converser avec un ange. Ceci fait, saint François, à qui tout avait été révélé de Dieu, revint de la forêt. Il reprit frère Élie à haute voix et avec force, en disant : « Vous faites mal, frère Élie l'orgueilleux, qui « chassez de chez nous les saints anges, lorqu'ils « viennent pour nous instruire. Je vous déclare « que je crains fort que votre orgueil ne vous fasse « finir hors de cet Ordre. »

Le même jour et à la même heure où l'ange avait disparu, il se montra sous la même forme à frère Bernard, qui revenait de Saint-Jacques et qui était sur la rive d'un grand fleuve. L'ange le salua dans sa langue, et lui dit : « Dieu te donne la paix, ô bon frère ! » Or le bon frère Bernard s'étonna beaucoup, et, considérant la beauté du jeune homme, qui lui donnait le salut de paix avec un joyeux visage et dans le langage de sa patrie, il lui demanda : « D'où viens-tu, bon jeune homme ? » L'ange répondit : « Je viens de tel couvent, où de- « meure saint François, et j'allais pour parler avec « lui ; mais je n'ai pu, parce qu'il était dans la fo- « rêt à contempler les choses divines, et je n'ai pas « voulu l'interrompre. En ce couvent demeurent « frère Masséo, frère Gilles et frère Élie ; et frère

« Masséo m'a enseigné à frapper à la porte selon la
« coutume des frères. Mais frère Élie n'a pas voulu
« répondre à la question que je lui ai proposée;
« puis il s'en est repenti ; il a voulu m'entendre et
« me voir, et il était trop tard. » Après ces paroles,
l'ange dit à frère Bernard : « Pourquoi ne passes-tu
« pas le fleuve ? » Frère Bernard répondit : « Parce
« que je crains de périr dans les eaux, à cause de
« la profondeur que je leur vois. » L'ange dit :
« Passons ensemble, et ne crains rien. » Et il lui
prend la main, et en un clin d'œil il le pose de
l'autre côté du fleuve. Alors frère Bernard connut
que c'était l'ange de Dieu, et avec un grand respect
et une grande joie il s'écria : « Ange béni de Dieu,
« dis-moi quel est ton nom? » L'ange répondit :
« Pourquoi me demandes-tu mon nom, qui est
« mystérieux ? » Et, ayant dit ces mots, l'ange disparut, et laissa frère Bernard fort consolé ; si bien
qu'il fit tout le chemin avec allégresse, et il remarqua le jour et l'heure où l'ange lui était apparu.
Arrivé au couvent où était saint François avec ses
compagnons, dont on a parlé plus haut, il leur raconta toutes choses de point en point, et ils connurent avec certitude que c'était le même ange qui,
en ce jour et à cette heure, avait apparu d'abord
à eux, ensuite à lui.

IV

Comment le saint frère Bernard d'Assise fut envoyé à Bologne par saint François, et y fonda un couvent.

Saint François et ses compagnons étant appelés de Dieu pour porter la croix du Christ dans leurs cœurs et leurs actions, et pour la prêcher dans leurs discours, ils paraissaient et ils étaient vraiment des hommes crucifiés, par leur habit et leur vie austère, comme aussi par leurs actes et toutes leurs œuvres. Ils désiraient donc beaucoup plus la honte et les opprobres supportés pour l'amour du Christ, que les honneurs du monde, le respect et les louanges des hommes. Bien plus, ils se réjouissaient des injures et s'attristaient des honneurs, et ils allaient ainsi par le monde comme des pèlerins et des étrangers, n'emportant avec eux autre chose que le Christ crucifié. Et parce qu'ils étaient de la véritable vigne qui est le Christ, ils produisaient de grands et bons fruits dans les âmes, qu'ils gagnaient à Dieu. Il advint que dans le commencement de l'Ordre saint François envoya frère Bernard à Bologne, afin d'y faire, selon la grâce que Dieu lui avait donnée, de bons fruits pour le ciel. Or frère Bernard, se munissant du signe de la très-sainte croix, au nom de la sainte obéissance, partit et arriva à Bologne. Et les enfants, le voyant vêtu d'une manière étrange et misérable, lui faisaient beaucoup d'affronts et beaucoup d'injures, comme on ferait à un fou. Or frère Bernard, avec patience et allégresse, supportait toutes ces choses pour l'amour du Christ. Bien plus, afin d'être mieux tourmenté, il se mit tout exprès sur la place de la ville, où, s'étant assis, il vit s'attrouper autour de lui beaucoup d'enfants et d'hommes : ils lui tiraient le capuchon, qui derrière, qui devant ; l'un lui jetait de la poussière, l'autre des pierres, et on le poussait qui deçà, qui delà ; et frère Bernard, toujours avec la même patience, d'un même air et d'un visage joyeux, demeurait calme et sans se plaindre.

Or pendant plusieurs jours il revint au même lieu, afin d'avoir à soutenir de pareils traitements. Et comme la patience est une œuvre de perfection et une épreuve de vertu, un savant docteur ès lois, voyant tant de constance et de vertu dans le frère Bernard, que depuis tant de jours aucun outrage ni aucune injure n'avait pu troubler, se dit en lui-même : « Il est impossible que celui-ci ne soit pas « un saint homme. » Et, s'approchant de lui, il lui demanda : « Qui es-tu? et qu'es-tu venu faire ici? » Frère Bernard, pour toute réponse, mit la main dans son sein, et en tira la règle de saint François, et la lui donna pour qu'il la lût. Et le docteur l'ayant lue, considérant le sublime état de perfection qu'elle prescrit, frappé d'étonnement et d'admiration, se tourna vers ses amis et leur dit : « Vraiment, voici le plus sublime état de religion « que j'aie jamais connu ; celui-ci et ses compa- « gnons sont les plus saintes gens dont j'aie en- « tendu parler en ce monde, et c'est un très-grand « péché que de l'injurier, lui qu'il faudrait hono- « rer souverainement comme un véritable ami de « Dieu. »

Il dit donc à frère Bernard : « Si vous voulez « établir un couvent où vous puissiez convenable- « ment servir Dieu, moi, je vous le donnerai vo- « lontiers, pour le salut de mon âme. » Et frère Bernard répondit : « Seigneur, je crois que ceci « vous est inspiré par Notre-Seigneur Jésus-Christ, « et pour son honneur j'accepte volontiers votre « offre. » Alors ce juge, avec une grande joie et une grande charité, mena frère Bernard chez lui, puis lui donna la maison qu'il avait promise, la disposa et la meubla à ses dépens ; et dorénavant il devint le père et le défenseur spécial de frère Bernard et de ses compagnons. Frère Bernard, par la sainteté de sa vie, commença à être fort honoré du peuple, au point que bien heureux se croyait quiconque pouvait le toucher ou le voir. Mais lui, comme un véritable disciple du Christ et de l'hum- ble François, craignant que l'honneur du monde ne nuisît à la paix et au salut de son âme, il partit un jour, et retourna près de saint François, et lui parla ainsi : « Père, le couvent de la ville de Bolo-

« gne est fondé ; envoyez-y des frères qui le conser-
« vent et y demeurent ; car déjà je n'y faisais plus
« de profit ; et même par le trop grand honneur
« qu'on m'y rend, je crains d'y perdre plus que je
« n'y gagnerais. » Or saint François, entendant
toute la suite des choses que Dieu avait opérées par
frère Bernard, rendit grâce à Dieu, qui avait ainsi
commencé à étendre les pauvres disciples de la
Croix. Alors il envoya de ses compagnons à Bologne et en Lombardie, et ceux-ci fondèrent beaucoup de couvents en divers pays.

V

Comment saint François fit le carême dans une île du lac de Pérouse, où il jeûna quarante jours et quarante nuits, et ne mangea que la moitié d'un pain.

Le véritable serviteur du Christ, saint François, fut en certaines choses comme un autre Christ donné au monde, pour le salut des hommes. Et c'est pourquoi Dieu le Père voulut qu'il fût, en beaucoup de points, conforme et semblable à son fils Jésus-Christ, ainsi qu'on l'a vu par le vénérable collége des douze compagnons de saint François, par l'admirable mystère de ses sacrés stigmates, et par le jeûne continuel du saint carême qu'il fit de la manière qu'on va dire.

Saint François se trouvant, le jour du carnaval, auprès du lac de Pérouse, dans la maison d'un de ses dévots, avec lequel il avait passé la nuit, fut inspiré de Dieu d'aller pour ce carême dans une île du lac. Saint François pria donc son ami de vouloir bien, pour l'amour du Christ, le porter sur sa nacelle dans une île qui ne fût habitée de personne, et de le faire la nuit du jour des Cendres, afin que nul ne s'en aperçût. Celui-ci, par la grande dévotion qu'il avait pour saint François, se rendit avec empressement à sa prière, et le conduisit dans cette île ; et saint François n'emporta rien avec lui, sinon deux petits pains.

Étant arrivé dans l'île, et son ami le quittant pour retourner chez lui, saint François le pria avec tendresse de ne révéler à personne qu'il fût là, et de ne revenir vers lui que le jeudi saint ; et là-dessus l'autre se retira. Saint François, resté seul, et n'ayant aucune habitation qui pût l'abriter, entra dans un buisson très-épais, où les ronces et les petits arbres entrelacés avaient formé comme un gîte pour les bêtes sauvages ou comme une petite hutte ; et dans ce lieu il se mit en oraison, et à contempler les choses célestes. Il resta ainsi tout le carême, sans boire ni manger autre chose que la moitié d'un des petits pains, ainsi que s'en assura son ami, quand il le revint chercher le jeudi saint ; car des deux pains il trouva l'un entier, et la moitié de l'autre. On croit que saint François en mangea la moitié par respect pour le jeûne du Christ béni, lequel jeûna quarante jours et quarante nuits sans prendre aucune nourriture matérielle ; et ainsi avec cette moitié de pain il rejeta loin de lui le venin de la vaine gloire, en même temps qu'à l'exemple du Christ il jeûnait quarante jours et quarante nuits.

Par la suite, dans ce lieu où saint François avait fait une si merveilleuse abstinence, Dieu opéra beaucoup de miracles par ses mérites ; et à cause de ces miracles, les hommes commencèrent à y bâtir des maisons qu'ils habitèrent ; en peu de temps il s'y forma un bon et grand village ; il y a un couvent de frères, qu'on appelle le monastère de l'île. Et encore maintenant les hommes et les femmes du village ont un grand respect et une grande dévotion pour ce lieu où saint François fit le carême qu'on a dit.

VI

Comment saint François cheminant avec frère Léon, il lui exposa quelles choses font la parfaite joie.

Saint François allait une fois de Pérouse à Sainte-Marie-des-Anges avec frère Léon, en temps d'hiver ; et, comme le très-grand froid le tourmentait fort, il appela frère Léon qui marchait devant, et parla ainsi : « Frère Léon, quand même il plairait « à Dieu que les frères Mineurs donnassent, en « tout pays, un grand exemple de sainteté et de « bonne édification, toutefois écris et retiens bien « que là n'est pas la joie parfaite. » Et, allant plus loin, saint François l'appela une seconde fois : « O frère Léon, encore que le frère Mineur fît « marcher les oiteux, redressât les contrefaits, « chassât les démons, rendît la lumière aux aveu- « gles, l'ouïe aux sourds, la parole aux muets, et, « ce qui est une plus grande chose encore, « ressuscitât les morts de quatre jours, écris que « là n'est point la joie parfaite. » Marchant encore un peu, il s'écria d'une voix forte : « O frère « Léon, si le frère Mineur savait toutes les langues, « et toutes les sciences, et toutes les Écritures, s'il « pouvait prophétiser et révéler non-seulement les « choses futures, mais encore les secrets des « consciences et des âmes, écris que là n'est pas « la joie parfaite. » Et allant un peu plus loin, saint François s'écria encore avec force : « O frère « Léon, petite brebis de Dieu, quand le frère Mi- « neur parlerait la langue de l'ange, quand il « saurait le cours des étoiles et la vertu des plan- « tes, et que tous les trésors de la terre lui seraient « révélés, et qu'il connaîtrait les propriétés des « oiseaux, des poissons, et de tous les animaux, « et des hommes, et des arbres, et des pierres, et

« des racines, et des eaux, écris que là n'est pas
« la joie parfaite. » Et marchant encore un peu, il
s'écria à haute voix : « O frère Léon, lors même
« que le frère Mineur saurait si bien prêcher qu'il
« convertirait tous les infidèles à la foi du Christ,
« écris que là n'est point la joie parfaite. »

Or, comme ces discours avaient bien duré l'espace de deux milles, frère Léon, avec un grand étonnement, interrogea le saint, et lui dit : « Père,
« je te prie, de la part de Dieu, de m'apprendre où
« est la joie parfaite. Et saint François lui répondit : « Quand nous serons à Sainte-Marie-des-
« Anges, ainsi trempés de pluie, transis de froid,
« souillés de boue, mourant de faim, et que nous
« frapperons à la porte du couvent, et que le portier viendra en colère nous demander : « Qui
« êtes-vous ? » et quand nous lui dirons : « Nous
« sommes deux de vos frères, » et qu'il répondra :
« Vous ne dites pas vrai, vous êtes deux ribauds
« qui allez trompant le monde et dérobant les au-
« mônes des pauvres, allez-vous-en ; » et lorsqu'il
« ne nous ouvrira point, et nous fera rester dehors, à la neige et à la pluie, avec le froid et la
« faim, jusqu'à la nuit ; alors si nous supportons
« tant d'injustice, de dureté et de rebuts, patiemment, sans trouble et sans murmure, pensant
« avec humilité et charité que ce portier nous connaît véritablement, et que Dieu le fait ainsi parler contre nous, ô frère Léon, écris que là est la

« joie parfaite. Et si nous persistons à frapper, et
« que lui, sortant tout en colère, nous chasse comme
« des coquins imposteurs, avec des injures et des
« soufflets, disant : « Hors d'ici, misérables voleurs !
« allez à l'hôpital, car vous ne mangerez ni ne lo-
« gerez ici ; » et si nous supportons cela avec pa-
« tience, avec allégresse et avec amour, ô frère
« Léon, écris que là est la joie parfaite. Et si,
« forcés par la faim, par le froid et par la nuit,
« nous frappons encore, appelant et demandant,
« pour l'amour de Dieu, avec beaucoup de larmes,
« que le portier nous ouvre et qu'il nous mette
« seulement à l'abri ; et si lui, encore plus irrité,
« s'écrie : « Voici d'impertinents coquins, je les
« payerai bien comme ils le méritent, » et qu'il
« sorte avec un bâton noueux, et que, nous pre-
« nant par le capuchon, il nous jette à terre,
« nous roulant dans la neige, nous battant et nous
« meurtrissant de tous les nœuds de son bâton ; si
« nous soutenons toutes ces choses avec patience et
« allégresse, pensant aux peines du Christ béni,
« lesquelles nous devons partager pour son amour,
« ô frère Léon, écris que là est enfin la parfaite
« joie. Et maintenant, frère, écoute la conclusion :
« Au-dessus de toutes les grâces et de tous les dons
« de l'Esprit-Saint que le Christ accorde à ses amis,
« est celui de se vaincre soi-même, et, pour l'amour
« du Christ, de soutenir volontiers les peines, les
« injures, les opprobres et les mésaises. Car de

« tous les autres dons de Dieu nous ne pouvons
« nous glorifier, puisqu'ils ne viennent pas de nous,
« mais de Dieu, selon cette parole de l'Apôtre :
« Qu'as-tu que tu n'aies de Dieu? et si tu l'as eu
« de lui, pourquoi t'en glorifier, comme si tu
« l'avais de toi ! » Mais dans la croix de la tribula-
« tion et de l'affliction nous pouvons nous glorifier,
« parce que l'Apôtre dit encore : « Je ne veux pas
« de gloire, sinon dans la croix de Notre-Seigneur
« Jésus-Christ. »

VII

Comment saint François enseignait à frère Léon la manière de répondre,
et comment celui-ci ne put jamais dire que le contraire de ce que voulait saint François.

Saint François était une fois, au commencement
de son Ordre, avec frère Léon, dans un couvent
où ils n'avaient pas de livres pour dire l'office divin. Quand vint l'heure des matines, saint François dit à frère Léon : « Mon bien-aimé, nous
« n'avons pas de bréviaire avec lequel nous puis-
« sions dire matines ; mais, afin d'employer le
« temps à louer Dieu, je parlerai et tu me répon
« dras comme je t'enseignerai ? et garde-toi de
« dire les paroles autrement que je ne te les aurai
« apprises. Or voici ce que je dirai : « O frère

« François, tu as fait tant de mal et tant de péchés
« dans le siècle, que tu es digne de l'enfer ; » et toi,
« frère Léon, tu répondras : « C'est une chose vraie,
« que tu mérites le plus profond de l'enfer. » Et
frère Léon, avec une simplicité de colombe, répondit : « Volontiers, Père ; commence donc, au
« nom de Dieu. »

Alors saint François se prit à dire : « O frère
« François, tu fis tant de mal et tant de péchés
« dans le siècle, que tu es digne de l'enfer. » Et
frère Léon de répondre : « Dieu fera par toi tant
« de bien, que tu t'en iras en paradis. » Saint
François dit : « Ne parle pas ainsi, frère Léon. Mais,
« quand je dirai : « Frère François, tu as commis
« contre Dieu tant d'iniquités, que tu es digne
« d'être maudit de Dieu, » tu répondras de la
« sorte : « Oui, vraiment, tu es digne d'être mis
« au nombre des maudits. » Et frère Léon répondit :
« Volontiers, mon Père. » Alors saint François,
avec beaucoup de larmes et de soupirs, et se
frappant la poitrine, dit à haute voix : « O mon
« Seigneur ! maître du ciel et de la terre, j'ai com-
« mis contre vous tant d'iniquités et tant de pé-
« chés, que je suis tout à fait digne d'être maudit
« de vous. » Et frère Léon de répondre : « O frère
« François, Dieu te rendra tel, qu'entre les bénis
« tu seras singulièrement béni. » Et saint François, s'étonnant que frère Léon répondît le contraire de ce qu'il lui avait imposé, le reprit en di-

sant : « Pourquoi ne réponds-tu pas comme je
« t'enseigne ? Je te commande, par la sainte obéis-
« sance, de répondre comme je t'enseignerai. Je
« dirai ainsi : « O méchant frère François ! pen-
« ses-tu que Dieu ait merci de toi, lorsque tu as
« tant péché contre le Père de la miséricorde et le
« Dieu de toute consolation, que tu n'es pas digne
« de trouver miséricorde. » Et toi, frère Léon, ma
« petite brebis, tu répondras : « En aucune manière
« tu n'es digne de trouver miséricorde. » Mais ensuite, quand saint François se mit à dire : « O mau-
« vais frère François... » et le reste, frère Léon répondit : « Dieu le Père, dont la miséricorde est infi-
« nie, plus que tes péchés, te fera grande miséri-
« corde, et de plus il t'accordera beaucoup de grâ-
« ces. » Et à cette réponse saint François, doucement
irrité et troublé sans impatience, dit à frère Léon :
« Et pourquoi as-tu la présomption de parler contre
« l'obéissance ? Pourquoi, déjà tant de fois, as-tu
« répondu le contraire de ce je t'avais prescrit ? »
Frère Léon répondit, avec beaucoup d'humilité et
de respect : « Dieu sait, mon Père, que chaque fois
« j'avais résolu dans mon cœur de répondre comme
« tu m'as commandé ; mais Dieu me fait parler
« comme il lui plaît, et non selon qu'il me plaît. »

De quoi saint François s'étonna, et dit à frère
Léon : « Je te prie très tendrement cette fois de me
« répondre comme je t'ai dit. » Frère Léon répondit : « Parle au nom de Dieu ; car, pour certain,

« je te répondrai, cette fois, comme tu veux. » Et saint François, pleurant, dit : « O méchant frère « François, penses-tu que Dieu ait merci de toi? » Et frère Léon de répondre : « Bien plus, tu rece- « vras de grandes grâces de Dieu, et il t'exaltera « et te glorifiera dans l'éternité, parce que celui « qui s'humilie sera exalté ; et je ne puis dire au- « trement, car Dieu parle par ma bouche. » Ainsi, dans cette humble contestation, avec beaucoup de larmes et beaucoup de consolations spirituelles, ils veillèrent jusqu'au jour.

VIII

Comment frère Masséo dit par plaisanterie à saint François que tout le monde courait après lui ; et saint François lui répondit que c'était pour la confusion du monde et par la grâce de Dieu : « Parce que, dit-il, je « suis le plus vil de la terre. »

Saint François demeurait une fois au couvent de la Portioncule avec frère Masséo de Marignano, homme d'une grande sainteté, d'une grande sagesse, et doué d'une grâce singulière pour parler de Dieu : c'est pourquoi saint François l'aimait beaucoup. Un jour saint François revenant de la forêt, où il avait fait oraison, et ledit frère Masséo se trouvant à la sortie de la forêt, celui-ci voulut éprouver l'humilité du saint, alla à sa rencontre, et comme en plaisantant lui dit : « Pourquoi ? pour-

« quoi, pourquoi toi plutôt qu'un autre? » Saint François répondit : « Que veux-tu dire? » Frère Masséo répondit : « Je veux dire, pourquoi tout le « monde court-il après toi, et semble-t-il que chaque « personne désire te voir, t'entendre et t'obéir ? Tu « n'es pas beau de corps, tu n'es pas d'une grande « science, tu n'es pas noble ; donc d'où te vient « que tout le monde court après toi? Saint François, entendant ces paroles, tout réjoui dans son cœur, leva les yeux au ciel. Il resta longtemps l'âme ravie en Dieu ; puis, revenant en lui-même, il s'agenouilla et rendit à Dieu louange et grâce ; ensuite, avec une grande ferveur d'esprit, il se tourna vers frère Masséo, et dit : « Veux-tu savoir « d'où me vient que tout le monde court après moi ? « Je le dois aux regards du Dieu très-haut, qui « contemple en tout lieu les bons et les méchants ; « et parce que ses yeux très-saints n'ont vu entre « les pécheurs aucun qui fût plus vil, ni plus in- « suffisant, ni plus grand pécheur que moi ; et « comme, pour faire l'œuvre merveilleuse qu'il mé- « ditait, il n'a pas trouvé de créature plus méprisable « sur la terre, c'est pour cette raison qu'il m'a choisi «. pour confondre et la noblesse, et la grandeur, et « la force, et la beauté, et la science du monde. Il « veut ainsi que l'on connaisse que toutes vertus « et tous biens sont de lui et non de la créature, et « que nulle personne ne puisse se glorifier en sa « présence, mais si quelqu'un se glorifie, qu'il se

« glorifie dans le Seigneur, à qui appartient tout
« honneur et toute gloire dans l'éternité. » Alors
frère Masséo, à une si humble réponse dite avec
tant de ferveur, demeura consterné, et connut
avec certitude que saint François était vraiment
fondé en humilité chrétienne.

IX

Comment saint François et frère Masséo, prenant le pain qu'ils avaient quêté, le posèrent sur une pierre auprès d'une fontaine, et saint François loua fort la pauvreté. Comment aussi il pria Dieu, saint Pierre et saint Paul, de lui donner un grand amour de la très-sainte Pauvreté : alors saint Pierre et saint Paul lui apparurent.

L'admirable serviteur et disciple du Christ, saint
François, voulut se conformer parfaitement et en
toute chose au Christ, qui, selon l'Évangile, envoya
ses disciples, deux à deux, dans toutes les villes et
les bourgades où il devait aller. Ainsi, lorsqu'à l'imitation du Sauveur il eut réuni douze compagnons,
il les envoya prêcher par le monde, deux à deux.
Puis, pour leur donner l'exemple de la véritable
obéissance, il commença par aller lui-même, comme
le Sauveur, qui commença par agir avant d'enseigner.
Donc, ayant assigné à ses frères les autres parties
du monde, et choisissant frère Masséo pour compagnon, il prit le chemin de la province de France.

Un jour qu'ils arrivaient dans une bourgade,

très-affamés, ils allèrent, selon la règle, mendier du pain pour l'amour de Dieu ; et saint François alla par une rue, et frère Masséo par une autre. Mais comme saint François était un homme de trop chétive apparence et petit de corps, et que par ce motif ceux qui ne le connaissaient pas le prenaient pour un misérable, on ne lui donnait rien, sinon quelques bouchées et quelques restes de pain sec ; mais parce que frère Masséo était grand et beau de corps, on lui donna de bons morceaux en très-grande quantité, et des pains entiers. Lorsqu'ils eurent mendié, ils se rejoignirent hors de la ville pour manger dans un lieu où était une belle et large pierre, sur laquelle chacun posa toutes les aumônes qu'il avait quêtées. Saint François, voyant que les morceaux de pain de frère Masséo étaient plus nombreux et plus gros que les siens, fit une très-grande exclamation de joie, et dit ainsi : « O frère Masséo, « nous ne sommes pas dignes d'un si grand trésor ! » Et comme il répétait ces paroles plusieurs fois, frère Masséo lui répondit : « Père, comment peux-« tu parler de trésor là où il y a tant de pauvreté, « et où manquent toutes les choses nécessaires ? Je « ne vois ici ni nappe, ni couteau, ni écuelle, ni « maison, ni table, ni serviteur, ni servante. » Et saint François lui dit : « C'est là même ce que je « compte pour un grand trésor, puisque rien ici « n'est préparé par l'industrie humaine, mais tout « nous est donné par la Providence divine, ainsi

« qu'on peut le voir par ce pain de l'aumône, par
« cette table formée d'une pierre si belle, et par
« cette fontaine si claire. C'est pourquoi je veux
« que nous demandions à Dieu de nous faire aimer
« le noble trésor de la très-sainte Pauvreté, qui a
« Dieu même à son service. » Ces paroles dites,
ayant prié, et fait leur repas de ces morceaux de pain
et de l'eau de la fontaine, ils se levèrent pour cheminer vers la France.

Or, comme ils arrivaient à une église, saint François dit à son compagnon : « Entrons dans cette
« église et prions ; » et saint François, allant devant
l'autel, se mit en prière, et dans cette oraison il reçut de la visite de Dieu une ardeur croissante qui
enflamma si fortement son âme de l'amour de la
sainte Pauvreté, qu'à l'éclat de sa figure et au frémissement de ses lèvres il semblait qu'il jetât des
flammes d'amour. Il vint donc tout embrasé à son
compagnon, et lui dit : « Ah ! ah ! ah ! frère Masséo,
il faut t'abandonner à moi. » Il parla ainsi trois
fois ; à la troisième fois, il souffla sur frère Masséo,
et celui-ci se sentit ravi et alla tomber devant le
saint à la distance d'une longue lance. Sur quoi
frère Masséo fut frappé d'une grande stupeur, et
dans la suite il redit à ses compagnons que, dans
ce ravissement, il avait goûté tant de douceur et
une telle consolation du Saint-Esprit, que de sa vie
il n'en avait tant éprouvé. Et cela fait, saint François dit : « Mon compagnon, allons à saint Pierre et

« à saint Paul, et prions-les qu'ils nous enseignent et
« nous aident à posséder le trésor infini de la très-
« sainte Pauvreté ; car c'est un trésor si précieux et si
« divin, que nous ne sommes pas dignes de le posséder
« en notre misérable vaisseau de chair. C'est cette
« vertu céleste par laquelle toutes choses terrestres
« et passagères sont foulées aux pieds, et par la-
« quelle l'âme est dégagée de toutes les entraves,
« afin qu'elle puisse librement s'unir au Dieu éter-
« nel. C'est par cette vertu que l'âme encore habi-
« tante de la terre converse dans le ciel avec les an-
« ges. C'est elle qui accompagna le Christ sur la
« croix ; avec le Christ elle fut ensevelie ; avec le
« Christ elle ressuscita ; avec le Christ elle monta
« au ciel. C'est elle qui, dès cette vie, accorde aux
« âmes éprises d'elle le pouvoir de voler aux cieux ;
« et de plus elle garde les armes de la véritable
« humilité et de la véritable charité. Ainsi prions
« les très-saints apôtres du Christ, qui aimèrent
« parfaitement cette perle évangélique, de nous
« obtenir, de Notre-Seigneur Jésus-Christ, que,
« par sa très-sainte miséricorde, il nous accorde
« d'être de vrais amis, observateurs et humbles dis-
« ciples de la très-précieuse, très-aimable et très-
« évangélique Pauvreté. »

Tout en parlant ainsi, ils arrivèrent à Rome ; ils
entrèrent dans l'église de Saint-Pierre ; et saint
François s'étant mis en oraison dans un coin, et
frère Masséo dans un autre, ils restèrent longtemps

en prière avec beaucoup de larmes et de dévotion. Les très-saints apôtres Pierre et Paul apparurent à saint François entourés d'une grande splendeur, et lui dirent : « Parce que tu demandes et désires d'ob-
« server ce que le Christ et les saints apôtres obser-
« vèrent, le Seigneur Jésus-Christ nous envoie pour
« t'annoncer que ta prière est exaucée; et Dieu te
« donne entièrement, à toi et à tes disciples, le tré-
« sor de la très-sainte Pauvreté ; et, de plus, nous
« te l'annonçons de sa part. Quiconque, à ton exem-
« ple, s'attachera parfaitement à ce désir, est assuré
« de la béatitude éternelle ; et toi et tes disciples
« vous serez bénis de Dieu. » Et après ces paroles ils disparurent, laissant saint François rempli de consolation. Il se releva de sa prière et revint à frère Masséo, et lui demanda si Dieu ne lui avait rien révélé, et celui-ci répondit que non. Alors saint François lui dit comment les saints apôtres lui avaient apparu, et ce qu'ils lui avaient révélé ; sur quoi tous deux, pleins de joie, résolurent de retourner dans la vallée de Spolète, renonçant au voyage de France.

X

Comment, saint François étant parler de Dieu avec ses frères, Dieu apparut au milieu d'eux.

Saint François, au commencement de sa religion, ayant réuni ses compagnons pour parler du Christ, dans un moment de ferveur d'esprit il commanda à l'un d'eux, au nom de Dieu, d'ouvrir la bouche, et de parler ainsi que le Saint-Esprit le lui inspirerait. Le frère, accomplissant ce commandement, parla merveilleusement de Dieu. Saint François lui imposa silence, et commanda de même à un autre frère. Celui-ci, obéissant aussitôt, parla de Dieu avec pénétration, et saint François pareillement lui imposa silence, et ordonna à un troisième de parler à son tour. Et celui-ci, ainsi que les autres, se mit à discourir si profondément des choses secrètes de Dieu, que saint François connut certainement que lui, ainsi que les deux autres, parlaient par l'Esprit-Saint ; et ceci lui fut encore prouvé par un signe. Car, pendant qu'ils s'entretenaient ainsi, le Christ béni apparut au milieu d'eux sous la figure d'un très-beau jeune homme, qui les bénit tous. Ils furent tous ravis hors d'eux-mêmes et tombèrent comme morts, ne tenant plus à rien de ce monde. Saint François, revenant à lui, leur dit : « Mes « très-chers frères, révélez les trésors de la divine « science ; car Dieu est celui qui ouvre la bouche « du muet, et qui fait parler savamment la langue « des simples. »

XI

Comment sainte Claire mangea avec saint François et ses frères à Sainte-Marie-des-Anges.

Saint François, quand il habitait à Assise, visitait souvent sainte Claire, lui donnant de saints enseignements. Celle-ci avait un extrême désir de manger une fois avec lui, et elle l'en pria bien souvent ; mais il ne voulait jamais lui donner cette consolation. C'est pourquoi ses compagnons, voyant le désir de sainte Claire, dirent à saint François :
« Père, il nous paraît que cette rigidité n'est pas
« selon la charité divine, de ne pas vouloir exaucer
« sœur Claire, vierge sainte et si chère à Dieu, dans
« une aussi petite chose que de manger avec toi,
« surtout si tu considères qu'à ta prédication elle a
« abandonné les richesses et les pompes du monde.
« En vérité, si elle te demandait une plus grande
« grâce que celle-ci, tu devrais l'accorder à ta fille
« spirituelle. » Alors saint François répondit :
« Vous paraît-il donc que je la doive exaucer ? »
Ses compagnons répondirent : « Oui, père, c'est
« une chose juste que tu lui accordes cette grâce et
« cette consolation. » Alors saint François dit :
« Puisqu'il vous paraît ainsi, il me paraît de même.
« Mais, afin qu'elle soit encore plus consolée, je
« veux que ce repas se fasse à Sainte-Marie-des-

« Anges, parce qu'il y a longtemps qu'elle est re-
« cluse à Saint-Damien. Elle aura une grande joie
« de voir Sainte-Marie-des-Anges, où elle a été
« voilée et faite épouse de Jésus-Christ ; et nous y
« mangerons ensemble au nom de Dieu. »

Le jour désigné étant arrivé, sainte Claire sortit du monastère avec une compagne, suivie des compagnons de saint François, et vint à Sainte-Marie-des-Anges. Elle salua dévotement la vierge Marie devant son autel, où on lui avait coupé les cheveux et donné le voile. Ensuite ils la menèrent visiter le couvent, jusqu'à ce qu'il fût l'heure du repas ; et pendant ce temps saint François fit servir sur la terre nue, comme il avait accoutumé. Et l'heure du repas arrivée, ils s'assirent ensemble, saint François et sainte Claire, et un des compagnons de saint François avec la compagne de sainte Claire : puis tous les autres compagnons de saint François s'approchèrent humblement. Or, pour le premier service, saint François commença à parler de Dieu d'une manière si suave, si sublime, si merveilleuse, que la grâce divine descendit sur eux en abondance, et tous furent ravis en Dieu. Et pendant qu'ils étaient ainsi ravis, les yeux et les mains levés au ciel, les gens d'Assise et de Bettona, et ceux des environs, virent Sainte-Marie-des-Anges tout embrasée, ainsi que le couvent et le bois qui alors était près du couvent ; et il leur sembla que c'était un grand feu qui enveloppait l'église, le couvent et le bois tout ensemble, tellement que ceux d'Assise coururent de ce côté en grande hâte pour éteindre le feu, croyant que tout brûlait. Mais, arrivés au couvent, ils trouvèrent que rien ne brûlait. Ils entrèrent, et virent saint François avec sainte Claire, et toute leur compagnie, ravis en Dieu, dans la contemplation, et assis autour de cette humble table. A cette vue, ils comprirent, sans hésiter, que c'était un feu divin et non matériel que Dieu avait fait apparaître miraculeusement, pour montrer et signifier le feu du divin amour qui embrasait les âmes de ces saints frères et de ces saintes religieuses ; et ils partirent avec une grande consolation dans le cœur et une sainte édification. Puis, après un long espace de temps, saint François, sainte Claire et leurs compagnons revenant à eux, et se sentant fortifiés de la nourriture spirituelle, ne songèrent plus guère à la nourriture corporelle.

Ainsi se termina ce repas béni, et sainte Claire revint bien accompagnée à Saint-Damien, où les sœurs la revirent avec une grande joie, parce qu'elles craignaient que saint François ne l'eût envoyée gouverner quelque autre monastère, comme il avait déjà envoyé sœur Agnès, sœur de la sainté, pour être abbesse au monastère de Monticelli à Florence. En effet, saint François avait dit quelquefois à sainte Claire : « Tiens-toi prête pour le « cas où j'aurais à t'envoyer en quelque couvent ; » et elle, comme une véritable fille de la sainte Obéis-

sance, lui avait répondu : « Mon père, je suis tou-
« jours prête à me rendre partout où vous m'en-
« verrez. » Voilà pourquoi les sœurs se réjouirent
si fort, quand elle leur fut rendue ; et, depuis lors,
sainte Claire demeura très-consolée.

XII

Comment saint François, ayant reçu de sainte Claire et du saint frère Sylvestre l'avis de prêcher pour convertir beaucoup de monde, institua le tiers ordre, prêcha aux oiseaux, et fit tenir en paix les hirondelles.

L'humble serviteur du Christ, saint François, peu de temps après sa conversion, ayant déjà rassemblé et reçu dans l'Ordre beaucoup de compagnons, entra dans une grande préoccupation et une grande perplexité au sujet de ce qu'il devait faire, ou de s'appliquer seulement à la prière, ou de se livrer quelquefois à la prédication ; et là-dessus il désirait beaucoup savoir la volonté de Dieu. Et parce que la sainte humilité qui était en lui ne lui permettait pas de présumer de lui-même ni de ses prières, il eut la pensée d'interroger la volonté divine par les prières d'autrui. C'est pourquoi il appela frère Masséo, et lui parla ainsi : « Va trou-
« ver sœur Claire, et dis-lui de ma part qu'elle et
« quelques-unes de ses compagnes les plus élevées
« en esprit prient dévotement Dieu qu'il lui plaise
« de me montrer quel est le meilleur, que je m'ap-

« plique à la prédication ou seulement à l'oraison.
« Ensuite va à frère Sylvestre, et dis-lui la même
« chose. » C'était ce même Sylvestre qui avait vu
sortir de la bouche de saint François une croix
d'or, laquelle s'élevait jusqu'au ciel et s'étendait
jusqu'aux extrémités du monde ; et ce frère Sylvestre était d'une telle sainteté, que s'il demandait à
Dieu quelque chose, il l'obtenait, et souvent il
s'entretenait avec Dieu : c'est pourquoi saint François l'avait en grande dévotion. Frère Masséo s'en
alla, et, selon le commandement de saint François,
porta son message premièrement à sainte Claire,
ensuite à frère Sylvestre. Aussitôt que celui-ci l'eut
reçu, il se jeta incontinent en oraison ; et tandis
qu'il priait, il eut la réponse divine, et revenant à
frère Masséo, il lui parla ainsi : « Dieu dit ceci :
« Que tu répondes à frère François que Dieu ne
« l'a pas appelé en ce monde seulement pour lui,
« mais encore pour qu'il fasse une grande récolte
« d'âmes, et que par lui beaucoup soient sauvés. »
Cette réponse reçue, frère Masséo retourna vers sainte
Claire pour savoir ce qu'elle avait obtenu de Dieu,
et elle lui dit qu'elle et ses compagnes avaient eu
de Dieu la même réponse que frère Sylvestre. Là-
dessus frère Masséo revint à saint François, et saint
François le reçut avec une très-grande charité, lui
lava les pieds et lui apprêta le repas. Et après le
manger, saint François appela frère Masséo dans le
bois, et là il s'agenouilla devant lui, abaissa son

capuchon, et, mettant ses bras en croix, il demanda :
« Que me commande mon Seigneur Jésus-Christ ? »
Frère Masséo répliqua : « Le Christ a répondu et
« révélé, tant à frère Sylvestre qu'à sœur Claire et
« à ses compagnes, que sa volonté est que tu ail-
« les prêcher par le monde ; car il ne t'a pas élu
« pour toi seul, mais encore pour le salut des au-
« tres. »

Or saint François, ayant entendu cette réponse
et reconnu la volonté de Jésus-Christ, se leva, et
avec une très-grande ferveur il dit : « Allons au nom
« de Dieu. » Et il prit pour compagnons frère Masséo et frère Ange, deux hommes saints. Et se laissant aller à l'entraînement de l'esprit, sans considérer ni chemin ni sentier, ils arrivèrent à un bourg
qui s'appelait Savurniano ; et saint François se mit
à prêcher, et commanda premièrement aux hirondelles qui chantaient de se tenir en silence jusqu'à
ce qu'il eût prêché, et les hirondelles lui obéirent.
Il prêcha avec tant de ferveur, que tous les hommes et les femmes de ce bourg voulaient le suivre
par dévotion et abandonner leurs demeures ; mais
saint François ne le permit pas, leur disant : « N'ayez
« pas tant de hâte, et restez ; je mettrai ordre à ce
« que vous devez faire pour le salut de vos âmes. »
Et alors il eut la pensée de fonder le tiers ordre
pour le salut de tous. Puis, les laissant ainsi très-
consolés et bien disposés à la pénitence, il partit,
et arriva entre Cannaio et Bevagna. Et comme il

passait outre, toujours avec la même ferveur, il leva les yeux, et vit à côté de la route quelques arbres sur lesquels étaient une multitude presque infinie d'oiseaux; de quoi saint François s'émerveilla, et il dit à ses compagnons : « Vous m'attendrez ici sur « le chemin, et j'irai prêcher aux oiseaux. » Il entra donc dans le champ, et se mit à prêcher aux oiseaux qui étaient à terre ; aussitôt ceux qui étaient sur les arbres s'en vinrent à lui, et tous ensemble restèrent tranquilles jusqu'à ce que saint François eût fini de prêcher ; et alors même ils ne partirent qu'après qu'il leur eut donné sa bénédiction. Et, selon ce que raconta dans la suite frère Masséo, à frère Jacques de Massa, saint François allait au milieux d'eux, les touchant avec sa robe, et aucun ne bougeait. La substance de la prédication de saint François fut celle-ci : « Mes oiseaux, vous êtes extrêmement
« obligés à Dieu votre Créateur : et toujours et en
« tous lieux vous le devez louer, parce qu'il vous a
« donné la liberté de voler partout, et qu'il vous a
« encore donné un double et un triple vêtement ;
« ensuite, parce qu'il a réservé votre espèce dans
« l'arche de Noé, afin que votre race ne vînt pas à
« manquer. Vous lui êtes encore obligés pour l'é-
« lément de l'air qu'il vous a départi. Outre cela,
« vous ne semez ni ne moissonnez, et Dieu vous
« nourrit et vous donne les fleuves et les fontaines
« pous vous abreuver ; il vous donne les montagnes
« et les vallées pour votre refuge, et les grands ar-

« bres pour y faire vos nids. Et parce que vous ne
« savez ni filer ni coudre, Dieu prend soin de vous
« vêtir, vous et vos petits ; en sorte que votre Créa-
« teur vous aime beaucoup, puisqu'il vous accorde
« tant de bienfaits. Gardez-vous donc du péché d'in-
« gratitude, et toujours étudiez-vous à louer Dieu. »
Saint François leur ayant dit ces paroles, les oiseaux,
tous tant qu'ils étaient, commencèrent à ouvrir le
bec et les ailes, tendant le cou, et inclinant la tête
jusqu'à terre ; et par leurs mouvements et par leurs
chants ils montraient que le saint leur causait un
très-grand plaisir. Et saint François se réjouissait
avec eux ; il était charmé et s'émerveillait beaucoup
d'une telle multitude d'oiseaux, de leur admirable
variété, et aussi de leur attention et de leur familiarité ; et pour cette raison il trouvait sujet en eux
de louer dévotement le Créateur. Finalement, la
prédication terminée, saint François leur fit le signe
de la croix, et leur donna licence de partir. Alors
tous ces oiseaux s'élevèrent dans l'air avec des chants
merveilleux ; puis, suivant la croix que saint François avait faite, ils se divisèrent en quatre parties :
l'une vola vers l'Orient, l'autre vers l'Occident,
l'autre vers le Midi, et la quatrième vers l'Aquilon ;
et chaque bande s'envolait, répétant des chants
merveilleux. Ils montraient ainsi que comme saint
François, gonfalonier de la croix du Christ, leur
avait prêché et avait fait sur eux le signe de la croix,
suivant lequel ils s'étaient divisés entre les quatre

parties du monde, ainsi la prédication de la croix du Christ, renouvelée par saint François, devait être portée sur tous les points du monde par lui et par les frères. Et en effet les frères, de même que les oiseaux, ne possédant ici-bas rien en propre, remettent à la seule providence de Dieu tout le soin de leur vie.

XIII

Du merveilleux chapitre que tint saint François à Sainte-Marie-des-Anges, où se trouvèrent plus de cinq mille frères.

Le fidèle serviteur du Christ, François, tint une fois un chapitre général à Sainte-Marie-des-Anges. A ce chapitre se rassemblèrent plus de cinq mille frères : on y vit saint Dominique, chef et fondateur de l'Ordre des frères Prêcheurs, qui allait alors de Bourgogne à Rome ; et sachant la réunion du chapitre que saint François tenait dans la plaine de Sainte-Marie-des-Anges, il s'y rendit avec sept frères de son Ordre. A ce chapitre se trouva encore un cardinal, très-dévoué à saint François, et le saint lui avait prédit qu'il serait pape, ce qui arriva. Le cardinal étant venu à dessein de Pérouse, où était la Cour romaine, à la ville d'Assise, chaque jour il visitait saint François et ses frères, et quelquefois il chantait la messe ou faisait le sermon aux frères réunis en chapitre. Or ledit cardinal ressentait une grande joie et une grande dévotion quand il venait visiter ce saint collége, en voyant dans la plaine, autour de Sainte-Marie-des-Anges, les frères assis par groupes, ici de quarante, là de cent, ailleurs de quatre-vingts ensemble, tous occupés à raisonner de Dieu, tous dans les oraisons, dans les larmes et les exercices de charité. Tous se tenaient dans un tel silence et une telle modestie, qu'on n'entendait pas un murmure ni une dispute ; en sorte que le cardinal s'émerveillait d'une telle multitude si bien ordonnée, et il disait avec larmes et avec une grande dévotion : « Vraiment, c'est ici le camp et l'armée « des chevaliers de Dieu. » Dans un si grand nombre d'hommes on n'entendait ni fables ni paroles menteuses ; mais, quelque part que se réunît une troupe de frères, ils priaient, disaient leur office, ou bien ils pleuraient leurs péchés et ceux de leurs bienfaiteurs, ou ils s'entretenaient du salut des âmes. Les cabanes de ce camp étaient formées de claies et de nattes, divisées par groupes, selon les diverses provinces d'où venaient les frères. C'est pourquoi ce chapitre s'appela le *Chapitre des Claies ou des Nattes.* Leur lit était la terre nue, et quelques-uns avaient un peu de paille ; leurs oreillers étaient des pierres ou des morceaux de bois. C'est pourquoi si grande était la dévotion qu'ils inspiraient à quiconque les voyait ou les entendait, et si étendu le renom de leur sainteté, que de la cour du Pape, qui était alors à Pérouse, et des autres lieux de la vallée de Spolète, accouraient un grand nombre de comtes, de barons, de chevaliers et d'autres gentilshommes, et beaucoup de bourgeois, et des cardinaux, des évêques, des abbés, avec beaucoup d'autres clercs, pour être témoins d'une assemblée si sainte, si nombreuse et si humble, telle que le monde n'avait jamais vu tant de saints hommes réunis. Mais on venait principalement voir le chef et le père très-saint de cette sainte famille, qui avait ravi au monde une si belle proie et formé un troupeau si beau et si docile, pour suivre les traces du véritable pasteur Jésus-Christ.

Le chapitre étant donc assemblé, le père de tous et le ministre général, saint François, dans la ferveur qui l'inspirait, annonça la parole de Dieu, et prêcha ce que le Saint-Esprit lui faisait dire. Or, pour texte du sermon, il prit ces paroles : « Mes fils, « nous avons promis à Dieu de grandes choses ; mais « Dieu nous en a promis de plus grandes encore, « si nous observons nos promesses, et que nous atten- « dions avec assurance les siennes. Court est le « plaisir du monde ; la peine qui le suit est éter- « nelle. Petite est la peine de cette vie ; mais la gloire « de l'autre est infinie. » Et sur ces paroles prêchant très-dévotement, il fortifiait ses frères, et les portait à l'obéissance et au respect envers la sainte mère Église ; à la charité fraternelle, à prier Dieu pour tous les hommes, à pratiquer la patience dans les adversités de ce monde, la modération dans la pros-

périté ; à conserver la pureté et la chasteté angélique ; à garder la paix et la concorde avec Dieu, avec les hommes, et avec leur propre conscience ; à s'entretenir dans l'amour et l'observance de la très-sainte Pauvreté ; et il dit ensuite : « Je vous
« commande, au nom de la sainte Obéissance, à
« vous tous qui êtes rassemblés ici, que nul de
« vous n'ait inquiétude ni aucun souci du manger,
« du boire, ni des autres choses nécessaires au corps.
« Mais je veux seulement que vous vous appliquiez à
« prier Dieu, et que vous lui laissiez le soin de votre
« corps, parce qu'il a pour chacun de vous une
« sollicitude particulière. » Et tous tant qu'ils étaient reçurent ce commandement avec allégresse de cœur et avec un visage joyeux. Puis, le sermon de saint François étant terminé, ils se jetèrent en oraison.

Saint Dominique, qui était présent à toutes ces choses, s'étonna fort du commandement de saint François ; et il le trouvait indiscret, n'imaginant pas comment une telle multitude se pourrait gouverner sans prendre aucun soin ni souci des choses nécessaires au corps. Mais le souverain Pasteur, le Christ béni, voulant montrer combien il a soin de ses brebis, et quel singulier amour il porte à ses pauvres, inspira incontinent aux gens de Pérouse, de Spolète, de Foligno, de Spello, d'Assise et des autres lieux environnants, de porter à manger et à boire à la sainte assemblée. Et voici tout

à coup venir de ces lieux des hommes avec des bêtes de somme, des chevaux, des charrettes, chargés de pain, de vin, de fèves, de fromages et d'autres choses bonnes à manger, comme les pauvres du Christ en avaient besoin. Outre cela, ils apportaient des serviettes, des cruches, des coupes, des verres, et autres vases qui étaient nécessaires pour une telle multitude, Et bien heureux se croyait celui qui pouvait porter davantage, ou servir avec plus d'empressement ; si bien que même les chevaliers, les barons et les autres gentilshommes, qui étaient venus pour voir les frères, les servaient avec humilité et dévotion. Saint Dominique, témoin de toutes ces choses, et voyant qu'en vérité la Providence divine s'employait pour eux, reconnut humblement qu'il avait mal taxé d'indiscrétion le commandement de saint François, et allant s'agenouiller devant lui, il déclara humblement sa faute, et ajouta : « Vraiment, Dieu prend un soin
« particulier de ses saints pauvres, et je ne le sa-
« vais pas. Désormais je promets d'observer l'évan-
« gélique et sainte Pauvreté, et je maudis de la part
« de Dieu tous les frères de mon Ordre qui oseront
« retenir quelque chose en propre. » Ainsi saint Dominique fut très-édifié de la foi de saint François, de l'obéissance et de la pauvreté qu'il voyait dans une compagnie si grande et si bien ordonnée, et enfin de la Providence divine qui venait d'y répandre une telle abondance de tous biens. Dans ce

même chapitre, il fut dit à saint François que beaucoup de frères portaient le cilice sur la chair et des cercles de fer; que, pour cette raison, beaucoup étaient malades jusqu'à en mourir, et que plusieurs en étaient gênés dans l'oraison; à raison de quoi saint François, comme un père très-discret, commanda par la sainte Obéissance que tous ceux qui avaient ou des cilices ou des cercles de fer les quittassent, et vinssent les déposer devant lui. Ils firent ainsi, et l'on compta bien cinq cents cilices de fer, et encore plus de cercles qu'on portait, soit au bras, soit à la ceinture : on en fit un grand monceau, et saint François ordonna de les laisser là.

Le chapitre terminé, saint François, ayant affermi tous ses frères dans le bien, et leur ayant enseigné comment ils devaient se tirer sans péché de ce monde mauvais, les renvoya dans leurs provinces avec la bénédiction de Dieu et la sienne, tous pénétrés de consolation et de joie spirituelle.

XIV

Comment la vigne du prêtre de Rieti, dans la maison duquel pria saint François, fut dépouillée et ravagée à cause du grand nombre de gens qui venaient trouver le saint. Comment ensuite elle produisit miraculeusement plus de vin que jamais, ainsi que saint François l'avait promis, et comment Dieu révéla à saint François qu'au sortir de ce monde il aurait le Paradis.

Un jour, saint François ayant les yeux très-gravement malades, le cardinal Ugolin, protecteur de l'Ordre, à cause de la grande tendresse qu'il ressentait pour le saint, lui écrivit de venir le trouver à Rieti : il y avait là d'excellents médecins pour les yeux.

Lorsque saint-François eut reçu la lettre du cardinal, il s'en alla d'abord à Saint-Damien, où était sainte Claire, très-dévote épouse du Christ, pour lui donner quelques consolations, et ensuite se rendre près du cardinal. Or, saint François étant là, son mal d'yeux empira tellement la nuit suivante, qu'il ne voyait plus la lumière ; et comme il ne pouvait partir, sainte Claire lui fit faire une petite cellule de roseaux, pour qu'il pût mieux reposer. Mais saint François, à cause de la douleur de son mal et de la multitude de souris qui l'incommodaient extrêmement, ne pouvait reposer en aucune manière, ni jour ni nuit ; et, souffrant de plus en plus de cette peine et de cette tribulation, il se prit à penser que c'était un fléau de Dieu pour ses péchés, et se mit à rendre grâce à Dieu de cœur et de bouche, s'écriant à haute voix : « Mon
« Seigneur, je suis digne de cela et de bien pire
« encore. Seigneur Jésus-Christ, bon pasteur, qui,
« pour nous autres pécheurs, avez mis votre mi-
« séricorde en diverses peines et angoisses corpo-
« relles, accordez grâce et vertu à votre pauvre
« brebis, afin que nulle infirmité, angoisse ou
« douleur, ne me sépare de vous. » Et pendan
cette oraison il vint une voix du ciel, qui dit :

« François, réponds-moi; si toute la terre était
« d'or, et si toutes les mers et les fontaines et les
« fleuves étaient de baume, et si toutes les monta-
« gnes et les collines et les rochers étaient de
« pierres précieuses, et que tu connusses un autre
« trésor aussi préférable à toutes ces choses que
« l'or l'est à la terre, le baume à l'eau, et les pier-
« res précieuses aux montagnes et aux rochers, et
« que ta maladie te méritât ce trésor, ne devrais-tu
« pas t'en tenir bien content et bien joyeux? »
Saint François répondit : « Seigneur, je suis indi-
« gne d'un aussi précieux trésor. » Et la voix de
Dieu lui dit : « Réjouis-toi, François, parce que
« c'est le trésor de la vie éternelle que je te réserve ;
« et dès à présent je t'en investis, et l'infirmité qui
« t'afflige est le gage de ce trésor bienheureux. »

Alors saint François, avec une grande joie de
cette glorieuse promesse, appela son compagnon,
et dit : « Allons chez le cardinal. » Et consolant
d'abord sainte Claire avec de saintes paroles, et lui
faisant humblement ses adieux, il prit le chemin
de Rieti. Mais, quand il fut près d'arriver, la multitude qui venait au-devant de lui était si grande,
qu'il ne voulut pas entrer dans la ville, et s'en fut
à une église qui était à peu près à deux milles dans
le voisinage. Les habitants, sachant qu'il était là,
accoururent tout alentour pour le voir, tellement
que la vigne de cette église en fut dévastée et le
raisin cueilli; de quoi le prêtre du lieu s'affligea

jusqu'au fond du cœur, et il se repentit d'avoir reçu saint François dans son église. Mais, la pensée du prêtre étant révélée de Dieu à saint François, il le fit appeler et lui dit : « Mon très-cher père, « combien de charges de vin te rend cette vigne « par an, quand elle te rend le plus? ». Il répondit : « Douze charges. » Saint François dit : « Je « te prie, père, de supporter avec patience que je « demeure quelques jours ici, parce que j'y trouve « beaucoup de repos, et de laisser chacun prendre « du raisin de cette vigne, pour l'amour de Dieu « et de moi, pauvre pécheur ; et je te promets, « de la part de mon Seigneur Jésus-Christ, qu'elle « te rendra chaque année vingt charges. » Or, la raison pour laquelle saint François s'arrêta dans ce lieu, ce fut le grand fruit qu'il faisait dans les âmes. Parmi cette multitude qu'on y voyait venir, beaucoup s'en retournaient enivrés du divin amour, et abandonnaient le monde.

Le prêtre, se confiant dans la promesse de saint François, laissa librement entrer dans la vigne ceux qui venaient. Merveilleuse chose ! la vigne fut toute ravagée et dépouillée, de telle sorte qu'à peine y restait-il quelques grappes de raisins. Vint le temps de la vendange : le prêtre recueillit ces grappes, les mit dans la cuve et les foula ; et, selon la promesse de saint François, il recueillit vingt charges de très-bon vin. Ce miracle donna à entendre manifestement que si, par le mérite de saint François, la vigne dépouillée de raisins avait abondé en vin, de même le peuple chrétien, stérile en vertus par le péché, mais corrigé par les mérites et la doctrine de saint François, abondait souvent en fruits salutaires de pénitence.

XV

D'une très-belle vision que vit un jeune frère qui avait la cape en telle abomination, qu'il était prêt à quitter l'habit et à sortir de l'Ordre.

Un jeune homme, très-noble et d'habitudes délicates, entra dans l'Ordre de saint François, et après quelques jours il commença, par l'instigation du démon, à prendre en si grande abomination l'habit, qu'il lui semblait porter un misérable sac : il avait horreur des manches, il détestait le capuchon, et la longueur et la rudesse du vêtement lui paraissaient un poids insupportable. L'Ordre venant à lui déplaire toujours davantage, il eut finalement le désir de quitter l'habit, et de retourner au monde. Ce jeune homme avait pris l'habitude, selon ce que lui avait enseigné son maître, à quelque heure qu'il passât devant l'autel du couvent, où se conservait le corps du Christ, de s'agenouiller avec grand respect, en tirant son capuchon, et de se prosterner les bras en croix. Il advint que, la nuit où il devait partir et quitter l'Ordre, il lui fallut passer devant l'autel du couvent ; et en passant, selon l'usage, il s'agenouilla, se prosterna contre terre, et subitement il fut ravi en esprit, et Dieu lui montra une merveilleuse vision. Car il vit devant lui comme une multitude infinie de saints, rangés en procession deux à deux, vêtus de très-beaux et précieux vêtements d'étoffes riches ; leur visage et leurs mains resplendissaient comme le soleil ; ils marchaient avec des chants, au son des instruments des anges. Et entre ces saints il y en avait deux plus noblement vêtus et plus ornés que tous les autres ; ils étaient entourés de tant de clarté, qu'ils causaient un grand éblouissement à qui les regardait ; et presque à la fin de la procession il en vint un couvert de tant de gloire, qu'on l'aurait pris pour un chevalier nouvellement reçu, et plus honoré que les autres. Or, le jeune homme, voyant cette vision, s'émerveillait, et ne savait ce qu'une telle procession voulait dire, et il n'était pas assez hardi pour le demander ; il restait donc comme ébloui de plaisir. Cependant, toute la procession étant passée, à la fin il prit courage, et, courant droit aux derniers, il leur demanda, avec une grande crainte : « O mes très« chers ! je vous prie qu'il vous plaise de me dire « qui sont ces personnages merveilleux qui forment « une procession si vénérable ? » Et ceux-ci répondirent : « Sache, mon fils, que nous sommes tous « frères Mineurs, qui venons, à présent, de la

« gloire du Paradis. » Et il demanda : « Qui sont
« ces deux qui resplendissent plus que les autres ? »
Ils répondirent : « Ceux-ci sont saint François et
« saint Antoine, et ce dernier que tu as vu si
« honoré est un saint frère, qui mourut nouvelle-
« ment ; et parce qu'il combattit vaillamment
« contre les tentations et persévéra jusqu'à la fin,
« nous le menons en triomphe à la gloire du
« Paradis. Or ces vêtements d'étoffes si belles, que
« nous portons, nous sont donnés de Dieu en
« échange de nos rudes tuniques, que nous avons
« portées patiemment en religion ; et la glorieuse
« clarté que tu vois en nous, nous est donnée de
« Dieu pour l'humilité, la patience, la sainte pau-
« vreté, l'obéissance et la chasteté que nous avons
« gardées jusqu'à la fin. Maintenant, mon fils,
« qu'il ne te soit plus pénible de porter le sac de
« la religion, qu'on porte avec tant de fruit. Car,
« si avec le sac de saint François, pour l'amour du
« Christ, tu méprises le monde, tu mortifies ta
« chair et tu combats vaillamment contre le démon,
« tu auras aussi comme nous ces beaux vêtements
« et cette clarté de gloire. » Ces paroles dites, le
jeune homme revint en lui-même ; et, la vision
l'ayant raffermi, il chassa de lui toutes les tentations,
il confessa sa faute devant le gardien et les frères ;
depuis ce jour il aima la rigueur de la pénitence et
la rudesse des vêtements, et il finit sa vie dans
l'Ordre avec une grande sainteté.

XVI

Du très-saint miracle que fit saint François quand il convertit le loup très-féroce de Gubbio.

Au temps où saint François demeurait dans la ville de Gubbio, parut dans les environs un loup monstrueux, terrible et féroce, qui dévorait non-seulement les animaux, mais aussi les hommes ; souvent même il s'approchait de la ville, et les habitants ne sortaient plus des murs que tout armés, comme s'ils fussent allés en guerre. Nonobstant on ne pouvait s'en défendre quand on se trouvait seul sur son chemin ; et, par peur de ce loup, on en vint au point que personne n'osait sortir de la cité. Donc saint François, ayant compassion des hommes de ce pays, voulut s'en aller au-devant du loup, bien que les habitants ne le lui conseillassent en aucune façon ; il fit sur lui le signe de la très-sainte croix, plaça toute sa confiance en Dieu, et sortit de la ville avec ses compagnons. Mais, les autres craignant d'aller plus outre, saint François prit son chemin vers le lieu où était le loup. Or, voici qu'à la vue de beaucoup de gens de la ville qui étaient venus pour être témoins de ce miracle, le loup alla à la rencontre de saint François, la gueule ouverte ; et, comme il s'approchait de lui, saint François lui fit

le signe de la très-sainte croix, et lui dit en l'appelant : « Viens ici, frère loup ; je te commande, de
« la part du Christ, de ne faire de mal ni à moi ni
« à personne. » Chose admirable! incontinent après
que saint François eut fait le signe de la croix, le
loup terrible ferma la gueule, s'arrêta de courir,
et, obéissant au commandement, vint, doux comme
un agneau, se coucher aux pieds de saint François.
Alors le saint lui parla ainsi : « Loup, tu fais
« beaucoup de dommages en ce pays ; tu as commis
« de grands méfaits, détruisant et tuant les créa-
« tures de Dieu, sans sa permission ; et non-seule-
« ment tu as tué et dévoré les bêtes, mais tu as eu
« la hardiesse de tuer les hommes faits à l'image
« de Dieu, cause pour laquelle tu es digne de la
« potence comme voleur et homicide très-méchant.
« Les gens crient et se plaignent de toi, et toute
« cette ville est ton ennemie. Mais je veux, loup,
« faire la paix entre eux et toi, si bien que tu ne
« les offenses plus désormais, qu'ils te pardonnent
« tes offenses passées, et que ni les hommes ni les
« chiens ne te persécutent plus. » Ces paroles dites,
le loup, par les mouvements de son corps, de sa
queue et de ses yeux, inclinant la tête, faisait signe
d'agréer ce que saint François disait, et de vouloir
s'y tenir. Alors saint François reprit : « Puisqu'il
« te plaît de conclure et de tenir cette paix, je te
« promets que je te ferai défrayer de tout, pendant
« que tu vivras avec les hommes de ce pays. Ainsi

« tu ne pâtiras plus de la faim ; car je sais bien
« que la faim t'a fait faire tout ce mal. Mais,
« puisque je t'obtiens cette grâce, je veux, loup,
« que tu me promettes de n'attaquer jamais aucune
« personne humaine, ni aucun animal. Me
« promets-tu ceci ?... » Et le loup, en inclinant la
tête, fit évidemment signe qu'il promettait. Et
saint François lui dit : « Loup, je veux que tu me
« fasses foi de cette promesse, afin que je puisse
« bien m'y fier. » Et saint François tendit la main
pour recevoir la foi du loup. Celui-ci leva la patte
droite de devant, et familièrement la posa sur la
main de saint François, lui donnant ainsi tel signe
de foi qu'il pouvait. Alors le saint dit : « Loup, je
« te commande, au nom de Jésus-Christ, de venir
« à l'heure même, sans hésiter aucunement, et
« nous allons conclure cette paix au nom de Dieu. »
Et le loup obéissant se mit en route avec lui, doux
comme un agneau. Ce que voyant les gens de la
ville, ils s'émerveillaient fort ; et soudain cette
nouvelle se répandit par toute la cité, et toutes
gens, hommes et femmes, grands et petits, jeunes
et vieux, se pressaient vers la place pour voir le
loup avec saint François. Et le peuple étant réuni,
le saint monta sur un lieu élevé pour le prêcher,
disant, entre autres choses, comment, pour leurs
péchés, Dieu permettait de telles calamités ; mais
combien la flamme de l'enfer, qui doit brûler
éternellement les damnés, était plus redoutable

que la fureur du loup, lequel ne peut tuer que le corps. « Combien donc est à craindre la gueule de « l'enfer, disait-il, quand la gueule d'un pauvre « animal tient en crainte et en tremblement une « grande multitude ! Tournez-vous donc vers Dieu, « mes bien-aimés, et faites une digne pénitence de « vos péchés ; et Dieu vous délivrera du loup dans « le temps présent, et du feu de l'enfer dans le « temps à venir. »

La prédication finie, saint François ajouta : « Écoutez, mes frères ! le loup qui est ici devant « vous m'a promis, et il m'en a donné sa foi, de « faire la paix avec vous, et de ne vous offenser « plus jamais en aucune chose. En retour, vous « promettez de lui donner chaque jour le nécessaire ; « et je me rends caution pour lui, qu'il observera « fermement le pacte de la paix. » Alors le peuple, tout d'une voix, promit de le nourrir jusqu'à la fin de ses jours. Et saint François, devant tous, dit au loup : « Et toi, loup, promets-tu d'observer « avec ceux-ci le pacte de la paix, en sorte que « tu n'offenses ni les hommes, ni les animaux, « ni aucune créature ? » Et le loup s'agenouilla et inclina la tête, et avec les mouvements de son corps, en flattant de la queue et des oreilles, témoigna autant que possible qu'il voulait observer le pacte.

Saint François dit alors : « Loup, je veux que, « comme tu m'as donné foi de cette promesse hors

« de la porte, de même devant tout le peuple tu
« me fasses foi de ta promesse, et m'assures que
« tu ne me rendras pas dupe de la garantie et
« caution que j'ai donnée pour toi. » Alors le
loup, levant la patte droite, la posa dans la main
de saint François. Or cet acte et ceux qu'on a dits
ci-dessus causèrent une si grande allégresse et
admiration dans tout le peuple, soit pour la dévotion du saint, soit pour la nouveauté du miracle, soit pour la paix du loup, que tous commencèrent à crier vers le ciel, louant et bénissant
Dieu de leur avoir donné saint François, qui, par
ses mérites, les avait délivrés de la gueule d'une si
cruelle bête.

Le loup vécut ensuite deux années à Gubbio ; il
entrait familièrement dans les maisons, de porte en
porte, sans faire de mal à personne, et sans qu'il
lui en fût fait, nourri courtoisement par les gens
du lieu ; et tandis qu'il s'en allait ainsi par la ville
et par les maisons, jamais aucun chien n'aboya
contre lui. Enfin, après deux ans, le loup mourut
de vieillesse, et les habitants le regrettèrent beaucoup. Car le voyant aller si débonnairement par la
ville, ils se rappelaient mieux la vertu et la sainteté
de saint François.

XVII

Comment saint François apprivoisa les tourterelles sauvages.

Un jeune homme avait pris un jour plusieurs tourterelles, et les allait vendre. Saint François le rencontra ; et lui, qui eut toujours une singulière pitié des animaux pacifiques, regardant ces tourterelles d'un œil compatissant, dit à celui qui les portait : « O bon jeune homme ! je t'en prie, « donne-les-moi, afin que ces oiseaux si doux, qui, « dans la sainte Écriture, sont le symbole des « âmes chastes, humbles et fidèles, ne tombent pas « dans la main des cruels qui les feraient mourir. » Aussitôt le jeune homme, inspiré de Dieu, les donna toutes à saint François ; et lui, les prenant dans son sein, se mit à leur parler tendrement : « O mes « tourterelles ! simples, innocentes et chastes, « pourquoi vous laissez-vous prendre ? Maintenant « je veux vous sauver de la mort et vous faire des « nids, afin que vous fassiez des petits et que vous « multipliiez, selon les commandements de notre « Créateur. » Saint François s'en fut, leur fit à toutes des nids ; et elles, s'apprivoisant, commencèrent à pondre leurs œufs et à les couver devant les frères, comme auraient fait des poules toujours nourries de leurs mains. Elles ne s'en allèrent point, jusqu'à ce que saint François, avec sa bénédiction, leur donna congé de partir.

Quant au jeune homme qui lui en avait fait présent, saint François lui dit : « Mon fils, tu seras « aussi frère en cet Ordre, et tu serviras gracieuse- « ment Jésus-Christ. » Ainsi fut-il, car le jeune homme se fit frère, et vécut dans l'Ordre avec une grande sainteté.

XVIII

Comment saint François délivra un frère qui était en péché et en puissance du démon.

Saint François, étant une fois en oraison dans le couvent de la Portioncule, vit, par révélation divine, tout le couvent entouré et assiégé de démons, comme d'une grande armée. Mais pas un ne pouvait pénétrer dans la maison, parce que les frères étaient d'une telle sainteté, que les démons n'avaient entrée dans aucun d'eux. Les choses continuant ainsi, un jour, un de ces frères prit scandale d'un autre, et pensa dans son cœur comment il pourrait l'accuser et se venger de lui ; et, comme il restait dans cette mauvaise pensée, il donna entrée au démon, qui pénétra dans le couvent, et mit la main sur ce frère.

Or le pieux et vigilant pasteur, qui avait toujours les yeux ouverts sur son troupeau, voyant que le loup était entré pour dévorer sa pauvre brebis, fit aussitôt appeler ce frère, et lui ordonna d'avouer sur-le-champ la haine qu'il avait conçue contre son prochain, et qui l'avait fait tomber entre les mains de l'ennemi. Le frère, épouvanté de se voir compris du saint, avoua tout le venin qu'il avait dans le cœur, reconnut sa faute, et demanda humblement pénitence et miséricorde. Ceci fait, aussitôt l'absolution donnée et la pénitence reçue, saint François vit le démon s'enfuir; et le frère, ainsi délivré des mains du monstre par la charité du bon pasteur, rendit grâce à Dieu, et retourna, corrigé et bien instruit, au saint troupeau, où il vécut dans la suite en grande sainteté.

XIX

Comment saint François convertit à la foi le soudan de Babylone.

Saint François, poussé par le zèle de la foi du Christ et par le désir du martyre, passa outre-mer avec douze compagnons très-saints, pour aller tout droit au soudan de Babylone. Or ils arrivèrent dans une province des Sarrasins, où les passages étaient gardés par des hommes si cruels, que tous ceux qui passaient étaient mis à mort. Or, comme il plut à Dieu, ils ne furent pas tués, mais pris et battus; et, les ayant liés, on les conduisit ainsi devant le soudan. Et quand saint François se trouva en sa présence, instruit par l'Esprit-Saint, il prêcha si divinement la foi du Christ, que même pour la prouver il voulait entrer dans le feu. A raison de quoi le soudan se prit à ressentir une grande dévotion pour lui, soit à cause de sa constance dans la foi, soit à cause du mépris qu'il lui voyait faire du monde (car, bien que très-pauvre, le saint ne voulut recevoir de lui aucun présent), soit enfin à cause de l'ardeur qu'il lui voyait pour le martyre.. Dès lors le soudan l'écouta volontiers, et le pria de revenir souvent, lui octroyant, à lui et à ses compagnons, la liberté de prêcher où ils voudraient ; et il leur donna un signe de sa protection, grâce auquel personne ne put les offenser...

A la fin saint François, voyant qu'il ne pouvait plus faire de fruit dans ces contrées, se décida par révélation divine à retourner chez les fidèles avec ses compagnons. Les ayant donc réunis tous ensemble, il se rendit auprès du soudan, et prit congé de lui. Alors le soudan lui dit : « Frère « François, je me convertirais volontiers à la foi « du Christ ; mais je crains de le faire à cette « heure, parce que si ce peuple le savait, il nous « tuerait toi et moi, avec tous ceux qui t'accom- « pagnent. Et, attendu que tu peux faire encore « beaucoup de bien, et que j'ai à dépêcher cer- « taines affaires d'une grande importance ; je ne « veux pas maintenant causer ma mort et la tienne.

« Mais enseigne-moi comment je pourrai me sauver,
« et je suis prêt à faire ce que tu m'imposeras. »
Saint François lui dit alors : « Seigneur, je te
« quitte à cette heure; mais, quand je serai
« retourné dans mon pays, quand je serai mort et
« monté au ciel par la grâce de Dieu, alors, s'il lui
« plaît, je t'enverrai deux de mes frères, desquels
« tu recevras le saint baptême du Christ, et tu
« seras sauvé, ainsi que me l'a révélé Jésus-Christ,
« mon Seigneur. Pour toi, d'ici là, dégage-toi de
« tout empêchement, afin que la grâce de Dieu
« venant, elle te trouve disposé à la foi et à la
« dévotion. » Le soudan promit de le faire, et il
le fit. L'entretien achevé, saint François s'en retourna, suivi de la vénérable troupe de ses saints compagnons. Et après quelques années saint François mourut selon la chair, et rendit son âme à Dieu.

Or le soudan, étant tombé malade, attendit la promesse de saint François, et fit placer des gardes dans certain passage, avec ce commandement, que si deux frères, en habit de saint François, venaient à se montrer, ils lui fussent amenés de suite. En ce même temps saint François apparut à deux frères, et leur ordonna que sans retard ils allassent vers le soudan, et prissent soin de son salut, ainsi qu'il l'avait promis. Et ces frères partirent à l'instant, et ayant passé la mer, ils furent menés au soudan par les gardes. Le soudan eut une très-grande joie

de les voir, et dit : « Maintenant je sais vraiment
« que Dieu m'a envoyé ses serviteurs pour mon
« salut, selon la promesse que me fit saint François
« par la révélation divine. » Ayant donc reçu des
frères la connaissance de la foi du Christ et le saint
baptême, régénéré en Jésus-Christ, il mourut de
cette maladie, et son âme fut sauvée de la sorte
par les mérites et les prières de saint François.

XX

Comment saint François guérit miraculeusement un lépreux d'âme
et de corps, et ce que lui dit l'âme allant au ciel.

Le vrai disciple du Christ, saint François, lorsqu'il vivait de cette misérable vie, s'appliquait de tous ses efforts à suivre le Christ, le maître parfait. D'où il advint plusieurs fois que par l'opération divine, pendant qu'il guérissait le corps, à la même heure Dieu guérissait l'âme.

Or non-seulement il servait volontiers les lépreux, mais, en outre, il avait ordonné que les frères de son Ordre, cheminant par le monde ou séjournant, servissent les lépreux pour l'amour du Sauveur, lequel voulut être réputé lépreux pour l'amour de nous. Il arriva donc un jour que, dans un couvent près de celui où demeurait alors saint François, les frères desservaient un hôpital de lépreux et d'infirmes, dans lequel était un lépreux si impatient, si insupportable et si insolent, que chacun tenait pour certain, et c'était la vérité, qu'il était possédé du démon. Car il maltraitait si indignement de paroles et de coups quiconque le servait, et, ce qui est pire, il blasphémait si odieusement le Christ béni et sa très-sainte mère la Vierge Marie, que pour rien au monde on ne trouvait quelqu'un qui pût ou voulût le servir. Et quoique les frères, pour accroître le mérite de la patience, s'étudiassent à supporter doucement les injures et les violences contre leurs personnes, toutefois, leur conscience ne pouvant supporter celles qui s'adressaient au Christ et à sa Mère, à la fin ils décidèrent d'abandonner ce lépreux. Mais ils ne voulurent pas le faire avant d'avoir prévenu, selon la règle, saint François, qui demeurait alors dans un couvent près de là.

Aussitôt qu'ils l'eurent prévenu, saint François s'en vint trouver ce lépreux pervers, et, s'approchant de lui, il le salua, lui disant : « Dieu te « donne la paix, mon frère très-aimé ! » Le lépreux répondit : « Quelle paix puis-je avoir de Dieu, qui « m'a enlevé la paix et tout bien, et qui m'a fait « tout pourri et tout puant? » Et saint François dit : « Mon fils, aie patience, car les infirmités du « corps nous sont données de Dieu en ce monde « pour le salut de l'âme : elles sont d'un grand « mérite quand elles sont portées patiemment. » Le malade répondit : « Et comment puis-je porter

« patiemment la peine continuelle qui m'afflige le
« jour et la nuit? et non-seulement je suis affligé
« de mon infirmité, mais pires me sont les frères
« que tu m'as donnés pour me servir, et qui ne me
« servent pas comme ils doivent. »

Alors saint François, connaissant par révélation que ce lépreux était possédé du malin esprit, s'en alla, se mit en oraison, et pria dévotement pour lui. L'oraison faite, il retourna vers lui, et dit ainsi : « Mon fils, je veux te servir, puisque tu « n'es pas content des autres. — Je le veux, dit le « malade ; mais que pourras-tu faire de plus « qu'eux? » Saint François répondit : « Ce que tu « voudras, je le ferai. » Le lépreux dit : « Je veux « que tu me laves tout entier ; car je pue si forte- « ment, que moi-même je ne puis plus me souf- « frir. » Alors saint François fit de suite chauffer de l'eau avec beaucoup d'herbes odoriférantes, puis il le dépouilla et commença à le laver de ses mains, et un autre frère versait l'eau. Or, par un divin miracle, là où saint François touchait de ses saintes mains, la lèpre s'en allait, et la chair redevenait parfaitement saine ; et en même temps que la chair commençait à se guérir, aussi commençait à se guérir l'âme. Et le lépreux, se voyant guérir, se prit à ressentir une grande componction et repentance de ses péchés, et il se mit à pleurer amèrement ; et, tandis que le corps se purifiait extérieurement de la lèpre par l'eau, de même intérieurement l'âme se purifiait de ses péchés par la pénitence et par les larmes. Se trouvant complétement guéri de corps et d'âme, il fit humblement la coulpe, et dit en pleurant à haute voix : « Malheur à moi, qui suis digne de l'enfer pour les « méchancetés et les injures que j'ai faites et dites « aux frères, et pour mon impatience et mes blas- « phèmes contre Dieu ! » Puis, pendant quinze jours il persévéra dans des pleurs amers sur ses péchés, demandant à Dieu miséricorde, et se confessant au prêtre sans rien cacher.

Saint François, à la vue du miracle si manifeste que Dieu avait opéré par ses mains, lui rendit grâce. Il partit de ce lieu, allant en pays très-éloigné ; car, par humilité, il voulait fuir toute gloire, et dans toutes ses œuvres il cherchait seulement l'honneur de Dieu et non le sien. Ensuite, comme il plut à Dieu, le lépreux, guéri de corps et d'âme, au bout de quinze jours de pénitence, fut pris d'une autre maladie, et, armé des sacrements de l'Église, il mourut saintement. Or son âme, allant en paradis, apparut dans l'air à saint François, qui se tenait en oraison dans une forêt, et lui dit : « Me reconnais-tu ? — Qui es-tu ? » dit saint François. « Je suis le lépreux que le Christ « béni a guéri par tes mérites, et aujourd'hui je « m'en vais à la vie éternelle ; de quoi je rends « grâce à Dieu et à toi. Bénis soient ton âme et ton « corps, et bénies tes saintes paroles et tes œuvres !

« car par toi beaucoup d'âmes se sauveront dans
« le monde ; et sache qu'il n'est pas de jour dans
« lequel les anges et les autres saints ne rendent
« grâce à Dieu des bienheureux fruits que toi et
« ton Ordre vous faites dans les diverses parties de
« la terre. Réjouis-toi donc, remercie Dieu, et
« reste avec sa bénédiction. » Ces paroles dites, il
s'en alla au ciel, et saint François demeura fort
consolé.

XXI

Comment saint François convertit trois larrons homicides, qui se firent frères ; et l'admirable vision que vit l'un d'eux, lequel devint un très-saint religieux.

Saint François allait une fois par le désert à San Sepolcro, et, passant par un château qui s'appelle Monte Casale, il vit venir à lui un jeune homme noble et délicat, qui lui dit : « Père, je voudrais
« bien volontiers être de vos frères. » Saint François répondit : « Mon fils, tu es un jeune homme
« délicat et noble ; peut-être ne pourrais-tu pas
« supporter notre pauvreté et notre rigueur. » Et celui-ci dit : « Mon Père, n'êtes-vous point des
« hommes commes nous ? Donc, comme vous sup-
« portez ces choses, ainsi le pourrai-je, avec la
« grâce de Jésus-Christ. » Cette réponse plut beaucoup à saint François, de sorte qu'il le bénit et le

reçut immédiatement dans l'Ordre, et le nomma frère Ange ; et ce jeune homme se conduisit si merveilleusement, qu'à peu de temps de là saint François le fit gardien dans le couvent de Monte Casale.

En ce temps-là, il y avait dans le pays trois voleurs renommés qui faisaient beaucoup de mal ; ils vinrent un jour au couvent que j'ai dit, et prièrent frère Ange le gardien de leur donner à manger, et le gardien leur répondit, en les reprenant durement : « Voleurs cruels et homicides, « vous n'avez pas honte de voler les fatigues d'au- « trui, mais encore, impudents et effrontés, vous « voulez dévorer l'aumône donnée aux serviteurs « de Dieu, vous qui n'êtes seulement pas dignes « que la terre vous porte, parce que vous n'avez « aucun respect ni des hommes ni de Dieu qui « vous créa. Allez donc à votre besogne, et ne pa- « raissez plus ici. »

Les voleurs, troublés de ces paroles, s'en furent avec un grand dépit. Et voici revenir du dehors saint François, chargé d'une besace de pain et d'un petit vase de vin, que lui et son compagnon avaient mendiés ; et le gardien lui rapportant comme il avait chassé les voleurs, saint François le reprit fortement, lui disant qu'il s'était conduit avec cruauté : « Car les pécheurs sont mieux ra- « menés à Dieu par la douceur que par des repro- « ches durs ; d'où vient que notre maître Jésus-

« Christ, dont nous avons promis d'observer
« l'Évangile, dit que les bien portants n'ont pas
« besoin de médecin, mais au contraire les ma-
« lades, et qu'il n'est pas venu pour appeler les
« justes, mais les pécheurs, à la pénitence; et
« c'est pour cela que souvent il mangeait avec eux.
« Puis donc que tu as agi contre la charité et con-
« tre le saint Évangile du Christ, je te commande,
« par la sainte obéissance, de prendre incontinent
« cette besace de pain que j'ai mendié et ce vase
« de vin, et de courir après eux par monts et par
« vaux, les cherchant avec sollicitude jusqu'à ce
« que tu les trouves; et de ma part tu leur feras
« présent de tout ce pain et de ce vin. Puis tu t'age-
« nouilleras devant eux, tu leur confesseras hum-
« blement ta cruauté; enfin tu les prieras en mon
« nom de ne faire plus de mal, mais de craindre
« Dieu et de ne l'offenser plus : s'ils font ainsi, je
« leur promets de pourvoir à leurs besoins, et de
« leur assurer toujours le manger et le boire. Et,
« quand tu auras dit ceci, reviens humblement. »
Pendant que le gardien allait accomplir le commandement de saint François, celui-ci se mit en
oraison, et pria Dieu qu'il attendrît le cœur de ces
larrons, et qu'il les convertît à la pénitence.
L'obéissant gardien, arrivé auprès d'eux, leur offre
le pain et le vin, et fait et dit ce que saint François
lui a commandé. Or il plut à Dieu que ces larrons,
tout en mangeant l'aumône de saint François,

commencèrent à dire entre eux : « Malheur à nous,
« misérables infortunés ! et comme sont dures les
« peines de l'enfer qui nous attendent, nous qui
« allons non-seulement volant le prochain, battant,
« frappant, mais tuant même! Néanmoins, de
« tant de maux et d'actions scélérates que nous
« commettons, nous n'avons aucun remords de
« conscience ni crainte de Dieu, et voilà ce saint
« frère qui est venu à nous, et qui, pour quelques
« paroles qu'il nous avait dites justement à cause
« de notre malice, nous confesse humblement sa
« faute ; et outre cela, il nous apporte le pain et le
« vin, avec une si généreuse promesse du saint
« père François. Vraiment ceux-ci sont de saints
« frères et méritent le paradis de Dieu, et nous
« sommes les fils de l'éternelle perdition, qui mé-
« ritons les peines de l'enfer. Chaque jour nous
« ajoutons à notre damnation, et nous ne savons
« pas si, du fond de ces péchés que nous avons
« commis jusqu'ici, nous pourrons retourner à la
« miséricorde de Dieu. » Et l'un d'eux disant ces
paroles et d'autres semblables, ses deux compagnons répondirent : « Certes, tu dis vrai ; mais
« maintenant que devons-nous faire? Allons, dit
« l'un, à saint François ; et s'il nous donne espoir
« que nous puissions, du fond de nos péchés,
« retourner à la miséricorde de Dieu, faisons ce
« qu'il nous commandera, et puissions-nous déli-
« vrer nos âmes des peines de l'enfer. » Ce conseil

plut aux autres; et ainsi tous trois étant d'accord, ils s'en vinrent en toute hâte à saint François, et ils lui parlèrent ainsi : « Père, à cause de la multi-
« tude de nos péchés et de nos scélératesses, nous
« ne croyons pas pouvoir revenir à la miséricorde
« de Dieu. Mais, si tu as quelque espoir que Dieu
« nous reçoive à merci, voilà que nous sommes
« prêts à pratiquer ce que tu nous prescriras, et à
« faire pénitence avec toi. » Alors saint François, les retenant avec bonté, les rassura par beaucoup d'exemples, et, les rendant certains de la miséri-corde de Dieu, leur promit de la demander pour eux. Il leur montra que la miséricorde divine est infinie; qu'eussions-nous commis des péchés infinis, la miséricorde divine est encore plus grande, selon la parole de l'Évangile et de l'apôtre saint Paul, qui dit aussi : « Le Christ béni est venu
« pour racheter les pécheurs. » Ces enseignements, et d'autres semblables, firent que les trois larrons renoncèrent au démon et à ses œuvres, et saint François les reçut dans l'Ordre. Ils commencè-rent à faire grande pénitence, et deux d'entre eux vécurent peu après leur conversion, et s'en allèrent en paradis. Mais le troisième survécut, et, repen-sant à ses péchés, il se mit à faire telle pénitence, que pendant quinze ans continus, outre les carêmes ordinaires qu'il faisait avec les autres frères, trois jours de la semaine il jeûnait au pain et à l'eau. Il allait toujours déchaussé et avec une

seule tunique sur le dos, et ne dormait jamais après matines.

Pendant ce temps, saint François quitta cette misérable vie. Donc, le converti ayant continué sa pénitence pendant plusieurs années, il arriva qu'une nuit après matines, il lui vint une telle tentation de dormir, qu'en aucune manière il ne pouvait résister et veiller comme d'habitude. A la fin, ne pouvant combattre le sommeil ni prier, il alla se jeter sur un lit pour dormir : aussitôt qu'il y eut posé la tête, il fut ravi et mené en esprit sur une très-haute montagne bordée d'un précipice très-profond; et deçà, delà, on voyait des rochers déchirés et rompus en éclats et tout hérissés de pointes, en sorte que le fond de cet abîme était effroyable à regarder. L'ange qui menait ce frère le poussa avec violence et le jeta dans le précipice; et lui, bondissant et retombant de pointe en pointe et de roc en roc, il arriva finalement au fond, tout démembré et tout en pièces, ainsi qu'il lui parut. Et, comme il était étendu à terre en si pitoyable état, celui qui le menait lui dit : « Lève-toi, car il « te faut faire encore un plus long voyage. » Le frère lui dit « Tu me parais un homme bien dé- « raisonnable et bien cruel; tu me vois mourant de « cette chute qui m'a brisé de la sorte, et tu me « dis de me lever. » Et l'ange s'approche de lui, le touche, lui remet parfaitement tous les membres, et le guérit. Puis, lui montrant une grande plaine

remplie de pierres aiguisées et tranchantes, de
ronces et d'épines, il lui dit qu'il fallait courir par
toute cette plaine et la traverser pieds nus, jusqu'à
ce qu'il en eût gagné le bout, où l'on voyait une
fournaise ardente, dans laquelle il devait entrer.
Et le frère ayant traversé toute la plaine avec grandes peines et angoisses, l'ange lui dit : « Entre
« dans cette fournaise, car il faut que tu le fasses. »
Et l'autre répondit : « Hélas! que tu es un cruel
« conducteur! tu me vois près de la mort pour
« avoir traversé cette horrible plaine, et mainte-
« nant, pour repos, tu me dis d'entrer dans cette
« fournaise ardente. » Et, regardant, il vit à l'en-
tour une multitude de démons armés de fourches
de fer, avec lesquelles, comme il hésitait à entrer,
tout à coup ils le poussèrent dedans. Entré qu'il fut
dans la fournaise, il regarda, et vit un homme qui
avait été son compère, et qui brûlait tout entier,
et il lui demanda : « Oh! compère infortuné, com-
« ment es-tu venu ici? » Et il répondit : « Va un
« peu plus avant, et tu trouveras ma femme, ta
« commère, laquelle te dira la cause de notre
« damnation. » Et le frère allant plus avant, voilà
que lui apparut ladite commère tout embrasée,
enfermée dans une mesure à grains toute de feu;
et il lui demanda : « Oh! commère infortunée et mi-
« sérable, pourquoi es-tu tombée dans un si cruel
« tourment? » Et elle répondit : « Parce que, au
« temps de la grande famine que saint François

« avait prédite, mon mari et moi nous fraudâmes
« sur le blé et le grain que nous vendions à la me-
« sure. » Ces paroles dites, l'ange qui menait le
frère le poussa hors de la fournaise, puis il lui dit :
« Prépare-toi, car tu as à faire un horrible voyage. »
Et celui-ci disait en gémissant : « Oh! très-dur
« conducteur qui n'as aucune compassion de moi,
« tu vois que je suis quasi tout brûlé des feux de
« cette fournaise, et tu veux me mener encore
« dans un voyage périlleux et plein d'horreur. »
Alors l'ange le toucha, et le rendit sain et fort.
Puis il le mena vers un pont qu'on ne pouvait passer sans grand péril, parce qu'il était mince, étroit,
très-glissant et sans parapets. Au-dessous passait
un fleuve terrible, plein de serpents, de dragons et
de scorpions, qui jetaient une très-grande puanteur. L'ange lui dit : « Passe ce pont; à toute force
« il le faut passer. » Et il répondit : « Comment
« pourrais-je le passer sans tomber dans ce fleuve
« menaçant? » L'ange lui dit : « Viens après moi,
« et pose ton pied où tu verras que je poserai le
« mien, et ainsi tu passeras heureusement. » Le
frère marcha donc derrière l'ange, comme celui-ci
le lui avait enseigné; et, arrivé au milieu l'ange
s'envola, et, le laissant, il s'en alla sur une très-
haute montagne, fort au delà du pont. Et le frère
regardait bien le lieu où s'était envolé l'ange; mais,
se retrouvant sans guide, et regardant en bas, il
vit ces bêtes si terribles se tenir la tête hors de l'eau

et la gueule béante, prêtes à le dévorer s'il tombait. Il était si tremblant, qu'il ne savait que faire ni que dire, car il ne pouvait retourner en arrière ni avancer. Se voyant donc dans une telle tribulation, et ne trouvant d'autre refuge que Dieu, il se baissa, embrassa le pont, et se recommanda à Dieu de tout son cœur et avec larmes, le priant, par sa sainte miséricorde, de le secourir. Sa prière faite, il lui parut qu'il commençait à lui pousser des ailes, et, rempli de joie, il attendait qu'elles fussent assez grandes pour voler au delà du pont, où s'était envolé l'ange. Mais, au bout de quelque temps, à cause du grand désir qu'il avait de passer, il se mit à voler; et comme ses ailes n'avaient pas assez grandi, il tomba sur le pont, et en même temps ses plumes se détachèrent. Alors il embrassa le pont derechef, et comme la première fois il se recommanda à Dieu, et, sa prière faite, il lui sembla de nouveau qu'il lui poussait des ailes. Mais, comme la première fois, il n'attendit pas qu'elles eussent grandi jusqu'au bout, et, se mettant à voler avant le temps, il tomba derechef sur le pont, et ses plumes se détachèrent encore. Alors, voyant que, par la hâte qu'il avait de voler avant le temps, il tombait toujours, il se dit en lui-même : « Certaine-
« ment, s'il me vient des ailes une troisième fois,
« j'attendrai tant, qu'elles seront assez grandes pour
« que je puisse voler sans retomber encore. » Étant dans ces pensées, il se vit, pour la troisième fois,

pousser des ailes, et il attendit longtemps, jusqu'à ce qu'elles fussent assez grandes : or il lui parut qu'entre la première, la seconde et la troisième pousse d'ailes, il s'était bien passé cent cinquante ans, ou plus.

A la fin il se leva pour la troisième fois, et de tout son effort il prit son vol, et il vola en haut jusqu'au lieu où l'ange s'était posé. Et, comme il frappait à la porte du palais dans lequel l'ange était entré, le portier lui demanda : « Qui es-tu pour « venir ici? » Il répondit : « Je suis frère Mineur. » Le portier dit : « Attends-moi, car je vais amener « saint François pour voir s'il te connaît. » Le portier étant allé querir saint François, le frère se mit à regarder les murs merveilleux de ce palais, et ces murs paraissaient si lumineux et si transparents, que l'on voyait clairement les chœurs des saints et tout ce qui s'y passait. Et pendant qu'il était ravi à cette vue, voici venir saint François, frère Bernard et frère Gilles, et après eux les saints et les saintes qui avaient suivi la même vie, en si grande multitude qu'ils paraissaient presque innombrables. Et, en arrivant, saint François dit au portier : « Laisse-le entrer, parce qu'il est de mes « frères. » Aussitôt qu'il fut entré, il sentit tant de consolation, tant de douceur, qu'il oublia toutes les tribulations qu'il avait eues, comme si jamais elles n'eussent été. Alors saint François, le menant plus avant, lui montra beaucoup de choses merveil-

leuses, et lui dit ensuite : « Mon fils, il te faut re-
« tourner dans le monde ; tu y resteras sept jours,
« pendant lesquels tu te prépareras avec soin et
« avec une grande dévotion, car, au bout de sept
« jours, j'irai te chercher ; alors tu viendras avec
« moi dans ce repos des bienheureux. » Saint François était vêtu d'un manteau admirable orné d'étoiles très-belles, et ses cinq stigmates étaient comme cinq étoiles parfaitement belles, et de tant de splendeur que tout le palais était illuminé de leurs rayons. Et frère Bernard avait aussi à la tête une couronne de très-belles étoiles, et frère Gilles était orné d'une merveilleuse lumière. Le pénitent vit parmi eux beaucoup d'autres frères qu'il n'avait jamais vus sur la terre. Saint François l'ayant donc congédié, il retourna, bien malgré lui, dans ce monde.

Au moment où il se réveillait, revenant à lui et reprenant ses sens, les frères sonnaient primes ; si bien qu'il n'était resté dans cette extase que de matines à primes, quoiqu'il lui parût y avoir passé un grand nombre d'années. Il redit à son gardien toute sa vision de point en point. Or, avant la fin des sept jours, il commença à prendre la fièvre, et, le huitième jour, saint Fraçois vint le chercher, selon sa promesse, avec une grande multitude de saints glorieux, puis emmena son âme au royaume des bienheureux et à la vie éternelle.

XXII

Comment saint François convertit à Bologne deux écoliers qui se firent frères, et comment ensuite il délivra l'un d'une grande tentation.

Saint François arrivant un jour à Bologne, tout le peuple de la ville courait pour le voir; et si grande était la presse, que les gens ne pouvaient qu'à grand'peine arriver à la place, qui était pleine d'hommes, de femmes et d'écoliers. Saint François se tint debout sur un lieu élevé, et commença à prêcher ce que l'Esprit-Saint lui enseignait. Et il prêchait si merveilleusement, qu'il paraissait que ce fût un ange plutôt qu'un homme. Ces paroles toutes célestes semblaient des flèches aiguës qui traversaient le cœur de ceux qui l'écoutaient, si bien que cette prédication convertit à la pénitence une multitude d'hommes et de femmes. De ce nombre étaient deux nobles étudiants de la Marche d'Ancône. L'un avait nom Pellegrino, et l'autre Rénier. Tous deux, à la suite de cette prédication, touchés jusqu'au fond du cœur d'une inspiration divine, vinrent trouver saint François, disant qu'ils voulaient absolument abandonner le monde et être de ses frères. Alors saint François, connaissant par révélation qu'ils étaient envoyés de Dieu, qu'ils devaient mener une sainte vie dans l'Ordre, et considérant leur grande ferveur, les reçut avec allégresse, en disant : « Toi, Pellegrino, tu garderas « dans l'Ordre la voie de l'humilité ; et toi, frère « Rénier, tu serviras les frères. » Et il en fut ainsi ; car frère Pellegrino ne voulut jamais être traité comme clerc, mais comme laïque, bien qu'il fût très-lettré et grand décrétaliste. Par cette humilité, il parvint à une rare perfection de vertu ; tellement que frère Bernard, le premier-né de saint François, disait de lui que c'était un des plus parfaits religieux de ce monde. Finalement, ledit frère Pellegrino, plein de vertus, passa de cette vie à la vie bienheureuse : il fit beaucoup de miracles avant et après sa mort.

Or frère Rénier servait les frères dévotement et fidèlement, vivant en grande sainteté et humilité, et devint très-familier avec saint François ; et saint François lui révéla beaucoup de secrets. Étant fait ensuite ministre de la province de la Marche d'Ancône, il la gouverna pendant longtemps avec une grande sagesse et une grande paix ; puis, au bout de quelque temps, Dieu lui envoya une violente tentation dans l'âme, qui le remplissait de tribulations et d'angoisses. Il se mortifiait fortement par des jeûnes, des disciplines, des larmes et des prières, le jour et la nuit ; et cependant il ne pouvait chasser cette tentation. Mais souvent il était en grand désespoir, parce qu'il se croyait abandonné de Dieu. Dans ce désespoir, il résolut, pour dernier remède, d'aller trouver saint François, avec cette pensée : « Si saint François me fait bon visage et « se montre familier comme de coutume, je croirai « que Dieu m'a pris en pitié; sinon, ce sera la « marque que je suis abandonné de Dieu. » Il se mit en route et alla trouver saint François, qui, dans ce temps, était gravement malade dans le palais de l'évêque d'Assise. Dieu révéla au saint toute la tentation et les sentiments de frère Rénier, sa résolution et sa venue. Incontinent saint François appelle frère Léon et frère Masséo, et leur dit : « Allez de suite à la rencontre de mon très-cher « fils, frère Rénier; embrassez-le de ma part, sa- « luez-le, et dites-lui qu'entre tous les frères qui « sont dans le monde je l'aime particulièrement. » Ceux-ci allèrent, trouvèrent sur le chemin frère Rénier, et, l'embrassant, ils lui dirent ce que saint François leur avait commandé, dont il ressentit tant de consolation et de douceur dans son âme, qu'il en fut comme hors de lui. Et, rendant grâce à Dieu de tout son cœur, il alla et arriva jusqu'au lieu où saint François était couché. Et, bien que saint François fût gravement malade, néanmoins, entendant venir frère Rénier, il se leva et alla au-devant de lui. Il l'embrassa tendrement, et lui dit : « Mon très-cher fils, frère Rénier, entre « tous les frères qui sont dans le monde, je t'aime, « je t'aime particulièrement. » Et, cette parole dite, il lui fit le signe de la très-sainte croix sur le front,

le baisa à cet endroit, et lui dit encore : « Mon
« très-cher fils, Dieu a permis cette tentation pour
« te faire gagner de grands mérites. Mais, si tu ne
« veux pas de ce gain, tu ne l'auras pas. » Et,
chose merveilleuse, aussitôt que saint François eut
dit ces paroles, le frère se sentit délivré de cette
tentation, comme s'il ne l'avait jamais éprouvée de
sa vie, et il resta tout consolé.

XXIII

De la belle prédication que firent à Assise saint François et frère Ruffin.

Frère Ruffin, par une contemplation continuelle, était si absorbé en Dieu, que, devenu presque impassible et muet, il parlait très-rarement; et d'ailleurs il n'avait ni la grâce, ni la hardiesse, ni l'éloquence de la prédication. Néanmoins, un jour, saint François lui commanda d'aller à Assise, et de prêcher au peuple ce que Dieu lui inspirerait. A quoi frère Ruffin répondit : « Révérend père, je te
« prie de me pardonner et de ne pas m'envoyer;
« car, tu le sais, je n'ai pas la grâce de la prédica-
« tion : je suis simple et ignorant. » Alors saint François lui dit : « Parce que tu n'as pas obéi
« promptement, je te commande par la sainte
« obéissance de dépouiller tes vêtements, et, ne
« gardant que tes braies, d'aller à Assise, d'entrer

« en cet état dans une église, et de prêcher au
« peuple (1). » A cet ordre, frère Ruffin se dépouille, va à Assise, entre dans une église, et, ayant fait la révérence à l'autel, il monte dans la chaire et se met à prêcher. Sur quoi les petits enfants et les hommes commencèrent à rire, et ils disaient : « Or voici que ces gens-là font si grande
« pénitence, qu'ils deviennent insensés et perdent
« l'esprit. »

Dans ce moment même, saint François, réfléchissant à la prompte obéissance de frère Ruffin, qui était des plus nobles d'Assise, et au dur commandement qu'il lui avait imposé, commença à se reprendre lui-même, en disant : « D'où te vient
« tant de présomption, fils de Pierre Bernardoni,
« homme chétif et vil, de commander à frère Ruffin,
« lequel est des plus nobles d'Assise, qu'il aille nu
« prêcher au peuple comme un fou ? Au nom de
« Dieu, tu essayeras sur toi ce que tu commandes
« aux autres. » Et aussitôt, dans un transport d'esprit, il se dépouille pareillement, et s'en va à Assise, menant avec lui frère Léon pour porter son habit et celui de frère Ruffin; et les habitants, le voyant comme l'autre, le honnissaient de même, jugeant que lui et frère Ruffin étaient devenus fous

(1) Ce commandement de saint François rappelle les épreuves auxquelles les Pères du désert soumettaient quelquefois l'humilité de leurs disciples. L'épreuve d'ailleurs était moins blessante pour les yeux de la foule sous un climat chaud, où l'on voit encore les lazzaroni dans le costume décrit par l'auteur des *Fioretti*.

par trop de pénitence. Saint François entra dans
l'église, où frère Ruffin prêchait ces paroles : « O
« mes bien-aimés ! fuyez le monde et laissez le
« péché ; rendez le bien d'autrui, si vous voulez
« éviter l'enfer ; observez les commandements de
« Dieu, aimant Dieu et le prochain, si vous voulez
« aller au Paradis ; et faites pénitence, si vous voulez
« posséder le royaume des cieux. » Alors saint
François monta en chaire, et se mit à prêcher si
merveilleusement sur le mépris du monde, sur la
sainte pénitence, la pauvreté volontaire, le désir
du royaume céleste, enfin, sur la nudité et l'opprobre de la passion de Notre-Seigneur Jésus-Christ,
que tous ceux qui étaient à cette prédication,
hommes et femmes, en grande multitude, commencèrent à pleurer fortement avec une admirable
dévotion et componction de cœur. Et non-seulement
là, mais dans toute la ville d'Assise, la passion du
Christ fut si fortement pleurée tout ce jour, qu'on
n'avait jamais rien vu de pareil ; et ainsi le peuple
fut édifié et consolé de l'action de saint François et
de frère Ruffin. Puis saint François rendit à frère
Ruffin son habit et reprit le sien, et ainsi vêtus,
ils retournèrent au couvent de la Portioncule,
louant et glorifiant Dieu, qui leur avait donné la
grâce de se vaincre par le mépris d'eux-mêmes, et
d'édifier les brebis du Christ, en montrant combien
le monde est à dédaigner. Et dans ce jour la dévotion
du peuple s'accrut tellement envers eux, que bien

heureux se réputait qui pouvait toucher le bord de leur vêtement.

XXIV

Comment sainte Claire, par ordre du Pape, bénit le pain qui était sur une table, et comment sur chaque pain apparut le signe de la sainte croix.

Sainte Claire, très-pieuse disciple de la croix du Christ, et belle plante de saint François, était d'une si grande sainteté, que non-seulement les évêques et les cardinaux, mais aussi le Pape, désiraient avec grande ardeur la voir et l'entendre; et plusieurs fois le Pape la visita en personne. Une fois entre autres, le Saint-Père alla au monastère où elle était, pour l'entendre parler des choses célestes et divines. Et comme ils étaient ensemble, tenant divers discours, sainte Claire, pendant ce temps, fit mettre la table et y posa le pain, afin que le Saint-Père le bénît. Ensuite, l'entretien spirituel étant terminé, sainte Claire s'agenouilla avec grand respect, et pria le Pape de vouloir bien bénir le pain placé sur la table. Le Saint-Père lui répondit : « Sœur Claire très-fidèle, je veux que tu bénisses « ce pain, et que tu fasses sur lui le signe de la « sainte croix du Christ, auquel tu t'es toute « donnée. » Sainte Claire lui dit : « Très-Saint- « Père, pardonnez-moi; je serais digne de trop de

« blâme, si, en présence du vicaire du Christ, moi
« qui suis une humble et misérable femme, j'avais
« la hardiesse de donner cette bénédiction. » Le
Pape répondit : « Afin que ceci ne te soit pas imputé
« à présomption, mais pour que tu aies le mérite
« de l'obéissance, je t'ordonne, par la sainte obéis-
« sance, de faire sur ce pain le signe de la très-
« sainte croix, et de le bénir au nom de Dieu. »
Alors sainte Claire, comme une véritable fille de
l'obéissance, bénit pieusement le pain avec le signe
de la très-sainte croix. Merveilleuse chose! aussitôt
le signe de la croix parut parfaitement tracé sur
chaque pain. Alors une partie de ces pains fut
mangée, et l'autre partie fut réservée à cause du
miracle. Le Saint-Père, qui avait vu le miracle,
prit un de ces pains, et, rendant grâce à Dieu, il
partit, laissant sainte Claire avec sa bénediction.

En ce temps, sœur Ortulane, mère de sainte
Claire, et Agnès, sa sœur, demeuraient toutes deux
dans ce monastère avec sainte Claire, pleines de
vertus et pleines de l'Esprit-Saint. Avec elles
vivaient beaucoup d'autres saintes religieuses, à qui
saint François envoyait un grand nombre de
malades; et elles, par leurs oraisons et par le
signe de la sainte croix, les rendaient tous à la
santé.

XXV

Comment saint Louis, roi de France, alla en personne, en habit de pèlerin, à Pérouse, visiter le saint frère Gilles.

Saint Louis, roi de France, alla par le monde en pèlerinage visiter les sanctuaires; et, ayant entendu louer la grande sainteté de frère Gilles, qui avait été des premiers compagnons de saint François, le désir lui vint et il résolut d'aller le visiter en personne. C'est pourquoi il se rendit à Pérouse, où demeurait alors frère Gilles. Il arriva à la porte du couvent, comme un pauvre pèlerin inconnu, avec peu de compagnons, et demanda avec grande instance frère Gilles, ne disant pas au portier qui était celui qui le demandait. Le portier va donc à frère Gilles, et lui dit qu'à la porte est un pèlerin qui le demande; il lui fut inspiré et révélé de Dieu que c'était le roi de France. Alors, avec une grande ferveur, il sortit précipitamment de sa cellule, il courut à la porte, et sans autres questions, sans qu'ils se fussent vus jamais, tous deux se jetèrent à genoux, s'embrassèrent et se baisèrent avec une grande dévotion et une grande familiarité, comme si depuis longtemps ils eussent entretenu une extrême amitié. Or, dans tout cela, ils ne parlaient ni l'un ni l'autre, mais ils se tenaient embrassés en silence avec tous les signes de l'amour spirituel. Ils restèrent ainsi pendant un grand espace de temps sans se dire aucune parole, puis ils se quittèrent : saint Louis s'en alla continuer son voyage, et frère Gilles retourna à sa cellule.

Le roi partant, un frère demanda à un de ses compagnons qui était celui qui avait si fort embrassé le frère Gilles ; et celui-ci lui répondit que c'était Louis, roi de France, qui était venu pour voir ce saint homme. Ce frère le dit aux autres, et ceux-ci eurent un grand chagrin de ce que frère Gilles ne lui avait point parlé, et tout affligés ils lui dirent : « Oh ! frère Gilles, pourquoi donc as-tu « été si peu courtois ? Un aussi saint roi vient de « France pour te voir et pour entendre de toi « quelque bonne parole, et tu ne lui as rien dit ! » Et frère Gilles répondit : « Mes très-chers frères, ne « vous en étonnez point, parce que ni lui ni moi « nous ne pouvions dire une parole. Aussitôt que « nous nous embrassâmes, la lumière de la divine « science révéla et manifesta à moi son cœur, et à « lui le mien. Ainsi, par une divine opération, nous « regardions dans nos cœurs ; et ce que nous vou- « lions nous dire, lui à moi, moi à lui, nous le « connaissions beaucoup mieux que si nous avions « voulu expliquer avec la voix ce que nous sentions « dans l'âme. Telle est l'impuissance de la parole « humaine à exprimer clairement les mystères

« secrets de Dieu, que la parole nous aurait été
« plutôt un déplaisir qu'une consolation. Ainsi
« sachez que le roi est parti parfaitement content de
« moi et l'âme toute consolée. »

XXVI

Comment sainte Claire étant malade se trouva miraculeusement, la nuit de Noël, dans l'église de saint François, et y entendit l'office.

Sainte Claire étant une fois gravement malade, tellement qu'elle ne pouvait en aucune manière aller réciter l'office à l'église avec les autres sœurs, la fête de la naissance du Christ arriva, et toutes les autres allèrent à matines : elle resta dans son lit, fort triste de ne pouvoir les suivre, et de ne pas avoir cette consolation spirituelle. Mais Jésus-Christ, son époux, ne voulut pas la laisser ainsi sans consolation, et la fit miraculeusement porter à l'église de saint François, où elle assista à tout l'office des matines et à la messe de la nuit : elle y reçut la sainte communion, puis elle fut reportée sur son lit.

Après que l'office fut fini à Saint-Damien, les religieuses revinrent près de sainte Claire, et lui dirent : « O notre mère ! sœur Claire, quelle grande
« consolation nous avons eue dans cette sainte fête
« de Noël ! Plût à Dieu que vous eussiez pu être avec

« nous ! » Et sainte Claire répondit : « Grâces et
« louanges soient rendues à notre bienheureux
« Seigneur Jésus-Christ béni, puisque bien mieux
« que vous, mes sœurs et mes filles très-chères, j'ai
« assisté à toute la solennité de cette sainte nuit avec
« une grande consolation pour mon âme. Car, par
« l'intercession de mon père saint François, et par
« la grâce de Notre-Seigneur Jésus-Christ, j'ai été
« de ma personne dans l'église de mon vénérable
« père saint François ; et, avec les oreilles de mon
« corps et de mon esprit, j'ai entendu tout l'office
« et le chant des orgues ; puis j'ai reçu la très-sainte
« communion. C'est pourquoi, de tant de grâces qui
« m'ont été faites, réjouissez-vous, et remerciez
« Notre-Seigneur Jésus-Christ. »

XXVII

Comment saint François expliqua à frère Léon une belle vision que ce frère avait eue.

Un jour, il arriva que saint François était gravement malade et que frère Léon le servait ; et comme le frère était en oraison près de saint François, il fut ravi en extase, et conduit en esprit auprès d'un très-grand fleuve, large et impétueux. Or, tandis qu'il considérait ceux qui le passaient, il vit quelques frères tout chargés entrer dans ce fleuve ; mais aussitôt ils étaient entraînés par l'impétuosité du courant et se noyaient : quelques autres s'en allaient jusqu'au tiers, quelques-uns arrivaient à la moitié du fleuve ; mais, à cause du poids qu'ils portaient, ils finissaient par tomber et se noyaient aussi. Voyant cela, frère Léon sentait pour eux une grande compassion ; et, tandis qu'il était ainsi, soudain voici venir une grande multitude de frères sans aucune charge ; en eux brillait la sainte pauvreté ; ils entrèrent dans le fleuve, et passèrent de l'autre côté sans aucun péril.

Ayant vu ceci, frère Léon revint à lui ; et alors saint François, connaissant en esprit que frère Léon avait eu quelque vision, l'appela, et lui demanda ce qu'il avait vu. Lorsque le frère Léon lui eut rapporté toute la vision, saint François lui dit : « Ce que tu as vu est la vérité. Le grand fleuve est
« ce monde ; les frères qui se noyaient dans le fleuve
« sont ceux qui ne suivent pas la profession évangé-
« lique, et surtout la très-haute vertu de pauvreté.
« Mais ceux qui ont passé ce péril, ce sont les frères
« qui ne cherchent ni ne possèdent en ce monde
« aucune chose terrestre ni charnelle ; qui, n'ayant
« que le nécessaire pour la nourriture et le vête-
« ment, se tiennent satisfaits, suivent le Christ nu
« sur la croix, portant avec joie le joug doux et
« léger du Christ et de la très-sainte obéissance :
« c'est pourquoi ils passent facilement de la vie
« temporelle à la vie éternelle. »

XXVIII

De la merveilleuse prédication que fit saint Antoine de Padoue,
frère mineur, au consistoire.

Le merveilleux vaisseau du Saint-Esprit, saint Antoine de Padoue, un des disciples et compagnons que saint François s'était choisis, et celui qu'il nommait son vicaire, prêchait une fois devant le Pape et les cardinaux au consistoire, où étaient des hommes de diverses nations, Grecs, Latins, Français, Allemands, Slaves, Anglais, et d'autres diverses langues. Il fut enflammé de l'Esprit-Saint, et annonça la parole de Dieu d'une manière si efficace, si dévote, si pénétrante, si douce, si claire et si intelligente, que tous ceux qui étaient présents, quoiqu'ils fussent de diverses langues, entendirent toutes ses paroles clairement, distinctement, comme s'il avait parlé le langage de chacun d'eux, et tous restèrent stupéfaits. Il sembla que l'on vît se renouveler l'antique miracle des apôtres au temps de la Pentecôte, lorsque, par la vertu de l'Esprit-Saint, ils parlaient toutes les langues ; et les cardinaux se disaient l'un à l'autre : « N'est-il pas venu d'Espa-
« gne, celui qui prêche ? Et comment donc enten-
« dons-nous tous dans son langage le langage de
« notre pays ? » Le Pape, réfléchissant comme les autres, et s'émerveillant de la profondeur de cette

prédication, s'écria : « En vérité, celui-ci est
« l'arche du Testament et le trésor de l'Écriture
« sainte. »

XXIX

Du miracle que Dieu fit, quand saint Antoine, étant à Rimini, prêcha aux poissons de la mer.

Le Christ béni voulut montrer, par le moyen des animaux sans raison, la grande sainteté de son très-fidèle serviteur saint Antoine, et comment on devait écouter dévotement sa prédication et sa doctrine sainte. Une fois entre autres, il se servit des poissons pour réprimander la folie des infidèles hérétiques, de la même manière que jadis, dans le Vieux Testament, il avait réprimandé, par la voix de l'ânesse, l'ignorance de Balaam.

Saint Antoine se trouvant donc à Rimini, où étaient une grande multitude d'hérétiques, et voulant les ramener à la lumière de la véritable foi et au chemin de la vertu, il les prêcha pendant plusieurs jours, et disputa avec eux de la foi du Christ et de la sainte Écriture. Mais eux, non-seulement ne se rendaient pas à ses saintes paroles, mais demeuraient endurcis et obstinés à ne vouloir pas l'écouter. Saint Antoine, un jour, par une divine inspiration, s'en alla vers la plage où le fleuve se jette dans la

mer, et, s'étant ainsi placé entre le fleuve et la mer, il commença à parler comme s'il prêchait de la part de Dieu aux poissons, et il dit : « Écoutez la parole
« de Dieu, vous, poissons de la mer et du fleuve,
« puisque les infidèles hérétiques dédaignent de
« l'entendre. » Et, dès qu'il eut parlé, aussitôt accourut, vers le bord où il était, une telle multitude de poissons, grands, petits et moyens, que jamais dans cette mer et dans ce fleuve on n'en avait vu une si grande quantité. Tous tenaient leurs têtes hors de l'eau, et tous semblaient regarder la face de saint Antoine, tous dans le plus grand ordre et une grande paix. Car sur le devant et le plus près de la rive se tenaient les petits poissons, après eux venaient les moyens, et derrière, où l'eau était plus profonde, se tenaient les plus gros. Les poissons étant donc rangés dans cet ordre, saint Antoine se mit à prêcher solennellement et à dire :

« Mes frères les poissons, vous êtes fort obligés,
« selon votre pouvoir, de rendre grâce à notre
« Créateur, qui vous a donné un aussi noble élé-
« ment pour votre habitation : car, selon qu'il vous
« plaît, vous avez des eaux douces et des eaux
« salées. Il vous a ménagé beaucoup de refuges
« pour échapper aux tempêtes, il vous a encore
« préparé un élément clair et transparent, et une
« nourriture dont vous vivez. Dieu, votre créateur
« libéral et bon, quand il vous fit naître, vous
« commanda de croître et de multiplier, et vous

« donna sa bénédiction. Quand le déluge universel
« arriva, quand tous les autres animaux mouru-
« rent, Dieu vous réserva seuls sans dommage.
« Ensuite, il vous a donné des nageoires pour
« courir où il vous plaît. A vous il fut accordé, par
« le commandement de Dieu, de garder le pro-
« phète Jonas, et, après trois jours, de le rejeter à
« terre sain et sauf. C'est vous qui donnâtes le cens
« pour Notre-Seigneur Jésus-Christ, qui, en sa qua-
« lité de pauvre, n'avait pas de quoi le payer. Par
« un mystère singulier, vous servîtes de nourriture
« au roi éternel Jésus-Christ, avant et après la ré-
« surrection. A cause de toutes ces choses, vous
« êtes extrêmement obligés de louer et de bénir
« Dieu, qui vous a départi tant et de tels bienfaits
« de plus qu'aux autres créatures. » A ces paroles,
et aux autres enseignements que saint Antoine
ajouta, les poissons commencèrent à ouvrir la
gueule, à incliner la tête, et avec ces signes et d'autres marques de respect, selon leur manière et
leur pouvoir, ils louaient Dieu.

Alors saint Antoine, voyant tout le respect des
poissons pour Dieu leur créateur, se réjouit en
esprit, et dit à haute voix : « Béni soit le Dieu éter-
« nel, parce que les poissons de l'eau l'honorent
« mieux que ne font les hommes hérétiques, et les
« animaux sans raison écoutent mieux sa parole
« que les hommes infidèles! » Or plus saint
Antoine prêchait, et plus la multitude des poissons

augmentait, et aucun d'eux ne quittait la place qu'il avait choisie. A ce miracle, le peuple de la cité commença d'accourir, et, dans ce nombre, les hérétiques dont on a parlé plus haut; lesquels, voyant un miracle si merveilleux et si manifeste, furent émus dans leur cœur, et tous se jetèrent aux pieds de saint Antoine pour entendre sa parole. Alors saint Antoine se mit à prêcher la foi catholique : il prêcha d'une manière si élevée, que tous les hérétiques se convertirent et revinrent à la vraie foi du Christ, et tous les fidèles demeurèrent consolés avec une grande allégresse et fortifiés dans la foi. Cela fait, saint Antoine congédia les poissons avec la bénédiction de Dieu, et tous partirent en donnant des marques extraordinaires de joie, et le peuple de même. Ensuite saint Antoine resta à Rimini plusieurs jours, prêchant et recueillant beaucoup de fruits spirituels dans les âmes.

XXX

La conversion, la vie, les miracles et la mort du saint frère Jean de la Penna.

Frère Jean de la Penna, tout jeune et encore séculier, vivait dans la province de la Marche, quand une nuit lui apparut un très-bel enfant qui l'appela, et lui dit : « Jean, va à Saint-Étienne où prêche un « de mes frères mineurs, crois à sa doctrine, sois

« attentif à ses paroles, car c'est moi qui l'ai
« envoyé. Après cela, tu as à faire un grand voyage,
« et puis tu viendras à moi. » Sur ce, le jeune
homme se leva aussitôt, et, sentant un grand ébranlement dans son âme, il alla à Saint-Étienne, où il trouva une grande multitude d'hommes et de femmes qui s'y tenaient pour entendre la prédication ; celui qui devait y prêcher était un frère qui avait nom Philippe, des plus anciens de l'Ordre, et qui était venu dans la Marche d'Ancône. Ce frère Philippe monta en chaire ; il prêcha, non pas avec des paroles de science humaine, mais avec la vertu de l'esprit du Christ, annonçant le royaume de la vie éternelle.

La prédication finie, ledit jeune homme va trouver frère Philippe, et lui dit : « Père, s'il vous
« plaisait de me recevoir dans l'Ordre, j'y ferais
« volontiers pénitence, et j'y servirais Notre-Sei-
« gneur Jésus-Christ. » Frère Philippe, reconnaissant en lui une merveilleuse innocence et une volonté prompte à servir Dieu, lui dit : « Tu vien-
« dras me trouver tel jour à Recanati, et je te ferai
« recevoir ; » car dans ce lieu devait se tenir le chapitre provincial. Et ce jeune homme, qui était très-pur, pensa que c'était là le grand voyage qu'il lui fallait faire selon la révélation qu'il avait eue, puis qu'il s'en irait en Paradis, ce qu'il croyait devoir arriver aussitôt qu'il serait reçu dans l'Ordre. Il alla donc et fut reçu, et vit que ses pensées

ne s'accomplissaient pas. Mais comme le ministre de l'Ordre déclara en plein chapitre que, si quelqu'un voulait aller dans la province de Provence pour acquérir le mérite de la sainte obéissance, il lui en donnerait volontiers le congé, un très-grand désir vint à frère Jean de s'y rendre. Il pensait dans son cœur que c'était le grand voyage qu'il devait faire avant d'aller en Paradis; mais il avait honte de le dire. Finalement il se confia à frère Philippe, qui l'avait fait recevoir dans l'Ordre, et le pria tendrement de lui obtenir la grâce d'aller en Provence. Alors frère Philippe, voyant sa pureté et son intention sainte, lui obtint cette permission. Donc frère Jean se mit en route avec une grande joie, se persuadant qu'au bout de ce voyage il s'en irait en Paradis; mais il plut à Dieu qu'il restât dans cette province vingt-cinq ans, avec la même attente et le même désir, menant une vie souverainement honnête, sainte et exemplaire; croissant toujours dans la vertu, la grâce de Dieu et la faveur du peuple : car il était extrêmement aimé des frères et des séculiers. Et frère Jean se tenant un jour dévotement en oraison, pleurant et se lamentant, parce que son désir ne s'accomplissait pas, et que le pèlerinage de sa vie se prolongeait trop, le Christ béni lui apparut. A cet aspect, il sentit son âme se fondre, et le Christ lui dit : « Frère Jean, « mon fils, demande-moi ce que tu veux. » Il répondit : « Mon Seigneur, je ne sais te demander

« rien autre que toi-même, car je ne désire aucune
« autre chose; mais je te prie seulement de ceci,
« que tu me pardonnes tous mes péchés, et que tu
« me fasses la grâce de te revoir une autre fois
« quand j'en aurai le plus besoin. » Jésus lui dit :
« Ta prière est exaucée. » Et, cela dit, il partit,
et frère Jean resta tout consolé.

Finalement, le bruit de sa sainteté étant allé
jusqu'aux frères de la Marche, ceux-ci firent tant
auprès du général de l'Ordre, qu'il lui manda par
la sainte obéissance de revenir dans la Marche. Et
recevant cet ordre, il se mit joyeusement en chemin. Il pensait que, ce voyage fini, il devait s'en
aller au ciel, selon la promesse du Christ. Mais,
retourné qu'il fut dans la province de la Marche,
il y vécut trente ans, et il n'était plus reconnu
d'aucun de ses parents, et tous les jours il attendait que la miséricorde de Dieu lui tînt sa promesse.
Pendant ce temps il remplit plusieurs fois l'office
de gardien avec une grande sagesse; par lui Dieu
opéra beaucoup de miracles, et, parmi les dons
qu'il eut de Dieu, il reçut l'esprit de prophétie.
Une fois donc, comme il était hors du couvent, un
de ses novices fut combattu par le démon, et si fortement tenté, que, se rendant à la tentation, il
délibéra en lui-même de quitter l'Ordre dès que
frère Jean serait rentré. Or frère Jean ayant connu
par l'esprit de prophétie la tentation et la délibéra-
tion qui l'avait suivie, il retourna incontinent au

logis, fit appeler le novice, et lui ordonna de se confesser; mais, avant de le confesser, il lui raconta de point en point toute la tentation, selon que Dieu la lui avait révélée, et il conclut en disant : « Mon fils, parce que tu m'as attendu, et que tu « n'as pas voulu partir sans ma bénédiction, Dieu « t'a fait cette faveur que jamais tu ne sortiras de « cet Ordre, mais tu y mourras avec la grâce « divine. » Alors le novice fut confirmé dans son bon propos, et, restant dans l'Ordre, il devint un saint religieux. Toutes ces choses m'ont été racontées par frère Ugolin.

Frère Jean était un homme de grande oraison et dévotion. Jamais, après matines, il ne retournait dans sa cellule, mais il restait dans l'église en oraison jusqu'au jour. Or, une nuit qu'après matines il était resté en prières, l'ange de Dieu lui apparut et lui dit : « Frère Jean, tu as achevé le « voyage dont tu as si longtemps attendu le terme. « C'est pourquoi je t'avertis, de la part de Dieu, « de demander telle grâce que tu voudras; et je « t'annonce encore que tu as à choisir ce que tu « préfères, ou d'un jour de purgatoire, ou de sept « jours de peines en ce monde. » Et frère Jean choisissant plutôt sept jours de peines en ce monde, il fut aussitôt malade de diverses maladies : il lui prit une fièvre violente et la goutte aux mains et aux pieds, et des douleurs au flanc, et beaucoup d'autres maux. Mais le pire était qu'un démon se tenait devant lui, ayant en main un grand papier où il montrait écrits tous les péchés qu'il avait jamais faits ou pensés. Et le démon lui disait : « Pour ces péchés que tu as commis par la pensée, « par la langue et par les actions, tu es damné « dans les profondeurs de l'enfer. » Pour lui, il ne se rappelait plus aucun bien qu'il eût jamais fait, ni aucun mérite qu'il eût jamais eu ; mais il se croyait réprouvé comme le démon le lui disait. Et quand on lui demandait comment il se trouvait, il répondait : « Mal, parce que je suis damné. » Et les frères, voyant cela, envoyèrent chercher un vieux religieux qui s'appelait frère Matthieu de Monte Rubbiano, qui était un saint homme et très-grand ami de frère Jean ; et ledit frère Matthieu, étant arrivé près de lui le septième jour de sa tribulation, le salua et lui demanda comment il était. Il répondit qu'il était mal, parce qu'il était damné. Alors frère Matthieu lui dit : « Ne te rappelles-tu « donc plus que tu t'es bien des fois confessé à moi, « et que je t'ai pleinement absous de tous tes « péchés ? Ne te rappelles-tu pas encore que tu as « fidèlement servi Dieu dans ce saint Ordre pen-« dant beaucoup d'années ? Après cela, ne te rap-« pelles-tu point que la miséricorde de Dieu « excède tous les péchés du monde, et que le « Christ béni, notre Sauveur, a payé un prix « infini pour nous racheter ? Aie donc bonne espé-« rance, car je tiens pour certain que tu es sauvé. »

Et, après ces paroles, comme le mourant était au terme de sa purification, la tentation s'éloigna et la consolation vint. Alors, avec une grande joie, frère Jean dit à frère Matthieu : « Tu es fatigué et « l'heure est avancée; je te prie donc d'aller pren- « dre du repos. » Et frère Matthieu ne voulait pas le quitter ; mais finalement, à sa grande instance, il se sépara de lui et alla se reposer; frère Jean resta seul avec le religieux qui le servait. Et voilà le Christ béni qui vient avec une très-grande splendeur et une odeur d'un excessive suavité, ainsi qu'il lui avait promis de lui apparaître encore une fois, quand il en aurait le plus besoin; et il le guérit parfaitement de tous ses maux. Alors frère Jean, les mains jointes, remercia Dieu qui donnait une si heureuse fin à son grand voyage dans cette misérable vie; il se remit aux mains du Christ et rendit son âme à Dieu, passant de cette vie mortelle à la vie éternelle, avec le Christ béni, qu'il avait si longtemps désiré et attendu. Et ce frère Jean repose dans le couvent de la Penna de Saint-Jean.

XXXI

Comment frère Pacifique, étant en oraison, vit l'âme de son frère aller au ciel.

Dans la province de la Marche, après la mort de saint François, deux frères vivaient sous la Règle :

l'un se nommait frère Humble, et l'autre frère Pacifique, et tous deux furent des hommes d'une très-grande sainteté et d'une grande perfection. L'un, frère Humble, résidait au couvent de Soffiano, où il mourut; et l'autre demeurait dans un autre couvent très-loin de là.

Il plut à Dieu que frère Pacifique, étant un jour en oraison dans un lieu solitaire, fut ravi en extase, et vit l'âme de frère Humble, son frère, qui se détachait du corps, et qui allait droit au ciel sans retard et sans empêchement. Il advint qu'après beaucoup d'années ce frère Pacifique fut envoyé dans le couvent de Soffiano, où son frère était mort. En ce temps, les frères, à la demande des seigneurs de Bruforte, passèrent de ce couvent à un autre. Et, entre autres choses, ils transportèrent les reliques des saints frères qui étaient morts dans ce lieu. Quand on en vint à la sépulture du frère Humble, son frère Pacifique prit les ossements, les lava d'un vin précieux, puis les enveloppa dans une nappe blanche, et avec un grand respect et une grande dévotion il les baisait et pleurait. Les autres frères s'en étonnèrent, et ils ne trouvaient pas que ce fût d'un bon exemple; car, pour un homme de si grande sainteté, frère Pacifique leur paraissait pleurer son frère d'un amour trop sensuel et trop terrestre, montrant plus de dévotion à ses restes qu'à ceux des autres frères qui n'avaient pas été de moindre sainteté

que frère Humble, et dont les reliques étaient dignes d'autant de vénération. Et frère Pacifique, connaissant la mauvaise pensée des frères, voulut humblement les satisfaire, et leur dit : « Mes très-
« chers frères, ne vous étonnez pas si j'ai fait pour
« les os de mon frère ce que je n'ai pas fait pour
« les autres. Béni soit Dieu! car ce n'est pas,
« comme vous croyez, l'amour charnel qui m'a
« entraîné ; mais j'ai fait ainsi, parce que au mo-
« ment où mon frère quitta cette vie, j'étais en
« prière dans un lieu désert et loin de lui, et je
« vis son âme monter droit au ciel ; je suis donc
« certain que ses os sont saints, et qu'ils seront un
« jour en paradis. Si Dieu m'avait donné la même
« certitude des autres frères, j'aurais rendu le
« même respect à leurs ossements. » Et les frères, voyant par ce récit combien les prières de frère Pacifique étaient saintes et dévotes, furent très-édifiés de lui, et louèrent Dieu.

XXXII

Du saint frère à qui la mère du Christ apparut quand il était malade, lui apportant trois boîtes d'électuaires.

Dans le couvent de Soffiano, était anciennement un frère mineur, si grand en sainteté et en grâce, qu'il paraissait tout divin. Souvent il était ravi en

Dieu; et comme il avait particulièrement la grâce de la contemplation, pendant qu'il était ainsi tout absorbé et enlevé en Dieu, il arriva plusieurs fois que les oiseaux de diverses espèces venaient à lui et se posaient familièrement sur ses épaules, sur sa tête, sur ses bras et sur ses mains, et ils chantaient merveilleusement. Ce frère était très-solitaire, et parlait peu. Mais, quand on l'interrogeait sur quelque chose, il répondait si gracieusement, si sagement, qu'il paraissait plutôt un ange qu'un homme; il était très-puissant en oraison et en contemplation, et les frères l'avaient en grand respect. Or ce religieux, achevant le cours de sa vertueuse vie, selon la volonté divine, fut malade jusqu'à mourir, tellement qu'il ne pouvait plus rien prendre. Avec cela il ne voulait recevoir aucun soin de la médecine terrestre, et toute sa confiance était dans le médecin céleste, Jésus-Christ, et dans sa mère bénie, de laquelle il obtint par la divine clémence d'être miséricordieusement visité et assisté. Donc, un jour qu'il était sur son lit, se disposant à la mort de tout son cœur et de toute sa dévotion, la glorieuse Vierge Marie, mère du Christ, lui apparut avec une très-grande multitude d'anges et de saintes vierges, et entourée d'une merveilleuse splendeur. Elle s'approcha de son lit, et lui, en la regardant, ressentait une très-grande allégresse et un grand soulagement dans son âme et dans son corps; et il commença à la prier humblement de demander à son bien-aimé fils que, par ses mérites, il le tirât de la prison de cette misérable chair. Et comme il persévérait dans cette prière avec beaucoup de larmes, la Vierge Marie lui répondit, l'appelant par son nom : « Ne crains rien, mon fils, car ta « prière est exaucée, et je suis venue pour te « donner un peu de soulagement avant que tu « partes de cette vie. » Et la Vierge Marie avait à ses côtés trois saintes vierges qui portaient à la main trois boîtes d'électuaires d'un parfum et d'une suavité inexprimables. Alors la Vierge glorieuse prit une de ces boîtes, l'ouvrit, et toute la maison fut remplie d'une bonne odeur; et avec une cuiller elle prit de cet électuaire, et en donna au malade. Et le malade, aussitôt qu'il en eut goûté, sentit tant de soulagement et de douceur, qu'il lui paraissait que son âme ne pouvait plus rester dans son corps; si bien qu'il commença à dire : « C'est « assez, très-sainte mère, Vierge bénie, toi qui « guéris et qui sauves la race humaine : c'est « assez, je ne peux plus supporter tant de sua- « vité. » Mais la compatissante et bonne mère n'en présenta pas moins plusieurs fois de cet électuaire au malade, et lui en fit prendre jusqu'à vider toute la boîte. Ensuite, la Vierge bienheureuse prit la seconde boîte, et y mit la cuiller pour lui en donner encore; et lui se plaignait en disant : « O bienheureuse mère de Dieu! mon âme est

« comme fondue par l'ardeur et la suavité du pre-
« mier électuaire; comment pourrais-je supporter
« le second? Je te prie, toi qui es bénie par-dessus
« tous les saints, par-dessus tous les anges, de
« ne plus m'en donner. » La glorieuse Vierge
Marie lui répondit : « Essaye encore un peu, mon
« fils, de cette seconde boîte; » et lui en donnant
un peu, elle ajouta : « Aujourd'hui, mon fils, tu
« en as pris autant qu'il t'en faut, mais aie bon
« courage, je viendrai bientôt te querir, et je te
« mènerai au royaume de mon fils, que tu as tou-
« jours cherché et désiré. » Et, cela dit, prenant
congé de lui, elle s'éloigna, le laissant si consolé
et si réconforté par la douceur de cet électuaire,
que, pendant plusieurs jours, il vécut encore fort
et rassasié, sans prendre aucune nourriture corporelle. Et quelques jours après, comme il parlait
gaiement avec les frères, au milieu d'une grande
joie et d'une grande allégresse, il quitta cette misérable vie.

XXXIII

Du saint frère Jacques de Fallerone, et comment, après sa mort, il apparut à frère Jean de l'Alverne.

Frère Jacques de Fallerone, homme de grande sainteté, étant tombé gravement malade au couvent de Moliano, dans la garde de Fermo, frère Jean de l'Alverne, qui demeurait à la Massa, apprit sa maladie. Et parce qu'il l'aimait comme son tendre père, il se mit en prière pour lui, demandant à Dieu dévotement, avec oraison mentale, qu'il donnât au frère Jacques la santé du corps, si c'était le meilleur pour son âme. Comme il était dans ces dévotes prières, il fut ravi en extase, et vit dans l'air une grande armée d'anges et de saints au-dessus de sa cellule, qui était dans un bois ; et cette apparition répandait une telle splendeur, que tout le pays d'alentour en était illuminé : et parmi ces anges il vit ce frère Jacques malade, pour lequel il priait ; il le vit debout, vêtu de blanc et tout resplendissant de lumière. Il vit encore au milieu d'eux le bienheureux père saint François, orné des sacrés stigmates du Christ et couvert de gloire ; il vit aussi et reconnut le saint frère Lucido et le vieux frère Matthieu de Monte Rubbiano, et plusieurs autres frères qu'il n'avait jamais vus ni connus en cette vie. Et frère Jean regardant avec une grande joie cette bienheureuse troupe de saints, il eut révélation certaine que l'âme de ce frère malade était sauvée ; qu'il devait mourir de cette maladie, et après sa mort aller en paradis, mais non pas de suite, parce qu'il devait se purifier un peu en purgatoire. Frère Jean eut une si grande joie de cette révélation, à cause du salut de l'âme de son ami, que de la mort du corps il ne sentait aucune peine; mais avec une grande tendresse d'esprit il l'appelait, disant en lui-même : « Frère « Jacques, mon doux père; frère Jacques, mon « doux frère; frère Jacques, très-fidèle serviteur « et ami de Dieu; frère Jacques, compagnon des « anges et joie des saints! »

Avec cette certitude et cette joie, frère Jean revint à lui; et aussitôt il partit du couvent, et alla visiter ce frère Jacques à Moliano. Il le trouva si appesanti, qu'à peine il pouvait parler; il lui annonça la mort de son corps et le salut et la gloire de son âme, selon la certitude qu'il en avait par la révélation divine. Là-dessus frère Jacques eut l'âme et la figure toutes réjouies; et il reçut son ami avec une grande allégresse et un joyeux sourire, le remerciant de la bonne nouvelle qu'il lui apportait, et se recommandant à lui dévotement. Alors frère Jean le pria tendrement de revenir après sa mort le trouver et lui révéler son état; et frère Jacques le lui promit, s'il plaisait à Dieu. Et ces paroles dites, frère Jacques, sentant approcher l'heure de son passage, commença à prononcer dévotement ce verset du psaume : « *In pace in* « *idipsum dormiam, et requiescam;* » c'est-à-dire : « Je m'endormirai en paix pour la vie éternelle, « et je me reposerai. » Et, ce verset dit, avec la figure joyeuse et gaie, il passa de cette vie à l'autre. Après qu'il fut enseveli, frère Jean retourna au couvent de la Massa, où il attendait la promesse de frère Jacques, et qu'il vînt le trouver au jour convenu. Mais ce jour-là, comme il était en prière, le Christ lui apparut avec une grande compagnie d'anges et de saints, parmi lesquels frère Jacques n'était pas : de quoi frère Jean s'étonna beaucoup, et il le recommanda dévotement au Christ. Puis, le jour suivant, frère Jean priant dans la forêt, frère Jacques lui apparut tout joyeux et accompagné des anges. Et frère Jean lui dit : « Oh ! père « très-cher, pourquoi n'es-tu pas venu à moi le « jour que tu m'avais promis ? » Et frère Jacques lui dit : « Parce que j'avais encore besoin de quel- « que purification ; mais à cette même heure où « le Christ t'apparut, et où tu me recommandas à « lui, il t'exauça et me délivra de toutes peines. « Alors j'apparus à frère Jacques de la Massa, saint « laïque, qui servait la messe ; et il vit l'hostie « consacrée, quand le prêtre l'éleva, changée en « la forme d'un très-bel enfant vivant, et je lui « dis : « Aujourd'hui je m'en vais, avec cet enfant, « au royaume de la vie éternelle, où personne ne « peut aller sans lui. »

A ces mots, frère Jacques disparut, et s'en alla au ciel avec toute la bienheureuse compagnie des anges ; et frère Jean demeura fort consolé. Cedit frère Jacques de Fallerone mourut la vigile de saint Jacques apôtre, dans le mois de juillet, au couvent de Moliano, dans lequel, après sa mort et par ses mérites, la divine bonté opéra beaucoup de miracles (1).

(1) Les *Petites Fleurs de saint François* ont été complétement traduites par M. l'abbé Riche. Cette traduction intelligente et bien écrite diffère pourtant de la nôtre, où nous n'avons donné qu'un choix des légendes franciscaines, mais en cherchant surtout à conserver la naïveté du texte.

TEXTES ITALIENS

Les écrits de saint François, ceux de Jacopone, et les *Fioretti*, sont si peu répandus en France, qu'on a pensé être agréable aux personnes qui aiment les lettres italiennes, en donnant le texte de quelques-unes des compositions traduites dans ce livre. C'est le seul moyen de faire connaître ce qui ne se traduit pas, le charme, la simplicité et quelquefois aussi l'embarras de la vieille langue. Afin d'éviter les difficultés d'orthographe qui divisent souvent les philologues italiens, on s'est attaché à reproduire les éditions qu'on avait sous les yeux ? *Beati patris Francisci Opera omnia*, Cologne, 1849 ; *le Poesie spirituali del B. Jacopone da Todi*, Venise, 1617. *Fioretti di S. Francesco*, Naples, 1839.

SAINT FRANÇOIS

CANTICO DE LE CREATURE

COMUNEMENTE DETTO

DE LO FRATE SOLE (1)

1. Altissimo omnipotente bon signore :
   Tue son le laude : la gloria et l'onore,
   Et ogni benedictione :
   A te solo se confano :
   Et nullo homo è degno di nominar te.

2. Laudato sia Dio mio signore
   Cum tutte le tue creature,
   Specialmente messer lo frate Sole :
   Lo quale giorna et illumina nui per lui,
   Et ello è bello et radiante cum grande splendore :
   De te signore porta significatione.

3. Laudato sia mio signore per sor luna et per le stelle :
   In celo le hai formate clare et belle.

4. Laudato sia mio signore per frate vento
   Et per l' aire et nuuolo et sereno et omne tempo :
   Per le quale dai a le tue creature sustentamento.

5. Laudato sia mio signore per sor aqua :
   La quale è multo utile et humile et pretiosa et casta.

---

(1) Tout en reproduisant avec soin l'édition de Cologne, on a essayé de couper quelques-uns des versets de ce cantique, de manière à mieux faire ressortir les rimes et les assonances qui, dans la poésie primitive, tiennent lieu de rimes.

Dans cette pièce comme dans la suivante on emploie *u* pour *v*, excepté au commencement des mots.

Laudato sia mio signore
Per frate foco, per lo quale tu allumini la nocte :
Et ello è bello et jucundo et robustissimo et forte.

7. Laudato sia mio signore per nostra matre terra :
La quale ne sostenta et guberna,
Et produce diuersi fructi ct coloriti fiori et herbe.

8. Laudato sia mio signore
Per quelli que perdonano per lo tuo amore
Et sosteneno infirmitate et tribulatione :
Beati queli que sostenerano in pace :
Che da ti altissimo serano incoronati.

9. Laudato sia mio signore per sor nostra morte corporale .
Da la quale nullo homo viuente pò scampare.
Guai a queli que more in peccato mortale :
Beati queli que se trouano ne le toe sanctissime voluntate ;
Che la morte secunda non li porà far male.

10. Laudate et benedicite mio signore et regratiate :
Et seruite a lui cum grande humilitate.

JACOPONE

CHRISTO SI LAMENTA
DELLA SPOSA ANIMA

ANGELI.

1. O Christo onnipotente
    Que siete inuiato?
    Perche poueramente
    Gite pellegrinato!

CHRISTO.

2. Vna sposa pigliai,
    Cui dato haggio 'l mio core:
    Di gioie l' adornai
    Per auermene onore:
    Lassommi a disonore,
    E fammi gir penato.

3. Io si l' adornai
    Die gioie et d' onoranza;
    Mia forma le assignai,
    A la mia simiglianza,
    Hammi fatta fallanza,
    Et fammi gir penato.

4. Io glie donai memoria
    Ne lo mio piacimento;
    De la celeste gloria
    Glei diei lo 'ntendimento;

Et volontà nel centro
Del cor gli ho miniato.

5.
Poi glie donai la Fede,
Ch' adempie intendanza;
A sua memoria diedi
La verace speranza;
Et caritate amanza
Al voler ordinato.

6.
Accioche l' essercitio
Auesse compimento;
Il corpo per seruitio
Dieiglie per ornamento,
Bello fu lo stromento,
Non l' auesse scordato.

7.
Accioche ella auesse
In che se exercitare;
Tutte le creature
Per lei volsi creare;
D' onde mi deuea amare,
Hammi guerra menato.

8.
Accioche ella sapesse
Come se exercire:
De le quattro virtuti
Si la volsi vestire:
Per lo suo gran fallire
Con tutte ha adulterato.

ANGELI.

9.
Signor, se la trouiamo,
Et vuole ritornare;
Vuoi che le dicamo,
Che glie vuoi perdonare;
Che la possiam ritrare
Del pessimo suo stato?

CHRISTO.

10.
Dicete a la mia sposa,
Che deggia riuenire:
Tal morte dolorosa
Non mi faccia patire:

Per lei voglio morire;
Si ne so innamorato.

11. Con grande piacimento,
Faccioglie perdonanza;
Rendoglie l' ornamento;
Donoglie mia amistanza;
Di tutta sua fallanza
Si mi sarò scordato.

ANGELI.

12. O alma peccatrice,
Sposa del gran Marito,
Com' iace in esta fece
Il tuo volto polito?
Com' hai da lui fugito
Che amor tal t' ha portato?

ANIMA.

13. Pensando nel suo amore
Si so morta et confusa:
Posemi in grande onore
Or in che son retrusa?
O morte dolorusa
Como m' hai circondato?

ANGELI.

14. O peccatrice ingrata,
Ritorna al tuo Signore:
Non eser disperata;
Che per te muor d' amore:
Pensa nel suo dolore.
Qual' l' hai d'amor piagato.

ANIMA.

15. Forsi; io hauendol si offeso;
Ch' ei non mi riuorria:
Haggiol morto e conquiso,
Trista la vita mia;
Non saccio, oue mi sia,
Si m' ha d' amor ligato.

ANGELI.

16.
Non hauer dubitanza
De la recettione.
Non far più dimoranza,
Non hai nulla cagione :
Clame tua intentione
Con pianto amaricato.

ANIMA.

17.
O Christo pietoso
Oue ti troui amore?
Non esser più nascoso;
Che moio a gran dolore.
Chi vide il mio Signore,
Narrel chi l' ha trouato.

ANGELI.

18.
O alma noi el trouammo
Su nella Croce appiso.
Morto lo ci lassammo
Tutto battuto e alliso :
Per te morir s' è miso ;
Caro t' ha comparato.

ANIMA.

19.
E io comenzo il corrotto
D' vn acuto dolore.
Amor, et chi t' ha morto?
Se' morto per mio amore.
O inebriato amore,
Oue hai Christo inalzato?

Libro IV, *Cantico sesto.*

FIORETTI DI SAN FRANCESCO

CHAPITRE VIII

COME ANDANDO PER CAMMINO S. FRANCESCO E FRATE LEONE, GLI SPOSE QUELLE COSE, CHE SONO PERFETTA LETIZIA.

Venendo una volta S. Francesco da Perugia a Santa Maria degli Angioli con frate Leone a tempo di verno, e il freddo grandissimo fortemente il crucciava, chiamò frate Leone, il quale andava innanzi, e disse così : frate Leone, avvegna Iddio che i frati minori in ogni terra dieno grande esempio di santità e di buona edificazione, niente di meno scrivi e nota diligentemente che non è quivi perfetta letizia. E andando S. Francesco più oltre il chiamò la seconda volta : o frate Leone, benchè 'l frate minore allumini i ciechi, e distenda gli attratti, scacci i demoni, renda l'udire a' sordi, e l'andare a' zoppi, il parlare a' mutoli, e, ch'è maggiore cosa, risusciti i morti di quattro dì; scrivi che in ciò non è perfetta letizia. E andando un poco, gridò forte : o frate Leone, se il frate minore sapesse tutte le lingue, e tutte le scienze, e tutte le scritture, sicchè sapesse profetare, e rivelare non solamente le cose future, ma eziandio i segreti delle coscienze e degli animi, scrivi che non è in ciò perfetta letizia. Andando un poco più oltre, S. Francesco chiamò ancora forte : o frate Leone, pecorella di Dio, benchè il frate minore parli con lingua d'Agnolo, e sappia i corsi delle stelle, e le virtù delle erbe, e fossergli rivelati tutti i tesori della terra, e conoscesse le virtù degli uccelli, e de' pesci, e di tutti gli animali, e degli uomini, e degli albori, e delle pietre, e delle radici, e dell' acque; scrivi che non è in ciò perfetta letizia. E andando ancora un pezzo, S. Francesco chiamò forte : o frate Leone, benchè 'l frate minore sapesse sì bene predicare, che convertisse tutti gl' infedeli alla fede di Cristo, scrivi che non è ivi perfetta letizia. E durando questo modo di parlare bene di due miglia, frate Leone con grande ammirazione il dimandò, e disse : Padre, io ti priego dalla parte di Dio, che tu mi dica dove è perfetta letizia. E. S. Francesco sì gli rispose : Quando noi saremo a Santa Maria degli Angioli, così bagnati per la pioggia, e agghiacciati per lo freddo, e infangati di loto, e afflitti di fame, e picchieremo la porta del luogo, e 'l portinaio verrà adirato, e dirà : chi siete voi? e noi diremo : noi siamo due de' vostri fratri; e colui dirà : voi non dite vero, anzi siete due ribaldi, che andate

ingannando il mondo, e rubando le limosine de'
poveri, andate via, e non ci aprirà, e faracci stare
di fuori alla neve e all' acqua, col freddo e colla
fame, in fino alla notte; allora se noi tanta ingiu-
ria e tanta crudeltà e tanti commiati sosterremo pazientemente senza turbarcene e senza mormorare
di lui, e penseremo umilmente e caritativamente
che quel portinaio veracemente ci conosca; che
Iddio il fa parlare contra a noi; o frate Leone,
scrivi che qui è perfetta letizia. E se noi perseve-
riamo picchiando, e egli uscirà fuori turbato, e
come gaglioffi importuni ci caccerà con villanie e
con gotate, dicendo: partitevi quinci, ladroncelli
vilissimi, andate allo spedale, che qui non man-
gerete voi, nè albergherete; se noi questo sosterremo pazientemente, e con allegrezza e con amore;
o frate Leone, scrivi che quivi è perfetta letizia. E
se noi pur costretti dalla fame e dal freddo, e dalla
notte, più picchieremo e chiameremo, e preghe-
remo per l'amore di Dio con grande pianto che ci
apra, è mettacci pure dentro, e quegli più scanda-
lezzato dirà: costoro sono gaglioffi importuni, io
gli pagherò bene come sono degni, e uscirà fuori
con uno bastone nocchieruto, e piglieraci per lo
cappuccio, e gitteracci in terra, e involgeracci
nella neve, e batteracci a nodo a nodo con quel bastone; se noi tutte queste cose sosterremo pazientemente e con allegrezza, pensando le pene di Cristo
benedetto, le quali dobbiamo sostenere per suo

amore; o frate Leone, scrivi che qui e in questo è perfetta letizia : e però odi là conclusione, frate Leone. Sopra tutte le grazie e doni dello Spirito Santo, le quali Cristo concede agli amici suoi, si è di vincere sè medesimo, e volentieri per lo amore di Cristo sostenere pene, ingiurie eb obbrobri, e disagi; imperocchè in tutti gli altri doni di Dio noi non ci possiamo gloriare, perocchè non sono nostri, ma di Dio; onde dice l'Apostolo : che hai tu, che tu non abbi da Dio, e se tu l'hai avuto da lui, perchè te ne glorii, come se tu l'avessi da te ? Ma nella croce della tribulazione e della afflizione ci possiamo gloriare, perocchè, dice l'Apostolo : io non mi voglio gloriare, se non nella croce del nostro Signore Gesù Cristo.

DES SOURCES POÉTIQUES

DE LA

DIVINE COMÉDIE

DES SOURCES POÉTIQUES

DE LA

DIVINE COMÉDIE

La poésie au treizième siècle. — La conversion de Dante. — Le cycle des visions. — La descente aux enfers chez les poëtes de l'antiquité. — Où est l'originalité de la *Divine Comédie* (1)?

Longtemps la Divine Comédie fut considérée comme un monument solitaire au milieu des déserts ténébreux du moyen âge. D'une part, on ne trouvait au poëme de Dante aucun terme de comparaison parmi les productions légères des troubadours, les seules que l'on connût encore de cette époque

---

(1) Ces recherches, qui touchent une question d'histoire littéraire très-agitée, ont été indiquées pour la première fois dans une dissertation de Foscolo (*Edinburg Review*, t. XXX). Les faits y sont peu nombreux, et appréciés avec toute la dureté du dix-huitième siècle. J'avais traité le sujet avec plus d'étendue dans la première édition de cet ouvrage, et dans une thèse latine : *De frequenti apud veteres poetas heroum ad inferos descensu*. Depuis lors M. Labitte a publié son intéressant et spirituel article : *De la Divine Comédie avant Dante*; et je suis reconnaissant qu'il s'y soit servi de mes indications, en les mentionnant d'une manière honorable. Cependant une étude nouvelle du sujet et de l'époque m'a donné lieu de croire qu'on pouvait remettre la main à l'œuvre, et je l'ai tenté.

dédaignée. D'un autre côté, si l'on y découvrait de fréquentes réminiscences des poëtes classiques, l'imitation semblait s'arrêter aux détails : l'ensemble ne pouvait se réduire aux modèles reçus ; on ne pouvait y reconnaître une œuvre rigoureusement épique, lyrique, élégiaque, selon les canons des critiques. On en a fait tour à tour à la Divine Comédie un reproche et un mérite. Le dix-septième siècle en eut honte et n'imprima que trois éditions du poëme national. Au dix-neuvième, qui en compte déjà près de cent, on a voulu faire du glorieux Florentin le type du génie indiscipliné, sans maître et sans règle. Et lorsque l'abbé Cancellieri publia la Vision du moine Albéric avec l'indication des passages qu'il supposait imités dans l'Enfer et le Paradis, les amis de Dante se soulevèrent. A peine permettaient-ils qu'il eût emprunté aux anciens : comment pouvait-il avoir reçu la leçon d'un moine obscur du douzième siècle ?

Aujourd'hui les solitudes du moyen âge se peuplent et s'éclairent. La Divine Comédie ne cesse pas de dominer les constructions poétiques qui l'environnent et la soutiennent ; mais on aperçoit autour d'elle un nombre infini de fictions semblables ; on voit une suite de récits de même genre se prolonger dans les siècles précédents, se retrouver dans la littérature de tous les âges, et témoigner ainsi de quelque grande préoccupation de l'esprit humain. Je voudrais tenter l'étude de ces origines, mais je ne m'y engage pas sans crainte. Le poëme de Dante est comme une de ces basiliques romaines dont on ne veut pas seulement visiter le dedans et le dehors, mais aussi le dessous : on descend à la lueur des torches dans le caveau sacré, on y trouve l'entrée d'une catacombe qui s'enfonce, se divise en plusieurs branches, se développe dans un espace immense ; et si l'on va jusqu'au bout sans reculer et sans se perdre, on sort dans la campagne, bien loin du lieu où l'on était entré. Je ne me dissimule ni l'immensité ni l'obscurité des recherches : j'irai d'un pas rapide, et j'espère que le fil conducteur ne tombera pas de mes mains.

I

Au treizième siècle, la poésie n'est pas réfugiée dans le cœur d'un citoyen de Florence : elle est partout. Elle est dans les actions d'un temps qui vit les dernières croisades, le suprême effort de la lutte du sacerdoce et de l'empire, la chute de Frédéric II, la vocation de saint Louis, l'apostolat de saint François et de saint Dominique : quand Dieu sème de grands événements quelque part, je m'attends qu'il y germera de grandes pensées. Elle est dans les monuments d'une époque qui bâtit la Sainte-Chapelle, qui fonda les cathédrales de Cologne et de Florence, qui inspira Eudes de Montreuil, Nicolas de Pise et Cimabuë. Elle est enfin dans les récits où s'échauffaient la foi des Croisés, le dévouement des vassaux, le patriotisme des peuples. Toutes les puissances qui constituaient alors la société avaient des titres légaux pour satisfaire les consciences ; elles avaient aussi des traditions héroïques pour saisir les imaginations : autour de chaque histoire se formait une épopée. La multitude de ces récits épiques, étudiée de près, a étonné la science moderne : il a fallu les réduire à un certain nombre de cycles, c'est-à-dire de cadres flexibles où se rangent plusieurs événements réels ou fabuleux, liés ensemble par le retour des personnages ou par la suite des actions. Ainsi l'Église, sans préjudice de ses actes authentiques, est enrichie d'un cycle légendaire où je comprends les poëmes sur la vie du Sauveur et des saints, les voyages au paradis terrestre, les visions supposées de l'enfer, du purgatoire et du ciel. L'Empire a le cycle classique qui commence à la ruine de Troie, pour en tirer, avec Énée, fondateur de Rome, Francus, père des Francs, héritiers des Romains : la dévolution de la monarchie universelle se continue par Alexandre, César et Constantin, jusqu'à Charlemagne, réparant ainsi une irrégularité qui inquiéta le moyen âge, je veux dire la translation de l'empire des Byzantins aux Allemands. La féodalité a le cycle chevaleresque des romans de la Table Ronde, où la quête du Saint Graal reproduit l'idéal de la chevalerie religieuse, tandis que les Aventures de Tristan attestent la résistance d'une chevalerie galante et mondaine. Enfin les Communes, ces rassemblements de marchands et d'ouvriers, qui ont des droits et des drapeaux, ont aussi leurs souvenirs, leurs chants et leur cycle populaire. Je ne vois pas en Italie une grande ville qui ne veuille être assise sur quelque ruine fameuse : on montre à Padoue le tombeau d'Anténor ; Pise nomme Pélops pour son fondateur (1). Selon les vieilles chroniques, consultées par Malespini, un seigneur du nom de Jupiter avait fait bâtir par Apollon, son astrologue, Fiesole, qui fut le berceau de Florence (2). Le livre des *Mirabilia urbis Romæ* est tout rempli des traditions défigurées de la ville éternelle (3). Dans ces fables, je trouve moins de mensonges qu'on ne pense. Il fallait un passé merveilleux pour soutenir les prodiges du présent. Sans doute il y avait de fausses légendes, de fausses généalogies, des héros imaginaires, des tombeaux supposés. Mais, après tout, il était véritable que l'Église, l'empire, la chevalerie, les communes, avaient des titres glorieux ; il fallait qu'on respectât cette gloire, qu'on l'aimât, que l'on combattît, qu'on se fît tuer pour elle ; il fallait que les hommes du

---

(1) Chronique de Pise, Muratori, *Script. rerum Italicarum*, t. VI.
(2) Ricordano Malespini, *Cronica*, capo II.
(3) Apud Montfaucon, *Diarium Romanum*. Quelques-unes de ces traditions sont rappelées dans l'intéressante histoire de Rienzi, traduite de l'allemand par M. Léon Boré.

treizième siècle connussent, n'importe comment, qu'ils foulaient une terre historique, qu'il y avait des générations héroïques dessous, et que le déshonneur n'était pas permis dessus.

Ce fut au milieu de ce monde enchanté que s'éveilla le génie de Dante. Encore enfant, il avait entendu les femmes de Florence, assises à leur rouet, deviser entre elles des Troyens, de Fiesole et de Rome (1). Lui qui lisait tout, comment n'eût-il pas mis la main sur ce roman de Lancelot, dont la lecture perdit Françoise de Rimini, ou sur ces belles histoires de Charlemagne depuis longtemps populaires en Italie? Les chanteurs français les récitaient sur les places, les orateurs en rappelaient le souvenir dans leurs discours, quand il fallait ranimer dans la jeunesse la passion des combats (2).

(1) *Paradiso*, xv, 42 :

L' altra traendo alla rocca la chioma
Favoleggiava con la sua famiglia
De' Trojani, e di Fiesole, e di Roma.

L'*Ottimo commento* ajoute : Del cominciamento di Troja, e di Fiesole, e di Roma, dicendo che erano le tre prime città del mondo.

(2) *Inferno*, v, 43. — *Paradiso*, xvi, 5. Je trouve aussi un souvenir des romans d'Alexandre. *Inferno*, xiv, 11. — Doniza, historien de la comtesse Mathilde au commencement du douzième siècle, ouvre son poëme par ce vers :

Francorum prosa sunt edita bella sonora.

Voyez aussi, dans les *Antiquitates Italicæ* de Muratori, t. IV, p. 119, le traité attribué à Buoncompagno de Bologne (vers 1220), sous le titre *Oculus pastoralis pascens officia*, projet de discours pour exhorter à la guerre, *de juvene cupiente guerram* : Sicut poetarum manifestant historiæ, et Francigenarum commendatorum vulgaris idioma describit in diversa volumina diutius diffusa per orbem.

Quelle raison détourna le poëte de ces sources fréquentées, et le conduisit ailleurs?

Un texte manuscrit de la Bibliothèque royale semble jeter sur ce point une nouvelle clarté. J'y trouve le commentaire de Giacopo, fils de Dante, sur l'Enfer; et après les premières lignes, toutes frémissantes de tendresse, de respect et d'admiration, je m'étonne de lire les aveux que voici : « Il « faut savoir que Dante, quand il commença ce « traité, était au milieu du cours ordinaire de la « vie (qui, selon le poëte, va jusqu'à soixante-dix « ans), et qu'il était pécheur et vicieux, et comme « dans une forêt de vices et d'ignorance. Et encore « que, dans les premiers vers, il use d'un langage « détourné pour accuser sa vie, néanmoins il la « blâme avec sévérité et se déclare un homme qui « vivait charnellement... Le sommeil dont il parle « se prend pour le péché et signifie sa vie pécheresse, et les fautes dont il était tout taché et tout « plein... Mais lorsqu'il parvint à la montagne, « c'est-à-dire à la grâce de la véritable connaissance « et du véritable amour, il quitta cette vallée et « cette vie de misère (1). » Ainsi le premier chant

---

(1) Commentaire inédit, de Giacopo, Bibliothèque royale, n° 7765. *Nel mezzo del cammino.*,. Si è da sapere che Dante quando cominciò questo trattato era nel mezzo del corso dell' umana vita, cioè nell' etade di xxxii o xxxiii anni, il qual tempo, secondo la commune opinione, è tenuto per mezzo corso della vita. — Il se méprend, ou le copiste se trompe de chiffre: Dante lui-même (*Convito*, iv) fixe à trente-cinq ans le milieu de la vie. Du reste, les contemporains eux-mêmes ont varié sur l'époque de la naissance de

du poëme, l'homme égaré dans la forêt à moitié chemin de la vie, combattu par les trois concupiscences que figurent la panthère, le lion et la louve, jusqu'à ce qu'il échappe en s'enfonçant dans la considération de l'éternité ; cette admirable allégorie enfin est une histoire : c'est l'histoire du poëte concevant son dessein, à l'âge de trente-cinq ans, au moment où finit une vie de désordres, où une conversion se décide. Il en faut chercher les causes.

J'en crois trouver une puissante dans le souvenir de Béatrix. Nous avons, au Purgatoire, la confession

---

Dante, et quelques-uns l'ont faussement fixée à l'an 1268. En ce cas, c'était trente-deux ans qu'il fallait compter pour aller jusqu'en 1300.

Mi ritrovai... Vuol dire l' autore che in quel tempo ch' egli cominciò questo trattato, era peccatore, e vizioso, e era quasi in una selva di vizi e d' ignoranza... sicchè dalla via di virtude e di veritade errava.

Tanto è amara... Avvegnachè Dante biasimi tacitamente la sua vita nientemeno la riprende et vitupera con grave riprensione, e quella (?) diciase (?) uno uomo che carnalmente vive. — Ce texte est évidemment corrompu.

Io non so... Lo sonno si prende por lo peccato e significa la peccatrice vita... Del quale peccato Dante era maculato e pieno.

Da poi... Qui mostra che poich' egli pervenne al monte, cioè alla grazia di vera cognizione, e diletto lasciò questa vælle e vita di miseria... quando egli pervenne al monte, cioè al conoscimento della virtù, allora la tribulazione, e le sollecitudini e le varie possioni procedenti da quelli peccati e difetti cessarono e si chetarono, le quali aveva sostenute nel tempo della notte, cioè nel tempo tenebrosa vita, quando egli erra peccatore.

Et au deuxième chant de l'Enfer : *Et venni a te ;* Questa fiera fù la lupa della quale ha parlato capitolo primo, la quale è assimigliata ad avarizia, per la quale cagione (*sic*) egli lasciò lo studio della scienza che cominciato avea nel tempo della gioventù ed era presso a ben sapere scienza e virtù.

de Dante : *Habemus confitentem reum*. Au sommet de la montagne des expiations, Béatrix apparaît dans la pompe d'un triomphe tout divin. Elle adresse au poëte repentant, humilié, purifié, ces dures paroles : « Quand je changeai de vie, quand « j'étais montée de la chair à l'esprit, quand je « venais de croître en vertu et en beauté, il me « quitta pour d'autres; je lui fus moins chère; il « prit le faux chemin, en poursuivant des ombres « de bonheur qui le trompèrent. Il ne me servit de « rien d'obtenir pour lui des inspirations et des « songes ; il tomba si bas que tout restait impuissant « pour son salut, si je ne lui faisais voir les races « damnées (1). » Et Dante répond par des aveux et par des larmes (2). Béatrix toute seule n'avait donc rien obtenu de lui. Elle avoue l'impuissance du souvenir qu'elle avait laissé dans ce cœur en désordre. Il y avait huit ans que Dante avait perdu une personne si aimée ; il passait chaque jour dans ces rues

(1) *Purgatorio*, xxx, tercets 42 et suiv.

> Si tosto come in su la soglia fui...
> Tanto giù cadde, che tutti argomenti
> Alla salute sua erra già corti,
> Fuor che mostrargli le perdute genti.

(2) *Purgatorio*, xxxi, 12 :

> Piagendo dissi : Le presenti cose
> Col falso lor piacer volser mie' passi,
> Tosto che 'l vostro viso si nascose.

Le recueil des compositions lyriques de Dante n'atteste que trop la violence et la mobilité de ses passions.

que Béatrix traversait autrefois au milieu du murmure admirateur de la foule ; il revoyait la maison où, à l'âge de neuf ans, il avait connu cet ange de beauté et d'innocence ; tout lui parlait d'elle : rien n'avait dompté cette âme orageuse. Il fallut la pensée de l'Enfer pour porter le coup décisif. Voilà ce que le poëme atteste. Il s'y mêle la pieuse croyance d'une intervention de Béatrix, de sainte Lucie, que Dante honorait particulièrement, et de la sainte Vierge, dont la figure devait couronner la Divine Comédie, comme tous les beaux monuments du moyen âge. Enfin, le moment désigné pour la vision du poëte, par conséquent pour ce qui se passa en lui, est le moment où la religion fait ses derniers efforts sur le cœur des hommes : c'est la semaine sainte (1).

Au temps donc où Dante achevait sa trente-cinquième année, c'est-à-dire en 1300, et pendant la semaine sainte, je cherche un grand événement qui ait pu remuer sa conscience. Or, le 22 février de l'an 1300, le pape Boniface VIII avait publié les indulgences du Jubilé, pour « tous les pèlerins qui, « vraiment repentis et confès, visiteraient quinze

---

(1) Le calcul est fait par tous les commentateurs, et repose principalement sur un passage de l'*Inferno*, xxi ; le poëte pénètre en enfer le samedi saint, 4 avril, de l'an 1300. Il en sort le jour de Pâques. Cf. une excellente dissertation du P. Pianciani, insérée aux *Annali delle scienze religiose* de Rome ; *di una nuova opinione intorno all' anno in cui Dante finge d' aver fatto il suo Poetico viaggio.*

« jours durant les basiliques des SS. Apôtres (1). » L'annonce du pardon ébranla toute la chrétienté. Les portés de Rome reçurent jusqu'à trente mille hommes par jour : il en vint de l'Espagne, de l'Angleterre, de la Hongrie ; des fils apportaient leur vieux père sur des brancards ; on campa dans les rues, sur les places publiques : le nombre des pèlerins fut évalué à deux millions (2). Parmi cette multitude sans nom il y avait un jeune Florentin, nommé Jean Villani, qui « se trouvant,
« comme il le dit, au bienheureux pèlerinage, dans
« cette ville de Rome, au milieu de tant de grandes
« choses, et considérant les histoires et les actions
« des Romains écrites par Virgile, Salluste, Lucain,
« Tite-Live, résolut d'imiter leur travail et leur
« style. Et réfléchissant que Florence commençait
« à monter tandis que Rome descendait, il lui
« parut convenable de consigner dans une nouvelle
« chronique les actes de cette ville et ses commen-
« cements (3). » Voilà donc un événement capable d'émouvoir et aussi d'inspirer. — Mais j'ai lieu de

---

(1) Ad Basilicas accedentibus reverenter, vere pœnitentibus et confessis, vel qui vere pœnitebunt, et confitebuntur in hujusmodi præsenti et quolibet centesimo secuturo, non solum plenam et largiorem, imo plenissimam omnium suorum veniam concedimus peccatorum. (Bulle du Jubilé de Boniface VIII.)

(2) Raynaldus, *Annales ecclesiastici contin. ad ann.* 1300.

(3) Giovanni Villani, ad ann. 1300. E trovandomi io in quello benedetto pellegrinaggio nella santa città di Roma, veggendo le grandi e antiche cose di quella, e leggendo le storie e gran de' fatti Romani scritte per Virgilio et per Sallustio, Lucano, Tito Livio, etc... presi lo stile e la forma di loro...

croire qu'un pénitent plus illustre se trouva au rendez-vous. Dante semble avoir dû faire partie d'une des ambassades envoyées par les Guelfes de Florence au souverain pontife, dans les premiers mois de l'année (1). Je reconnais une trace plus certaine de son voyage à cet endroit du poëme où il rappelle « l'étonnement des barbares du Nord
« découvrant de loin Rome et ses hauts monuments,
« et la piété des pèlerins qui se reposent dans le
« parvis, heureux de redire un jour comment
« l'église était faite (2). » Et afin qu'il ne reste aucun doute, et que le témoin oculaire se montre par tous les détails, il décrit l'ordre établi par les Romains « pour que l'armée pieuse du Jubilé s'écou-
« lât sur le pont Saint-Ange, en sorte que d'un côté
« marchaient tous ceux qui allaient à Saint-Pierre,
« de l'autre ceux qui revenaient vers le Capitole (3). »
A la vue de cette foule immense, comparable au genre humain rassemblé dans la vallée de Josaphat, à ce long cri de repentir qui sortait de tant de bou-

---

(1) Balbo, *Vita di Dante*. Dante in patria, x. Il est certain que Dante alla plusieurs fois en ambassade à Rome (Pelli, *Memorie*) : or, il n'y parut qu'une fois depuis son entrée aux fonctions de prieur, le 15 juin 1300. Il faut donc qu'il y ait été envoyé précédemment.
(2) *Paradiso*, xxxi, 11, 15.
(3) *Inferno*, xviii, 10 :

    Come i Roman per l' esercito molto,
      L' anno del giubileo, sù per lo ponte
      Hanno a passar la gente, molto tolto.
    Che dall' un latò tutti hanno la fronte
      Verso il castello e vanno a San Pietro,
      Dall' altra sponda vanno verso il monte.

ches, à ces prédications toutes pleines des souvenirs de l'éternité, la terreur des jugements divins enveloppa le poëte, toutes les résistances furent forcées, et sa grande âme se rendit. Les allusions du IXe chant du Purgatoire trahissent son dernier secret. On le voit le jeudi saint, le jour où on faisait l'absoute publique des pèlerins, où siégeait à Saint-Pierre le grand pénitencier dans l'exercice solennel de son ministère, s'agenouiller aux pieds de celui qui l'absout, et qui lui ouvre avec les clefs de saint Pierre la porte sainte du pardon (1). C'est dans ce moment d'une conversion disputée, dans le boule-

(1) Cette conjecture est fondée sur l'opinion que Dante est surtout un génie sincère, qui ne feint pas gratuitement, et que derrière ses fables il y a toujours plus de vérité qu'on ne pense. C'est dans cet esprit que j'interprète le texte du *Purgatorio*, chant ix, terc. 31 et suiv. On est au quatrième jour du pèlerinage, le 7 avril au matin : c'est précisément le jeudi saint, jour de l'absolution générale des pécheurs, qui faisaient pénitence publique. Dante arrive à une porte mystérieuse qui rappelle la porte sainte du jubilé. Trois degrés y conduisent : l'un, de marbre blanc et poli ; l'autre, d'une pierre sombre, rude et calcinée ; le troisième, d'un porphyre d'une couleur sanglante. Ce sont les trois conditions de la pénitence : la confession sincère, la contrition, la satisfaction. Tous les interprètes l'entendent ainsi. L'ange, image du prêtre, est assis en haut. Il tient à la main l'épée dont il touche le front des pécheurs, comme le pénitencier frappe de sa baguette la tête des pèlerins agenouillés devant lui. Dans sa main sont les deux clefs, l'une d'or, l'autre d'argent ; l'une symbole de l'autorité, l'autre de la science sacerdotale. Mais toutes deux, il les a reçues de saint Pierre : « Da Pier le tengo. » C'est l'exercice d'une prérogative papale. Le poëte se jette à ses pieds, il frappe trois fois sa poitrine : c'est le rite même de la confession sacramentelle. Que faut-il de plus pour reconnaître l'acte où le poëte repentant reçut le pardon, et qu'il voulut marquer d'un souvenir ineffaçable ? L'*Ottimo commento* semble l'entendre comme moi : « Convertito l'autore per la illuminazione della divina grazia, accede al vicario di Cristo per confessare le peccata. »

versement d'un cœur brisé, remué, retourné jusqu'au fond ; c'est dans les remords et les larmes, que je vois naître le poëme. Un grand ouvrage veut deux choses, l'inspiration qui vient d'ailleurs, et la volonté qui est de l'homme. Dès la mort de Béatrix l'inspiration était venue : Dante, visité d'une vision merveilleuse, s'était proposé de faire pour sa bien-aimée « ce qui ne fut jamais fait pour aucune autre (1). » Mais ce dessein remis, négligé, trahi par tant d'infidélités, aurait péri comme tant d'idées que Dieu envoie et que les hommes ne reçoivent point. Il ne fallait pas moins que les saintes violences de la religion pour vaincre la volonté récalcitrante du poëte, l'arracher aux distractions coupables, et le contraindre à l'accomplissement de son vœu, à ce travail forcé où la Providence le condamnait, à cette pénitence glorieuse enfin, qui fut la Divine Comédie.

On voit maintenant pourquoi Dante, laissant les chemins battus de l'épopée romanesque, se trouva conduit au cœur même de la poésie religieuse. Il voulut fixer par la parole les grands spectacles de l'éternité qui l'enveloppaient. Cet homme sincère voulut rendre, non les rêves de son génie, mais ce qui avait effrayé sa conscience, ce qui lui apparaissait, non-seulement dans l'enseignement des théologiens, mais dans la croyance des peuples. Il vou-

(1) *Vita Nuova*, et les recherches sur Béatrix : Œuvres complètes d'Ozanam, t. VI, chap. II, de la IV⁰ partie.

lut reproduire, non-seulement le dogme, mais la tradition, qui lui donnait la couleur et le mouvement : l'enfer, le purgatoire, le paradis, peuplés de figures connues, avec des supplices qui se touchent, et des récompenses qui se voient. Il trouvait cette tradition dans un cycle entier de légendes, de songes, d'apparitions, de voyages au monde invisible, où revenaient toutes les scènes de la damnation et de la béatitude. Sans doute il devait mettre l'ordre et la lumière dans ce chaos, mais il fallait qu'avant lui le chaos existât.

II

I. Dante n'avait pu visiter l'Italie et la France sans y trouver, pour ainsi dire à tous les pas, la Vision de la Divine Comédie. S'il entrait dans les grandes basiliques de Pise, de Rome, de Venise, il voyait au fond de l'abside ces mosaïques éblouissantes d'or : cette figure colossale du Christ, avec un regard immobile comme l'éternité : tout autour, les images des anges et des saints, couronnés d'auréoles. L'architecture symbolique de ce temps voulait que le sanctuaire représentât le ciel. A Sainte-Marie d'Orvieto il avait dû contempler avec admiration les bas-reliefs de la façade, où Nicolas de Pise, aidé de quelques ouvriers allemands, avait représenté le jugement, le paradis et l'enfer, s'appliquant à rendre surtout les tourments des réprouvés et la beauté surnaturelle des élus (1). Il n'y avait pas jusqu'à la petite ville de Toscanella, dont la collégiale n'eût son Jugement dernier, peint par une main inconnue, au bas duquel figurait le dragon infernal, recevant dans sa gueule les réprouvés poussés par les diables (2). De l'autre côté des Alpes, et dans ce grand nombre de monuments gothiques qui bordaient sa route, Dante retrouvait les mêmes habitudes. Rien de plus consacré que le bas-relief du Jugement universel sur le portail principal des églises, comme à Autun, à Notre-Dame de Paris : c'était la crainte des justices divines qui devait saisir les hommes du dehors, les passants, les profanes, et les pousser dans le lieu saint. Mais, une fois introduits dans la nef, ils étaient rassurés par des images plus consolantes : les martyrs, les vierges resplendissaient sur les vitraux, comme s'ils n'eussent attendu qu'un rayon de soleil pour descendre dans l'assemblée. Au milieu, flamboyait la grande rose, qui représentait ordinairement les neuf chœurs des anges autour de la majesté de Dieu. C'est là, sans doute, que le poëte trouva cette admirable pensée de décrire le ciel, non pas avec des colonnes d'or et des murs

(1) Vasari, *Vite de' Pittori*, etc.
(2) De Romanis, *Conclusione circa l'originalità della Divina Comedia*, dans l'édition des OEuvres de Dante ; 1850, Florence, in-8°, t. V.

de diamant, non pas avec le luxe ordinaire d'encensoirs d'argent et de harpes d'ivoire, mais avec ce qu'il y a sur la terre de plus simple, de plus pur, de plus immatériel, sous la forme d'une grande rose blanche, dont les feuilles sont les siéges des élus (1).

Mais les saints et les démons des cathédrales demeuraient immobiles à la place où l'artiste les avait rangés. L'imagination populaire voulait les voir en mouvement et en action. Dans le célèbre jeu des *Vierges Sages et des Vierges Folles*, écrit en provençal et en latin, pour le délassement du peuple aux fêtes pascales, on voyait le Christ juge, les vierges folles précipitées en enfer par les démons (2); tandis que les saints de l'ancienne loi, David, Isaïe, Jérémie, auxquels se joignent Virgile et la Sibylle, forment un concert de prophéties en l'honneur du Christ ressuscité. Quand on jouait les mystères, le théâtre se partageait en trois étages, pour découvrir d'un seul coup, aux regards de la foule, la terre, le ciel et l'enfer. Le 1er mai 1304, à Florence, une troupe joyeuse avait dressé

---

(1) *Paradiso*, canto XXXI, 1 :

> In forma dunque di candida rosa
> Mi si mostrava la milizia santa,
> Che nel suo sangue Cristo fece sposa.

(2) La rubrique dit : Accipiant eas dæmones, et præcipitentur in infernum. Voyez *Théâtre français au moyen âge*, publié par MM. Monmerqué et Francisque Michel.

des tréteaux sur l'Arno, au pied du pont *alla Carraia*, pour y donner le spectacle des diables pourchassant les damnés. Les gens de la ville et des environs avaient été invités à son de trompe à venir savoir des nouvelles de l'autre monde. Le poids des spectateurs fit crouler le pont, et les promesses de la fête se trouvèrent cruellement remplies (1). Tandis que le peuple se réjouissait ainsi, les seigneurs et les nobles dames voulaient des passe-temps plus délicats : ils s'égayaient aux scènes comiques des chansons et des fabliaux. Les trouvères n'avaient eu garde de négliger un sujet qui mettait leur verve à l'aise, où leur malice avait les coudées franches derrière de faciles allusions. C'est le caractère que je trouve dans les récits du *Jongleur qui va en Enfer*, du *Salut d'Enfer*, et de la *Cour du Paradis;* du *Vilain qui gagna le Paradis par plaid*. Rutebœuf décrit la *Voye de Paradis*, qu'il peuple de personnages allégoriques ; et Raoul de Houdan, après le *Voyage de Paradis*, où il se fait sans façon montrer sa place, écrit le *Songe d'Enfer*, où il trouve les réprouvés à table, et un couvert pour lui (2). Je ne méconnais pas ce qu'il

(1) Villani, anno 1304. Il ne faut pas croire, avec Denina, que cette triste fête donna la première pensée de la Divine Comédie. Dante n'était pas à Florence, d'où on l'avait banni deux ans auparavant.

(2) *Histoire littéraire de France*, t. XVIII, p. 787, 790, 795 ; Legrand d'Aussy, *Fabliaux*, t. II, p. 22, 30, 36. — Labitte, la *Divine Comédie avant Dante*, VIII. Je me suis fait un devoir de citer le travail de M. Labitte toutes les fois que je me suis éclairé de ses

y a de dérisoire et de malintentionné dans ces fables. Mais la parodie suppose une poésie sérieuse, qu'elle remplace, comme la fumée annonce le feu qu'elle étouffe.

Et d'abord, en écartant les poëmes romanesques destinés aux plaisirs profanes des cours et des châteaux, je remarque toutefois que la peinture du monde invisible s'y introduit comme pour donner à la scène plus de profondeur. Parmi les preux de Charlemagne, je vois Guérin le *Mesquin* errant de royaume en royaume, servant tour à tour l'empereur Charlemagne, le prêtre Jean et le soudan de Babylone, jusqu'à ce que le pape lui impose en pénitence de ses péchés de visiter le puits de Saint-Patrice, dans l'île d'Or. Le chevalier traverse les mers, aborde à l'île d'Or, pénètre dans un bois

---

indications. On trouve aussi des citations instructives dans le recueil de *Poésies populaires latines* publiés par M. du Méril (p. 298). J'y remarque une satire latine contre les faux visionnaires, qui altéraient par de grossières images, la pureté du dogme chrétien.

        Heriger, urbis — Maguntiacensis
        Antistes, quemdam — vidit prophetam
        Qui ad infernum — se dixit raptum, etc.

M. du Méril mentionne le fabliau de *sainte Gale qui ne se voult marier;* celui de la *Bourgeoise qui fut dapmnée, et sa fille menée pour voir les tourments de sa mère et les joies de son père.* (Desroches, *Hist. du mont Saint-Michel,* t. II, p. 341, catalogue de la Vallière, t. II, p. 153.) Trois visions latines indiquées au catalogue de Mss. de la bibliothèque Harléienne, t. III, p. 61; une autre enfin, citée par Warton, t. III, p. 34. Ajoutez-y la vision de Fulbert, publiée aussi par du Méril, p. 217.

        Vir quidam exstiterat dudum heremita...

profond, y trouve un monastère, où il jeûne durant neuf mois, et s'engage enfin dans la ténébreuse ouverture qui mène à l'autre monde. Là commence le purgatoire, puis l'enfer avec un nombre infini de supplices : Guérin traverse ces lieux de douleur, il arrive enfin au paradis terrestre, gardé par Énoch et Élie : debout sur le seuil infranchissable, il voit passer « l'empereur du ciel, entouré du chœur des « anges, légions humbles et fidèles. » La vision s'évanouit, et le bon chevalier se retrouve à la porte du monastère (1). Mais du moins le preux compagnon de Charlemagne a quelque droit aux communication divines : il est chrétien, il est armé pour le service de l'Église et la confusion des mécréants. Alexandre, au contraire, je veux dire celui des romans, ne songe qu'à sa gloire; et, maître de la terre, il veut forcer le paradis et tirer tribut du peuple des anges (2). Il traverse les plaines brûlantes de l'Asie au milieu des terreurs de l'enfer, au

---

(1) Ferrario, *Antichi romanzi di cavalleria*, t. III. Nous reconnaissons bien, avec Bottari, que le roman italien de Meschino, dans sa première forme, est postérieur à la Divine Comédie ; mais la rédaction française remonte sans doute bien plus haut.

(2) Gervinus, *Geschichte der Deutschen Poesie*, t. I, p. 221. — Rosenkrantz, *Geschichte der Deutschen Poesie in dem Mittelalter*, p. 366. J'ai suivi l'ordre du poëme allemand de Lamprecht. On trouve dans la même langue l'*Alexandre* de Rodolphe de Montfort, celui d'Ulrich d'Eschembach, ceux de Berchthold, de Biterolf, etc. Il est inutile de citer les poëmes français bien plus connus de Benoît de Saint-More, Alexandre de Bernay, etc. — Par une complication semblable, le souvenir des voyages de saint Brendan se retrouve dans le poëme de Lohengrin.

milieu des dragons, des monstres et des foudres.
Enfin, le cours de l'Euphrate qu'il remonte le conduit au pied des murs d'Éden, derrière lesquels on
entend la voix des anges occupés à louer Dieu. Le
héros frappe longtemps à la porte, il somme les
habitants de se taire, d'ouvrir, et de payer tribut
comme le reste du monde. La porte demeure fermée : seulement un vieillard paraît sur la muraille, et fait présent à Alexandre d'une pierre d'aimant. Cette pierre peut soulever le fer, et cependant
un peu de terre dans une balance pèsera plus
qu'elle. Ainsi de l'homme, qui soulève le monde;
mais quelques jours après sa mort, un peu de poussière vaudra mieux que lui. Le héros s'émeut de
ce discours; il se tourne vers Dieu, renonce aux
conquêtes, et lorsqu'il meurt après douze ans d'un
règne paisible, le poëte ajoute « qu'il lui fut par-
« donné. » Ainsi ce génie du moyen âge, qu'on se
représente toujours prêt à damner les vivants et les
morts, fait preuve d'une singulière indulgence. Les
romanciers ne peuvent se résoudre à prendre congé
des héros qu'ils aiment, sans les laisser acheminés
vers le ciel. Nous voici en paix sur le salut d'Alexandre. Dante mettra Caton en purgatoire, Trajan en
paradis. Et le poëte anglais Lydgate n'achève point
les funérailles d'Hector sans lui faire élever un
tombeau dans la cathédrale de Troie, auprès du
maître-autel; une messe perpétuelle est fondée
pour le repos de son âme.

Du reste, on reconnaît ici une complication fréquente dans l'histoire littéraire; je veux dire l'entrelacement de deux sortes d'épopées. Comme des plantes touffues ne peuvent croître ensemble sans se mêler, s'envelopper, se nuire peut-être ; de même, dans cette forte végétation poétique, chaque fable pousse des branches qui vont s'entrelacer avec les rameaux voisins. Quand le bon Guérin pose sa lance à la porte du monastère, et qu'on l'y met en prières et en jeûnes, je me doute bien que nous sommes en pleine littérature ecclésiastique, et que le puits de Saint-Patrice a été creusé par les poëtes légendaires.

En effet, trois poëmes de Marie de France et de deux autres écrivains anglo-normands avaient popularisé cette formidable histoire du purgatoire de Saint-Patrice, rapportée par Matthieu Pâris, Jean de Vitry, Vincent de Beauvais : on en connaît une version espagnole qu'on a crue de la main d'Alphonse X, et une traduction italienne dont le dialecte grossier atteste sa prompte propagation dans les derniers rangs du peuple (1). Un chevalier [an-

---

(1) *OEuvres de Marie de France*, tom. II ; Delarue, *Essais historiques sur les Bardes*, etc., tom. III, pag. 245 ; Ferdinand Denis, le *Monde enchanté*. Au dix-septième siècle, le Purgatoire de S. Patrice est porté sur le théâtre espagnol par Calderon; et en 1764, on imprimait encore à Madrid la ballade de *la Cueva de San Patricio*. L'histoire de cette légende a été éclairée par le savant travail de M. Wright, *S. Patrike's purgatory, an Essay on the legends of purgatory, hell, and paradise, current during the middle ages*. Il est impossible de pousser une recherche avec plus

glais, du nom d'Oweins, entreprend pour l'expiation de ses péchés le pèlerinage du purgatoire. Il se rend à la caverne miraculeuse, jadis ouverte à la prière de saint Patrick, dans une île du lac de Dungal. Après de longs jeûnes et de ferventes oraisons, éclairé par les conseils des religieux voisins, il s'engage dans la route souterraine (1), et bientôt il se trouve en un lieu qui est à la fois celui des souffrances temporaires et des peines éternelles.

Les menaces des démons ne le font pas reculer; tantôt repoussé, tantôt entraîné par leurs bandes insolentes, il parcourt d'innombrables supplices (2). Ce sont des coupables crucifiés à terre, enlacés, dévorés par des serpents, exposés dans leur nudité au souffle d'un vent d'hiver, suspendus par les pieds sur des bûchers qui ne s'éteignent pas, attachés à une roue qui tourne sans fin, plongés dans des fosses où bouillonne le métal fondu, enlevés par la tempête et précipités dans un fleuve sous les eaux duquel les démons armés de crocs de fer les retiennent. Au fond de ce lugubre séjour, un puits

de perspicacité et d'érudition. Mais pourquoi porter l'amertume de la controverse protestante et la rancune anglaise contre l'Irlande dans l'étude d'une innocente tradition qui ne fut jamais qu'un récit poétique, qui n'entra jamais dans les croyances théologiques de l'Église, et que les papes ne laissèrent pas introduire dans le bréviaire romain?

(1) Dante se purifie de ses péchés en traversant le purgatoire. *Purgatorio*, passim.

(2) Dante est aussi arrêté par les démons à l'entrée de la cité de Satan. *Inferno*, xi.

embrasé engloutit et revomit tour à tour les âmes enveloppées d'un vêtement de feu (1). Oweins reconnaît plusieurs de ses compagnons d'armes; son courage se trouble; il gagne en tremblant un pont jeté sur l'abîme : l'étroite planche s'élargit devant ses pas, et le conduit auprès d'une porte qui s'ouvre et laisse voir des jardins magnifiques (2). C'est l'Éden, perdu par le péché du premier père, habité maintenant par les justes avant leur entrée au ciel. Une longue procession vient recevoir le nouvel hôte, et le mène jusqu'en un point d'où peut s'apercevoir la gloire d'en haut. L'Esprit-Saint en est descendu; il se répand sur l'assemblée triomphante. Oweins se retire purifié (3).

D'un autre côté, quand le romancier conduit Alexandre au Paradis terrestre, on soupçonne sans peine que d'autres pèlerins l'ont précédé. On s'en

---

(1) On se rappelle le crucifiement de Caïphe, les concussionnaires plongés sous la poix bouillante, et les jeux grotesques de leurs bourreaux, les voluptueux entraînés par une tempête éternelle, le puits des géants. *Inferno*, xxiii, xxiv, xxxi.

(2) Le pont de l'Épreuve, emprunté à la mythologie persane, se retrouvera dans les deux visions suivantes : Dante en a conservé comme une trace au chant xxiii, *in fine*.

(3) Gens erent de religiun
Qui firent la processiun...
Cuntre le chevalier alerent
S'il reçurent e le menerent
Od duz chant e duz melodie
Et od le son de l'harmonie...

Cette scène offre une frappante ressemblance avec celles qui terminent le Purgatoire de Dante : le Paradis terrestre au terme des expiations, la procession des vieillards et des Vertus, les chants, les parfums et les leçons que reçoit le miraculeux voyageur.

assure en retrouvant, parmi les compositions des trouvères, le *Voyage de saint Brendan*, odyssée monacale qui charma plus d'une fois la solitude des cloîtres, en y transportant les tableaux d'une vie errante et libre sur les mers. Dès le onzième siècle, on en voit une rédaction latine suivie de plusieurs traductions anglaises, allemandes, françaises, espagnoles. Je m'étonnerais que l'Italie, si amie du merveilleux, n'eût pas conservé les siennes (1). — Le saint moine a quitté l'île d'Érin pour aller chercher, à travers les mers occidentales, la *terre de repromission* réservée aux saints. Après les aventures sans nombre d'une longue navigation, il arrive au paradis des oiseaux, demeure des anges demi-tombés, qui, sans partager la révolte de Lucifer, ne s'associèrent point à la résistance des milices fidèles (2). Plus loin, se rencon-

(1) *La Légende de S. Brandaines*, publiée par Achille Jubinal; Paris, 1836. La grande chronique de Gotfrid de Viterbe, *pars secunda*, contient un récit pareil, d'après un livre conservé dans l'église de Saint-Matthieu, *ultra Britanniam in finibus terræ*. Les voyageurs arrivent au delà des mers à une montagne d'or qui porte une ville toute d'or, habitée par des anges. Enoch et Élie y servent Dieu dans une église d'or. Les voyageurs y demeurent trois jours; mais, lorsqu'ils reviennent dans leur patrie, il se trouve que trois siècles et sept générations se sont écoulés.

(2) . . . . . Nous somes de ceus
Qui jus caïrent des sains cieux;
Mais ne nos consentimes pas.

A peu près comme les anges neutres de Dante (*Inferno*, II) :

. . . . . Che non furon ribelli
Nè fur fedeli a Dio, ma per sè foro.

tre la montagne de l'enfer, dont le sommet volcanique domine l'Océan : de noirs forgerons l'habitent, et leurs marteaux retombent nuit et jour sur les enclumes où se tordent les réprouvés. Dans ces parages funestes, Judas seul, au milieu des eaux, jouit du repos hebdomadaire que la mansuétude infinie du Christ lui accorda. Le passage de saint Brendan prolonge d'un jour cette suspension de souffrances (1). Il s'éloigne ensuite; et, lorsqu'il a salué l'ermite Paul, retiré depuis près d'un siècle dans une île solitaire, il aborde au rivage désiré. Là fut jadis le paradis terrestre, désert maintenant, mais destiné à devenir un jour l'asile des chrétiens, quand recommencera le temps des persécutions. Ainsi l'a prédit un ange du ciel, qui renvoie dans leur patrie les miraculeux voyageurs (2).

(1) « Je suis, fait-il, li fel Judas...
« ... por paor del Sauveour
« Ci sui au dimence en l'onor
« De la misericorde Crist
« C'au dimence *surrexit*. »

Rien de plus touchant que ce pardon partiel, le seul que Dieu puisse accorder aux réprouvés. On y reconnaît les habitudes de douceur que la religion introduisait dans la société moderne. Où pouvait s'arrêter une pitié qui descendait jusqu'à Judas?

(2) La terre voient plaine tempre,
Les pumniers si cum en septembre,
Environ prisent'à aler
C' aine nuit ni visent fors jor clerc...

Les navigateurs espagnols ont longtemps cherché l'île de Saint-Brendan. Elle est comprise au traité d'Evora dans la cession faite par la couronne de Portugal à celle de Castille. — Voyez Ferdinand

Pendant que les imaginations charmées suivaient le moine navigateur, et cherchaient avec lui ce que l'homme rêva toujours, une terre meilleure que la sienne, des pensées moins douces s'éveillaient au récit de la *Descente de saint Paul en enfer*. — Une tradition, dont l'origine ne se retrouve pas dans les écritures apocryphes, rédigée en latin, avant le milieu du onzième siècle, par un Français des provinces méridionales, fournit au moine anglo-normand Adam de Ros le sujet de ce poëme (1). — L'archange saint Michel conduit l'apôtre des nations dans ce lieu, dont il doit prêcher les terreurs. Devant le seuil, un arbre

Denis, le *Monde enchanté*. — M. Wright (*S. Patrick's Purgatory*) a publié une belle description du Paradis, en vers anglo-saxons qui semblent remonter à la fin du dixième siècle. Il cite une carte du douzième, où, vis-à-vis des bouches du Gange, est représentée l'île de Paradis. L'*Imago mundi* place le jardin d'Éden à l'extrémité de l'Asie, derrière un mur de feu qui monte jusqu'au ciel. — *S. Patrick's Purgatory*, 93, 94.

(1) Delarue, *Essais historiques*, tom. III, pag. 139; Fauriel, *Cours inédit*. On a plusieurs manuscrits du récit latin. Warton, *History of poetry*, I, 19, cite le début d'une traduction anglaise. L'auteur annonce son œuvre comme une traduction :

. . . . . Aidez-moi à translater
La vision saint Pol le ber.

Il est probable que Dante connut la version ou l'original ; car, au IIe chant de l'Enfer, il paraît supposer que saint Paul l'y précéda.

Andòvvi poi lo vas d' elezione.

Et la glose de Giacopo ne laisse pas de doute sur le sens du vers. — Dice ancora l'autore : Paolo apostolo, lo quale fu vaso d'elettione, andò al inferno. Or, l'Écriture, qui rapporte le ravissement de l'apôtre au ciel, ne le fait point descendre parmi les damnés.

enflammé se dresse, gibet aux mille bras, où sont suspendues les âmes des avares. Plus loin, brûle une fournaise couronnée de sombres tourbillons. Un large fleuve, roulant des démons dans ses flots, s'enfonce sous les arches du pont fatal, que les justes réconciliés franchissent, mais qui fuit sous les pas des pécheurs. Plongés à des profondeurs inégales, selon la gravité de leurs crimes, apparaissaient les envieux, les adultères, les dissipateurs, les sectaires armés pour la ruine de l'Église (1). D'autres tourments attendent les usuriers, les exacteurs, et tous ceux qui n'eurent souci de Dieu, ni merci des pauvres. Les vierges infidèles, vêtues de noirs vêtements, sont livrées aux embrassements hideux des dragons et des couleuvres. Les juges iniques errent entre des feux toujours allumés et une muraille glaciale. Des chaînes douloureuses chargent les mains des mauvais prêtres. Enfin, le puits scellé des sept sceaux renferme dans une infecte sépulture ceux qui nièrent les mystères de la foi (2). A ces tristes spectacles vient se mêler l'apparition d'une âme élue, que les anges portent dans la gloire. La cour céleste retentit de joyeux

---

(1) Le texte semble indiquer ici des sociétés secrètes, où l'on aurait juré la destruction du catholicisme :

> A sainte Iglise firent guerre...
> Et par sa mort se parjurouent.

Dante (*Inferno*, xii) représente aussi les violents plongés dans un lac de sang dont la profondeur varie comme leur culpabilité.

(2) Dante met les hérétiques dans des tombes, *canto* XI.

cantiques : les damnés y répondent par leurs gémissements. Saint Paul et son guide s'émeuvent, et commencent une prière que répètent tous les saints. La Justice éternelle se laisse fléchir; elle accorde aux réprouvés l'interruption régulière de leurs souffrances, chaque semaine, au jour du Seigneur. La trêve de Dieu s'étend sur ses ennemis.

Quelquefois l'apparition de la vie future se fait sur une scène moins large, et n'est plus qu'un épisode de l'épopée religieuse, comme la descente aux enfers chez les anciens. Parmi les sujets les plus aimés de la poésie légendaire, je remarque l'*Histoire de Barlaam et Josaphat*, accréditée par le nom de saint Jean Damascène, souvent traitée en France, en Angleterre, en Allemagne enfin, où elle prit une forme savante et harmonieuse dans les vers de Rodolphe de Montfort (1). Je la trouve aussi populaire en Italie au quatorzième siècle, s'il en faut juger par un manuscrit de la Bibliothèque royale qui contient la légende rédigée dans un mauvais dialecte, enrichie d'enluminures grossières, par conséquent destinée à des lecteurs indulgents (2). Josaphat, fils d'un roi de

---

(1) Rosenkrantz, *Geschichte der Deutschen Poesie*, 184, Gervinus, t. I. — Wackernagel, *Deutsche Lesebuch*.

(2) Le récit de saint Jean Damascène est bien plus étendu que celui de la légende italienne. Je la cite de préférence comme inédite et comme contemporaine de Dante. Le manuscrit où elle est contenue porte le n° 93, fonds la Vallière, sous ce titre : *Leggenda di Barlaame e di Giosafatte*.

l'Inde, est secrètement initié par un vieillard à la foi chrétienne persécutée. Les faux prêtres et les magiciens s'émeuvent : le roi épouse leurs colères, il soumet son fils à plusieurs sortes d'épreuves : un essaim de jeunes tentatrices l'environnent, il va succomber, lorsqu'enfin, ayant recours au Seigneur par la prière, il est ravi hors de lui-même. « Et incontinent un ange le conduisit au ciel, et lui montra la gloire du ciel, et les chœurs angéliques, avec le cortége des patriarches, des prophètes, des apôtres, avec une grande multitude de chevaliers et de vierges qui moururent martyrs ; et l'ange l'avertit que, s'il gardait sa virginité, il serait tôt ou tard de cette assemblée glorieuse. Et après lui avoir montré le paradis, l'ange lui fit voir l'enfer et les démons, et les peines des pécheurs, et le feu, où il n'y a que pleurs et grincements de dents pendant l'éternité. Quand Josaphat vit les démons et les peines des âmes, incontinent il commença à pleurer, à trembler avec une grande épouvante. Et l'ange lui dit : « Tu as considéré la punition « des pécheurs : c'est pourquoi je te reconduirai au « monde, dans ton corps; et, si tu oublies ta virgi- « nité, tu seras mis dans le feu d'enfer. » A ces mots, Josaphat se réveilla ; et depuis cette heure la tentation s'éloigna de lui (1).

(1) E incontenento fo porta el so spirito in cello, e foge mostra la gloria del Paradiso e li ordeni de li agnoli, e li patriarchi, e li profecti, e li apostoli, e una grande multitudine de chavalieri, ver-

Pendant que ces quatre récits, entrés pour ainsi dire dans l'héritage poétique des nations chrétiennes, font le tour de l'Europe et passent par toutes ses langues, il se trouve au fond du Nord, en Islande, un écrivain qui rassemble les traditions mourantes de sa patrie, pour en composer le célèbre recueil de l'Edda. A la suite des fables païennes ensevelies dans ce livre comme dans leur tombeau, on est étonné de rencontrer un chant chrétien, le *Chant du Soleil*, où le poëte, s'arrachant aux souvenirs d'une mythologie condamnée, s'efforce de reconstruire le monde invisible sur de meilleurs fondements (1). Un père a rompu les lois de la mort pour venir instruire son fils, il le visite dans un songe et lui révèle les secrets de l'éternité. — Il a parcouru d'abord les sept zones du monde inférieur. Des oiseaux noircis de fumée, qui étaient des âmes, tourbillonnaient comme un nuage de moucherons, à l'entrée de l'abîme. Les femmes impudiques poussaient en pleurant des rochers ensanglantés. Par un chemin de sable brûlant marchaient des hommes couverts de bles-

---

gini, e l'agnolo ge disso quiesti sic martiri. (Quatre peintures représentent la procession des personnages célestes.) E dice l'agnolo : Giosafat, se tu combattere per la toa virginita tu sere in questa schera. J'ai voulu donner un spécimen de ce grossier dialecte.

(1) *Edda Sœmundar*, t. I, *Solar-liod*. Sans doute le skalde islandais fut inconnu du poëte de Florence ; mais les rapports qu'on trouvera dans leurs récits montreront encore mieux l'antiquité des sources où tous deux puisent.

sures (1). Des étoiles menaçantes étaient suspendues sur le front des excommuniés. Sur la poitrine des envieux, on lisait des runes de sang. Ceux qui avaient poursuivi les vaines félicités de la vie couraient sans repos dans une carrière sans but. Les voleurs, chargés de fardeaux de plomb, allaient par troupes au château de Satan. Des reptiles venimeux traversaient le cœur des assassins; et les corbeaux de l'enfer dévoraient les yeux des menteurs (2). — Mais le vieillard s'est vu ravir ensuite aux plus hautes régions du ciel. Là, des anges radieux lisaient l'Évangile sur la tête de ceux qui firent l'aumône. Ceux qui jeûnèrent étaient entourés d'esprits célestes prosternés à leurs pieds. Les fils pieux rêvaient bercés sur les rayons des astres. Les opprimés, les victimes des forts, portés dans des chars de triomphe, passaient comme des rois au milieu de la foule des saints. Cette douce image du paradis, substituée aux combats et aux banquets éternels du Walhalla, cette apothéose de

---

(1) *Solar-liod*, 58, 59. Cruenta saxa. — Nigræ illæ feminæ. — Trahebant tristi modo. — Multos homines vidi. — Sauciatos ire. — In illis pruna obsitis viis. Cf. *Inferno*, vii, xiv, xxviii. La peine des avares, des sodomites et des schismatiques.

(2) *Solar-liod*, 63, 64. — Catervatim ibant illi. — Ad Plutonis' arcem. — Et gestabant onera e plumbo. — Homines vidi illos. — Qui multos pecunia et vita spoliarant. — Pectora. — Raptim pervadebant viris istis. — Validi venenati dracones. Cf. le château de Satan, les chapes de plomb des hypocrites, les serpents qui poursuivent les voleurs de grand chemin. *Inferno*, viii, xxiii, xxiv. Le dernier de ces rapprochements est si remarquable, qu'on aurait peine à le croire fortuit.

la charité, de l'abstinence et de la résignation, laissent assez voir ce que pouvait l'Église sur l'esprit indompté des Scandinaves. Cependant on reconnaît encore dans le tableau de l'enfer les reflets sinistres du paganisme. Les vieilles peintures du royaume des ténèbres (*Muspelheim*) sortirent lentement de la mémoire des peuples du Nord. J'en retrouve le souvenir et le nom (*Muspilli*) jusque dans un cantique du jugement dernier, composé au neuvième siècle. Longtemps les pâtres de la Souabe et de la Suisse ont montré les montagnes creuses, où quelqu'un d'entre eux ayant pénétré, avait vu Siegfried, Charlemagne ou Frédéric Barberousse tenir sa cour avec les morts (1).

Toute la poésie du moyen âge était donc pleine des spectacles de l'éternité. Mais de même que les songes de la nuit se forment des pensées du jour, ainsi les poëtes rêvent ce que les peuples croient. Les peuples croyaient donc au commerce des vivants et des morts; ils croyaient l'Éternité accessible aux âmes pures, ils croyaient aux visions. Il n'est pas de récits que les enfants aient plus curieusement écoutés de la bouche de leurs mères,

---

(1) Wackernagel, *Deutsches Lesebuch* : *Von jungsten Gesicht* :

    Dàr ni mac denne mac andremo
    Helfan vora demo Muspille.

On peut citer aussi la peinture terrible du jugement dernier dans l'*Harmonie des Évangiles*, par le Saxon Héliand, Gervinus, *Geschichte der Deutschen Poësie*, t. I. Sur les montagnes creuses : Grimm, *Deutsche Sage*.

les hommes des lèvres du prêtre, qui les tenait de ses livres. Je n'accuse ni les livres, ni le prêtre, ni les mères, et je ne vois rien de plus digne de respect que cette crédulité tant méprisée. J'y découvre le besoin le plus honorable de la nature humaine, et le plus inexorable en même temps, le besoin de l'infini. Il s'en fallait encore de deux cents ans que l'homme eût fait le tour de la terre ; il n'en connaissait encore ni l'étendue, ni la forme, ni la situation ; mais ce qu'il savait depuis longtemps, c'est qu'elle était trop petite. Il voulait voir au-dessous et au-dessus. On avait beau fouler aux pieds les pauvres dans la fange, ils n'étaient pas encore si bas qu'ils ne se souvinssent de leurs destinées. Ils voulaient, non-seulement qu'on leur enseignât le paradis, mais qu'on le leur décrivît, qu'on l'eût visité pour eux. On avait beau envelopper les rois dans une nuée d'encens et d'hommages, ils s'ennuyaient de ces honneurs qui devaient finir, et payaient des poëtes pour leur peindre l'éternité, sans oublier l'enfer, où sont punis les tyrans.

III

Tant d'ouvrages d'art, tant de productions dans un siècle, supposent l'effort d'une pensée qui vient de plus haut. Avant qu'un récit soit mis en vers, il est longtemps resté dans les entretiens, dans les souvenirs des hommes. La poésie est la fleur; la tradition est la tige : elle est longue et délicate; il faut la dégager lentement, avec patience, si l'on veut aller jusqu'aux racines.

En présence du nombre infini de visions de la vie future qui remplissent les chroniques et les légendes, je vois d'abord l'impuissance où je suis de tout étudier et de tout connaître. Il me suffit de montrer l'extrême richesse de cette littérature du monde invisible, quelle place elle tenait dans la bibliothèque des hommes du treizième siècle, quelles images elle devait laisser chez un grand esprit comme Dante, avec la passion de tout lire et le don de ne rien oublier.

Je remarque premièrement les livres qui étaient dans le patrimoine commun de la chrétienté, que toutes les abbayes faisaient copier pour l'usage de leurs moines; et je n'en trouve pas de plus célèbres que les Vies des saints. Dès le septième siècle, un décret du pape Gélase avait mis les *Vies des Pères* au rang des écrits que l'Église reçoit avec honneur. Cassiore en recommandait l'étude; saint Benoît les nommait parmi les lectures que les religieux devaient entendre chaque jour, à la suite du repas (1). De là ce grand nombre de collections,

---

(1) Gelasius papa, apud Gratiani decretum dist. xv, cap. *Sancta Ecclesia*. « Vitas Patrum, Antonii, Pauli, Hilarionis, et omnium eremitarum, quas tamen vir beatus scripsit Hieronymus, cum omni

formées des actes des martyrs, des biographies écrites par saint Jérôme, des récits de Ruffin, de Sulpice Sévère, de Grégoire de Tours, et successivement enrichies des souvenirs que chaque génération de saints laissait après elle. Les interpolations étaient faciles : les fables pénétraient sans peine dans une suite de fragments qui n'avaient pas de lien ; chaque monastère eut son recueil abrégé ou grossi, selon le loisir de ses copistes. Deux écrivains du treizième siècle, deux Italiens, avaient tenté de porter la lumière au fond de ce désordre : le premier était Barthélemy de Trente ; le second, Jacques de Varaggio, archevêque de Gênes, auteur de la Légende dorée, qui rangea les actes des saints dans le cycle de l'année ecclésiastique, et fit à chaque fête comme une couronne de poétiques traditions (1). J'ouvre donc la Légende dorée, et j'y reconnais le Purgatoire de saint Patrice et l'histoire de Josaphat. Dans la vie de saint Jean l'Évangéliste, dans celle de saint Thomas, au chapitre de la fête de tous les Saints, je trouve plusieurs visions de l'enfer et du ciel. Si je m'arrête au jour de la Mémoire des trépassés, j'y vois de fréquentes

---

honore suscipimus. » Cassiodore, *Instit. divin.*, cap. xxxii. S. Benedictus, *in Regula*, cap, lxii : Monachi omni tempore, sive jejunii sive prandii fuerit, mox ut surexerint a cœna, sedeant omnes in unum, et legat unus collationes et vitas Patrum, aut certe aliquid quod ædificet audientes.

(1) Tiraboschi, *Storia della Letteratura*, ab anno 1183 ad annum 1300, lib. II, cap. i.

apparitions des morts aux vivants, et l'histoire merveilleuse d'un jeune homme mort au pèlerinage de Saint-Jacques de Compostelle. Son âme, enlevée par les démons, réclamée par les anges, conduite enfin aux pieds de la sainte Vierge, fut renvoyée sur la terre pour y solliciter les prières des hommes en faveur des défunts (1). — Mais rien n'égale l'admirable récit de la descente du Sauveur aux enfers. La Légende dorée l'emprunte à l'évangile apocryphe de Nicodème, populaire en Occident dès le temps de Grégoire de Tours; mais, encore tout plein du souffle hardi de l'Orient, les Pères de l'Église ne le citent jamais : c'est une source où les artistes et non les théologiens vont puiser; Milton et Klopstock ne la négligèrent pas. — Le récit commence au jour de la résurrection. La nouvelle du prodige a mis Jérusalem en rumeur et la synagogue en alarmes. Tandis que les princes des prêtres délibèrent, on introduit dans l'assemblée deux ressuscités, Leucius et Carinus, fils du vieillard Siméon; chacun d'eux se fait donner un livre, et ils

(1) *Legenda aurea*, de S. Patricio, de S. Josaphat, *de Memoria defunctorum*, etc. On y trouve aussi les histoires de saint Fursy, de saint Carpe et de sainte Christine, que je rapporterai plus loin. La légende de la fête de tous les Saints décrit la procession merveilleuse des Saints, des Anges et du Christ, qui apparut pendant la nuit au gardien de l'église de Saint-Pierre du Vatican. La même procession revient dans la légende de S. Bonus, publiée par M. du Méril, *Poésies latines populaires*, p. 190.

Præsul erat Deo gratus,
Ex Francorum genere natus, etc.

écrivent ce qui suit : « Nous étions dans les ténèbres avec nos pères les Patriarches, quand tout à coup une lumière d'or et de pourpre, comme celle du soleil, nous illumina ; et aussitôt le père du genre humain, Adam, tressaillit de joie, et il dit : « Cette lumière est celle de l'Auteur de toute « lumière, qui a promis de nous envoyer son jour « éternel. » Et Isaïe s'écria : « Cette lumière est « celle du Fils de Dieu, dont j'ai prophétisé que le « peuple qui marchait dans les ténèbres verrait « une grande lumière. » Et le vieillard Siméon survint, et avec lui Jean-Baptiste, et ils rendirent ce témoignage du Sauveur : l'un qu'il l'avait tenu dans ses bras, l'autre qu'il l'avait baptisé et que sa venue était proche. En ce moment Seth se souvint qu'un jour il était allé aux portes du paradis terrestre demander « l'huile de miséricorde » pour oindre Adam, son père, qui était malade ; et saint Michel, lui apparaissant, lui avait annoncé que l'huile de miséricorde ne serait donnée au monde qu'après cinq mille cinq cents ans accomplis. Et comme il se trouva que ce temps s'accomplissait à l'heure même, tous les patriarches frémirent d'allégresse. — Alors Satan, le prince de la mort, dit à l'Enfer : « Prépare-toi à recevoir Jésus, qui « se glorifiait d'être le Fils de Dieu, et qui n'est « qu'un homme craignant de mourir ; car il a dit : « Mon âme est triste jusqu'à la mort... » Voici que « je l'ai tenté ; j'ai excité le peuple contre lui, j'ai

« aiguisé la lance, mêlé le fiel et le vinaigre,
« préparé la croix : le moment n'est pas loin où je
« l'amènerai captif. » Et l'Enfer demanda : « Est-ce
« le même Jésus qui a ressuscité Lazare ? » Et
Satan répondit : « C'est lui-même. » Et l'Enfer
s'écria : « Je te conjure par tes puissances et par
« les miennes de ne pas m'amener cet homme ;
« car, lorsque j'ai entendu le commandement de
« sa parole, j'ai tremblé, et je n'ai pu retenir
« Lazare ; mais, se dégageant tout à coup, il a pris
« son essor comme l'aigle, et il s'est échappé. »
Or, tandis que l'Enfer parlait de la sorte, une voix
se fit entendre, pareille à celle du tonnerre, et elle
disait : « Princes, ouvrez vos portes, levez vos portes
« éternelles, et livrez entrée au Roi de gloire. »
A cette voix les démons coururent, et fermèrent les
portes d'airain avec des barres de fer. Et David dit
en les voyant : « J'ai prophétisé qu'il briserait les
« portes d'airain. » Et la voix recommença :
« Ouvrez vos portes, et livrez entrée au Roi de
« gloire. » L'Enfer voyant qu'on avait crié deux
fois, demanda : « Et qui donc est ce roi de gloire ? »
Et Daniel répondit : « Le Seigneur fort et puissant,
« le Seigneur fort dans le combat, c'est lui qu'on
« appelle le Roi de gloire. » Comme il parlait
encore, le Roi de gloire parut, sa splendeur éclaira
les limbes éternelles ; et le Seigneur, étendant sa
main et prenant la main droite d'Adam, « La paix,
« dit-il, soit avec toi et avec tous ceux de tes fils

« qui furent justes. » Et le Seigneur sortit des enfers, et tous les justes le suivirent. — L'archange saint Michel les introduit ensuite dans le Paradis, où il trouve Énoch et Élie, enlevés de la terre et réservés pour les épreuves de la fin des temps. Ils voient aussi venir au-devant d'eux un homme qui porte sur ses épaules le signe de la croix. Et comme on lui demande ce qu'il est : « Je suis, dit-il, le « Larron crucifié avec Jésus, et j'ai cru en lui, et « il m'a donné ce signe, en me disant de me pré- « senter aux portes du Paradis, et de montrer ce « signe à l'ange qui les garde. Et j'ai fait ainsi, et « l'ange, m'ayant ouvert, m'a donné ma place. » Ce fut là que Leucius et Carinus cessèrent d'écrire ; et, se transfigurant, ils devinrent blancs comme la neige et disparurent. Mais, les deux livres étant restés, on les trouva parfaitement conformes. — Les beautés de ce fragment n'ont pas besoin de commentaire. La scène s'ouvre avec toute la grandeur de l'épopée : il ne se peut rien de plus heureux que cette façon de grouper les personnages, de les mettre aux prises, et de leur donner la parole. Après cette longue attente, ces entretiens et ces disputes, la brièveté de l'action a quelque chose de foudroyant comme la puissance divine, et le triomphe terminé par l'histoire du bon Larron couronne ces spectacles pathétiques d'une pensée de miséricorde qui repose le cœur. L'auteur de la Légende dorée le savait bien : il n'ignorait pas la valeur des textes apocryphes dont il usait ; lui-même en relève souvent les anachronismes et les contradictions. Néanmoins, il fait servir ces peintures imaginaires à la traduction d'une doctrine véritable. Il ne s'est point proposé d'écrire l'histoire, mais bien le poëme de la vie des saints. On lui a cruellement reproché ces mensonges : je n'en vois pas d'autres que le mensonge éternel de l'art, le mensonge de la toile ou de la pierre qui veut reproduire, par des traits immobiles, la beauté vivante. Assurément l'artiste n'ignore pas la distance qui sépare l'idéal immortel de cette image froide et muette sortie de ses mains, et c'est pourquoi il ne se contente jamais de ses œuvres. Cependant le peuple ne se trompe pas non plus, mais il se contente : il suffit qu'on l'ait mis sur la voie, il fera le reste. Sans doute, il voit bien que la coupole peinte et dorée sous laquelle il prie, si haute qu'on l'ait faite, est bien loin du ciel qu'elle veut représenter; mais elle en montre la route, et la prière y atteindra (1).

(1) *Legenda aurea*, de resurrectione Domini. Cf. Fabricius, *Codex apocryph.*, p. 282. Le texte primitif est en grec. Grégoire de Tours (*Hist. Franc.*, I, 21, 24) donna déjà une traduction abrégée de l'évangile de Nicodème. Cette histoire, devenue populaire au moyen âge, passa dans toutes les langues et sous toutes les formes littéraires. Au dixième siècle un moine, dont la vision est racontée par Ansellus le Scolastique, accompagna le Sauveur aux enfers, et assista à la délivrance des âmes, qui se renouvelle chaque année. Mais le pauvre religieux revient sous la conduite d'un démon. Cette pièce a été publiée par M. du Méril, *Poésies latines populaires*, p. 200. Il faut citer aussi le soixante-sixième chapitre

Mais la critique de Jacques de Varaggio, si indulgente qu'elle fût, avait rejeté des récits plus étendus, qu'il fallait chercher dans d'autres recueils. Telle était l'aventure de trois moines d'Orient, qui virent flotter des rameaux d'or sur le fleuve voisin de leur solitude. Ils remontèrent le courant jusqu'à des montagnes inconnues, où ils se virent tout à coup au milieu du paradis terrestre, gardé par Énoch et Élie. Et lorsque, ayant admiré les merveilles de ce beau lieu, ils regagnèrent le cloître, d'autres moines y avaient pris leur place ; on leur montra leurs noms à demi effacés par le temps dans les obituaires de la maison : sept siècles s'étaient écoulés (1). Une collection italienne des *Vies des Pères* rapportait les discours des deux religieux, conduits en esprit au séjour des réprouvés ; ils y contemplèrent Caïphe dans le feu, et le prince des démons dans l'abîme (2). On y lisait surtout la longue vision de Tantale, chevalier jeune et beau, lequel, au milieu d'un banquet, au moment de mettre la main au plat, tomba frappé d'un som-

de l'*Histoire de Perceforest*, où l'on voit « comment le roy Alfaran
« s'en alla en l'ysle de vie publier la foi catholique, et racompter
« au long la passion et la résurrection de Jésus-Christ au roy Ga-
« difer d'Écosse et au roy Perceforest d'Angleterre, à la sage royne,
« et aux aultres. » Voyez enfin l'excellent travail de M. Douhaire
sur les apocryphes, dans l'*Université catholique*, année 1858.

(1) Manuscrit de la Bibliothèque du roi, du quinzième siècle, n° 7762 : « *De tre monaci che zeno a lo Paradiso terrestro.* — Lo Paradiso terrestro si è in terra in questo mondo, in ne le parte d'Oriente suso uno monte altissimo... »

(2) *Vite de' Santi Padri ;* Venezia, 1448 ; Firenze, 1738.

meil miraculeux. L'âme échappée du corps se
trouva au milieu d'une vaste prairie, où les esprits
malins l'environnaient déjà, lorsqu'un ange lumineux comme une étoile vint le dégager de leurs
mains. Il la conduisit alors par une vallée terrible
et ténébreuse, pleine de charbons ardents ; et au-
dessus il y avait un couvercle de fer en forme de
gril, où étaient assis un grand nombre de diables
occupés au tourment des réprouvés. Ensuite venaient des forêts d'arbres épineux, peuplées de
chiens enragés, des étangs de soufre et des étangs
de glace balayés par un vent violent; le pont de
l'épreuve jeté sur un fleuve de flammes (1). Enfin,
paraissait Lucifer, l'ennemi de Dieu et des hommes,
d'une taille gigantesque, avec une forme humaine,
sauf qu'il avait cent mains, longues de cent palmes. Il était chargé de chaînes embrasées ; et, pour
apaiser la soif qui le dévorait, il étendait ses mains
sur la foule des âmes, en saisissait autant qu'il en

---

(1) *Vite de' Santi Padri*, libro V, cap. xi. Per una valle terri-
bile e tenebrosa, e coperta di caligine di morte, profondissime
e piena di carboni affuocati, e di sopra era un coperchio di ferro
fatto a modo di una gradella, etc. Cf. *Inferno*, xxi, Dolorosi lessi.
Tantalo est la forme italienne et presque mythologique du nom
irlandais de Tantale. La légende, irlandaise d'origine, passa en latin dans le *Speculum historiale* de Vincent de Beauvais, lib. XXVI,
c. LXXXVIII, 104. M. Wright, *S. Patrick's Purgatory*, p. 82, en
cite plusieurs traductions anglaises, allemandes, françaises. M. Turn-
bull a publié *the Visions of Tundale together with metrical mo-
ralization, and other fragments of early poetry*, Edimburg, 1843.
On en connaît plusieurs versions allemandes, flamandes, françaises.
Cf. Greith, *Spicilegium Vaticanum*; Hahn, *Gedichte der* XII *und*
XIII *Jahrhundert*, etc.

pouvait tenir, et les exprimait dans sa bouche comme le vin d'une grappe. L'âme de Tantale vit tourmenter ainsi ceux qui renient Dieu, les faux chrétiens, les homicides, les ennemis de la paix, les adultères; mais surtout les prélats et les chefs des peuples, qui cherchent les seigneuries et les bénéfices par intrigues, simonie ou menaces; ceux qui vendent les sacrements de l'Église; ceux qui jugent faussement par amour, par intérêt ou par défaut de savoir (1). Le pèlerinage merveilleux s'achève en traversant le purgatoire et le paradis. Assurément les traits du tableau sont durs et les couleurs grossières; mais on y trouve un sentiment qui purifie tout ce qu'il touche : c'est la passion de la justice, d'une justice égale pour tous. Les imaginations étaient faciles à contenter, mais les consciences étaient exigeantes.

Après ces légendes, dont la popularité était universelle, j'en vois d'autres qui se liaient à l'histoire de chaque royaume, de chaque église, peut-être de chaque communauté puissante. Il ne serait pas sans intérêt de suivre la tradition chez quelques-

(1) *Vite de' Santi Padri*, libro V, cap. xi. Era ancora tutto quello inimico de Dio ligato per tutte le membre con cathene di ferro molte affocate di foco. È quando ha piene le mani le stringe et spremezele in bocca come fà el vino de l'uva... Cf. *Inferno*, xxxiv. Tutti questi tormenti son per li prelati e guidatori dei popoli, quali vanno cercando e proccaciando le signorie e grandi onori del mondo o benefici, o per cupidita, o per potere fare danno ad altrui... e coloro che giudicano falsamente per amore, o per doni, o per difetto di scienza... e che vendono il sacramento della Chiesa.

uns des grands peuples de l'Europe, et de considérer quelle empreinte elle y reçut de leur génie et de leur civilisation.

1. Nulle part les visions ne se montrent plus nombreuses ni plus effrayantes qu'en Allemagne. Nulle part aussi une résistance plus opiniâtre n'arrêta l'effort civilisateur du christianisme. Dans un pays où les empereurs trafiquaient des églises, où plusieurs peuples, au onzième siècle, vivaient encore en pleine polygamie; où les prêtres, menacés par Grégoire VII, s'écriaient qu'ils renonceraient au sacerdoce plutôt qu'au mariage, il semble qu'il fallût toute la puissance de la terreur pour faire pénétrer la sainte pensée du devoir (1). Ces cœurs violents, ces esprits indisciplinés, ne se rendaient qu'à la prédication de l'enfer. Je ne m'étonne plus des sombres peintures qui remplissent le *Livre des visions*, compilé par le moine Othlon de Ratisbonne (2). J'y compte sept apparitions des peines futures. Une servante d'Augsbourg, qu'on portait au tombeau, ressuscite pour avertir un magistrat de la ville, au nom de son père damné, de restituer des biens mal acquis. Un pauvre, qui mendiait aux portes de l'église de Saint-Emmeran, voit en rêve une maison de fer rougi au feu, où sont emprison-

---

(1) Adam Bremens, *Hist. ecclés.* — Voigt, *Hist. de Grégoire VII*.
(2) Othlonis monachi Ratisbonensis *Liber visionum tum suarum tum aliorum*. Apud Bernard. Pez, *Thesaur. anecdoctor. novissim.*, t. III.

nés éternellement les mauvais conseillers qui détournèrent l'empereur de faire sa paix avec Dieu et les hommes (1). Une autre fois le saint patron du monastère conduit en esprit un de ses religieux sur la montagne du purgatoire. La peine des justes qui s'y purifient est de considérer les supplices des réprouvés et d'entendre leurs cris (2). Ailleurs, c'est la grande impératrice Téophanie qu'on voit punie pour avoir propagé le luxe des Grecs parmi les femmes de France et de Germanie (3). Mais rien n'égale l'étrange aventure d'un seigneur appelé Vollark, qui, se rendant à des noces avec un petit nombre de compagnons, s'égare au déclin du jour dans une forêt. Et comme il désespère de retrouver sa route, un cavalier noir l'aborde, et lui propose l'hospitalité pour la nuit. Bientôt la forêt s'éclaire : au fond d'une large avenue resplendissent les feux d'un château. On entre dans les vastes salles, la table du festin est dressée, elle se couvre d'une profusion d'or, d'argent, de pierreries ; tout autour se rangent des figures sinistres. Et, comme Vollark ne peut cacher ni son étonnement ni son inquiétude : « Toutes ces richesses que tu vois, lui dit le « maître du lieu, sont les biens que les hommes

---

(1) *Visiones*, 6, 11 : Ibi sunt inclusi nuper defuncti qui Cæsari Henrico pacem undique patrare studenti resistere præsumpserunt.
(2) *Visio* 14.
(3) *Visio* 17 : Quia videlicet multa superflua et luxuriosa mulierum ornamenta quibus Græcia uti solet, sed eatenus in Germaniæ Franciæque provinciis erant incognita, tunc primo delata.

« enlèvent aux églises : c'est pour moi qu'ils tra-
« vaillent. » Alors le bon seigneur se souvint que
son hôte, en se nommant à lui, s'était donné le
nom de Nithard, c'est-à-dire le *Malin;* mais comme
il était juste et craignait Dieu, les démons ne purent rien sur lui; il revint sain et sauf avec ses
compagnons, son cheval et ses armes. Du reste, le
narrateur a la sincérité de ne point garantir son
récit; il l'a reçu de la rumeur publique, et nous
aimons à cueillir en passant cette fleur de poésie
populaire qui a de la grâce et de l'éclat (1).

En remontant plus haut, nous rencontrons la célèbre vision du moine Wettin de l'abbaye de Reichenau, rédigée sous sa dictée par l'abbé du monastère, et mise en vers par Walafrid (2). Deux jours
avant sa mort, Wettin avait été ravi en esprit; et,
guidé par son ange gardien, il avait visité le triple
séjour des âmes. Il vit les damnés livrés à d'affreu-
ses tortures, roulés dans des torrents de feu, ensevelis dans des châsses de plomb, captifs entre des
murs infranchissables, au milieu d'une épaisse
fumée; et il y reconnut beaucoup de prélats, de
prêtres et de religieux (3). Il gravit la montagne

(1) *Liber visionum,* 23. Aux numéros 19 et 20 se trouvent les récits de saint Boniface et de Bède, qu'on lira ci-après.
(2) *Acta sanctorum ordinis S. Benedicti,* sæc. IV, pars II, p. 263.
(3) *Ibid.*

. . . . . Quem plumbea possidet arca
Judicii usque diem dubio sub fine vomendum.

Cf. *Inferno,* ix. Le supplice des hérétiques.

du purgatoire, où les évêques négligents expiaient leur mollesse, et les comtes leur rapacité. Au milieu d'eux, Charlemagne était puni pour l'incontinence de sa chair (1). Ensuite les portes du palais céleste lui furent ouvertes : il traversa les rangs des martyrs et des vierges ; il parvint jusqu'au trône de l'Éternel, et reçut l'assurance de son salut, à condition de revenir annoncer aux hommes pendant deux jours ce qu'il avait vu des vengeances divines (2). Il y a toute la tristesse du neuvième siècle dans le rêve du moine de Reichenau. De ces guerriers et de ces pontifes de l'âge héroïque qu'on voyait naguère tout couverts de gloire, il ne reste plus que des âmes souffrantes et châtiées ; et le grand empereur n'échappe ni à la flétrissure ni au supplice. — On a besoin de rencontrer des images plus consolantes dans un récit de saint Anschaire, qui, vers le même temps, achevait la conquête religieuse du Nord (3). Il racontait qu'après son

(1) *Acta Sanctorum ordinis S. Benedicti.*

His visis celsum montem cœloque propinquum
Adspiciunt. . . . . . . ibidem
Abluit incauto quidquid neglexerat actu.
. . . . . . Fixo consistere gressu.
Oppositumque animal lacerare virilia stantis
Lætaque per reliquum corpus lue membra carebant.

(2) *Ibid.*

Unde tibi jubeo auctoris de nomine nostri
Ista palam referens ut clara voce revolvas.

(3) *Vita sancti Anscharii*, auctore Remberto, Bollandist., 3 fév.

entrée en religion, étant tombé dans la tiédeur, il eut un songe : il lui sembla qu'il venait de mourir, et que saint Pierre et saint Jean l'assistaient. Ils le conduisirent premièrement en purgatoire, où il passa dans les ténèbres et dans la gêne trois jours qui lui parurent dix siècles. Puis, revenant le chercher, ils le menèrent par des chemins qui n'avaient rien de corporel, marchant d'un pas immobile à travers des clartés toujours plus vives jusqu'aux portes du paradis. Les chœurs des bienheureux étaient tournés vers l'orient, les uns cachant leurs têtes dans leurs mains, les autres étendant les bras, tous unissant leurs voix dans un concert sans fin. Vingt-quatre vieillards siégeaient sur des trônes plus élevés ; et à l'orient paraissait une lumière dont on ne voyait ni le commencement ni la fin, qui enveloppait tous les élus, qui les pénétrait, qui les couvrait, qui les soutenait. Anschaire ne vit luire en ce lieu ni le soleil ni la lune, il n'aperçut ni les cieux ni la terre ; car il ne s'y trouvait rien de matériel. Seulement un reflet pareil à l'arc-en-ciel environnait l'enceinte sacrée. Or, du sein de la majesté divine une voix sortit souverainement douce, et qui parut néanmoins remplir le monde : « Va, dit-elle au jeune moine, et tu reviendras « martyr (1). » — Le même caractère de douceur

---

(1) Qui splendor tantæ magnitudinis erat, ut nec initium ejus nec finem contemplari valerem... Ipse omnes exterius circumdabat, ipse omnes interius satiando regebat, superius protegebat, in-

se fait sentir dans les deux visions racontées par saint Boniface. Cet homme infatigable, ce fondateur des églises de Germanie, ce conseiller de Charles Martel et de Pépin, trouve le loisir d'écrire à une religieuse anglo-saxonne, et de lui rapporter la déclaration d'un ressuscité qu'il vient d'interroger au monastère de Milburg. L'interrogatoire était solennel : en présence de trois religieux, celui qu'on avait cru mort décrivit son départ de ce monde, son voyage en compagnie d'autres âmes qui cheminaient vers l'Éternité; le jugement où ses péchés l'avaient accusé, et ses bonnes œuvres défendu : jusqu'à ce que les anges vinssent l'enlever pour lui montrer le paradis, et le renvoyer ensuite parmi les hommes. Dans une autre lettre, c'est une femme qui visite les lieux éternels. Ici encore les peintures de l'enfer restent dans l'ombre : on retrouve bien le caractère du charitable évêque qui faisait transcrire les saintes Écritures en lettres d'or, afin de charmer les yeux des païens, et qui eut horreur du sang, jusqu'à mourir plutôt que de laisser tirer l'épée pour sa défense (1).

2. Rien n'était plus près des Allemands que les

---

ferius sustinebat. Sol vero nec luna noquaquam lucebant ibi, nec cœlum ac terra ibidem visa sunt, nam erant cuncta incorporea... C'est l'aspect tout spirituel du paradis de Dante.

(1) S. Bonifacii epist. 21 et 71, edidit Würdtwein.—*Ibid.*, ep. 28, Vita auctore Willibaldo, apud part. 3, *Monumenta Germaniæ historica.*

populations germaniques, maîtresses du nord de la France, où elles gardèrent longtemps leur langue, plus longtemps leur caractère et leurs mœurs. A la fin du treizième siècle, les Siciliens accusaient dans un manifeste « la barbarie de ces Français qui, « au lieu de s'instruire à l'école de l'Italie, allaient « chercher au delà du Rhin des lois sauvages et des « coutumes sans pitié (1). » Nos voisins avaient pu s'en apercevoir aux fureurs de la guerre albigeoise. Il faut donc s'attendre, en remontant le cours des chroniques françaises, à les trouver mêlées de ces redoutables récits qui viennent y jeter la terreur et souvent la lumière. L'habitude en est si profonde, que le bon Joinville ne saurait achever son histoire sans l'embellir d'une vision ; et il y conte l'aventure d'un prince tartare miraculeusement transporté au milieu de la cour céleste, pour y apprendre les destinées de son peuple (2). Au onzième siècle, quand les premiers signes d'une renaissance chrétienne se montrent dans la sainte abbaye de Cluny, on lit dans ses annales qu'un chevalier revenant de Palestine, jeté par les vents sur une île déserte, s'était trouvé près du séjour des morts. Il avait appris d'un ermite, seul habitant de la contrée, que souvent on y entendait les plaintes des

---

(1) *Epist. Panormitanorum* ad dominos cardinales. Apud Amari, *Vespro siciliano*, t. II... « Hispidæ gentis finitima in fe- « ram barbariam et convictam crudeliter efferatur. Hinc indiscreta « dominia, hinc dira regimina... » Ce texte est souvent corrompu.

(2) Joinville, **Vie de saint Louis**.

démons, frustrés des âmes que saint Odilon, abbé de Cluny, leur enlevait par ses jeûnes et ses prières (1).

A mesure qu'on arrive aux derniers Carlovingiens, quand les peuples sèchent de frayeur devant les conquêtes des Sarrasins et des Normands, les peintures deviennent plus sombres. Une femme, appelée Frothilde, est conduite chez les trépassés : elle y a des spectacles où l'on reconnaît l'exil de Louis d'Outre-mer, et le désordre du royaume (2). Les rêves des rois ne sont pas meilleurs. Une nuit, au retour de matines, Charles le Gros voit devant lui une figure vêtue de blanc qui lui remet dans les mains l'extrémité d'un fil lumineux, et le conduit dans le labyrinthe infernal. Il visite le lieu marqué pour la punition des mauvais évêques. Il passe les montagnes et les torrents de métaux fondus, où gémissent les méchants seigneurs, tandis qu'une voix crie : « La peine des grands sera grande. » Au fond de la vallée fleurie du purgatoire, il découvre son père, Louis le Germanique, plongé dans une chaudière d'eau bouillante. Enfin le ciel s'ouvre, et lui laisse voir son aïeul Lothaire, qui lui prédit la fin prochaine de son règne et la ruine de sa race (3). Quelques années plus tôt, Hincmar

---

(1) Girard, *la Fleur des Saints*, t. II, p. 445, et Labitte, *la Divine Comédie avant Dante*, n° vi.

(2) Ampère, *Hist. littéraire de France*, t. III, p. 283.

(3) Ampère, *Hist. littéraire*, t. III, p. 120. — Labitte, *la Di-*

rapporte la vision de son diocésain Bernold, qui a contémplé dans un lieu de détresse les âmes de Charles le Chauve, de l'archevêque Ebbon et de plusieurs prélats : ce sont précisément les anciens adversaires d'Hincmar, que l'imagination complaisante de son ami a relégués en purgatoire (1). La passion politique ne perce pas moins dans la vision d'Audrade. Il vient d'assister aux conseils éternels. Dieu a convoqué devant lui les anges de toutes les églises, et, les ayant bénis, leur demande la cause des scandales de la terre ; et les anges en accusent les mauvais rois. Dieu dit : « Où sont ces rois ? car « je ne les connais point. » Alors comparaissent l'empereur Louis, ses fils, Lothaire et Charles, son petit-fils, Louis, roi d'Italie : et Dieu leur enjoint de servir l'Église, s'ils tiennent à leurs couronnes (2). Un autre songeur a vu l'âme de Charlemagne mise en jugement. Des troupes de démons viennent jeter ses péchés dans la balance. Mais saint Jacques de Compostelle et saint Denis mettent dans l'autre bassin les sanctuaires qu'il a construits, les abbayes qu'il a fondées ; le poids l'em-

---

vine Comédie avant Dante, n° v. — Cf. le continuateur de Bède, *de Gestis Anglorum*, lib. II, cap. xi. Vincent de Beauvais, *Specul. hist.* — Albéric des Trois-Fontaines, *ad ann.* 889, *Chroniques de Saint Denis*, etc.

(1) Ampère, *Hist. littéraire*, t. III, p. 117. — Labitte, *la Divine Comédie avant Dante*, n° v. — Hincmar, *Opera*, t. II. — Flodoard, *Hist. Remens.*, l. III.

(2) Ampère, *Hist. littéraire*, t. III, p. 119. — D. Bouquet, *Recueil des historiens de France*, t. VII, p. 289.

porte, et l'empereur est absous (1). Il n'y a pas jusqu'aux derniers des hommes qui n'aient leurs visions : Alcuin raconte celle de son serviteur Sénèque. L'Église ne méprise pas les avertissements des petits (2). Si nous passons aux temps mérovingiens, nous y trouvons la légende de Dagobert, poussé par les diables sur la barque fatale, d'où viennent l'arracher saint Maurice et saint Martin, qui l'introduisent dans l'assemblée des élus (3). Mais tous les descendants de Clovis ne trouvaient pas le même appui. Après le meurtre de Chilpéric, en 584, Gontran, son frère, déclara qu'il l'avait vu en songe, chargé de chaînes, condamné au feu pour ses crimes, mis en pièces, et jeté par lambeaux dans un vase d'airain suspendu sur les flammes éternelles (4).

Ces effrayants spectacles finissent par une scène pleine de calme et de sérénité ; je veux dire la vision de saint Salvus, évêque d'Alby, ami de Grégoire de Tours. Au temps où Salvus servait Dieu dans l'ordre de Saint-Benoît, il fut pris d'un mal

---

(1) Lenglet-Dufresnoy, *Dissertation sur les apparitions*, t. I. — Labitte, *la Divine Comédie avant Dante*, n° IV. Une lettre écrite par plusieurs évêques à Louis le Germanique (858) rapporte la vision de saint Euchère d'Orléans, qui vit Charles Martel tourmenté en enfer, pour avoir violé les biens de l'Église. (Baluze, t. II, p. 109.)

(2) Ampère, *Hist. littéraire*, t. III, p. 120. — Alcuin, *Epist.* 5.

(3) Lenglet-Dufresnoy, *Dissertation sur les apparitions*, t. I. — Labitte, *la Divine Comédie avant Dante.*

(4) Labitte, *la Divine Comédie avant Dante*, IV. — Gregor. Turon., *Hist. Franc.*, VIII, 5.

violent dont il mourut; mais au milieu des funérailles il ressuscita, et, pressé par ses moines, il leur raconta son voyage au paradis. Au delà des sphères célestes, il s'était trouvé dans une place immense pavée d'or, pleine d'une foule que nul ne pouvait compter; et, continuant de marcher, il était parvenu dans un lieu où les saints se nourrissaient de parfums. Au-dessus d'eux planait une nuée resplendissante, de laquelle sortait une voix semblable à celle des grandes eaux. Or, là voix ordonna que Salvus retournât sur la terre pour servir au bien des églises. Et lui, se jetant à genoux : « Hélas ! Seigneur, s'écria-t-il, pourquoi m'avoir fait connaître ces splendeurs, s'il fallait sitôt les perdre? » La voix répondit : « Retire-toi en paix, voici que je serai avec toi jusqu'à ton retour. » Salvus sortit en pleurant par la porte lumineuse qui s'était ouverte devant lui (1). — Rien n'est plus instructif dans nos annales que ces perpétuelles relations du monde visible avec l'invisible, des intérêts du temps avec ceux de l'Éternité. En laissant apercevoir derrière les violences des hommes les justices du ciel, ces visions faisaient pour ainsi dire la moralité de l'histoire. Au milieu des désordres de la terre, elles rappelaient l'ordre divin qui les domine, elles exprimaient le jugement de l'Église, elles formaient l'opinion des peuples, elles ef-

(1) Gregor. Turon., *Hist. Franc.*, VII, 1. — Labitte, *la Divine Comédie avant Dante*, III.

frayaient la conscience des puissants. En même temps qu'on leur donnait ce redoutable avertissement « que les peines des grands sont grandes, » l'office de chaque jour ne s'achevait point dans les églises sans qu'on répétât trois fois le verset menaçant du Magnificat : *Deposuit potentes de sede ;* et les prêtres célébraient cette messe contre les tyrans, qu'on trouve encore dans de vieux Missels : *Missa contra tyrannos* (1).

3. En Angleterre et en Irlande, la légende pénètre moins profondément dans les affaires, elle reste volontiers à l'ombre du couvent où elle naquit. La tradition du Purgatoire de saint Patrick se rattache aux premiers souvenirs du christianisme chez les Irlandais : la vision de Tundale, celle de saint Brendan, leur appartiennent aussi. Au septième siècle, un religieux de la même nation, appelé Fursy, crut sentir son âme détachée du corps, et conduite par deux anges; un troisième volait devant eux, portant un bouclier blanc et une épée étincelante. Ils traversèrent ainsi les quatre feux de l'enfer et la multitude menaçante des démons. Ensuite Fursy

---

(1) Muratori, *Antiquitat. italic.*, IV, dissertat. 54, p. 729. La préface de cette messe est admirable : « Omnipotens æterne Deus, respice propitius in faciem Ecclesiæ tuæ, quæ de suorum gemit contritione membrorum. Esset namque tolerabilius, si gentili gladio ferienda traderetur, quam christianorum destrueretur incursione malorum. Ne pravis, Domine, pœna cumuletur æterna, nobisque corum sit infestationibus onerosa, diutius illorum non sine prævalere severitatem. Per Christum, » etc.

fut porté dans la région des saints, et deux d'entre
eux lui annoncèrent les maux prêts à fondre sur le
monde, à cause des péchés des rois, des docteurs et
des moines. Mais quand il lui fut ordonné de revenir à la vie, l'âme, toute frémissante encore des
spectacles éternels, ne rentra qu'en gémissant dans
ce corps grossier qu'elle ne reconnaissait plus (1).
Les monastères de la Grande-Bretagne rivalisent avec
ceux de l'île voisine. On trouve, chez Vincent de Beauvais, la vision d'un jeune Cistersien anglais transporté au ciel en 1153 ; et vers le même temps (1143-
1147), l'histoire d'un enfant qui vit le purgatoire,
l'enfer, le paradis, et qui reconnut au milieu de la
gloire céleste le jeune William, crucifié par les juifs
de Norwich. Matthieu Pâris raconte deux voyages aux
enfers : celui du moine d'Évesham, en 1196, qui
vit les trois lieux de punition et les trois lieux de
récompense ; et celui de Thurcill, en 1206, sous la
conduite de saint Julien l'Hospitalier. J'y remarque la belle apparition du vieil Adam couché à
terre à l'ombre d'un grand arbre, et couvert d'un
vêtement qui ne descendait pas jusqu'aux pieds. Et
il fut dit à Thurcill que ce vêtement était la robe
d'immortalité dont le premier père fut dépouillé
après sa faute : mais chacun des saints qui sortent
de sa race lui en rend un lambeau, et quand elle

---

(1) Ampère, *Hist. littéraire de France*, III, p. 115. — Mabillon, *Acta SS. Ord. S. Benedicti*, sæc. II, p. 307. — Wright, *S. Patrick's Purgatory*, p. 9.

descendra jusqu'aux pieds, le monde finira (1). On lit, dans les Annales de saint Bertin, le songe d'un prêtre anglais conduit par un personnage mystérieux sous les voûtes d'une cathédrale magnifique, où une troupe innombrable d'enfants lisaient dans des livres chargés de lignes sanglantes. Les enfants étaient les âmes des saints qui intercédaient auprès de Dieu, pour les crimes des hommes représentés par les lettres de sang. Et une voix annonça que, les prévarications des peuples s'étant accrues, des Barbares viendraient du Nord sur des vaisseaux, menant les ténèbres à leur suite : image de l'invasion normande, et de cette nuit d'ignorance dont elle menaçait l'Europe (2). Enfin, je trouve, au cinquième livre de l'Histoire ecclésiastique de Bède, la résurrection du Northumbrien Drihthelm. Il racontait comment, au sortir de ce monde, il avait traversé des vallons tantôt glacés, tantôt brûlants, toujours ténébreux ; comment, du puits de l'abîme, s'élançaient des flammes pleines de démons : comment, enfin, la milice diabolique le poursuivait déjà, lorsqu'un ange était descendu à son secours. Il décrivait aussi les champs émaillés de fleurs, où les âmes purifiées attendaient que les portes du ciel s'ouvrissent. La lumière dont ces beaux lieux res-

(1) Vincent Bellov., *Specul. histor.*, XXVII, 84, 89, et XXIX, 6, 10. — Matthieu Pâris, *ad ann.* 1196, 1206. — Wright, *S. Patrick's Purgatory*.
(2) Labitte, *la Divine Comédie avant Dante*, v ; *Annales S. Bertini*, ad ann: 889.

plendissaient avait ébloui ses regards, pendant que des chants harmonieux enivraient son oreille. Revenu à lui-même, Driththelm chercha dans le cloître un autre Purgatoire; il se plongeait au sein des rivières glacées : aucune voie ne lui semblait trop rude pour regagner ce Paradis salué de loin et trop tôt perdu (1).

4. Nous connaissons peu de visions dans les annales ecclésiastiques de l'Espagne, soit parce que les antiquités chrétiennes de ce pays nous sont moins familières; soit parce que le peuple héroïque de Castille et d'Aragon, toujours sur les champs de bataille, eut trop à faire pour rêver beaucoup. Comment le Cid, si occupé dans ce monde, eût-il trouvé le temps de visiter l'autre? Au contraire, c'est le ciel qui le visite, c'est saint Pierre qui vient avertir le héros trente jours avant sa mort, afin qu'il fasse amende de ses péchés. Et comme il veut se jeter aux genoux de l'apôtre, celui-ci ne le souffre point : il convient qu'un si noble Castillan traite en maître avec la mort, en égal avec les saints, et avec Dieu en ami (2). Toutefois, l'imagination puis-

(1) Bède, *Historia ecclesiast. gentis Anglicæ*, l. V, cap. xiii. Les rapports avec le Purgatoire de S. Patrick sont évidents. — Cf. *Inferno*, ix. Dante secouru par l'ange. — *Ibid.*, xxvi, xxvii. Les flammes parlantes, où sont recélés les conseillers perfides.
(2) *Romancero del Cid.*

    Moriras en treinta dias
    Desde oy, que esto te fablo :
    Dios te quiere mucho, Cid,

sante des Espagnols ne pouvait se contenir dans les étroites limites d'un territoire qu'il fallait disputer pied à pied. Il semble qu'elle fût déjà en travail de la découverte d'un nouveau monde, lorsqu'on trouve, dans la légende populaire du bienheureux saint Amaro, les voyages du serviteur de Dieu à la recherche du Paradis terrestre. Christophe Colomb restera persuadé qu'en passant sous la ligne équinoxiale il parviendrait en un lieu élevé avec une autre température, d'autres eaux et d'autres étoiles; et que là est l'Éden, où nul ne peut arriver que par la volonté divine (1). — Mais avant la conquête musulmane, lorsque le silence et la paix régnaient encore sous les portiques des cloîtres de Tolède, on y voit les mêmes apparitions qui occupent le reste de la chrétienté. On lit dans la correspondance de saint Valère trois lettres, où sont racontés les songes de trois moines qui, transportés dans le séjour des âmes, contemplèrent les tourments des damnés et les joies des élus (2). Pourquoi un rêve pareil n'alla-t-il pas troubler les débauches des derniers rois visigoths avant qu'il fallût le glaive des Arabes pour les balayer?

> Y esta merced te ha otorgado...
> De rodillas se ha postrado
> Para besarle los pies
> Al buen apostol sagrado,
> Dixò S. Pedro : Rodrigo
> Aqueso ya es escusado.

(1) Ferdinand Denis, le *Monde enchanté*, p. 130, 283.
(2) Fauriel, *Cours inédit de littérature étrangère*, 1838.

5. Si nous passons de l'Occident à l'Orient, et qu'il nous plaise d'écouter les récits des hagiographes grecs, nous ne sommes assurément pas près de finir. L'histoire des Arabes, publiée dans la Byzantine (1), contient tout un traité des *Visions par songe*. Les vies des Pères, recueillies par Moschus et Pallade, sont pleines d'extases et de ravissements d'esprit, où le ciel et l'enfer n'ont plus de secrets pour les anachorètes (2). J'y remarque surtout l'effrayante vision de saint Antoine. Un géant lui apparut, noir, d'une stature prodigieuse, et dont la tête touchait les nuages. Il étendait ses mains jusqu'aux extrémités du ciel, et sous ses pieds il y avait un lac aussi grand que la mer. Il y avait aussi une multitude d'âmes volant autour de lui; et celles qui passaient au-dessus de sa tête étaient recueillies par les anges; mais celles que ces mains atteignaient tombaient dans le lac. Et il fut dit au saint que le lac représentait l'Enfer, où tombent les âmes corrompues par la volonté de la chair, par la haine et le désir de la vengeance (3). — Mais, pour me borner aux légendes plus connues qui vinrent au retour des croisades édifier la piété des Occidentaux, je n'en vois point de plus célèbre, avec celle de Barlaam et de Josaphat, que

---

(1) Historia arabica, apud *Byzantin. per chronic. oriental*, p. 22.
(2) *De Vitis Patrum, auctore Moscho*, cap. L. Visio et dictum Georgii abbatis.
(3) Pallad., *de Vitis Patrum*, xxvii. De contemplatione quam vidit abbas Antonius.

l'histoire des trois pèlerins de saint Macaire. Trois moines grecs, Théophile, Sergius et Hyginus, s'acheminent du côté du Levant pour découvrir le point « où le ciel et la terre se touchent : » c'est, suivant l'opinion commune, le site du paradis terrestre. Ils passent l'Euphrate, traversent la Perse et la Bactriane, franchissent les dernières limites des conquêtes d'Alexandre, dont une colonne encore debout conserve le souvenir. Puis viennent de vastes solitudes couvertes d'ombres éternelles. Un lac de soufre y a creusé son bassin. A la surface s'agitent des serpents de feu. Sous les eaux se fait entendre un murmure pareil à celui d'une foule innombrable, et une voix crie : « C'est ici le lieu des châtiments. » Toutefois les pèlerins poursuivent leur route. Ils arrivent, après de longues fatigues, à la caverne de saint Macaire Romain. Conduit jadis par un désir semblable, Macaire est parvenu jusqu'à la porte de l'Éden, mais il a dû s'arrêter devant l'épée du Chérubin qui veille sur le seuil. Retiré dans un antre du voisignage, il a vécu un siècle dans la prière et la pénitence. Ses hôtes, instruits par son exemple, renoncent à l'inutile recherche du jardin de délices ; ils reprennent la route du monastère, assurés d'y trouver le seul bonheur permis à l'homme ici-bas : celui de la vertu (1). Il suffit de comparer cette narration bi-

---

(1) Rosweid, *Vitæ Patrum*. Vita S. Mascarii Romani, servi Dei, qui inventus est juxta paradisum. L'époque semble indiquée par la

zarre au voyage de saint Brendan, pour reconnaître la sécheresse, la dureté, la pauvreté du génie byzantin. Au lieu de ce libre horizon des mers, au lieu de cette douceur infinie de l'Église latine, qui permet de croire à la mitigation des peines éternelles, et qui fait descendre un reste de pardon jusque sur la tête de Judas, on ne voit plus que les sables brûlants de l'Asie, les monotones répétitions des voyages d'Alexandre, et le spectacle d'un enfer où il n'y a que des supplices, et point de leçons (1).

C'est ainsi que le caractère des peuples éclate dans leurs traditions plus librement encore que dans leurs chroniques. Il n'y est point gêné par les limites étroites du réel et du possible : il a le champ libre de l'infini. Il y prend l'essor, il ne s'arrête plus qu'il ne soit arrivé à son point. Il y a plus d'histoire qu'on ne pense au fond de tant de légendes ; et, pour ne rien dissimuler, l'histoire des siècles barbares est bien moins dans les miséra-

question de saint Macaire, qui demande à ses hôtes des nouvelles des Sarrasins. — L'opinion selon laquelle le paradis terrestre touche au ciel est déjà marquée dans ces vers d'Avitus :

Quo perhibent terram confinia jungere cœlo
Lucus inaccessa cunctis mortalibus arce.

Dante s'y conforme, et l'Éden, selon lui, domine la sphère de l'air et touche à celle du feu. Gervais de Tilbury, *Otia imper.*, 111, 113, rapporte une tradition qui place le purgatoire dans l'air.

(1) La présence de saint Macaire dans le lieu du paradis que Dante destine aux contemplatifs, et sa figure peinte au Campo Santo, prouvent assez la popularité de son histoire au moyen âge.

bles annales de ces rois qui s'égorgent ou se coupent les cheveux, que dans les récits du cloître, où se réfugient alors presque toutes les grandes âmes, toute l'intelligence, toute la vertu, tout ce qui doit civiliser le monde. Mais ce que j'y cherche et ce que j'y trouve déjà, c'est la poésie. C'est, au milieu du désordre des pensées et des images, l'art qui commence, et qui porte avec lui l'unité et l'harmonie. Les différences sont innombrables, mais déjà les ressemblances percent, et les traits principaux s'y fixent. L'enfer, le purgatoire et le ciel se succèdent dans le même ordre, et le paradis terrestre y a la même place. Le visionnaire est sous la conduite d'un guide surnaturel; les démons ne manquent pas de l'assaillir, les anges de le défendre (1). L'appareil des supplices n'a guère d'autres ressources que le fer, la glace et le feu. Les mêmes serpents courent dans les mêmes sables, dans les mêmes forêts épineuses. Le pont fatal est rarement oublié (2). Du fond du puits de l'abîme, Satan s'élève comme un géant, et les réprouvés se débattent sous ses mâchoires (3). Le voyageur ne passe pas impunément au milieu de tant de flammes; elles l'atteignent, mais elles le purifient (4). Comment

(1) *Inferno*, IX, XXIII. Vision de Drihthelm, de S. Fursy. Purgatoire de S. Patrick, etc.

(2) *Inferno*, XXXIII, 46. Cf. S. Patrick. Vision de S. Paul, de Tundale, etc.

(3) *Inferno*, XXXIV. Cf. Tundal. S. Antoine.

(4) *Purgatorio*. XXVII. Cf. S. Patrick ; et plus loin le bon larron de S. François, la vision d'Albéric, etc.

ne reconnaîtrait-il pas dans les peines, dans les expiations ou dans la gloire, ceux qu'il craignit sur la terre ou qu'il aima? comment ne pas rencontrer des ombres illustres à ce rendez-vous du genre humain? comment ne pas juger son temps, quand il dispose de l'éternité (1)? Et parce que l'économie divine ne souffre rien d'inutile, la vision veut être manifestée; et c'est au milieu des splendeurs du paradis que le spectateur ébloui reçoit l'ordre de publier ce qu'il a vu, et de ne craindre ni la haine ni le mépris des hommes (2). — Ou je me trompe bien, ou déjà le cadre d'une grande épopée se trace, les contours s'accusent, les images se colorent; mais, comme les images des vitraux gothiques, il fallait le feu pour les fixer.

IV

Il fallait que ces traditions, et tant d'autres oubliées depuis, populaires au treizième siècle, passassent par le travail de la fournaise, c'est-à-dire d'une intelligence assez échauffée pour les rendre d'un seul jet, sous une forme immortelle. Dante, avec la curiosité d'un grand esprit, avec cette

---

(1) Dante partout. Cf. S. Patrick, S. Fursy, Tundale, et toutes les légendes françaises.
(2) *Paradiso*, xxviii. Cf. Vettin., S. Boniface, et la vision d'Albéric.

passion de tout savoir qui le poussait à chercher jusqu'aux dogmes des Tartares et des Sarrasins, ne pouvait ignorer les croyances poétiques de l'Europe chrétienne, il ne pouvait mépriser celles qui charmaient toute l'Italie. S'il avait hanté les écoles des religieux ; si, comme on l'a cru, il porta quelque temps le cordon de saint François, comment n'eût-il pas recueilli ces belles légendes franciscaines, célèbres dès le treizième siècle, et rassemblées bientôt après dans l'aimable livre des *Fioretti di san Francesco?* Comment les anciens de l'ordre eussent-ils oublié de lui conter la vision de leur saint fondateur, lorsqu'un jour, épuisé de combats et d'abstinences, il pria Dieu de lui faire essayer dès ce monde la joie des bienheureux dans le ciel ? « Or, pendant qu'il était dans cette pensée, un ange lui apparut environné d'une grande lumière, lequel tenait une viole de la main gauche et un archet de la main droite; et, François demeurant tout ébloui à l'aspect de l'ange, celui-ci poussa une seule fois l'archet sur la viole, et en tira une mélodie si douce, qu'elle pénétra l'âme du serviteur de Dieu, le détacha de tout sentiment corporel ; et, si l'ange eût retiré l'archet jusqu'en bas, l'âme, entraînée par cette irrésistible douceur, se fût échappée du corps (1). » Il était difficile de représenter

---

(1) *Fioretti di san Francesco :* Delle sacre sante stimate di san Francesco, e delle loro considerazioni. — Della seconda considerazione.

le bonheur sous une image plus immatérielle et en même temps plus charmante. Toute l'histoire du saint et de ses compagnons s'éclaire ainsi des reflets de l'Éternité. S'ils prient, ils voient les saints descendre autour d'eux, les démons s'enfuir, et les âmes délivrées sortir du purgatoire (1). — On rapporte qu'un jeune homme de noble famille et d'habitudes délicates, ayant été admis dans l'ordre, avait pris l'habit en abomination, les manches en mépris, et le capuchon en horreur; si bien qu'il résolut de quitter le couvent et de retourner au monde. La nuit marquée pour son départ, il fallut qu'il passât devant l'autel; et, s'étant agenouillé selon sa coutume, il fut ravi en esprit. Il voyait venir au-devant de lui une multitude infinie de saints rangés en procession deux à deux; couverts de riches vêtements, leurs visages et leurs mains resplendissaient comme le soleil, et ils allaient en chantant, accompagnés de la musique des anges. Dans le nombre il y en avait deux plus richement vêtus que les autres; et, vers la fin de la procession, il en vint un dernier si pompeusement orné, qu'on l'eût pris pour un chevalier nouvellement reçu. Or le jeune homme restait immobile d'étonnement et de joie; et ceux qui fermaient la proces-

---

(1) *Fioretti*, cap. XLIII, XLIV, L, LI, et particulièrement c. XLVIII. Come frate Jacopo della Massa vide in visione tutti i fratri minori del mondo in visione d'uno arbore, e conobbe la virtù, e i meriti e i vizi di ciascuno.

sion lui dirent qu'ils étaient tous frères mineurs ; que les deux plus éclatants que les autres étaient saint François et saint Antoine, et le dernier de tous, un saint frère mort depuis peu de temps : Dieu leur donnait ces riches vêtements pour les pauvres tuniques qu'ils avaient portées sur la terre en signe de pauvreté, d'humilité et de patience. En ce moment, le jeune homme revint à lui-même, et il se trouva que la tentation avait disparu (1). — Mais de toute la couronne franciscaine, la plus belle fleur à mon gré est la légende des trois larrons qui vinrent demander l'aumône au couvent de Monte-Casale. Et, le gardien leur ayant fermé la porte, saint François le reprit sévèrement, et lui commanda par la sainte obéissance d'aller après eux jusqu'à ce qu'il les eût rejoints, de s'agenouiller alors en leur demandant pardon de sa dureté, de leur offrir du pain et du vin, et de les prier qu'ils cessassent de mal faire, mais qu'ils craignissent Dieu et ne l'offensassent plus. Le gardien obéit, et fit de point en point ce qui lui était ordonné. De quoi les larrons, touchés jusqu'au fond de l'âme, se prirent à considérer leur vie pécheresse, à la détester enfin, et vinrent demander à saint François le pardon et la pénitence. Il les reçut tous trois dans l'ordre : les deux premiers, bientôt après leur

(1) *Fioretti*, cap. xx. D'una molto bella visione, che vide un frate Giovane, il quale avea in tanta abbominazione la cappa, che era disposto di lasciare l'abito e uscire dell'ordine.

conversion, moururent et s'en furent en paradis; le troisième survécut; et, au bout de quinze ans d'une dure pénitence, il arriva qu'une nuit, vaincu par le sommeil, il s'endormit après matines. Alors il fut mené en esprit sur une montagne très-élevée, au bord d'un profond précipice hérissé de rochers, dont le seul aspect faisait peur. Et l'ange qui le guidait le précipita au fond, et, descendant auprès de lui, il le releva et le conduisit par une plaine couverte de pierres tranchantes, de ronces et d'épines, jusqu'à une fournaise ardente. Une troupe de démons, la fourche de fer en main, l'attendaient à la porte, et le poussèrent dans les flammes. Il y reconnut un homme qui avait été son compère, damné pour avoir trompé le peuple au temps de la disette, en vendant le blé à fausse mesure. Au sortir de la fournaise commençait un pont, étroit, glissant, sans garde-fous, au-dessous duquel passait un fleuve horrible, plein de dragons, de scorpions et de serpents. Arrivé au milieu, l'ange prit son essor et s'envola sur une montagne très-élevée, au delà du pont. Et quand le bon larron se vit seul, il se mit à trembler, et, ne sachant que faire, il se recommandait à Dieu : lorsque tout à coup il lui sembla que des ailes lui poussaient, et, sans attendre qu'elles eussent grandi, il prit son vol vers le lieu où l'ange l'avait précédé. Deux fois il retomba épuisé d'efforts; mais, la troisième enfin, il parvint à la montagne, et se trouva au pied d'un palais merveilleux, dont les murs transparents laissaient voir les chœurs des Saints. Et voici que saint François, lequel était mort depuis peu de temps, parut couvert d'un manteau admirable, orné de cinq étoiles parfaitement belles, et avec lui un grand nombre de frères couronnés d'auréoles. Il introduisit le nouveau venu dans le palais, lui en montra les merveilles, et le congédia enfin, en lui ordonnant de retourner au monde pour y passer sept jours. Le bon larron se réveilla; mais, sept jours après, il était mort (1).

Tels étaient les récits que Dante dut écouter plus d'une fois de la bouche des frères mineurs, sous les portiques de ce beau couvent de Santa Croce qu'ils venaient d'élever à Florence. S'il les quittait pour visiter les Dominicains de San Marco, il trouvait d'autres souvenirs : on lui disait comment, le jour de la mort de saint Dominique, frère Guala, prieur du couvent de Brescia, vit une ouverture se faire au ciel, et, par cette ouverture, deux échelles descendre jusqu'à terre. Au sommet de l'une était le Sauveur, au sommet de l'autre la sainte Vierge ; et des anges montaient et descendaient en chantant des cantiques, et ils emmenaient avec eux un frère dont la tête était couverte de son capuce à la manière des morts (2).

(1) *Fioretti,* cap. xxvi. Come Francesco converti tre ladroni micidiali, e della nobilissima visione che vide l'uno di loro.
(2) Voyez l'éloquente *Vie de saint Dominique*, par le R. P. Lacordaire.

Il n'y avait pas jusqu'à l'ordre de saint Benoît qui n'ajoutât encore de loin en loin quelque rayon à sa vieille auréole. Quand le poëte allait trouver les Bénédictins de Florence dans cette belle abbaye dont la flèche domine encore les édifices du voisinage, en parcourant leur riche bibliothèque, il avait dû mettre la main sur la célèbre *Vision d'Albéric*, écrite sous sa dictée au mont Cassin, vers le commencement du douzième siècle, et bientôt si populaire, qu'on la trouve reproduite dans une fresque d'une antique église près de Fossa, diocèse d'Aquila, du royaume de Naples (1). Le jeune Albéric, atteint d'une grave maladie, est demeuré neuf jours dans l'immobilité de la mort. Cependant, sous la conduite de saint Pierre et dans la compagnie de deux anges, il a visité la région des châtiments; il a vu les luxurieux errant dans une vallée de glace, les femmes criminelles traînées à travers une épaisse forêt d'arbres épineux, les homicides ensevelis sous des flots de bronze ardent, les sacriléges dans un lac de feu, les simoniaques dans un puits sans fond. L'abîme recélait dans ses dernières profondeurs un ver d'une longueur infinie, dont l'haleine dévorante aspirait et rejetait comme autant d'étincelles des essaims de dam-

---

(1) Elle fut publiée pour la première fois par l'abbé Cancellieri, Rome, 1814. Voyez aussi, dans l'édition des *OEuvres de Dante*, Firenze, 1830, les Dissertations de Bottari, du P. de Costanzo, et les lettres de Cancellieri, Gherardo de'Rossi, et de Romanis.

nés (1). Sur le fleuve, qui servait de limite à ce triste empire, un pont, se rétrécissant ou s'élargissant au besoin, retenait les âmes souillées encore, et laissait échapper celles dont l'épreuve était finie. Abandonné quelques instants aux fureurs des démons, Albéric passait par les flammes; puis, ressaisi par son guide, tout à coup il s'était trouvé devant le tribunal des sentences divines. Un pécheur y attendait son jugement ; ses crimes étaient tracés dans un livre que présentait l'ange de la vengeance. Mais une larme de charité, répandue par le coupable aux derniers jours de sa vie, recueillie par l'ange de la miséricorde, effaçait l'écriture condamnatrice. Puis, au milieu d'une plaine couverte de fleurs, inondée de lumière, s'élevait la montagne du paradis terrestre, que dominait l'arbre du fruit défendu ; une multitude bienheureuse en peuplait l'immensité (2). Cependant le jeune moine, enlevé par une colombe, était monté plus haut encore ; il avait traversé les sphères des planètes et le ciel des étoiles, pour aller contempler les merveilles de l'Empyrée. Là, saint Pierre lui avait fait connaître les péchés des hommes, et l'avait congédié en lui donnant l'ordre de publier ses révélations (3).

(1) Toujours l'alternative du feu et de la glace, que Dante n'a pas manqué d'observer. Lui aussi appelle Satan « il gran Verme. » Même ressemblance pour le supplice des simoniaques.
(2) Vision d'Albéric, cap. xx. — Dante est obligé de passer par les flammes. *Purgatorio*, xxvii.
(3) Ici surtout l'analogie est décisive : « Qualiter a colomba et

Mais l'ordre de Saint-Benoît, un peu déchu au treizième siècle de sa première ferveur, soutenait à peine la rivalité des moines réformés de Cîteaux. La vision d'Albéric pâlissait devant les extases de l'abbé Joachim, mort en 1202 au fond d'un couvent de Calabre, où son tombeau attira longtemps les pèlerins des montagnes voisines (1). Dante lui donne place au douzième chant du Paradis, parmi les saints Docteurs (2); il avait lu ses écrits mystiques, le *Psaltérion aux dix cordes*, les *Commentaires sur Jérémie*, qui firent l'admiration des contemporains (3). Il y avait trouvé ces prédictions dont toute la chrétienté s'occupa, et dont plusieurs sectes se prévalurent : « que les empereurs avaient dépouillé leur pourpre pour la mettre sur les épaules du Christ en la personne du pape, mais que le temps était venu où le pape devait se délivrer de leurs mains en y laissant le manteau (4).

« beato Petro ductus est in cœlum, » etc. (Albéric, § 33. — Dante, *Paradiso*, xxvii.) Si Foscolo y eût pris garde, il n'aurait pas argumenté de ce passage du Paradis pour établir les intentions protestantes du poëte : ou bien, il y aurait associé l'humble moine du mont Cassin, qui, certes, n'eut jamais de pareilles tentations.

(1) *Vita* apud Bolland., 29 maii.
(2) Dante, *Paradiso*, ii, x, 47 :

> Il Calavrese abate Giovacchino
> Di spirito profetico dotato.

(3) Joachim abbatis *Opera*.
(4) Joachim in Jeremia. « Quod imperatores olim pro Christo paupere suæ dignitatis tunicam exuentes, induerunt eum quasi novum hominem in Sylvestro. Nunc necesse est ut summus pontifex ex eorum manibus spoliatus effugiat... » Dante, dans la belle vision qui termine le Purgatoire, semble s'être souvenu de cette pa-

Enfin, le livre se terminait par une vision écrite en versets latins rimés, où l'on sent déjà le souffle poétique qui passera dans la Divine Comédie (1). Un religieux, ravi en esprit, croit cheminer dans des lieux difficiles et remplis de dangers. Le sixième jour, il se trouve entouré de bêtes féroces : des lynx, des lions, des serpents, lui ferment le chemin. Il croit périr sous leurs dents, lorsqu'il voit paraître devant lui un fleuve de soufre et de feu ; un pont étroit et glissant le traverse : un nombre infini d'âmes justes et coupables se présente à l'entrée. Les coupables sont précipités dans les flots brûlants, les justes passent rapides comme des aigles. Au bout de ce trajet dificile, un mur d'airain s'élève. Il supporte les terrasses d'un jardin admirable. Un peuple heureux l'habite et passe ses jours dans des forêts chargées de fruits et de parfums, où jamais les animaux malfaisants n'ont pénétré. Au milieu s'élève une montagne d'argent ; des escaliers

role de l'abbé Joachim : Quod patrimonium J. Ch. boni et mali scientiæ lignum fuit.

L'abus que l'on faisait des opinions de Joachim fut condamné par un concile d'Arles en 1260. Elles passèrent ensuite dans les doctrines des Fratricelles et des Lollards.

(1) Joachim, *Visio.*

> Visionem admirandæ ordiar historiæ ;
> Succincte scribam textum felicis memoriæ.
> Quidam vir religiosus, fama non ingenitus,
> Scripsit rem quam vidit quondam in visione positus.

Remarquez l'analogie du début avec celui du premier chant de l'*Inferno*. Le chemin de la vie, les bêtes féroces qui ferment la route, aucune autre voie pour leur échapper que la visite des lieux éternels.

superbes conduisent au sommet : mille ruisseaux fuient parmi les gazons et les fleurs. C'est là que, sous des portiques de jaspe couronnés d'or, le trône de Dieu s'élève, entouré de milliers d'anges qui chantent sur la harpe des hymnes sans fin, accompagnés par les trois chœurs des élus.

> Trino Deo trina turba electorum carmina
> Modulatur et exultat per seculorum secula.

Dante était comme enveloppé de ces souvenirs encore tout vivants. Mais, s'il cherchait, à l'exemple des chroniqueurs de son temps, à s'enfoncer plus profondément dans les vieilles traditions italiennes, il y rencontrait à chaque siècle les grandes apparitions qui préoccupaient le sien. S'il ouvrait le recueil des sermons de Grégoire VII, il lisait le célèbre discours prononcé dans Arezzo, où l'orateur avait décrit la vision d'un saint homme descendu en esprit aux enfers. Il y aperçut une échelle plongeant dans un abîme sans fond, intacte au milieu des flammes de l'incendie vengeur. Tous les hommes d'une même famille, coupable d'usurpation sur les domaines de l'église de Metz, venaient après leur mort sur cette échelle. Le nouveau venu prenait l'échelon supérieur, et ceux qui l'avaient précédé descendaient d'un degré; en sorte que, par une loi inévitable, ils allaient l'un après l'autre au fond de l'abîme, rassemblés dans le supplice comme dans le péché (1). — Dans la belle chronique florentine que venait de compiler Ricordano Malespini, « pour la gloire de Dieu et pour l'utilité des lecteurs, lettrés ou laïques (2), » Dante avait dû mettre la main sur le chapitre quarante-huitième, où est contée l'histoire du marquis Hugues de Brandebourg, venu en Italie à la suite de l'empereur Othon III. Comme le marquis chassait aux environs de Florence, il arriva, par la volonté divine, qu'il s'égara dans la forêt, et que, cherchant les gens de sa suite, il se trouva dans une forge où l'on travaillait le fer. Et là, il vit des hommes noirs qui, au lieu de fer, semblaient tordre d'autres hommes dans le feu et sous le marteau. Et il lui fut dit que c'étaient des âmes damnées, et que l'âme du marquis Hugues était condamnée à une peine semblable pour sa vie mondaine, s'il ne venait à pénitence. De quoi le marquis, épouvanté, se recommanda à la vierge Marie, et, revenu à Florence, fit vendre tout son patrimoine d'Allemagne pour bâtir sept abbayes qu'il dota richement (3). Voilà

(1) Je regrette d'avoir dû resserrer ainsi l'admirable récit traduit de main de maître par M. Villemain, *Tableau de la Littérature française au moyen âge*, leçon 1.
(2) Malespini *Storia*, cap. I : A onore e riverenza dell'alto Iddio padro, da cui discende il sommo bene, e a frutto e utilità di coloro che leggeranno, sì degli alletterati, come de' laici.
(3) Ricordano Malespini, *Storia*, cap. XLVIII : E avenne per volontà di Dio che essendo a cacciare... per lo bosco si smarrì dà sua gente, e capitò in sua visione a una fabbrica là ove s'usava di fare lo ferro; quivi trovando uomini neri e formati, che in luogo di

une forêt qui ressemble fort à celle du premier chant de la Divine Comédie, où l'on ne s'égare pas impunément, et où l'enfer est au bout. — En allant un peu plus loin, et jusqu'à Pistoie, le poëte avait assurément visité le lieu où l'anachorète saint Barontus mourut pour la seconde fois en 685. Car on racontait qu'une première fois, après une fièvre violente, ses frères l'avaient cru mort, et récitaient autour de lui les psaumes funèbres, quand il se réveilla en criant par trois fois : « Gloire à Dieu ! » Et, comme on le pressait de questions, il déclara qu'au moment du dernier soupir, il s'était vu saisi par deux démons ; mais l'archange saint Michel, venu à son secours, en avait appelé au tribunal de Dieu. Barontus, entraîné par son guide céleste, franchit les quatre portes du paradis, fendant la foule des religieux, des prêtres et des vierges, et, au premier rang, il retrouva un pauvre moine qu'il avait connu infirme et contrefait. Au retour, saint Pierre le fit reconduire par deux jeunes enfants qui lui montrèrent les tourments des réprouvés. Dans le royaume des ténèbres, Barontus avait reconnu deux évêques prévaricateurs ; l'un d'eux expiait son orgueil sous des haillons de mendiant (1). Le clergé avait le mérite de ne pas

ferro parea che tormentassono con fuoco e con martello uomini... — Je retrouve la forêt dans une chanson latine du dixième siècle, publiée par Grimm et Schmeller, *Lateinische Gedichte*, p. 335. Subjunxit totum—esse infernum—accinctum densis—undique sylvis.
(1) Mabillon, *Acta SS. Ord. S. Benedicti*, sæcul. III.

se ménager dans les tableaux qu'il présentait aux peuples: Les visionnaires font comme les peintres, qui entassent volontiers les papes, les évêques et les prêtres dans leurs représentations de l'enfer. Jamais le sacerdoce ne s'est épargné à lui-même cette redoutable leçon : *Pavimenta inferorum capita sacerdotum.*

Mais le livre classique de la littérature légendaire, pour l'Italie d'abord, ensuite pour toute la chrétienté, c'étaient les Dialogues de saint Grégoire le Grand. Dans ces récits miraculeux, tout est tourné à la doctrine de l'immortalité. Au milieu des terreurs du septième siècle, quand les Lombards étaient aux portes de Rome, et le deuil au dedans; quand tout ce qui avait été grand parmi les hommes semblait finir, saint Grégoire était venu les entretenir de ce qui ne finirait pas. « Depuis le jour où le premier père fut chassé du paradis de délices, disait-il, le genre humain, relégué dans les ténèbres, est resté sevré des entretiens des anges et des visions du ciel. Nous entendons parler de la patrie céleste, des anges qui en sont les citoyens, des justes, leurs compagnons de gloire. Mais les esprits charnels doutent encore, comme les enfants nés dans la prison douteraient de la parole de leur mère, qui leur vanterait les champs, les montagnes, les étoiles et le soleil (1). Ce-

(1) Gregor., *de Vitâ et Miraculis Patrum Italicorum et de æternitate animorum*, etc., lib. IV, 1. Postquam de paradisi gau-

pendant c'est l'invisible qui gouverne le visible, qui le connaît et qui le meut, qui perce au travers : Dieu se révèle par la nature, l'âme par le mouvement; tous deux par des apparitions rassurantes pour les saints, formidables pour les pécheurs (1)... Et si l'on s'étonne d'en voir les exemples se multiplier, c'est que la nuit terrestre approche de sa fin, et qu'à ses dernières ombres se mêlent déjà les premiers rayons du jour éternel (2). » Cette philosophie circule pour ainsi dire dans la foule des traditions populaires qui remplissent les quatre livres des Dialogues. Ce sont des résurrections, des morts triomphantes, des agonies consolées par les chants des anges, des âmes qu'on voit monter au ciel entourées d'un cortége de saints (3). Le jour de la mort du grand Théodoric, un moine de Lipari aperçoit trois figures qui passent dans les airs : l'une est celle du roi, sans ceinture et sans chaussure; dans les deux autres le moine reconnaît les âmes du pape Jean et du vertueux Symmaque; et tous deux, ayant mené leur persécuteur au bord du

---

diis culpa exigente expulsus est primus humani generis parens, in hujus cæcitatis atque exsilii quam patimur venit ærumnam, quia peccando extra semetipsum fusus, jam illa cœlestis patriæ gaudia quæ prius contemplabatur videre non potuit... Ac si enim prægnans mulier mittatur in carcerem, ibique pariat puerum qui natus in carcere nutriatur et crescat; cui si forte mater... solem, lunam, stellas, montes et campos nominet, ille vero... veraciter esse diffidat.

(1) *Ibid.*, cap. vi. Nulla visibilia nisi per invisibilia videntur.
(2) *Ibid.*, cap. xli.
(3) Lib. I, 12; II, 37; III, 17; IV, 7, 11, 14, 15.

volcan, le précipitent dans le cratère (1). Ailleurs, un homme de guerre, mort de la peste, revient à la vie, et raconte son voyage chez les trépassés. Il s'était trouvé au pied d'un pont sous lequel coulait un fleuve noir, d'où s'exhalait une vapeur sombre, avec une odeur que les sens ne supportaient pas. Au delà du pont s'étendaient des prés émaillés de fleurs, dont le parfum nourrissait les habitants de ces beaux lieux. On voyait des hommes vêtus de blanc se promener autour d'une maison construite de briques d'or, que des enfants et des jeunes filles portaient dans leurs mains. Et telle était l'épreuve du pont, que les méchants qui voulaient passer étaient précipités dans les eaux ténébreuses, tandis que les justes le franchissaient d'un pas sûr. Le ressuscité trouva dans les joies ou dans les peines plusieurs de ceux qui lui furent connus sur la terre; et il lui fut enseigné que la maison d'or était la récompense de la charité, qui se bâtit, avec de l'or périssable, des demeures éternelles; et que le nuage de vapeur était noir et fétide, parce que le plaisir de la chair infecte l'âme et l'obscurcit (2). Ainsi toute la douceur et toute la sévérité du chris-

---

(1) Lib. IV, 30.
(2) Lib. IV, 36. Le grand esprit de saint Grégoire éclate partout : au sujet d'un anachorète qui s'était attaché dans sa cellule avec une chaîne de fer : « Teneat te non catena ferri, sed catena Christi. » Après le récit d'une résurrection : « Majus est miraculum verbo peccatorem convertere quam carne mortuum resuscitare. » Et tout le chapitre XLVIII du livre IV sur le discernement des songes et des visions.

tianisme se réfugiaient dans ces pieuses légendes pour traverser les temps barbares. Rien n'égale la popularité dont elles jouirent : on les voit traduites en langue grecque, arabe, anglo-saxonne. Les livres de saint Grégoire, avec ceux de saint Augustin, faisaient le fond de la théologie du moyen âge : Dante les cite et les discute (1). Comment n'eût-il pas marqué la page où sa pensée trouvait l'autorité d'un grand pape et l'exemple d'un grand docteur? Le génie, si sûr qu'il soit de lui-même, n'est pas indifférent à ces sortes de rencontres : il sait ce que l'Écriture enseigne : « Qu'il n'est pas bon à l'homme d'être seul. »

Au milieu du cycle immense qu'on vient de parcourir, la légende italienne se détache par des caractères intéressants. Les sombres peintures n'y manquent point : quelles fortes images que le ver d'Albéric, l'échelle de Grégoire VII, la forge de Ricordano Malespini ! On reconnaît le pays d'Ugolin et des Vêpres siciliennes, et dont l'histoire passera dans son Enfer. Il y a là autant de terreur que partout ailleurs, mais il y a bien plus d'amour. L'apparition du Paradis y prend plus de place et d'éclat ; il semble que dans ce beau pays, avec ses horizons lumineux, on ait vu le ciel de plus près. Rien n'est charmant comme l'ange et la viole de la vision de saint François, comme la procession contemplée

---

(1) *Paradiso*, xxviii, 44.

par le jeune frère qui avait le froc en horreur; comme cette larme de pénitence qu'Albéric voit tomber sur le livre des péchés. C'est beaucoup d'effrayer, de terrasser les hommes; mais c'est encore plus de les ravir. S'enfoncer dans l'épouvante pour en tirer la grâce, c'est le dernier secret de la poésie, et l'Italie l'avait su. Cette fleur poétique, que nous avons vu germer partout, ne s'était nulle part si heureusement épanouie : c'était là qu'il la fallait cueillir. Le soleil y était plus chaud, la terre mieux préparée : l'Italie avait conservé plus fidèlement les traditions primitives du Christianisme, parce que la violence des mœurs barbares y résistait moins au doux génie de l'Évangile.

V

Car, à mesure qu'on approche des premiers temps, les spectacles de l'Éternité s'éclairent d'un jour plus serein ; les peines des réprouvés, toujours enseignées, sont moins décrites : le ciel s'ouvre davantage. On lit dans les écrits de saint Denys l'Aréopagite, que Dante a tant aimés, l'admirable histoire de saint Carpe, qui, ravi en esprit, vit sur les nuages le Christ environné des anges. En même temps il aperçut, au bord d'un gouffre embrasé, des païens qui avaient méprisé sa prédication : des serpents et des démons armés de fouets les poussaient dans les flammes. Carpe allait les maudire ; mais, ayant levé les yeux, il vit le Sauveur tendre la main à ces misérables, en disant : « Carpe, c'est « moi qu'il faut frapper, car je suis encore prêt à « souffrir pour les hommes (1). » — Saint Augustin rapporte deux autres visions qui ne sont pas moins touchantes (2). Au temps de la persécution de Septime Sévère, Satur, Perpétue et ses compagnons attendaient dans la prison de Carthage le jour où on les devait livrer aux bêtes. Or il arriva qu'une nuit Perpétue rêva qu'elle voyait son frère Dinocrate, mort depuis peu de temps. Le pauvre enfant, tourmenté d'un ulcère affreux, dévoré de soif, se penchait inutilement au bord d'un bassin, dont il n'atteignait pas l'eau profonde. Sur quoi, s'étant éveillée, elle pria pour lui, et quelque temps après elle le revit, éclatant de beauté, revêtu d'habits superbes, et puisant avec une coupe d'or à la source, qu'il laissait pour aller jouer sous les ombrages. Il lui semblait aussi qu'elle gravissait une échelle de lumière, au sommet de laquelle le Bon Pasteur lui tendait la main (3). De son côté, Satur se voyait en songe transporté par quatre anges qui, sans le toucher, l'enlevaient jusqu'au ciel. Les chœurs immortels répétaient : « Saint, saint,

(1) Dionys. Areop., *Epist.* vm. — Labitte, la *Divine Comédie avant Dante*, II.
(2) S. Augustin, *de Origin. anim.*, lib. II. — Labitte, la *Divine Comédie avant Dante*, II.
(3) Ruinard, *Acta martyrum sincera*, passio SS. Perpetuæ, etc.

saint; » et sur le trône qu'ils entouraient, le Seigneur était assis. Il baisa Satur au front, lui passa la main sur la face, et le congédia. — Vers le même temps, on racontait la résurrection miraculeuse de sainte Christine. Cette vierge, étant morte, avait parcouru le purgatoire, l'enfer et le paradis. Arrivée devant Dieu, il lui avait été permis de choisir, ou de rester au ciel, ou de retourner au monde afin de soulager, par sa pénitence, les âmes du purgatoire. Christine avait choisi de revenir; et les anges l'ayant ramenée dans son corps, au milieu des obsèques, elle se leva subitement du cercueil (1). Tels étaient les entretiens des confesseurs de la foi. Dans ces tableaux, je retrouve bien le même esprit qui traça les peintures des catacombes. Sur les murs de ces oratoires souterrains, où priaient les persécutés, on ne peignait rien qui rappelât l'horreur de ces temps, ni supplices, ni martyrs, ni même le Sauveur crucifié ; mais des colombes, des fleurs, des fruits. On y représentait Noé dans l'arche, Lazare sortant du tombeau, les pains multipliés, et au milieu, à la clef de voûte, le Bon Pasteur; rien que des images de résurrection et de miséricorde: rien que la charité qui sait tout oublier des hommes, et tout espérer de Dieu.

(1) Bollandist., *Act. SS.*, 24 août. — Labitte, la *Divine Comédie avant Dante*, II. On peut citer encore les visions de S. Grégoire Thaumaturge, celles que rapporte S. Cyprien dans ses Lettres, etc.

Mais, pour aller jusqu'au fond de l'antiquité chrétienne, il faut ouvrir le *Livre du Pasteur*, conservé sous le nom d'Hermas, et dont les belles allégories consolaient la piété des premiers fidèles. J'y vois déjà tout le symbolisme du moyen âge : l'Église sous les traits d'une vierge vêtue de blanc ; la tour du salut, bâtie par les anges avec des pierres qui sont des âmes. Celles qu'on rejette roulent dans le feu, où elles brûlent ; tandis que sept femmes, représentant les sept vertus, soutiennent l'édifice et y font entrer ceux qui les servent. Mais ce qui me frappe surtout, c'est le souvenir d'une jeune fille qu'Hermas avait aimée ; car elle était sainte et belle, et souvent il s'était dit dans son cœur : « Heureux si j'avais une telle épouse ! » Or, elle mourut, et longtemps après, Hermas, se promenant un jour le cœur plein de ce cher souvenir, s'endormit, et il lui sembla qu'il était transporté dans un lieu sauvage, où il s'agenouillait pour prier Dieu et confesser ses fautes. Pendant qu'il priait, le ciel s'ouvrit, et la jeune fille le saluait d'en haut. Et comme il lui demandait ce qu'elle faisait auprès de Dieu : « J'y suis, dit-elle en souriant, pour t'accuser... Hermas, il est des pensées qui ne naissent jamais dans le cœur d'un juste. » L'art chrétien ne fait que de naître ; et je crois déjà saisir l'une de ses plus admirables inspirations. Ce rêve ne finira pas, ce ciel ouvert ne se fermera point, cette jeune sainte a déjà bien des traits de Béatrix, de celle que Dante verra dans toute la gloire de l'éternité, devant laquelle il confessera ses erreurs, qui l'accusera aussi pour l'humilier, mais avec un sourire immortel pour l'absoudre.

Un pas de plus, et le poëte touchait au voile du sanctuaire. En le soulevant, il trouvait les visions de saint Jean et de saint Paul. — Le premier, sur le rocher de Pathmos, avait assisté à l'ouverture du puits de l'abîme, et aux fêtes de la Jérusalem nouvelle. — Le second, ravi aux cieux, contempla ce que l'œil n'a pas vu, ce que l'oreille n'a pas entendu, ce que le cœur de l'homme n'a jamais compris.—Et comme enfin tous les prodiges du Christianisme se retrouvent dans la personne divine du Sauveur, Lui aussi descendit aux enfers, non pas en extase, mais en vérité; non pour considérer le triomphe de la mort, mais pour lui arracher son aiguillon.

Ainsi, en partant des poëmes du treizième siècle, on remontait, par une suite de récits, jusqu'au dogme évangélique. Assurément il fallait distinguer les temps : il fallait reconnaître la légende poétique, devenue un genre littéraire, livrée à la liberté des conteurs, toute pénétrée des souvenirs profanes, comme le Purgatoire de saint Patrice, et les autres que l'Église ne recevait pas dans ses livres liturgiques. Celles-ci avaient du moins le mérite d'exercer l'imagination des hommes, et de ne pas laisser perdre la tradition du beau. Il fallait discerner ensuite la légende politique, plus ancienne, qui met des leçons sous des images, et qui use de l'enfer, du purgatoire et du ciel, comme d'autant de prosopopées légitimes, pour effrayer les rois et les peuples. Je ne m'en dissimule pas l'abus, et ce qu'il y avait de dangereux dans ce pouvoir du visionnaire qui damnait ses ennemis. Mais l'Église ne consacra jamais l'autorité de ces jugements. Elle a inscrit des milliers de noms au catalogue des saints; elle n'a jamais prononcé la damnation de personne (1). Il y avait ensuite la légende édifiante, qui reproduisait des souvenirs respectables, sans dessein de feindre ni de plaire, et qui ne songeait qu'à dire le vrai pour faire pratiquer le bien. Puis venaient les actes authentiques des saints et des martyrs, les récits recueillis de leur plume ou de leur bouche, sur lesquels les sévérités de la critique n'ont pas de prise. Enfin, on arrivait aux mystères, où toute vérité réside, où se trouve le point solide par lequel la raison de l'homme touche à l'infini, éternellement confondue de ses profondeurs, mais éternellement satisfaite de ses clartés.

Si donc nous avons parlé d'art chrétien, de poésie chrétienne, c'est que nous ne mettons pas le fond de l'art dans la fiction, mais dans la réalité. A quelque moment que nous prenions la Légende,

(1) Hormis Judas l'Iscariote, dont l'Évangile a dit : « Il vaudrait mieux pour cet homme qu'il ne fût jamais né. » Du reste, ces principes sur la critique de la *Vie des Saints* sont exposés dans la belle préface des Bollandistes, au tome I des *Acta Sanctorum*.

nous y trouvons toujours une vérité positive, ou une vérité symbolique : jamais nous n'y voyons ce qu'on a appelé du nom insultant de mythologie. Le vice de la mythologie est d'étouffer l'âme sous les sens, l'esprit sous la matière : c'est tout ce que célèbrent les métamorphoses d'Ovide, Niobé changée en pierre, Narcisse en fleur. La mythologie ne peut rien de mieux pour la vertu, pour Philémon et Baucis, que d'en faire deux beaux arbres. Au contraire, la légende fait régner l'esprit sur la matière, la prière sur la nature, l'éternité sur le temps. Elle trouve dans le mérite ou le démérite le point où elle suspend les destinées humaines. Il se peut que vous soyez fatigués de ces visions dont nous venons d'achever la longue histoire. Les peuples ne l'étaient pas ; ils ne se lassaient pas d'entendre parler d'une vie meilleure que celle-ci. Cette passion de l'invisible fait l'honneur des sociétés chrétiennes, elle en fait la puissance. De même que l'âme invisible se rend maîtresse du corps, de même qu'elle l'applique au travail, le tourmente par les privations, le risque dans les hasards ; ainsi elle s'éprend de tout ce qui est invisible comme elle, elle se détache bientôt de tout ce qui se touche. Je vois des martyrs, des chevaliers, des soldats, se faire tuer pour Dieu qu'ils n'ont jamais aperçu, pour des ancêtres qu'ils n'ont jamais connus, pour une patrie dont ils n'ont jamais habité qu'un coin obscur ; et je comprends que les hommes ne savent mourir que pour ce qu'ils ne voient pas. Il ne paraît pas non plus qu'ils sachent vivre pour autre chose. S'ils travaillent, c'est en vue de leurs fils qui les enseveliront, de la postérité dont ils ne sauront rien. Et ce qui semble la dernière des folies se trouve la souveraine règle de toute justice, savoir, le sacrifice désintéressé de soi-même au bien d'autrui, au bien dont on ne jouira pas, dont on ne sera pas témoin. En même temps que j'y découvre le principe de toute moralité, j'y vois celui de tout art et de toute science. Que fait la science, que de chercher une vérité absente? et que veut l'histoire, et qu'essayons-nous encore nous-même en ce moment, sinon de retrouver, par une tentative téméraire, les pensées, les passions, les rêves d'un temps qui n'est plus, que nous ne vîmes pas, et que nous connaîtrons toujours mal? Qui a jamais contemplé la beauté parfaite? et cependant cet idéal qui ne se laisse pas voir pousse l'un après l'autre, au plus dur labeur, des générations de peintres, de sculpteurs, d'architectes. On dirait qu'ils se proposent un type impossible, tout exprès pour leur être un sujet de désespoir, mais en même temps un sujet de lutte et d'efforts. Tout le moyen âge a rêvé une cathédrale dont les flèches atteignissent cinq cents pieds : c'est le plan primitif de celles de Strasbourg et de Cologne. La cathédrale invisible ne s'est jamais réalisée ; mais sa pensée poursuivait, recrutait des milliers d'ouvriers qui ne laissaient pas de repos à la pierre, et qui y mettaient leur imagination, leur foi, leur cœur, tout, excepté leur nom. Voici un poëte qui avait une inspiration puissante, il aurait pu aller avec elle chanter de ville en ville, et recueillir des applaudissements et des couronnes. Au lieu de cela, il la prenait, il la liait, il l'enlaçait dans des vers comme un corps dans des bandelettes; il la déposait dans un livre comme dans un tombeau habilement sculpté; il y travaillait jusqu'à sa mort, afin qu'elle y demeurât incorruptible, et que, durant la suite des siècles, ceux qui viendraient au monument y retrouvassent ce qu'il y avait mis. Mais, si ce poëte était Dante, l'inspiration déposée dans son monument était la pensée de tous les temps chrétiens qui l'avaient précédé. Il ne touchait pas une idée qui ne fût consacrée pour ainsi dire par les craintes ou les espérances des hommes; il n'employait pas une image où quelqu'un n'eût laissé un souvenir, un sourire ou une larme. Comme les enfants et les jeunes filles qui portaient des briques d'or pour la tour céleste rêvée par le visionnaire de saint Grégoire le Grand, ainsi tous les siècles catholiques apportaient leur offrande à son œuvre. Il leur devait plus que le fond de ses tableaux, plus que la terreur et la grâce qui les animent, plus que l'amour qui les échauffe; il leur devait la foi invisible qui les soutient.

Mais Dante avait une autre dette : car les hommes de génie sont de grands débiteurs, et ce n'est pas une faible partie de leur gloire que tout le genre humain leur ait prêté.

VI

Il semble d'abord qu'on pouvait s'arrêter à ce point, duquel descendent toutes les grandes inspirations qui ont éclairé, sanctifié, charmé le moyen âge. Mais le mérite singulier du moyen âge, c'est qu'au milieu des trésors nouveaux que le christianisme lui avait ouverts, il ne répudia jamais l'héritage de l'antiquité; il ne voulut rien laisser perdre des travaux de l'esprit humain. Au septième siècle, le pape Boniface IV s'était fait donner par l'empereur Phocas le temple du Panthéon, non pour le renverser et passer la charrue sur ses ruines, mais pour en ouvrir solennellement les portes, pour y porter le culte du vrai Dieu, l'image de la Vierge et les ossements des martyrs. Ainsi l'Église, devenue maîtresse de la science païenne, ne songea point à la détruire, mais à y porter la vérité religieuse qui y manquait : en prenant possession de l'édifice, elle en prenait la défense; elle ne souffrait plus que les barbares en vinssent détacher les pierres. Elle craignait si peu la philosophie, qu'elle l'introduisait dans l'enseignement du cloître. Ces théologiens si rigoureux en fait d'orthodoxie, si ardents à l'endroit des Albigeois ou des Averrhoïstes, s'épuisent à restituer le texte et le sens d'Aristote. Le mauvais renom de Porphyre et de ses attaques contre l'Évangile ne nuit en rien à l'autorité de ses commentaires, demeurés classiques dans toutes les écoles (1). Ces moines, nourris dans l'étude de l'Écriture sainte et des Pères, qui passaient six heures au chœur, selon la règle de Saint-Benoît, rentrés dans leurs cellules y pâlissaient avec amour, avec respect, sur les précieux manuscrits des poëtes, des historiens, des orateurs. Didier, abbé du Mont-Cassin, l'ami de Grégoire VII son auxiliaire et son successeur, faisait copier le *de Natura Deorum* de Cicéron, les livres sauvés de Tacite, et les Métamorphoses d'Ovide (2). La bibliothèque de Bobbio n'était pas moins riche. Celle de la Novalèse comptait plus de six mille six cents volumes (3). Un religieux allemand du onzième siècle s'effraye de cette passion des lettres qui trouble le recueillement des monastères; il écrit contre l'abus des poëtes païens (*de Libris gentilium vitandis*); il se

---

(1) L'*Introduction* de Porphyre aux *Catégories* d'Aristote, traduite en latin par Boëce, a fait la base de tout l'enseignement philosophique au moyen âge. Voyez l'*Introduction* de M. Cousin à son édition des *OEuvres d'Abailard*.

(2) Tosti, *Storia della Badia di monte Cassino*, anno 1071. Petrus diaconus, *de Viris illustribus monasterii Cassinensis*.

(3) Tiraboschi, *Chronicon Novaliceuse*, apud *Muratori Script*. Je trouve dans un catalogue de Bobbio, au dixième siècle, Pline, Virgile, Lucain, Juvénal, Martial, Perse, Horace, Claudien, Lucrèce, Térence, plusieurs écrits de Cicéron, de Sénèque et de Démosthènes.

plaint d'Horace et de Juvénal ; il s'accuse d'avoir trop aimé Lucain : mais il s'en plaint dans leur langue, dans le mètre où ils écrivirent (1). Je n'en suis pas surpris, quand je vois que les écoles monastiques consacraient quatre ans à la lecture et à l'imitation des poëtes latins : toute la mythologie y trouvait place (2). Le démon des vers tourmente le cénobite; l'hexamètre et le pentamètre envahissent la chronique et la légende; Ambroise Autpert rédige en prose mêlée de vers la vie de trois saints, et Luitprand égaye des mêmes ornements le sombre tableau de son histoire contemporaine. C'est le même siècle où Hroswitha écrit ses drames, destinés à remplacer les comédies de Térence dans les mains des religieuses de Gandersheim ; pendant que Viglard, grammairien de Ravenne, se fait excommunier pour avoir soutenu l'infaillibilité de Vir-

(1) Othlonis, *liber Rhythmicus de doctrina spirituali*, apud Bernard Pez, *Thesaurus anecdotorum novissimus*, t. III :

> Numquid tam vilis fore lectio sancta probatur,
> Ut merito libris sit postponenda profanis ?...
> Ut sunt Horatius, Terentius et Juvenalis,
> Ac plures alii quos sectatur schola mundi...
> Illa tripartita Maronis et inclyta verba,
> Lectio Lucani quam maxime tunc adamavi...

(2) Bernard Pez, *Thesaurus anecdotorum novissimus*, t. II, part. III. *Acta S. Christophori, prosa et versu descripta a Waltero subdiacono Spirensi. Primus libellus de studio poetæ* ;

> Quotquot Niliacis descripsit Græcia libris, etc.

Suit un résumé général de la mythologie grecque.

gile (1). Virgile, en effet, est le plus aimé de ces noms que le moyen âge ne laisse pas périr. Une profonde connaissance, un religieux respect des traditions, l'avaient fait considérer comme le plus savant interprète de la théologie romaine. Servius en est dans l'admiration; Macrobe voudrait faire du poëte le souverain pontife et le sauveur du paganisme expirant. Mais ses étranges pressentiments de l'avenir, ce renouvellement des choses humaines qu'il chante, la tendresse et la mélancolie que laisse voir sa grande âme, l'avaient de bonne heure signalé aux chrétiens comme un des leurs. Dès le temps d'Eusèbe, les rhéteurs et les grammairiens convertis cherchent à le mettre de leur côté. L'inspiration supposée de sa quatrième églogue lui prêtait un caractère sacré qui le sauva du désastre où périrent tant d'écrivains fameux, comme Varius et Varron. Les Bucoliques, les Géorgiques, l'Énéide, protégées par la piété publique, traversèrent l'époque des invasions sans qu'il s'en fût égaré un seul vers. De là cette légende de Virgile répandue par toute l'Italie : le peuple en faisait un magicien, pendant que les savants en faisaient un prophète;

(1) On voit déjà la trace de l'antiquité. Virgile, Tite Live, dans les légendes écrites par Jonas, moine de Bobbio, au septième siècle. — Mabillon, *Acta SS. Ord. S. Benedicti.* — *Vies de SS. Taso, Tato et Paldo*, par Ambroise Autpert. Le récit en prose est coupé par des couplets de trois hexamètres. — Luitprand. *Rerum gestarum ab Europæ imperatoribus et regibus.* libri VI. — Hroswitha, *Préface* de ses comédies sacrées. — Tiraboschi, Charlemagne à Otton III.

de là cette touchante séquence longtemps chantée dans l'église de Mantoue, où saint Paul était représenté visitant le tombeau du poëte à Naples, et pleurant d'être venu trop tard pour lui (1). L'enthousiasme poétique du treizième siècle avait ses excès : mais il arrivait au même but que l'érudition laborieuse de la Renaissance ; c'est-à-dire à faire lire, aimer, conserver les anciens, en attendant qu'on les comprît.

Dante pensa comme son siècle ; l'estime qu'il faisait de l'antiquité se montre au quatrième chant de la Divine Comédie, où il place, à l'entrée de l'enfer, un lieu lumineux et pur, une sorte d'Élysée, habité par les grands esprits du paganisme. C'est là qu'il trouve Homère et les poëtes, Aristote et les philosophes (2). Il se plaît dans la société de ces

---

(1) Sur l'*Histoire populaire de Virgile au moyen âge*, voyez Görres *Volksbücher ;* et l'analyse du livre hollandais intitulé *Eene schone Historie von Virgilius, von zijn-leven, doot, ende van zijn wonderlike werken di hj deede by Nigromantien, ende by dat Behulpe des Duyvels,* Amsterdam, 1552. Boccace, *Comento sopra Dante,* canto 1, *in fine.* Nous avons vu Virgile dans les drames des Vierges sages et des Vierges folles ; on le retrouve jusqu'en Espagne dans la vieille romance de Vergilios.

(2) *Inferno,* IV, 59 : In luogo aperto, luminoso e alto. — Cette doctrine s'accorde à peu près avec celle de saint Anselme, de Guillaume de Paris, de Cajetan, de Salmeron, de Cornélius à Lapide, qui destinent les âmes reléguées dans les limbes à revenir peupler, après le dernier jugement, la terre régénérée et revêtue de sa beauté première. Voyez le commentaire de Tirinus, sur le chapitre III de la 2ᵉ épître de saint Pierre. Voyez aussi saint Thomas, *in Sentent.*, lib. II, dist. 33, quæst. 2, art. 2 : « Utrum animæ cum sola originali culpa decedentes affligantur pœna ignis ? » Il résout la question négativement.

beaux génies. Il y reconnaît Lucain, Horace, Ovide, comme de vieux amis. Stace lui apparaîtra plus tard en purgatoire, mis au nombre des élus, selon une tradition de cette école du moyen âge, qui sauvait le plus qu'elle pouvait des morts illustres qu'elle avait admirés. Virgile enfin remplit tout le poëme. D'un autre côté, nous savons qu'après la mort de Béatrix, l'inconsolable Dante avait cherché quelque distraction dans la lecture de Cicéron (1). De même que le sixième livre de l'Énéide lui ouvrait la route de la descente aux enfers, il trouvait dans le Songe de Scipion une première ébauche de la vision du ciel. L'exemple de ses contemporains l'encourageait à ne pas négliger ces sources. Les visions des légendaires trahissaient plus d'une fois le souvenir des fables antiques. On y revoyait les fleuves infernaux, le nom même de l'Achéron s'était conservé ; et Tundale, au fond de la vallée ténébreuse, avait reconnu les forges de Vulcain. D'un autre côté, les livres de l'orateur romain étaient interprétés dans toutes les universités italiennes. Les savants commentaient la descente d'Énée aux enfers, et Bernard de Chartres en expliquait le sens philosophique par la descente de l'âme dans le corps, où elle est tourmentée par les passions, plongée dans la nuit des sens (2). L'imagination des hommes ne

---

(1) *Convito*, II, 13.

(2) Bernard de Chartres, fragment publié par M. Cousin, à la suite d'Abailard, p. 642 : Et quia profundius philosophicam veri-

perd pas facilement ses habitudes : après treize siècles de christianisme, elle ne pouvait encore se détacher de ces vieux tableaux.

Ainsi, au delà du cercle de récits romanesques, de pieuses légendes, d'actes des saints que nous avons parcouru, Dante avait des modèles dans une série de fictions profanes, dont il faut étudier l'enchaînement et reconnaître les origines. Il faut se donner la satisfaction de pousser une fois jusqu'au bout l'histoire d'une idée.

1. Parmi les réminiscences qui ont inspiré la Divine Comédie, celles de Cicéron me frappent d'abord. Lorsque Dante parcourt les cercles du paradis, écoutant le bruit harmonieux des astres, et cherchant des yeux au fond de l'espace, la terre imperceptible ; lorsqu'il apprend de son bisaïeul Cacciaguida sa mission périlleuse et son exil, on reconnaît le récit du *Songe de Scipion*. Au moment de commencer sa carrière de gloire, le héros est ravi en songe en un lieu élevé du ciel, où son aïeul

---

tatem in hoc volumine declarat Virgilius, ideo... in eo diutius immoramur... Spiritu vero corpus esse inferius evidentissimum est... cumque ita nil inferius humano corpore, infernum idem appellatur. Quod autem inferis legimus animas coactione teneri, a spiritibus carceriis, hoc idem dicebant pati animas in corporibus a vitiis. — Remarquez la ressemblance de cette interprétation avec celle que Dante veut appliquer à la *Divine Comédie*, dans son épître dédicatoire à Can Grande : « Secundum allegoricum sensum poeta agit de inferno isto, in quo peregrinando ut viatores mereri et demereri possumus. »

l'Africain, lui découvrant les honneurs, les périls et les devoirs qui l'attendent, le prépare à cette destinée par le spectacle de l'économie divine qui soutient l'univers, police les sociétés, et dispose souverainement des hommes. Du haut du temple céleste, au milieu des âmes justes qui vont et viennent par la voie lactée, Scipion écoute les sept notes de cette musique éternelle que forment les astres. Il contemple les espaces où ils roulent; et quand enfin il aperçoit la terre si petite, et sur la terre le point obscur qui est l'empire romain, il a honte d'une puissance qui trouve sitôt ses limites; il aspire à une félicité que rien ne circonscrive. Son aïeul lui en découvre le secret; et dans ce cadre admirable, Cicéron rassemblait ses plus fortes doctrines sur Dieu, la nature, l'humanité. Il en avait fait le dernier livre de son traité *de Republicâ*, cherchant ainsi dans l'Éternité la sanction des lois destinées à contenir les peuples dans le temps (1). — Il imitait en ceci, comme dans le reste, le traité de la République de Platon, couronné par la belle histoire d'Er le Pamphylien. Er, frappé à mort dans un combat, s'était réveillé dix jours après sur le bûcher des funérailles, pour raconter son séjour parmi les trépassés. C'était là qu'il avait vu la région lumineuse où la Nécessité

---

(1) Cicéron, *de Republicâ*, liber ultimus. — Macrobe, *in Somnium Scipionis*, i, 2. Sacrarum rerum notio sub pio figmentorum velamine, honestis et tecta rebus, et vestita hominibus enuntiatur.

tenait suspendue à sa quenouille de diamant les huit fuseaux des sphères célestes : les trois Parques étaient assises autour d'elle, chantant le passé, le présent, l'avenir. Les âmes, après mille ans d'expiation ou de récompense, venaient tenter les chances de la métempsycose. L'ordre du monde, c'est-à-dire de la cité de Dieu, se dévoilait pour servir de type à la cité des hommes (1). — Le même dessein se montre dans Plutarque lorsqu'il termine son traité des *Délais de la justice divine* par le témoignage de Thespésius le ressuscité. Lui aussi avait contemplé au sommet du monde Adrastée, fille de Jupiter, jugeant les âmes : celles des justes, transparentes et radieuses, planaient en haut ; au-dessous, les âmes coupables tourbillonnaient dans un gouffre, où se succédaient les appareils de tous les supplices, le fer, les forges ardentes, les étangs de métaux fondus : une troupe d'ouvriers infernaux avait saisi Néron, et ils le découpaient pour en faire une vipère. Au milieu de l'horreur de ces spectacles, Thespésius s'était retrouvé vivant : on ajoutait à l'appui de ses discours qu'il était devenu vertueux (2). Les fictions du même genre semblent

---

(1) Platon, *de Republicâ*, lib. X; Proclus, dans un fragment publié par S. Ém. le cardinal Mai (*Auctores classici*, tome I) exprime ainsi le dessein de Platon : Ἀλλὰ καὶ τῆς πολιτείας ὅλης τὸ εἶδος ἐν τῷ παντὶ προυπάρχον ἀποφαίνει. La peinture des peines et des récompenses qui suivent la mort revient encore dans le *Gorgias* et dans le *Phédon*.

(2) Plutarque, *De his qui a Numine sero puniuntur*.

fréquentes chez les philosophes. On trouve une Descente aux enfers attribuée à Pythagore, par Hiéronyme le péripatéticien. La gracieuse fable de Psyché et l'Amour, tout embaumée des parfums de la doctrine platonique, montrait la jeune immortelle traversant la série des épreuves : on n'oubliait pas de la conduire au sombre empire des morts (1). Et, en effet, malgré les voluptés faciles des anciens, malgré l'opulence des villas romaines, et la resplendissante lumière qui inondait le ciel de la Grèce, comment les pensées des sages n'auraient-elles pas cherché avec inquiétude à pénétrer ce monde invisible, dont l'Évangile n'avait pas encore adouci les terreurs?

Néanmoins, ce ne fut pas sans imprudence qu'ils donnèrent à leurs spéculations les formes dangereuses de la fable. Le cadre fait se prêta à d'autres usages : le sceptique Lucien se servit des morts pour répandre à pleines mains l'ironie sur les affaires, les opinions, les croyances des vivants. Nulle part sa verve indisciplinée ne se joue plus librement que dans la *Descente de Ménippe aux enfers*, soit qu'il décrive les tours du magicien Mithrobarzane, soit qu'il montre le sort renversé des tyrans et de leurs esclaves, et, dans un coin du

---

(1) Fulgentius Planciades (*Mythologicorum*, III) rapporte la fable de Psyché, d'après Apulée et Aristophante l'Athénien. Sur la descente de Pythagore aux enfers, voyez Lobeck, *Aglaophamus*, p. 156.

Tartare, Philippe, roi de Macédoine, raccommodant de vieux souliers. La popularité de ce joyeux écrit se soutint longtemps, et lui suscita des imitateurs jusqu'aux derniers siècles de la littérature byzantine. Constantinople, déjà cernée par les Turcs, s'égayait encore à la lecture des aventures de Timarion et du Voyage de Mazari chez les trépassés, dernières et misérables parodies de ces récits qui avaient charmé des siècles héroïques (1).

2. Toutefois l'image de la vie future tenait plus de place dans un livre que Dante connaissait mieux, qu'il savait par cœur d'un bout à l'autre, dont l'auteur représente à ses yeux toute la sagesse de l'antiquité : je veux dire l'Énéide, et ce chant sixième qui en forme pour ainsi dire le nœud, qui en soutient tout le dessein poétique, politique, théologique. C'est là, c'est dans la descente aux enfers, que les destins d'Énée, entrevus peu à peu dans une série d'oracles obscurs, se déclarent enfin : il ne reste qu'à les accomplir. Les voyages du héros finissent, ses combats vont commencer : le moment qui sépare ces deux sortes de scènes forme la péripétie du drame. C'est là surtout que se découvre

---

(1) Lucien, *Necyomantia*. — Mémoire de M. Hase (*Notice des Manuscrits*, tome IX) sur trois pièces satiriques imitées de Lucien. — Ἐπιδημία Μάζαρι ἰς ἄδου, publié par M. Boissonade. — On comprend bien que nous n'avons jamais voulu prêter à Dante la connaissance des sources grecques.

l'intérêt national du poëme, et le véritabe sujet, qui n'est plus la fortune d'Énée, mais l'histoire du peuple romain (1). Lorsqu'au fond des champs Élysées apparaissent les grands esprits des temps futurs, depuis Romulus jusqu'à César, jusqu'à Auguste, je reconnais un pieux effort pour ranimer les traditions de la patrie, pour rappeler les droits de Rome à l'empire universel, pour inaugurer le règne des lois et la paix du monde. Enfin, l'épisode offrait une admirable occasion d'exposer l'origine et la destinée des âmes, et de relever les dogmes de la théologie latine, en les rattachant d'une part aux doctrines philosophiques, qui leur prêtaient de la force, d'autre part à la mythologie grecque, qui leur prêtait de l'éclat (2). Ainsi le poëte travaillait à raffermir le culte des dieux et celui des ancêtres, ces deux bases de la puissance romaine, ébranlées par le désordre des guerres civiles, et dont la restauration fut le premier soin de la politique d'Auguste. Mais il ne reste pas une

---

(1) Servius ad Æneidos VI : Unde etiam in antiquis invenimus, opus hoc appellatum esse non *Æneidem, sed Gesta populi romani*... Totus quidem Virgilius scientia plenus est, in quâ hic liber possidet principatum... Et dicuntur multa per altam sententiam philosophorum theologicorum Ægyptiorum, adeo ut plerique de his singulis hujus libri integras scripserint πραγματείας. L'habitude se conserva au moyen âge.

(2) Je ne pense pas qu'il faille chercher dans l'école pythagoricienne la source de la doctrine professée au sixième livre de l'Énéide : l'émanation, l'expiation, le retour des âmes, sont des dogmes primitifs de la théologie romaine. Voyez Ottfried Müller, *die Etrusker*.

pierre des trois cents autels qu'Auguste avait fait ériger aux dieux Lares dans les carrefours de Rome (1) : le temps n'a rien pu sur les souvenirs consacrés dans ce sixième livre, qui est comme le sanctuaire de l'Énéide. Il semble que Virgile, effrayé de la grandeur même d'un tel travail, en ait d'abord tenté l'ébauche, et qu'il ait voulu essayer sa main par l'épisode d'Orphée et d'Eurydice, enchâssé dans le quatrième livre des Géorgiques, comme le diamant dans l'or. Il n'y a pas jusqu'au moucheron (*Culex*), héros du petit poëme attribué à sa jeunesse, qu'il n'ait conduit au bord du Cocyte pour décrire le peuple mélancolique des morts, au milieu duquel son âme se plaisait. Il avait déjà ce don des larmes qui a fait les grands poëtes chrétiens :

Sunt lacrymæ rerum, et mentem mortalia tangunt.

Plus tard la foule des imitateurs se pressera dans la route frayée : je n'en vois pas un qui ne descende aux enfers : *facilis descensus Averno*. Ovide y accompagne Orphée et Junon (2). Silius Italicus ne peut se résoudre à produire Scipion sur la

---

(1) Voyez l'excellent Mémoire de M. Egger *sur les historiens d'Auguste*, et particulièrement l'Appendice sur les Augustales. — Ovide, *Fastes*, v, 129.

(2) Ovide, *Métamorphoses*, vii, 409 ; iv, 432 ; x, 12 ; xix, 105. Le moyen âge lisait beaucoup les *Métamorphoses d'Ovide*. Parmi les professeurs de l'université de Bologne au quatorzième siècle (1525), je trouve maître Vital, docteur en grammaire, engagé, au prix de cent livres par an, pour lire et pour commenter Cicéron et les *Métamorphoses*.

scène avant de l'avoir mené au bord de l'Averne, où il évoque par des libations les mânes de la Sibylle, les ombres de ses ancêtres, toutes les âmes appelées à soutenir le poids du nom romain. Il apprend de leurs entretiens la gloire qui l'attend dans les plaines de Zama, et, après les triomphes de la terre, l'immortalité que les prêtres et les philosophes promettent à la vertu (1). Lucain, trop esprit fort pour croire aux grenouilles du Styx, et trop libre pour subir la loi commune, n'évite le voyage des enfers qu'en y substituant une fable plus philosophique à son gré, l'évocation de la magicienne Érichtho. Par ses conjurations puissantes, un corps relevé du champ de bataille se ranime pour un moment ; l'âme, forcée de trahir les secrets du tombeau, raconte les tumultes civils qui agitent l'empire de Pluton, la joie du Tartare, la tristesse de l'Élysée, et tous les signes du désastre de Pharsale (2). Ainsi le théâtre infernal reste ouvert, et c'est toujours chez les morts que se dénoue la destinée des vivants. — Les grandes images de l'autre vie devaient tenter la verve pompeuse de Stace : dès le début de la Thébaïde, il tire Laïus de l'Érèbe ; plus tard, il y fait descendre Amphiaraüs ; il introduit, au quatrième livre, Tirésias interrogeant les mânes. Alors, au milieu des rites funèbres, le vieillard aveugle voit s'ou-

(1) Silius Italicus, *Punic.*, lib. XIII.
(2) Lucain, *Pharsal.*, vi, 419.

vrir le royaume souterrain. Les ombres des héros de Thèbes et d'Argos se montrent menaçantes ; au milieu d'elles, Laïus prédit la victoire des Thébains, et le combat fratricide où s'éteindra la race d'Œdipe (1). Valérius Flaccus ouvre ses Argonautiques par le sinistre appareil d'une évocation ; et, dans l'*Enlèvement de Proserpine*, qui est peut-être le meilleur ouvrage de Claudien, l'enfer occupe le fond du tableau (2). Toute cette poésie de la décadence a été trempée dans le Styx, comme Achille ; mais elle n'en est pas sortie invulnérable.

Cependant la tragédie rivalise avec l'épopée. Sénèque n'a garde de négliger les apparitions, les descriptions du sombre empire ; il leur ménage une place dans l'*Œdipe* et dans l'*Hercule furieux*. Il imite en ceci les maîtres du théâtre latin, Varron, Ennius, Nævius Atticus et le vieil Andronicus de Rhodes, qui avaient porté sur la scène Alceste, Protésilas, les Euménides, fables terribles et toutes pleines des mystères de l'Éternité. Appius, ami de Cicéron, et Labérius, auteur de tant de mimes applaudis, avaient donné à deux de leurs compositions le titre de *Nécyomanties* (3). C'était peut-être

---

(1) Stace, *Thebaid.*, iv, 407. Il ne peut se refuser le plaisir de ces descriptions en deux autres endroits de son poëme, ii, 1 ; viii, 123.

(2) Valerius Flaccus, *Argonautic.*, i, 1-738. — Claudien, *de Raptu Proserpinæ*; et dans le second livre contre Rufin, la descente de Rufin au Tartare.

(3) Cicéron, *Tusculan.*, i, 16. — Aulu-Gelle, *Noctes Atticæ*, xvi, 7.

un souvenir des spectacles de la vie future, dont les prêtres étrusques avaient fait un de leurs jeux sacrés. J'en crois apercevoir quelques vestiges dans le nom de *Larves* que les Latins donnaient aux spectres des trépassés et aux masques de théâtre. Mais, surtout, je remarque la pompe religieuse des combats de gladiateurs, où un personnage, revêtu des attributs de Pluton, un marteau à la main, venait enlever les morts de l'arène (1). Le peuple de Rome aimait ces représentations violentes : de là ce grand nombre de peintures qui reproduisaient les peines du Tartare, mais qui, dès le temps de Plaute, ne suffisaient plus pour alarmer la conscience d'un esclave tenté de voler son maître (2). Bientôt les vieilles fables tombèrent pièce à pièce en discrédit; et l'irrévérencieuse satire d'Horace parodiant Homère, fit paraître l'ombre de Tirésias pour enseigner aux Romains dégénérés un art qu'ils savaient trop, celui de courtiser les vieillards et de figurer aux testaments. Je lui suppose aussi le dessein de déconsidérer ces prophéties, ces prétendus vers sibyllins, ces thèmes généthliaques dont ses contemporains étaient épris, et auxquels Auguste

---

(1) Magnin, *Origines du théâtre,* i, 237. — Clément d'Alexandrie, *Protreptica,* cap. ii.

(2) Plaute, *Captivi ;*

> Vidi ego multa sæpe picta quæ Acherunti fierent
> Cruciamenta.

faisait la guerre par le feu, comme lui par le sarcasme (1).

Les hommes de ce temps se croiront heureux quand ils auront mis sous leurs pieds les craintes de l'avare Achéron. Mais, s'ils ont banni l'enfer, ils n'ont pas chassé les morts. Cette sombre figure est de toutes leurs fêtes. Rien ne saurait les en distraire, ni les roses qui se fanent, ni les coupes qui se vident, ni les chants qui s'éteignent. Ces tristes joies ne dédommagent pas l'homme de l'espoir perdu d'une vie future : il faudra qu'il le retrouve quelque part. Quand Juvénal se moquera des grenouilles du Styx, les martyrs commenceront à mourir pour le royaume du ciel.

5. Mais les Muses latines n'étaient guère que de belles captives trouvées dans le butin de Tarente et de Corinthe, et qui se souvinrent toujours de la Grèce. C'était sur le territoire des colonies ioniennes, auprès de Naples, au bord de l'Averne, que Virgile avait cherché son Enfer. Les images du monde invisible plaisaient aux Grecs : elles ornaient leurs coupes, elles couvraient les murs de leurs palais et de leurs temples. La descente aux Enfers fait le sujet de plusieurs bas-reliefs que nous admirons encore. Attale, roi de Pergame, avait donné

(1) Horace, *Satir.*, ii, 5 :

O Laertiade, quidquid dicam aut erit aut non ;
Divinare etenim mihi magnus donat Apollo.

soixante talents d'une évocation peinte par Nicias. On admirait à Delphes la grande composition où Polygnote avait représenté Ulysse interrogeant les ombres (1). Tout le théâtre athénien était rempli des spectacles de la mort. Avant qu'Aristophane y eût montré ses *Grenouilles*, et le pèlerinage ridicule de Bacchus chez Pluton, on avait vu l'*Alceste* d'Euripide, où le Trépas (Θάνατος) se montrait en personne, et disputait à Apollon l'héroïque épouse d'Admète (2): Sophocle, dans l'*Hercule au Ténare*, avait célébré l'enlèvement de Cerbère. Le même genre de merveilleux soutenait deux tragédies perdues d'Eschyle, la *Psychagogie* ou le Voyage des Ames, et les *Aventures de Sisyphe*, à qui Pluton permettait de retourner sur la terre pour y prendre soin de sa sépulture, et qui, abusant du congé, était ramené de force aux sombres bords. Si une inten-

---

(1) Pausanias, x, 28. — Pline, cité par Winkelman, *Monument. ant. ined.*, p. 211. — Creutzer, *Symbolik*, atlas, tab. 56, etc.

(2) C'est Hercule qui la lui arrache à la fin de la tragédie, et je ne puis m'empêcher de citer ces vers d'une théologie étrange ; Hercule parle :

« J'irai, j'épierai le Trépas au noir vêtement, ce roi des morts.
« Je pense le trouver s'abreuvant du sang des victimes auprès du
« tombeau ; je l'attendrai en embuscade, et, me montrant tout à
« coup, je le saisirai, je le serrerai de mes mains ; et nul ne m'ar-
« rachera de sa poitrine haletante, jusqu'à ce qu'il m'ait rendu
« l'épouse d'Admète. »

Ἐλθὼν δ' ἄνακτα τὸν μελάμπεπλον νεκρῶν
Θανάτου φυλάξω, καί νιν εὑρήσειν δοκῶ.

Dans l'*Hercule furieux* d'Euripide, le récit de la descente aux enfers trouvait aussi sa place.

tion comique perçait dans ce récit, rien au contraire n'était plus solennel que l'évocation de l'ombre de Darius dans les *Perses ;* et lorsque, à la première représentation des *Euménides*, le spectre de Clytemnestre parut entouré de soixante Furies, telle fut l'épouvante de l'assemblée, qu'il fallut rendre un décret pour réduire à quinze les personnages du chœur. Mais on ne songea point à interdire la mise en scène des régions infernales : Aristote, en distinguant quatre sortes de tragédies, place au quatrième rang celles dont l'action est aux Enfers (1). Les hommes d'alors, comme ceux de tous les temps, voulaient qu'on les effrayât. C'est là un signe du désordre de la nature humaine, qu'elle aime ce qui la trouble; et que des peuples belliqueux se soient construit des théâtres de marbre pour y aller pleurer aux jours de fête, et chercher sur une scène des sujets d'effroi et de douleur, comme s'il en manquait autour d'eux.

Mais toutes les grandes fables du drame grec descendaient des traditions nationales transmises de bouche en bouche dans les collèges des prêtres, dans les familles guerrières, chantées par le peuple, et mises en œuvre par les poëtes qu'on appela cycliques. Tels étaient les travaux d'Hercule, qu'avaient célébrés Hésiode, Pannyasis et Pisandre: les douze épreuves du demi-dieu s'y terminaient

---

(1) Aristote, *Poetic.*, 16. — Klausen, *Æschyli theologoumena.*

par la plus redoutable de toutes, la descente aux Enfers. Hercule, purifié du sang des Centaures qui venaient de tomber sous ses coups, admis ensuite aux mystères d'Éleusis, arrivait sous la conduite de Mercure aux portes du Ténare. Il s'engageait dans la route souterraine, et l'on décrivait ses combats contre le vieux Charon, le spectre de Méduse, et Ménécius, pâtre des troupeaux de Proserpine : il chargeait de chaînes le chien aux trois têtes qui faisait la terreur des mânes. Enfin, il les réjouissait par des libations de sang, accordait à quelques-uns l'interruption de leurs peines, et reparaissait avec Alceste et Thésée, qu'il ramenait à la lumière (1). Ainsi, le cycle d'Hercule se liait à celui de Thésée, qui avait aussi exercé le génie d'Hésiode et de Pannyasis. On y voyait les exploits du roi d'Athènes, le Minotaure terrassé, les Amazones vaincues, et le dévouement qui le conduisit aux bords du Styx, à la suite de son ami Pirithoüs : mais, enchaîné par les puissances infernales, il restait captif, jusqu'au moment où le vainqueur de Cerbère paraissait pour le délivrer (2). Le livre des Cypriaques chantait la tendresse fraternelle de Pollux, et comment chaque année il allait prendre aux champs Élysées la place de

---

(1) Apollodore, *Bibliothec.*, II, 5, 12. — Servius, *ad Æneid.*, VI, 392. — *Scriptores rerum Mythicarum latini tres* (edidit Bode), III, 13, 3.

(2) Pausanias, IX, 31 ; X, 28.

Castor, pour lui donner la moitié de son immortalité dans les cieux (1). Un récit, attribué à Prodicus de Samos, célébrait le pèlerinage d'Orphée et la trop courte délivrance d'Eurydice (2). La navigation des Argonautes, qui avait exercé tant de poëtes, conduisait Jason au pays des Cimmériens, où s'ouvrait une des portes de l'Enfer (3). Comment eût-on chanté les malheurs d'Œdipe et les combats des sept chefs devant Thèbes, sans évoquer Laïus? Le début de la guerre de Troie faisait la matière d'une épopée qui n'avait garde d'omettre la mort de Protésilas, et son retour de quelques heures à la vie. Enfin, on lisait encore une description des Enfers dans la Minyade et dans le Retour des héros, ouvrages de Prodicus et d'Augias, bien qu'on ne voie pas le lien qui l'y rattachait (4). Il semble seulement que la peinture du monde invisible (Νεκυία) était devenue l'épisode nécessaire de toutes les épopées grecques; et que la scène mobile de la vie ne pouvait s'y ouvrir sans laisser apercevoir derrière elle le spectacle immobile de l'immortalité.

Homère est trop grand pour ne pas obéir à cette grande loi. Ce qui fait l'incomparable beauté de l'Iliade, c'est que tout y prend part à l'action, les

(1) Photius, *Bibliothec.*, de Cyclicis.
(2) Clément d'Alexandrie, *Stromata*. — Lobeck, *Aglaophamus*, p. 353.
(3) *Argonautic.*, 1118.
(4) Pausanias, x, 28. — Proclus, *Chrestomathie*, vii, 3.

hommes et la nature, la terre et le Ciel; l'Enfer même ne peut y rester étranger. Aux coups du trident de Neptune, Pluton s'élance de son siége : il tremble que les abîmes ne s'entr'ouvrent, et que la lumière d'en haut ne pénètre chez le peuple des morts. Je ne sais rien de plus terrible que cette courte échappée de vue dans le lieu obscur et souterrain où tombent les milliers de combattants qu'on voit périr d'un bout à l'autre du poëme :

Πολλὰς δ' ἰφθίμους ψυχὰς Ἄϊδι προΐαψεν (1).

Ce rendez-vous funèbre des héros est vu de plus près au onzième chant de l'Odyssée. Ulysse y raconte comment il visita le pays des Cimmériens, comment il pénétra jusqu'au seuil du royaume infernal, pour apprendre de Tirésias le terme de ses maux. Il ajoute comment, à la suite du devin, parurent les mânes de sa mère Anticlée, de plusieurs héroïnes et des chefs qui combattirent sous les murs de Troie. Il décrit enfin le gouffre de l'Érèbe ouvert devant lui, le tribunal de Minos, les peines des impies. Je reconnais dans ce passage le point sur lequel roule toute l'action de l'Odyssée. Les périls d'Ulysse vont en grandissant jusqu'à ce qu'il affronte le séjour même de la mort. C'est le comble de la terreur, mais c'est aussi le commencement de l'espérance. Le premier rayon

(1) Iliade, I, 3.

brille dans l'oracle de Tirésias, pour éclairer d'une lumière toujours plus vive le retour du héros sous le toit de ses pères (1). D'un autre côté, l'entretien d'Ulysse et des morts donnait place aux événements que l'Iliade n'a pu contenir, en faisant connaître la fin d'Achille, d'Ajax, d'Agamemnon. Mais, de ces hommes redoutés, il ne reste plus que de pâles ombres regrettant la vie, tandis qu'au milieu d'elles le fils de Laërte paraît plein de force, vainqueur des dangers, maître de sa fortune. En sorte qu'on peut découvrir ici le nœud des deux poëmes homériques : la fin d'un âge héroïque où la force était maîtresse, le commencement d'une ère nouvelle où l'intelligence régnera (2). Mais l'évocation d'Ulysse ne s'arrête pas aux victimes du siége de Troie ; on y voit paraître les femmes célèbres pour avoir partagé la couche des dieux, et ces personnages qui sortent de la condition des hommes, Thésée, Hercule, Orion, et tout l'appareil des jugements divins. Il semble qu'Homère ait voulu élargir une

(1) Eustathe, *ad Odyss.*, Ὁ δὲ ἐμπειρικὸς νοῦς τοῦ τὸν Ὀδυσσέα εἰς ᾄδου ἐλθεῖν μεθοδός ἐστι τῶν ἐφεξῆς δηλωθησομένων μύθων.

(2) Eustathe, *ad Odyss.* : Ἀναπληρῶν τε ἅπερ τῇ Ἰλιάδι ἐλλέλειπται. Je ne prétends pas résoudre la question longtemps controversée, si l'Iliade et l'Odyssée sont du même auteur : il suffit qu'elles soient de la même école poétique. Mais j'avoue que je ne vois point dans le onzième livre de l'Odyssée les interpolations et le désordre qu'on y suppose. Je penche même à croire que l'énumération des héroïnes n'y est pas insérée sans dessein, et qu'elle faisait une partie nécessaire de l'épisode, puisque je la vois reproduite dans le *Culex,* imitée dans les *Lugentes campi* de l'Énéide et dans l'*Enfer* de Silius Italicus. — Je m'explique moins la seconde description des enfers au chant XXIV de l'Odyssée.

fois le théâtre de sa fable, et, déchirant le rideau, laisser voir les profondeurs de l'éternel et de l'infini (1). Sans doute cette vue est bien trouble. Rien n'est moins digne d'envie que cette triste immortalité donnée aux héros; à peine y a-t-il un reste d'existence dans ces ombres vaines qui ne peuvent rien, si elles ne viennent s'abreuver aux libations de sang, et qui ne parlent que pour pleurer la lumière. Que nous sommes loin des claires visions du poëte de Florence! Toutefois il ne faut point imputer les pâles doctrines de l'Odyssée à la grossièreté des temps : des enseignements plus solides étaient transmis dans les écoles de Samothrace et d'Éleusis. Mais Homère n'est pas le poëte des écoles sacerdotales, c'est celui de ces races guerrières qui échappaient à la domination du sacerdoce et revendiquaient leur indépendance. C'est le chantre des navigations, des combats, des délibérations publiques, de cette vie passionnée, glorieuse, qui continuera dans les champs de Marathon, au Pirée, sur la place publique d'Athènes. Il était naturel, à des hommes si heureux dans cette vie, de mal connaître l'autre. Il ne leur était pas possible d'en éloigner la pensée. Les villes s'environnaient d'une ligne de tombeaux et de

---

(1) Eustath., ad Odyss., x : Ὁ ποιητὴς τὴν τοιαύτην εἰς ᾅδου κάθοδον πλάττει πρὸς χορηγίαν γραφῆς πλείονα. Pour compléter les idées d'Homère sur l'autre vie, Cf. Iliad., ix, 16; xvi, 671 ; Odyssée, iv. 564; xxiv, *passim;* Halbkart, *Psychologia homerica.*

temples qui leur servaient de remparts; on vivait
sous les yeux des morts et des immortels. En même
temps, le dogme antique se conservait dans les
initiations, et ne permettait pas d'oublier que c'est
la vie qui est l'ombre, et que derrière seulement
la réalité commence.

4. Au delà d'Homère il n'y a plus que l'Orient.
Mais là, dans une société immobile, sans distractions
puissantes, sans événements, sans histoire, rien
n'efface le souvenir de l'Éternité. Si j'ouvre le livre
des lois indiennes, j'y trouve la création au commencement, à la fin les peines et les récompenses
futures : toute la cité des hommes enveloppée,
surveillée par la cité des dieux et des ancêtres. Si
je touche à l'une de ces épopées dont l'âge se perd
dans les fables, je vois dans le Mahabharat le voyage
d'Ardjuna au ciel d'Indra. Et pour arriver enfin
jusqu'aux plus antiques monuments de la poésie
orientale, je remarque un épisode de l'Atharva-
Veda, qu'il faut lire, afin de se représenter au vif
les inquiétudes qui tourmentaient déjà l'esprit humain. Le jeune brahme Tadjkita est envoyé par son
père chez le roi de la mort, d'où jamais nul homme
ne revint vivant. Le roi, touché de l'obéissance de
Tadjkita, le renvoie après trois nuits, lui accordant
la vie et trois présents à son choix. Le jeune homme
en a demandé et reçu deux, et l'entretien continue
en ces termes. Tadjkita dit : « Voici mon troisième

« désir. Entre ceux qui parlent, il y a une contra-
« diction : plusieurs affirment que tout est corps, et
« que, le corps périssant, il ne reste plus rien ;
« et plusieurs affirment que l'âme (Djivatma) est
« distincte du corps, et que, le corps étant détruit,
« l'âme passe dans un monde où elle est traitée
« selon son mérite. Je veux que vous m'instruisiez,
« afin que je m'assure de la vérité de ces opinions.
« — Le roi de la mort dit : En ce point les dieux
« mêmes doutent, et c'est une chose subtile et qui
« échappe à la force de l'intelligence. — Tadjkita
« dit : O roi ! voilà mon grand désir, et je n'ai pas
« d'autre désir égal à celui-ci. — Le roi de la mort
« dit : Demande-moi un grand nombre d'enfants,
« et pour eux une longue vie, jusque-là que chacun
« d'eux vive cent ans. Demande-moi le monde et
« ses richesses, demande-moi beaucoup d'années,
« et tout ce qu'il te plaira de pareil ; mais ne me
« demande point cette seule chose : Que se passe-
« t-il après la mort ? Car nul d'entre les morts n'est
« jamais revenu à la lumière pour le dire aux
« vivants. — Tadjkita dit : « Vous me dites :
« Demandez-moi beaucoup d'années. Si à la fin il
« faut mourir, que gagnerai-je au nombre des an-
« nées ? C'est pourquoi gardez pour vous ce monde,
« ces richesses, et cette longueur de vie... Je n'ai
« qu'un désir, c'est que vous m'instruisiez... Je
« demande, parce que je passe sur la face de la terre,
« et parce que j'ai peur de la mort et de la vieil-

« lesse, je demande que vous m'enseigniez quelque
« chose par quoi je n'aie plus peur ni de la vieil-
« lesse ni de la mort. » Le roi, vaincu par tant de
prières, et lié par sa parole, découvre au jeune
brahme toute la condition des âmes, et le congédie
avec ce dernier présent : la certitude d'une vie
future (1).

5. Tant de fables, répétées de peuple en peuple,
devenues traditionnelles, inévitables et pour ainsi
dire obligatoires, ne s'expliquent ni par le caprice
des poëtes, ni par les préceptes des rhéteurs. Il en
faut chercher l'origine aux sources mêmes de la
poésie. — Le premier emploi de la poésie est un
emploi religieux : elle conserve le dogme, elle traduit les oracles, elle anime le culte (2). C'était sur
le trépied de Delphes et par la bouche de la Pythie,
que le vers héroïque avait été proféré pour la première fois. L'autel de Bacchus, dressé au milieu de
l'orchestre, les danses symboliques, et les hymnes
du chœur, faisaient du théâtre un temple, et de la
tragédie une pompe sacrée. L'épopée gardait la
trace d'une semblable destination, dans le com-

---

(1) *Oupnek'hat*, t. II, xxxvii. Les mêmes scènes reviennent dans les chants de l'Edda. Dans le Vafthrudnismal, 40, 43, le géant Vafthrudnis, interrogé par Odin, lui raconte comment il a visité les neuf mondes, les joies du Valhalla, et le sombre empire des morts. Le Vegtamsquita raconte la descente d'Odin chez les morts, pour arracher à la prophétesse Volva le secret du destin qui menace Ballder, le plus jeune et le plus beau des immortels.

(2) Quintilien, *Institut. orator. proœm.*

merce supposé du poëte avec les dieux, dans l'invocation qui commençait chaque récit, dans tout cet appareil merveilleux qui fut une tradition sacerdotale, avant de se tourner en lieu commun littéraire. Dante lui-même, après un travail de plusieurs années, où son visage a maigri, finit par y voir une œuvre sainte : il ne doute pas que le ciel n'y ait mis la main; et, si ses concitoyens lui décernent la couronne poétique, c'est sur les fonts de son baptême qu'il la veut prendre (1). Il n'y a point de poésie inspirée où l'on ne sente la présence de la religion, comme au parfum de l'encens on reconnaît le voisinage d'un sanctuaire.

Ainsi, dans la descente aux Enfers, je crois reconnaître un épisode théologique, un reste de l'enseignement religieux qui fut la première fonction des poëtes. Or cet épisode a pris deux formes principales. Tantôt l'entretien des héros avec les ombres n'est qu'une révélation des choses invisibles : Ulysse, Énée, Scipion, Sextus Pompée, Tirésias, veulent interroger le destin. Tantôt la visite des Enfers est une lutte héroïque pour leur arracher leur proie : Hercule, Thésée, Pollux, Orphée, se proposent de vaincre la mort.

De ces deux sortes de fictions, si j'étudie les pre-

---

(1) *Paradiso,* xxv, 1 :

Se mai continga che 'l poema sacro
Al quale ha posto mano cielo e terra
Si che m' ha fatto per più anni macro...

mières chez Homère, chez Virgile et ses imitateurs
latins; j'y remarque invariablement trois choses. Il
y a d'abord des rites funèbres et des libations de
sang répandues, soit pour conjurer les puissances
infernales, soit pour évoquer les âmes captives. J'y
retrouve la croyance d'un commerce perpétuel entre
les ancêtres et leur postérité, des sacrifices expia-
toires; des offrandes aux tombeaux ou au foyer de
chaque maison, pour attirer les ombres qu'on supposait errantes sous la terre, épuisées de soif et de
faim (1). En second lieu, il y a une prophétie : les
mânes interrogés rendent des réponses ; ils déclarent
le passé, le présent, l'avenir. Ces entretiens rappellent les oracles des morts (Ψυχομαντεία) qu'on
trouve en Grèce ou dans l'Asie Mineure, au bord de
l'Achéron, chez les Thesprotes, dans l'antre de
Trophonius, au cap Ténare, à Héraclée de Pont, à
Cumes, aux mêmes lieux où la fable plaçait l'entrée
du sombre empire (2). Troisièmement, l'épisode

(1) Fréret, *Observations sur les oracles des morts*. — Kalbkart,
Psychologia homerica. — Plutarque, *in Aristid*. — Pindare,
Olympic., 1, 146. — Ovide, *Fastes*, lib. II. — Ottfried Müller, *Die
Etrüsker*. — Cf. *Lois de Manou*, livre III, 82-285.

(2) Fréret, *Observations sur les oracles des morts*. — Herodot.,
Terpsichor., 92. — Pausanias, ix, 30. — Allatius, *ad Disserta-
tionem Eustathii, de Engastrimitho*. — Lobeck, *Aglaophamus*,
p. 900. — Magnin, *Origines du théâtre*, 71. — Plutarque, *De
sera Numinis vindicta*. Le même auteur, au traité du *Démon
de Socrate*, décrit la vision de Timarchus dans l'antre de
Trophonius. Timarchus y passa deux nuits et un jour. Au milieu
des ténèbres qui l'environnaient, il aperçut un abîme profond d'où
s'élevaient des voix, des cris, des gémissements, et il y vit descendre d'innombrables étoiles tombantes qui étaient des âmes.

finit par une vision générale de la vie future. Je crois y voir un souvenir des représentations qu'on donnait aux initiés dans les mystères. Ceux de Samothrace, de Crète, de Phrygie, retraçaient le meurtre d'un Dieu et sa descente chez les morts (1). Ceux d'Éleusis, placés sous le patronage de Proserpine, se terminaient par une vision (ἐποπτεία) dont le secret a été sévèrement gardé par les anciens. Mais les témoignages d'Aristophane, de Lucien, de Sénèque, prouvent qu'on y ménageait l'apparition de l'Élysée et du Tartare. Les cryptes immenses, encore visibles sous les ruines du temple, se prêtaient à l'artifice des prêtres. La poésie avait assurément son emploi dans ces spectacles (2). Elle emprunta à la religion de si puissants moyens d'émouvoir les hommes, et ces trois pompes du culte, les évocations, les oracles des morts, et les mystères, se retrouvèrent dans les scènes infernales de l'Odyssée et de l'Énéide.

Je passe aux autres fictions : les voyages d'Hercule, de Thésée, d'Orphée, de Pollux, chantés par les poëtes cycliques, m'étonnent par des caractères plus imposants. Ce sont plus que des héros, ce sont des

---

(1) Lobeck, *Aglaophamus*, 90, 117. — Magnin, *Origines du théâtre*, 78.

(2) Lucien, *Cataplus* : ΜΙΚ. Εἰπέ μοι, ἐτελέσθης γὰρ τὰ Ἐλευσίνια, οὐχ ὅμοια τοῖς ἐκεῖ τὰ ἐνθάδε σοι δοκεῖ ; — ΚΥΝ. Εὖ λέγεις. — Sainte-Croix, *Recherches sur les Mystères*. — Magnin, *Origines du théâtre*, 88, 96. — Lobeck, quoique d'une opinion différente, convient cependant que les divinités du ciel et de l'enfer étaient données en spectacle aux initiés d'Éleusis.

demi-dieux, dieux eux-mêmes. Il s'agit, non de pénétrer seulement les mystères de la mort, mais de la dompter ou de la fléchir. Il y a autre chose qu'une aventure, il y a le dévouement, le sacrifice de soi pour le salut d'autrui : on touche ici au fond même des théologies antiques.

Dès qu'on s'enfonce à quelque profondeur dans l'étude des mythes grecs, on aperçoit que tous les grands dieux, tous les dieux appelés Sauveurs (Σωτῆρες), descendent aux Enfers. Je ne parle pas de Proserpine, de Diane, de Mercure, dont on connaît assez les fonctions chez les morts. Mais je trouve une tradition qui fait succomber Apollon dans le combat symbolique avec le serpent : Triopas pourvoit à ses funérailles, et on l'adore parmi les puissances du Styx (1). Bacchus visite le royaume des ombres pour en arracher Sémélé sa mère. Jupiter même, assiégé par les géants, était tombé sous les coups de Typhon; et son corps mis en pièces n'avait repris la vie que par l'assistance de Mercure et de Pan (2). Regardez vers l'Orient, vous y retrouverez les mêmes récits sous des couleurs plus éclatantes. La Phrygie célébrait tour à tour la mort et la résurrection d'Atys. Tous les ans, la Syrie se mettait en deuil d'Adonis

---

(1) Lobeck. *Aglaophamus*, p. 179.
(2) Sainte-Croix, *Recherches sur les Mystères*, I, 55, 204, 425. Lobeck, *Aglaophamus*, 571, 699 : Zagreus ou Bacchus l'Ancien, égorgé par les Titans, pour renaître ensuite. — Plutarque, *De sera Numinis vindicta* : Bacchus descend aux enfers pour y chercher Sémélé. — Sur Jupiter, Apollodore, *Biblioth.*, I, 8.

son dieu. Chez les Égyptiens, c'était Osiris, la divinité libératrice et bienfaisante, qui avait péri par la perfidie de Typhon, mais qui sortait glorieusement du tombeau (1). Si nous remontons encore une fois jusqu'aux Indes, nous n'y trouverons rien de plus célèbre que la neuvième incarnation de Wichnou, lorsque, sous la figure de Krichna, il terrasse le serpent infernal, relève l'empire des bons, humilie les méchants, et meurt par trahison pour reparaître un jour en libérateur (2).

6. Ainsi les fables se ramènent aux dogmes. Il faudrait encore ramener les dogmes à leur dernière raison. Mais ce n'est ici ni le lieu ni le temps d'une telle recherche. Il suffit d'en indiquer la route et l'issue.

Déjà les anciens avaient prêté à leurs mythes trois sens qui en éclairaient les obscurités : un sens physique, un sens historique, un sens moral. Ainsi la descente des dieux aux enfers était interprétée, soit comme une image du soleil descendu dans les froides régions de l'hiver ; soit comme le récit poétique d'une aventure lointaine chez les peuples du Nord ; soit comme le symbole de la Raison pénétrant

---

(1) Guigniaut, *Symbolique*, I, 450 ; II, 46, 58. Même tradition chez les Scandinaves : Ballder, le plus beau des dieux, est frappé à mort par l'artifice des divinités infernales. Sa chute est le signal de l'incendie du monde ; mais de ses cendres sortira un autre univers plus pur et plus durable.

(2) Guigniaut, *Symbolique*, t. I.

dans les profondeurs de la nature humaine, pour y enchaîner le vice et délivrer la vertu (1). Je ne repousse aucune de ces interprétations. C'est une habitude du génie antique de rattacher à chaque point de la doctrine sacrée plusieurs parties des connaissances profanes. Mais je voudrais précisément trouver le point auquel se rattachait tout le reste. Dans les croyances religieuses, je voudrais voir plus que de la physique, de l'histoire, de la morale : j'y cherche de la religion.

Tout l'effort de la religion, suivant l'énergie même du nom qu'elle porte, c'est de lier souverainement ce qui est souverainement désuni, ce qui est en deçà de la mort avec ce qui est au delà. — Au milieu de cet ordre admirable de l'univers, où tout conspire à la vie, on ne tarde pas à découvrir, en y regardant de plus près, une puissance de destruction. Le ciel a des étoiles qui s'éteignent. La terre, dans ses profondeurs, laisse voir les ruines d'une nature colossale qui a péri. L'homme, au faîte de la création, se voit circonvenu, serré de près, saisi par la mort, dont il a horreur comme d'un mal infini. Car, en même temps qu'elle l'arrache à ce monde visible où il tenait par tant d'endroits, elle le menace d'un monde invisible dont il

---

(1) Cicéron, *de Natura Deorum*, lib. II. — Chæremon, Macrobe, Porphyre, cités par M. Guigniaut, *Symbolique*, I, 596, 870 ; II, 50, 65. — Strabon, *Geograph.*, 1. — Pausanias, III, 25. — Ammien Marcellin, XIX, 4. — Sénèque, *Epist.*, 88.

ne sait rien, et qu'il lui importe absolument de connaître, puisque de sa destinée éternelle dépend toute sa conduite dans le temps. De là cette crainte de la mort qui troubla les peuples païens; ces litanies où les Indiens célèbrent un dieu destructeur : « La terre est à vos pieds, l'atmosphère est « votre ceinture. Vous êtes celui qui donne et qui « retire, qui fait et qui défait. Vous attirez tout en « vous pour tout détruire ; le monde n'est qu'une « bouchée de votre festin, et c'est pourquoi on vous « nomme *Celui qui mange* (1). » Athènes et Rome ont aussi des divinités souterraines, mais on évite d'en prononcer le nom, ou bien on leur en donne un de bon augure qui les touche et qui les flatte : les Furies sont appelées Euménides, c'est-à-dire bienveillantes. Plus les philosophes dissertent sur le mépris de la mort, plus je vois que les hommes la redoutent. Et je ne m'en étonne pas quand je considère Socrate hésitant sur l'immortalité, Épicure épuisant son éloquence à prouver le néant, et Cicéron, entouré de toute la science des anciens, balançant les deux partis, sans prendre sur lui de conclure (2). Rien n'est triste comme ce premier livre des Tusculanes, où, après avoir établi que

---

(1) Oupneck'hat, t. II, p. 17 et 19.
(2) Cicéron, *Tusculanes*, I. — Il faut rappeler aussi cet ineffaçable texte de Platon, ce grand acte d'humilité du plus grand génie philosophique qui fut jamais : Alcibiades, I : Ἀναγκαῖον οὖν ἐστι περιμένειν ἕως ἄν τις μάθῃ ὡς δεῖ πρὸς θεοὺς καὶ πρὸς ἀνθρώπους διακεῖσθαι.

l'âme est immortelle, l'orateur veut prouver encore que, l'âme dût-elle périr, la mort ne serait pas un mal. Vainement l'interlocuteur se contente de la première démonstration ; Cicéron insiste : « Il ne « faut point, dit-il, s'y trop confier. Nous chance- « lons, nous changeons de sentiments sur des points « plus lumineux que celui-ci ; car j'y vois encore « quelques ombres. » Voilà donc tout ce qu'avaient pu quarante siècles d'antiquité, et les derniers efforts de l'esprit humain dans ces beaux génies de Platon, de Zénon, d'Aristote. — Cependant le grand nombre des hommes ne se résignait pas à l'alternative du néant, et voulait un autre secours. Entre l'éternité et le temps, le monde invisible et le visible, il fallait une intervention divine : il fallait un libérateur qui vînt arracher à la mort son secret et ses menaces, qui la subît pour satisfaire à la loi commune, et qui la vainquît enfin par une expiation reversible sur l'humanité tout entière. C'est la fonction que les peuples antiques attribuaient à leurs dieux tutélaires Wichnou, Osiris, Jupiter, Apollon, Hercule. Sous des formes altérées, j'entrevois la tradition du Rédempteur, la seule lumière qui ait éclairé le monde, entre ces ténèbres de la création d'où il sort, et ces ténèbres de la mort où il retourne.

VII

Nous voilà, ce semble, bien loin de Dante, et pourtant nous ne l'avons pas quitté. C'est sa pensée que nous avons suivie et remontée, pour ainsi dire, de siècle en siècle, jusqu'à ses premières origines. Nous avons traversé toute l'histoire sans jamais perdre de vue ce fleuve d'idées formé des légendes du moyen âge, purifié par le christianisme, chargé auparavant de toutes les fables de la poésie et de la théologie païenne, et sorti d'une source mystérieuse que l'homme n'a pas creusée. Nous ne pensons pas que Dante en paraisse moins grand. Il nous semble au contraire que le premier trait du génie, ce n'est pas d'être neuf, comme le veulent quelques-uns : c'est bien plutôt d'être antique, de travailler sur quelques-uns de ces sujets qui ne cessèrent jamais de toucher les hommes. Il n'est pas vrai que l'art n'intéresse que par l'imprévu. Rien n'est plus prévu que les passions, les situations, les pensées, qui depuis vingt siècles remplissent le théâtre : ce sont deux lieux communs usés par tous les poëtes, l'amour et la mort, qui restent encore en possession de remuer les cœurs et de tirer les larmes. Rien ne se répète comme l'éloquence : Bossuet n'a pas un mouvement qu'il ne doive aux Pères de l'Église. Il y a six cents ans que la peinture produit des chefs-d'œuvre sans sortir des Christs, des Vierges et des Saintes Familles. L'art, au contraire, ne veut donner ses peines qu'à une matière qui les vaille. Il la lui faut durable, éprouvée, ancienne par conséquent. Comme il prend le marbre dans le rocher aussi vieux que la terre, il choisit le texte de l'épopée dans les plus vieilles traditions des peuples; et, s'il en est quelqu'une qui remonte aux premiers jours du monde, c'est celle qu'il préfère, puisqu'elle tient davantage de l'Éternité.

Que reste-t-il donc au génie, et par où sort-il de la foule? Il y touche par l'emprunt du sujet, qui appartient à tout le monde : il en sort par le travail, qui est à lui, et par l'inspiration, qu'il tient de Dieu. Cette pierre où s'asseyait le pâtre, où broutaient les chèvres, à laquelle le voyageur ne prenait pas garde, Michel-Ange la façonne et la taille, le ciseau en fait peu à peu sortir une forme divine; elle s'anime, elle rayonne, on la met dans un sanctuaire, et les pèlerins viendront déposer leur bâton et prier devant elle. Voici des récits fabuleux qui ont circulé durant toute l'antiquité, et auxquels les enfants mêmes finissaient par ne plus croire : voici des légendes pieusement contées dans les cloîtres, aimées du peuple, versifiées sans trop de respect par les trouvères de Normandie. Les grands et les lettrés ne font plus guère qu'en sourire. Mais il y a en Italie un homme venu au moment qu'il fallait, dont l'âme a été de bonne heure façonnée par l'étude, échauffée par la tendresse et par la douleur ; car Dieu n'a pas ménagé le feu dans l'encensoir. Cet homme a l'inspiration : depuis l'âge de neuf ans, son cœur est tourmenté d'une passion qui veut quelque chose de grand, et que rien de médiocre ne peut contenter. Il a l'impatience de savoir : son zèle n'a reculé ni devant les voyages lointains, ni devant les langues ignorées et la rareté des livres, ni devant l'inexorable ennui qui est au fond des sciences comme des plaisirs de la terre. Enfin, il a la foi, qui ne lui permet pas de résister à une vocation si manifeste. Il semble, au surplus, que la Providence ait pris ses précautions avec lui, qu'elle l'ait poussé hors de sa patrie, qu'elle lui en ait fermé les portes, afin qu'un si beau génie, au lieu de se perdre dans les affaires d'une seule ville, arrêté par l'obstacle, se rejette quelque part, et trouve un meilleur emploi. Cet homme, fatigué du temps, se tourne vers l'éternité : il la voit éclairée d'une tradition qui vient du fond des siècles. Il y entre, il s'y établit pour le reste de sa vie ; il y porte tout ce qu'il a d'art et de science, de colère et d'amour : il se rend maître de l'ensemble, fixe la structure, travaille pendant vingt ans jusqu'aux moindres détails, et ne se retire qu'en laissant partout la proportion et la beauté. Et le travail du poëte forcera encore, au bout de cinq cents ans, l'admiration de ceux mêmes qui n'aiment ni la pensée de la mort, ni celle de l'éternité, ni la théologie parce qu'elle en est pleine, ni l'Église parce qu'elle les prêche.—Pendant ce temps-là, on avait d'autres récits épiques, des poëmes chevaleresques écrits pour le plaisir des rois et des cours : on avait les douze Preux de la Table-Ronde, et la Quête de Saint-Graal. Impossible de concevoir de plus nobles caractères ni des aventures plus attachantes. Cependant les grands écrivains n'y touchèrent pas. Ces belles histoires descendirent les siècles, se transformant toujours, en vers, en prose, en contes populaires. Je trouve le *Lancelot* refait quatre fois en Italie au seizième siècle seulement. Je ne sache point qu'on ait tenté de refaire la Divine Comédie. Dante s'en est assuré, selon la forte expression d'un ancien, la possession perpétuelle. C'est là sa gloire, d'avoir mis sa marque, la marque de l'unité, sur un sujet immense, dont les éléments mobiles roulaient depuis bientôt six mille ans dans la pensée des hommes.

Le génie ne peut rien de plus. Il n'a pas mission quoi qu'on ait dit, de créer, d'introduire des idées dans le monde. Il y trouve tout ce qu'il faut d'idées pour les esprits, comme tout ce qu'il faut de lumière pour les yeux : mais il les trouve flottantes, nuageuses, en tourbillon et en désordre. La hardiesse est d'arrêter chez soi, au passage, ces pensées fugitives ; de percer leur nuage, de saisir au vif les beautés qu'elles recèlent, de les fixer enfin, en les enchaînant, en y mettant l'ordre, en les forçant de se produire par les œuvres. Je crois voir l'originalité souveraine dans cette force d'un grand esprit qui soumet ses idées, les fait obéir, et en obtient tout ce qu'elles peuvent : en sorte que le dernier secret du génie comme de la vertu serait encore de se rendre maître de soi. Si l'homme, d'après les philosophes, est un abrégé de l'univers, il ne se montre jamais si puissant que lorsqu'il maîtrise cet univers intérieur, ce tumulte orageux de sentiments et de pensées qu'il porte en lui. Dieu s'est réservé le pouvoir de créer : mais il a communiqué aux grands hommes ce second trait de sa toute-puissance, de mettre l'unité dans le nombre, et l'harmonie dans la confusion.

FIN DU TOME CINQUIÈME.

TABLE DES MATIÈRES

Préface. 1
Chapitre premier. — De la poésie populaire en Italie avant et après saint François. 15
Chap. II. — Saint François. 49
Chap. III. — Les premiers disciples de saint François. 93
Chap. IV. — Le bienheureux Jacopone de Todi. 141
Chap. V. — Les poésies du bienheureux Jacopone. 180
Chap. VI. — Sainte-Croix de Florence. 235
Chap. VII. — Les petites fleurs de saint François. 242
I. — Au nom de N. S. Jésus-Christ et de la Vierge Marie, on a réuni dans ce livre, comme autant de petites fleurs, les miracles et les pieux exemples de saint François et de ses compagnons. 248
II. — Du frère Bernard de Quintavalle, premier compagnon de saint François. 249
III. — Comment l'ange de Dieu proposa une question à frère Élie dans le couvent du Val de Spolète. 255
IV. — Comment le saint frère Bernard d'Assise fut envoyé à Bologne par saint François et y fonda un couvent. 261
V. — Comment saint François fit le carême dans une île du lac de Pérouse. 264
VI. — Comment saint François, cheminant avec frère Léon, lui exposa quelles choses font la parfaite joie. 266
VII. — Comment saint François enseignait à frère Léon la manière de répondre, et comment celui-ci ne put jamais dire que le contraire. 270

VIII. — Comment frère Masséo dit plaisamment à saint François que tout le monde courait après lui, et comment lui répondit saint François........................ 273

IX. — Comment saint François loua la pauvreté........ 275

X. — Comment, saint François étant à parler de Dieu avec ses frères, Dieu apparut au milieu d'eux............ 279

XI. — Comment sainte Claire mangea avec saint François et ses compagnons à Sainte-Marie des Anges............ 281

XII. — Comment saint François institua le tiers ordre, prêcha aux oiseaux et fit rester en paix les hirondelles.......... 284

XIII. — Du merveilleux chapitre que tint saint François à Sainte-Marie des Anges..................... 289

XIV. — Comment la vigne du prêtre de Rieti fut ravagée à cause du grand nombre de gens qui venaient trouver le saint ; comment ensuite elle produisit plus de vin que jamais...... 29

XV. — D'une très-belle vision que vit un jeune frère qui avait la cape en horreur..................... 298

XVI. — Du miracle que fit saint François quand il convertit le loup très-féroce de Gubbio................... 301

XVII. — Comment saint François apprivoisa les tourterelles sauvages........................ 306

XVIII. — Comment saint François délivra un frère qui était en puissance du démon................... 307

XIX. — Comment saint François convertit à la foi le soudan de Babylone...................... 308

XX. — Comment saint François guérit miraculeusement un lépreux d'âme et de corps, et ce que lui dit l'âme en allant au ciel.... 311

XXI. — Comment saint François convertit trois larrons homicides qui se firent frères, et l'admirable vision qu'eut l'un deux. . . 315

XXII. — Comment saint François convertit à Bologne deux écoliers qui se firent frères................. 326

XXIII. — De la belle prédication que firent à Assise saint François et frère Rufin..................... 329

XXIV. — Comment sainte Claire, par ordre du pape, bénit le pain, et sur chaque pain apparut le signe de la croix..... 332

XXV. — Comment saint Louis, roi de France, alla en habit de pèlerin visiter le saint frère Gilles, à Pérouse......... 334

XXVI. — Comment sainte Claire, étant malade, se trouva miraculeusement la nuit de Noël dans l'église de saint François. . 336

XXVII. — Comment saint François expliqua à frère Léon une belle vision que ce frère avait eue................ 337

XXVIII. — De la merveilleuse prédication que fit saint Antoine de Padoue au consistoire.................. 339

XXIX. — Du miracle que Dieu fit quand saint Antoine, étant à Rimini, prêcha aux poissons de la mer. 340

XXX. — La conversion, la vie, les miracles et la mort du saint frère Jean de la Penna. 343

XXXI. — Comment frère Pacifique, étant en oraison, vit l'âme de son frère aller au ciel. 349

XXXII. — Du saint frère à qui la mère du Christ apparut quand il était malade, lui apportant trois boîtes d'électuaires. . . . 351

XXXIII. — Du saint frère Jacques de Fallerone, et comment après sa mort il apparut à frère Jean de l'Alverne. 354

TEXTES ITALIENS. 359

Saint François, Cantico de le creature. 361

Jacopone, Christo si lamenta della sposa anima. 363

Fioretti di S. Francesco, capitolo VIII. 367

Des Sources poétiques de la Divine Comédie. 371

www.ingramcontent.com/pod-product-compliance
Lightning Source LLC
Chambersburg PA
CBHW071722230426
43670CB00008B/1090